AF558611

Hansjörg Müller

Scheindemokratie

Anderwelt Verlag

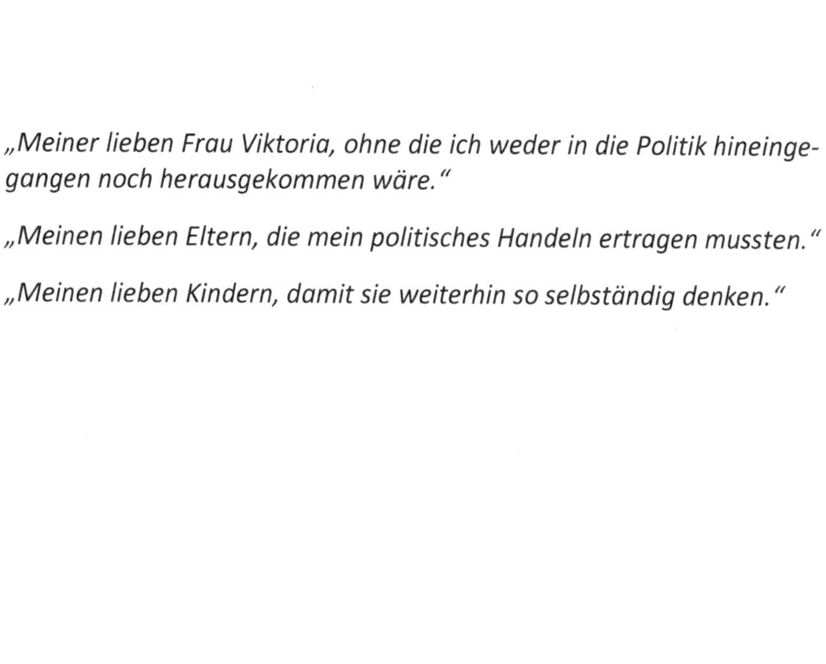

„Meiner lieben Frau Viktoria, ohne die ich weder in die Politik hineingegangen noch herausgekommen wäre."

„Meinen lieben Eltern, die mein politisches Handeln ertragen mussten."

„Meinen lieben Kindern, damit sie weiterhin so selbständig denken."

Hansjörg Müller

Scheindemokratie

Ex-Bundestagsabgeordneter der AfD kritisiert seine Partei konstruktiv und wirbt für ein neues, souveränes und menschliches, politisches System

Anderwelt Verlag

Impressum

Scheindemokratie

2. Auflage, 2023
Anderwelt Verlag, München
Druck: CPI Books GmbH

ISBN: 978-3-940321-36-7

Inhaltsverzeichnis

Vorwort

Ein skeptisches Wort vorweg

Es scheint das unausweichliche Schicksal offener Gesellschaften zu sein, dass sie von geschlossenen Apparaten befallen werden, welche die Herrschaft zu übernehmen trachten. Sie fühlen sich von den Möglichkeiten, welche die offene Gesellschaft bietet, geradezu magisch angezogen. In unserem deutschen, demokratisch organisierten Staatswesen haben politische Parteien diese Rolle übernommen. Man sagt, dass sie Einfluss und Machtausübung unter sich aufgeteilt haben. Falls das so ist, nimmt es nicht wunder, wenn sie beim Auftreten von Konkurrenten den Schulterschluss üben, um diese vom Markt der Macht wieder zu verdrängen.

In der Geschichte der Bundesrepublik hat es genau zwei Fälle gegeben, in denen die Neuen sich gegen die Etablierten behaupten konnten. Die Rede ist von den Grünen und von der AfD. Deren Erfolge beruhten auf einem erstaunlich ähnlichen Versprechen, nämlich die verkalkten Parteistrukturen aufzubrechen, um so der Wiederbelebung der offenen Gesellschaft zu dienen. Doch es ist offenbar das Schicksal der Neulinge, dass sie nach einer gewissen Schamfrist vom politischen Establishment aufgesogen werden. Bei den Grünen ist dies offensichtlich, bei der AfD kann man es erwarten.

Die Symbiose von offener Gesellschaft und geschlossenen Apparaten ist, wie schon gesagt, ein Widerspruch in sich. Indessen: Verlässliche Nachrichten aus den Apparaten sind rar, es sei denn, einer entschließt sich zum Ausstieg und spricht über sein Erleben. Der Geschichts- und Machtforscher nimmt – wenn ihn seine Vorurteile denn nicht hindern – derartige Berichte mit skeptischer Neugierde zur Kenntnis – und denkt sich sein Teil. Was ich mir nach Lektüre des Buches, das diesem Vorwort folgt, denken werde, vermag ich noch nicht zu sagen, da ich seinen Inhalt nicht kenne. Auf jeden Fall werde ich es aufmerksam lesen.

Bornholm, im Oktober 2022
Helmut Roewer

Dr. Helmut Roewer (geboren 1950) ist ein deutscher Jurist und Publizist. Von 1994 bis 2000 war er Präsident des Thüringer Landesamtes für Verfassungsschutz.

Zum Einstieg drei Zitate

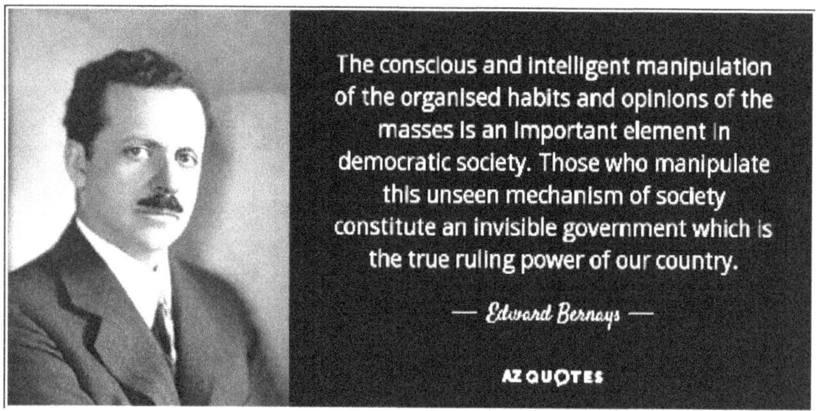

Quelle: https://www.azquotes.com/author/1306-Edward_Bernays

Auf Deutsch: „Die bewusste und intelligente Manipulierung der organisierten Gewohnheiten und Meinungen der Massen ist ein wichtiger Bestandteil der demokratischen Gesellschaft. Diejenigen, die diesen verdeckten Gesellschaftsmechanismus manipulieren, bilden eine unsichtbare Regierung, welche die wahre herrschende Macht unseres Landes ist."

Edward Bernays war nicht irgendwer, sondern Meister auf dem Gebiet der Bevölkerungsmanipulation und Propaganda in Staaten, die sich als demokratisch bezeichnen. Familiär war er ein Neffe des Psychoanalytikers Sigmund Freud.

Demokratie ist die Methode, den Willen des Finanzadels so umzusetzen, dass das Volk glaubt, die Mehrheit hat es so gewollt.

Matthias Lubos

Quelle: https://www.pinterest.com.mx/uwe8799/spr%C3%BCche/

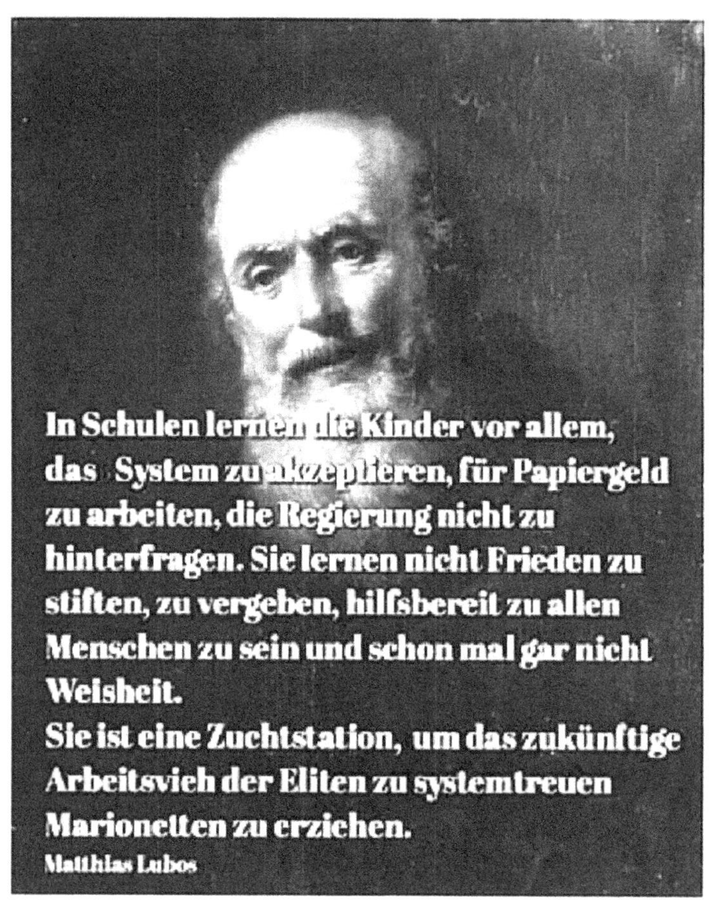

Quelle: https://shayri.page/quotes/matthias-lubos/

Bitte nicht über die verschiedenen Bilder wundern: Diese beiden Zitate ein und desselben Denkers wurden in dieser Form im Internet vorgefunden.

Wer ist Matthias Lubos? Ich kann es Ihnen nicht sagen und über ihn lässt sich außer diesen Zitaten auch wenig finden. Vielleicht ist er ein heute lebender linker Musiker oder vielleicht ist er ein anderer. Genau das ist meine Botschaft: Entscheidend sollten die Inhalte sein und wenn sie richtig sind, sollte völlig egal sein, wer sie ausspricht! Aber inzwischen läuft es in Deutschland genau andersherum. Um unangenehme Wahrheiten aus der gesellschaftlichen Diskussion zu entfernen, werden diejenigen Menschen verleumdet und sogar beruflich ruiniert, die den Mut haben, sie auszusprechen. Über die Diskreditierung eines Menschen werden seine Aussagen gleich mit aus dem gesellschaftlichen Diskurs ausgeschlossen. Edward Bernays klopft sich im Jenseits vor Begeisterung auf die Schenkel wie im Diesseits seine Propagandaprinzipien befolgt werden.

Um was es im Buch „Scheindemokratie“ geht

Liebe Leser,

oben genannte drei Zitate sprechen für sich und wer ein Problem damit hat, dass ich in vorliegendem Buch die Zumutungen der „Politischen Korrektheit“ restlos zerpflücke, möge es gleich wieder aus der Hand legen. Selbstverständlich sind mit „liebe Leser“ unsere entzückenden Damen genauso herzlich angesprochen, wie die feschen Herren, weil die gemeinsame Mehrzahl von „die Leserin“ und „der Leser“ schlichtweg „die Leser“ ist. Es zeigt die Abgedrehtheit unserer Gesellschaft, dass ich diese grammatikalische Selbstverständlichkeit unserer Muttersprache erklären muss, damit mich Leser*innen-Fetischist*innen nicht wegen angeblicher Diskriminierung vor Gericht zerren.

Vorliegendes Werk mit dem Namen „Scheindemokratie“ widme ich allen Menschen in allen Ländern, die noch selbstständig denken und die sich von Bernays „unsichtbaren Regierungen“ im Auftrag der Finanzgangster nicht länger manipulieren lassen. Matthias Lubos‘ Begriff „Finanzadel“ ersetze ich durch den passenderen Begriff „Finanzgangster“, weil ich am menschenverachtenden Verhalten dieser Leute beim besten Willen nichts „Adeliges“ erkennen kann. Als glühender Verfechter der Menschenrechte und der Freiheit akzeptiere ich nicht, dass ein paar Tausend Superreiche ein weltumspannendes Feudalsystem errichtet haben, das vor seiner Vollendung steht. „Feudalismus“ nannte man das Wirtschafts- und Herrschaftssystem des Mittelalters, in dem ganz wenigen Grafen, Fürsten und Königen alles gehörte. Die große Masse der Menschen hatte kein nennenswertes Eigentum und war ohnehin rechtlos. Nach dem Vorbild des mittelalterlichen Feudalismus haben die Superreichen den heute vorherrschenden globalen Neofeudalismus errichtet. Dieses Unrechtssystem bedroht die Menschheit mit einer geistigen und materiellen Versklavung, die sowohl den früheren Manchesterkapitalismus als auch das frühere kommunistische System in den Schatten stellen wird. Warum ist das so? Ausgebeutete Engländer hatten im 18. Jahrhundert die Möglichkeit, aus Manchester in das damals freie Gebiet der angehenden Vereinigten Staaten von Amerika zu fliehen. Unterdrückte Ostblockbürger hatten im 20. Jahrhundert die Möglichkeit, aus den kommunistischen Staaten in den damals als frei empfundenen Westen zu fliehen. Natürlich waren beide Fluchtmöglichkeiten durch wirtschaftliche Voraussetzungen eingeschränkt – denken wir nur an genug Geld für Fahrkarten bzw. Schlepper – und sie waren mit großen persönlichen Gefahren verbunden, wie das Segeln über den Ozean oder Selbstschussanlagen an der innerdeutschen Grenze. Aber Fluchtmöglichkeiten waren wenigstens vorhanden, was heute nicht mehr der Fall ist. Wohin können wir denn noch fliehen, wenn die ganze Welt von dem neofeudalistischen Kraken ausgepresst und überwacht wird? Auf den Mond oder auf den Mars? Geht wohl nicht. Also müssen wir Menschen hier und heute dem Neofeudalismus und seinen „unsichtbaren Regierungen" entschlossenen Widerstand leisten, damit er seinen weltumspannenden, totalitären Überwachungsstaat nicht vollenden kann. Unser Widerstand muss ebenso global organisiert und vernetzt werden, wie unsere Gegner agieren, damit wir sie besiegen können. Wir müssen sie besiegen, sonst gibt es auf Erden keine Menschlichkeit, keine Freiheit und keinen Wohlstand mehr. George Orwells Beschreibung des weltweiten Überwachungsstaates in seinem Werk „1984" zeigt klar auf, was zu verhindern ist. In vorliegendem Buch werde ich mich aber nicht nur auf die Verhinderung des Übels beschränken, sondern bessere Alternativen für eine menschliche, freiheitliche und demokratische Gesellschaft entwickeln. Dabei ist unvermeidlich, den scheindemokratischen Charakter des Parteienstaates zu entlarven, der einer wirklichen Demokratie im Wege steht.

In einer wissenschaftlichen Ausarbeitung wies ich 2020 die Zusammenballung wirtschaftlicher Macht in den Händen weniger Superreicher nach und zeigte auf, welche politischen Folgen das weltweit hat:

„Soziale Marktwirtschaft statt Globaler Finanzoligarchie – heimische Wirtschaft zuerst", erschienen im Gerhard-Hess-Verlag.

https://www.mueller-hansjoerg.bayern/wirtschaftskonzept/,
Als Diplom-Volkswirt mit den Schwerpunkten Finanzwissenschaft,

Wettbewerbs-, Geld und Geopolitik weiß ich, wovon ich spreche. Was hier passiert, ist knallharte Verschwörungs-Praxis. Eine real existierende Verschwörungs-Praxis kann nicht gleichzeitig eine Verschwörungs-Theorie sein: Es lohnt sich, über diesen logischen Widerspruch nachzudenken.

Wirtschaftlich trete ich für die Marktwirtschaft ein, weil sie am effektivsten Wohlstand schafft, wozu gleiche Wettbewerbsregeln für alle gehören, die für Kleine wie für Große gleichermaßen gelten müssen. Sofern diese wesentliche Bedingung eingehalten wird, profitieren von einer Marktwirtschaft die sogenannten kleinen Leute genauso wie die Unternehmer und können gemeinsam die sozial Schwachen unterstützen. Aus diesem Grund müssen die künstlichen Mono- und Oligopole der Superreichen zerschlagen werden. Zusätzlich verschaffen sich die Mono- und Oligopole über ihre Lobbyisten erhebliche Vorteile, denen gegenüber der Mittelstand das Nachsehen hat. Somit widme ich vorliegendes Buch den Inhabern mittelständischer Unternehmen, damit sie noch rechtzeitig aktiv werden und dagegen aufstehen, bevor ihre Firmen vom Neofeudalismus pulverisiert worden sind.

Die paar tausend Superreichen beziehen ihre Macht, mit denen sie weltweit Politik und Presse sowie übernationale Organisation durchkorrumpiert haben, aus unerschöpflichen Finanzquellen. Bekannte Beispiele für solche Organisationen sind die Vereinten Nationen (UNO), die Weltgesundheitsorganisation (WHO) oder auch die Europäische Union (EU). Deshalb bezeichne ich die Superreichen und ihre Erfüllungsgehilfen auch als „Finanzgangster". Als Abgeordneter zum Deutschen Bundestag hatte ich in der 19. Legislaturperiode von 2017 bis 2021 die Ehre, mir diesen Mechanismus einer gekauften Demokratie von innen ansehen zu dürfen. In dieser Zeit vertrat ich die Fraktion der Alternative für Deutschland (AfD) im Deutschen Bundestag, 2017 bis 2019 als Parlamentarischer Geschäftsführer und 2018 bis 2021 als deren Außenwirtschaftspolitischer Sprecher. Es liegt deshalb in der Natur der Sache, dass mein vorliegender Erlebnisbericht aus dem Demokratietheater am roten Faden der AfD entlangläuft.

(vor der Pressewand AfD-Fraktion)

Aber ich wende mich ausdrücklich an alle Menschen in allen Ländern – über alle politischen Parteien hinweg, die durchschaut haben, dass die oberste Aufgabe der Presse offenkundig die Manipulierung der öffentlichen Meinung im Sinne ihrer superreichen Herren ist, wie es Edward Bernays zutreffend festgestellt hat. Echter Journalismus, d.h. unvoreingenommen nachbohren und recherchieren, existiert auch, aber er wird nur in dem Rahmen zugelassen, in dem sich die Mächtigen davon nicht bedroht fühlen. Sogar in der staatshörigen deutschen Mainstreampresse lernte ich während meiner Abgeordnetenzeit solche echten Journalisten kennen. Es müssten halt sehr viel mehr sein.

Wenn wir schon über die Presse reden, widme ich vorliegendes Buch besonders den Millionen „gutgläubigen deutschen Micheln", die wirklich das Märchen glauben, dass die deutsche oder amerikanische Presse objektiver berichten würden als z.B. die russische. Nein, das ist definitiv nicht der Fall, wie die Berichterstattung zum Ukrainekrieg im Jahr 2022 wieder einmal zeigte. Neben meiner Muttersprache Deutsch spreche ich u.a. fließend Englisch und Russisch, kann somit die Quellen im Original lesen und selbstständig eigene Schlüsse ziehen, ohne auf betreutes Denken durch die Presse angewiesen zu sein. Im europäischen Kriegsjahr 2022 war der Fakenews-Anteil in der Westpresse wieder einmal deutlich höher als in der Ostpresse, wie wir es seit Jahrzehnten bei anderen globalen Themen schon kennen: Es gibt eine grundsätzliche Arroganz des Westens gegenüber dem Rest der Welt. Es gibt angeblich „gute" US-Kriege, d.h. pseudodemokratische Heuchelei, wenn für die angebliche Verbreitung von Demokratie und Menschenrechten wieder einmal Länder in die Steinzeit zurückgebombt werden. Die Finanzgangster verdienen dabei mehrfach am Leid der vielen Millionen Opfer, erst an Waffenlieferungen, dann am Zerstören und danach am Wiederaufbau, ein geniales Geschäftsmodell, das diese Leute bereits in zwei Weltkriegen knallhart durchgezogen hatten. Die Gutgläubigen unter uns wollen diese Tatsachen natürlich nicht wahrhaben und tun sie als angebliche Kremlpropaganda ab, was eindrucksvoll bestätigt, wie erfolgreich die Gehirnwäsche in den sogenannten demokratischen Staaten funktioniert. Edward Bernays lässt grüßen und womöglich hat sein Geist den russischen Präsidenten Putin inspiriert, als dieser den selbsternannten „Wertewesten" im Frühjahr 2022 ziemlich zutreffend als „Imperium der Lügen" bezeichnete.

Es ist mir egal, ob jemand links oder rechts ist oder sich der sogenannten Mitte zurechnet. Es ist mir egal, ob jemand aus Deutschland, aus Italien, aus Venezuela bzw. von der Venus oder vom Mars kommt. Es ist mir egal, ob jemand Querdenker, Geradeausdenker oder Nichtdenker ist.

Und es ist mir auch egal, welche Religion jemand ausübt. Ich wende mich an alle Menschen in Deutschland und der Welt, die frei von Unterdrückung leben wollen und die bereit sind, beim Einstehen für die Freiheit Gesicht zu zeigen: „Zivilcourage“ nannte man früher so ein Verhalten, als in Deutschland Aufrichtigkeit und demokratische Werte noch etwas zählten. Vorliegendes Buch widme ich denjenigen, für die „Menschlichkeit“ und „Wahrhaftigkeit“ keine leeren Worthülsen sind.

Heutzutage werden aufrechte Menschen über die Dreierbande aus Finanzgangstern, unsichtbaren Regierungen und Medienmanipulatoren nach allen Regeln der Kunst verleumdet und mit folgenden Unterstellungen beleidigt. Sie werden als angebliche Verschwörungstheoretiker, Geschichtsklitterer, Verächtlichmacher des Staates, Coronaleugner, Klimaleugner, Putinversteher, Rechtsextremisten und so weiter und so fort etikettiert. All diese an den Haaren herbeigezogenen Beleidigungen dürfen wir uns nur deshalb anhören, weil wir als überzeugte Basisdemokraten endlich in einer echten Demokratie leben und nicht länger hinnehmen wollen, dass uns die Dreierbande aus „Finanzgangstern-unsichtbaren Regierungen-Medienmanipulatoren“ weiterhin eine Demokratiesimulation vorspielt.

Sollten Sie am Ende dieses Buches feststellen, dass mir auch nur eine dieser bösartigen Unterstellungen nicht gemacht werden kann, habe ich zu nachlässig geschrieben und gelobe Besserung. Ziel des vorliegenden Buches ist – ich wiederhole es gerne – mit der „Politischen Korrektheit“ und ihrem totalitären Gehabe restlos aufzuräumen und einen Beitrag dafür zu leisten, dass die verlogene Scheindemokratie in der Bundesrepublik und anderen Ländern durch ein echtes demokratisches System ersetzt wird, in dem der Anspruch unseres Grundgesetzes endlich gelebt werden kann. Immerhin wird uns das seit 1949 versprochen. Außerdem ist es Voraussetzung für ein Leben in Würde unter Achtung menschlicher Werte.

Mit der Beseitigung der „Politischen Korrektheit“ will ich gleich anfangen. Man soll ja mit gutem Beispiel selbst vorangehen. Bei Äußerungen zum Russisch-Ukrainischen Krieg von 2022 wurde die Benutzung des lateinischen Buchstabes „Z“ vom deutschen „Rechtsstaat“ unter Strafe gestellt, wenn er im Zusammenhang mit der russischen Armee genannt wird. Wieder einmal Essig mit der angeblichen Meinungsfreiheit im angeblich freiesten Staat, der je auf deutschem Boden existierte. Menschen umbringen dürfen nur NATO-Armeen und ihre Vasallen, das sind ja die „Guten“ mit Sonderrechten, wie wir gesehen haben. Also sage ich nichts zum Buchstaben „Z“ im Zusammenhang mit der russischen Armee, um nicht als weiterer politischer Häftling in einem deutschen Gefängnis zu landen. Aber logisches Denken steht hoffentlich – noch! – nicht unter Strafe. Logisch weiter gedacht heißt der Rächer der Armen ab jetzt *orro und wenn wir Affen anschauen wollen, müssten wir ab jetzt in den *oo gehen, wobei ein Besuch im Deutschen Bundestag anschaulicher wäre. Nein, Ihr politischen Tugendwächter, ich unterwerfe mich Eurer hirnverbrannten Verbotsorgie nicht, ich nenne Zorro weiterhin Zorro, den Zoo weiterhin Zoo und beurteile selbst, welches Land von wem aus welchen Gründen in welchen Krieg getrieben wurde.

Dieses Buch widme ich meiner lieben Frau Viktoria, ohne deren Unterstützung ich nicht in die Politik hinein- und wieder herausgegangen wäre. Ich widme es meinen Mentoren innerhalb und außerhalb der Alternative für Deutschland (AfD), die mich immer wieder darin bestärkten, den aufrechten Weg zu gehen, gerade dann, wenn dieser aufrechte Weg Widerstände außerhalb und innerhalb der eigenen Partei erzeugt. Permanent machte ich die Erfahrung des politischen Urgesteins Franz Josef Strauß: „Feind-Todfeind-Parteifreund“. Es gibt keinen größeren Verrat in der Politik als die sogenannten Parteifreunde, die einem die Messer von hinten in den Rücken rammen. Davon gibt es in der AfD besonders viele, weil wohl keine andere Partei in der Bundesrepublik von Zuträgern der politischen Gegner bzw. von Provokateuren des Staates derart stark unterwandert ist. Ohne meine loyalen Mitarbeiter Nadja, Karl, Donald, Günter und Axel wäre auch nichts gegangen. Auf seinem Totenbett versprach ich Axel, auch außerhalb des korrupten Parteiensystems den Kampf für eine menschliche Politik in Deutschland weiterzuführen – nunmehr als Bürgerrechtler - bis wir gewonnen haben. Für einen ehemaligen DDR-Bürger, der 1989 über Straßendemonstrationen schon einmal ein totalitäres politisches System überwunden hatte, war für Axel die ganze BRD-Polit-Misere eine Deja-Vu-Situation: schon einmal da gewesen. Lieber Axel, ich weiß, dass Du uns von oben zuschaust und im Geiste weiter mit dabei bist.

Meine Widmung gilt den politisch hinters Licht geführten Mitgliedern und Wählern der Alternative für Deutschland, die immer noch naiv an die Illusion der Alternative glauben und dafür zahlreiche persönliche und berufliche Nachteile in Kauf nehmen. In einer echten Demokratie müsste übrigens niemand Nachteile in Kauf nehmen, wenn er die „falsche" Partei wählt oder ihr angehört. Im Verlaufe der Lektüre vorliegenden Buches wird sich zeigen, wie weit das politische System die AfD schon geschluckt hat und gegen jegliche demokratische Prinzipien fernsteuert.

Vorliegende Aufzeichnungen habe ich in der zeitlichen Abfolge verfasst, in der ich sie von 2013 bis 2022 erlebte, eingeleitet durch einen Rückblick aus dem Sommer 2021. Mein Einzug in den Bundestag 2017 war das Ergebnis zielgerichteter Vorbereitungen gewesen, weshalb ich Ihnen die spannende Vorbereitungszeit seit 2013 nicht vorenthalten möchte. Auch die „Nachwehen" 2022 sind interessant. Mein Buch ist ein Erlebnisbericht, welche Abenteuer ich in der deutschen Politik erlebte und warum ich das herrschende politische System inzwischen für eine menschenverachtende und demokratiesimulierende Scheinveranstaltung halte, was ich fundiert begründe. Als Insider steht mir diese persönliche Beurteilung zu. Die Zukunft einer menschlichen Politik sehe ich nicht mehr im korrumpierten Parteiensystem, sondern im internationalen Netzwerk bürgerrechtlicher Initiativen, in denen echter basisdemokratischer Geist herrscht.

Beim Schreiben fiel mir auf, dass sich durch meine Schilderungen ein weiterer roter Faden zieht: Wie die Alternative für Deutschland viel mehr aus ihrem Potential hätte herausholen können – deutschlandweit bei Wahlen über 30% statt 10-15% und das auch im Westen - wenn die Partei meinen Empfehlungen zur richtigen strategischen Positionierung gefolgt wäre. Aber das war nicht gewollt! Wer wie gegen den Erfolg der Partei arbeitete, zeige ich in den folgenden Kapiteln.

Die Zusammenarbeit externer Strippenzieher mit internen Erfüllungsgehilfen verlief wirklich professionell. Dann profitieren halt die bürgerrechtlichen Initiativen von meinen politischen Erfahrungen und es ist gut so!

Liebe Leser – diese Anrede bezieht sich auf Damen und Herren gleichermaßen, Sie erinnern sich –, egal, woher Sie kommen und aus welchem Interesse Sie sich vorliegendes Buch gekauft haben: Lassen Sie sich von mir an die Hand nehmen und ich nehme Sie mit, auf die spannende Reise durch neun Jahre persönlich erlebter Abenteuer in der Politik und welche Schlussfolgerungen ich daraus gezogen habe.

Sommer 2021 – Ich freue mich auf einen neuen Lebensabschnitt

Es ist Donnerstag, der 3. Juni 2021, Fronleichnam, ein Feiertag, kurz vor Sonnenuntergang auf dem Marktplatz von Greding. Greding liegt in der Mitte Bayerns, genauer gesagt in Mittelfranken und ist der Ort, an dem der bayerische Landesverband der Alternative für Deutschland (AfD) seine Wahlveranstaltungen durchführt, aktuell die Listenaufstellung zur Bundestagswahl 2021. Eine große Last fiel in dieser Woche von meinen Schultern, endlich ist es vorbei und endlich bin ich wieder frei! So fühle ich mich, als ich die Einladung von Dr. Rainer Rothfuss annehme, auf seinen Listenplatz 13 anzustoßen, der dann später nicht ausreichte, weil nur 12 aus Bayern den Bundestagseinzug schafften. Bis zu Platz 15 hat die bayerische AfD an diesem Tag ihre Liste für die Bundestagswahl 2021 gewählt, angefangen mit der Wahl ab Platz 1 am vorangegangenen Wochenende. Als ich zu Rainer und seinen Freunden komme, erwarten alle, einen geknickten Hansjörg Müller zu sehen, der es nicht mehr auf die Liste geschafft hat, aber ich setze mich tiefenentspannt und grinsend an den Tisch.

Quietschfidel setze ich mich also an Dr. Rainer Rothfuss Tisch und proste ihm mit dem Champagner zu, den er gerade ausgegeben hat. Für Rainer freue ich mich wirklich, er hat es verdient, auf der Liste zu sein, aber mit Platz 13 kam er dann doch nicht mehr rein, leider. Er wäre ein echter Aktivposten für unsere ängstliche und überangepasste Bundestagsfraktion geworden.

Am Wochenende zuvor war ich auf Platz 2 als erster stellvertretender Landesvorsitzender gegen die bayerische Landesvorsitzende Corinna Miazga angetreten. Platz 1 ging unumstritten und ohne Gegenkandidaten an Peter Boehringer, den Vorsitzenden des Haushaltsausschusses des Deutschen Bundestages. Bei der Kampfkandidatur um Platz 2 ging es um alles, es ging um sehr viel mehr als um Corinna Miazga oder Hansjörg Müller, es ging um die grundsätzliche Ausrichtung der gesamten AfD, die sich in ihren Gegensätzlichkeiten in unseren beiden Personen ausdrückte. Worin diese fundamentalen Gegensätzlichkeiten bestehen, werde ich noch in diesem Kapitel klarstellen, wo wirklich die Trennlinie innerhalb der AfD verläuft. Vorab kann ich schon sagen, dass es nicht um den angeblichen Gegensatz zwischen sogenannten „Bürgerlichen" und sogenannten „Völkischen" in der AfD gehen kann, weil es den so nicht gibt. Dieser angebliche Gegensatz wurde von unseren politischen Gegnern erfunden, um ihn uns immer wieder vorzuhalten, die Partei zu spalten und damit klein zu halten. Leider fallen unsere eigenen Leute immer wieder darauf herein, vor allem die Führungsfiguren.

Bei diesem Kampf um alles auf Platz 2 hatte die Gegenseite wirklich alles aufgeboten: Monatelange Vorbereitung, Hinterzimmerabsprachen aller anderen bayerischen Bundestagsabgeordneten außer mir, gecoacht von fähigen Strippenziehern (wer hat die eigentlich bezahlt? aus wessen Geldern?), Übernahme der Organisation des gesamten Aufstellungsparteitags, gezielte Gefälligkeitsfragen an eigene Kandidaten wie z.B. Frau Miazga und gezielte provokante Fragen an gegnerische Kandidaten wie z.B. mich, auf Kommando Klatschen bei Reden eigener Kandidaten und Buhrufen bei Reden gegnerischer Kandidaten, selbstverständlich unabhängig von der Qualität des jeweils Gesagten. Gekrönt wurde diese Parteitagsregie durch die Steuerung des Abstimmverhaltens, durch Einpeitscher in der Halle und durch Chatgruppen auf Mobiltelefonen. Einerseits ziehe ich vor der Professionalität dieses langfristig angelegten, organisatorischen Vorgehens den Hut. Andererseits sehe ich bei dieser Art und Weise des Herbeiführens von Wahlergebnissen nicht, dass diese demokratisch zustande gekommen sein könnten. „Gelenkte Demokratie" wirft man dem russischen Staatspräsidenten Putin vor, aber ist es bei uns etwa besser? Aus anderen politischen Parteien Deutschlands wurde mir berichtet, dass es dort noch viel gelenkter zugeht als in der AfD, wenn Listenaufstellungen zu Parlamenten stattfinden und auch meine Unterstützer in Bayern hatten vor dem Listenaufstellungsparteitag versucht, ähnliche Hebel anzusetzen, um das Wahlergebnis in unserem Sinne zu beeinflussen. Sie haben es aber nicht gekonnt: Ihnen fehlten nicht nur die organisatorischen Fähigkeiten, sondern es fehlte vor allem die notwendige Disziplin im eigenen Lager. Der Ehrenvorsitzende Alexander Gauland spricht zurecht von der AfD als „gärigem Haufen". Leider verhalten sich die besonders Gärigen besonders undiszipliniert, wohingegen die Angepassten für Disziplin empfänglich sind. Womit wir bei der wirklichen Trennlinie zwischen beiden Lagern der Partei angelangt sind: Zwischen denen einen, die **konsequent Oppositionspolitik machen** und den anderen, die Opposition nur spielen, weil sie viel lieber schon regieren würden. Um aber regierungsfähig werden zu können, muss man zuerst einmal Opposition wirklich gemacht und nicht nur gespielt haben. Das ist ein notwendiger Entwicklungsschritt, den man als Partei nicht überspringen kann. Ein Kind wird auch nicht gleich zum Erwachsenen, sondern muss erst einmal durch die Pubertät hindurch. Die echten Oppositionspolitiker in unseren Reihen sind eher die Gärigen, die sich nicht gern disziplinieren lassen und die zudem in der Minderheit sind wie ich. Das ist ein unschlagbarer Wettbewerbsvorteil für die Angepassten, die für Disziplin empfänglich sind und die zudem die Mehrheit stellen wie Frau Miazga. Insofern bin ich mit meinem Wahlergebnis auf Platz 2 zufrieden, weil es aus einer offensichtlich schlechteren Position heraus erfolgte. Im ersten Wahlgang erhielt Frau Miazga keine Mehrheit und musste im zweiten Wahlgang in die Stichwahl gegen mich und auch dort erzielte sie nur ein Ergebnis von 3 Stimmen über dem notwendigen Quorum von 153 Stimmen, wobei 133 Stimmen auf mich entfielen. Entscheidend war folgende Konstellation: Die Delegierten der AfD-Jugendorganisation Junge Alternative stimmten mehrheitlich gegen mich, wobei der Vorsitzende der Jungen Alternative Bayern, Sven Kachelmann, nach meiner Erinnerung für den bayerischen Bundestagsabgeordneten Tobias Peterka arbeitet und damit von seinem Chef wirtschaftlich abhängig ist. Herr Peterka wiederum gehört zum Kern der Seilschaft um Corinna Miazga. Er und weitere Seilschafter beschickten den Parteitag mit wirtschaftlich von ihnen abhängigen Mitarbeitern als Delegierte, um über deren Stimmen die im Vorfeld abgesprochene Liste durchzusetzen.

Was das für ein Wahlergebnis bedeutet, wenn mehrere zig abhängige Mitarbeiter im Sinne ihrer Abgeordneten abstimmen, kann sich jeder selbst ausmalen. Insofern bin ich mit meinem Wahlergebnis auf Platz 2 sogar sehr zufrieden, weil ich weiß, wie es zustande gekommen ist und in einem echten, demokratischen Wettbewerb hätte ich locker gegen Corinna gewonnen: Als Vertreter der Mitgliederbasis. Das ist der Grund, warum die Miazga-Seilschaft im bayerischen Landesvorstand die

Listenaufstellung – grob satzungswidrig, auch wenn sie es selbst anders sieht - per Delegiertenparteitag durchführte, bei dem nur ausgewählte und damit steuerbare Delegierte abstimmen durften. Bei einem Mitgliederparteitag, wie ihn die bayerische AfD-Satzung ausdrücklich vorsieht und der durch die Abschaffung der Teilnehmerzahlbeschränkung aufgrund der neuesten Corona-Verordnung ermöglicht wurde, hätten alle bayerischen Parteimitglieder abstimmen dürfen. Wir hätten ein völlig anderes Ergebnis bekommen, auf der Basis eines echten, demokratischen Wettbewerbs. Mitglieder lassen sich nun mal nicht so sehr manipulieren, wie Delegierte, vor allem wie wirtschaftlich abhängige Mitarbeiter von Abgeordneten.

Bei dieser ganzen Inszenierung tat mir Corinna Miazga als Mensch leid. Die auf dem Parteitag anwesenden Ärzte schlugen die Hände über dem Kopf zusammen hinsichtlich ihres gesundheitlichen Erscheinungsbildes. Ja, politisch stehen wir zwei für verschiedene AfD's: sie für eine gespielte Opposition nach den Vorgaben des Systems, ich für eine echte Opposition gegen das Establishment. Deshalb kämpften wir gegeneinander für die richtige Ausrichtung unserer Partei, wobei uns beiden harte Bandagen nicht fremd sind, Politik ist nun mal kein Mädchenpensionat. Corinna Miazga war Ende 2020, mit gerade einmal 37 Jahren, an Krebs erkrankt und ich hatte ihr gewünscht, sich auf ihre Genesung zu konzentrieren, anstatt seelische und körperliche Energien in den Aufstellungsparteitag umzulenken, die bei der Wiederherstellung ihrer Gesundheit fehlten. Ihre Selbstauszehrung lag wohl daran, dass sie ohne abgeschlossene Berufsausbildung oder Studium keinen richtigen Job hat, in den sie zurückkehren kann, womit sie ein erneutes Bundestagsmandat brauchte, um nicht in Armut abzustürzen. Corinna erzählt zwar gerne, dass sie aus einer tollen Karriere in der Automobilindustrie in die Politik eingestiegen sei, aber wenn man das hinterfragt, bleiben gehobene Aushilfsarbeiten übrig, die sie nach ihrem abgebrochenen Jurastudium annehmen musste. Und um mit aller Gewalt wieder an ein Abgeordnetenmandat zu kommen, betreibt sie Raubbau an ihrer Gesundheit. Damit sind wir wieder bei o.g. Punkt angekommen, dass Politik immer dann zur Farce verkommt, wenn Personen von ihr wirtschaftlich abhängig sind und deshalb nicht mehr frei entsprechend ihrem Gewissen oder ihrer Überzeugungen entscheiden können. Im Falle von Frau Miazga ist das menschlich gesehen einfach nur tragisch.

Die Entscheidung, ein Buch über die Verlogenheit des politischen Systems der Bundesrepublik Deutschland zu schreiben, traf ich nicht erst nach dem meines Erachtens hingetürkten bayerischen Aufstellungsparteitag für die Bundestagswahl 2021, sondern bereits Ende 2018, als ich nach einem Jahr im Deutschen Bundestag die dortigen Abgründe verstanden hatte, die meinen menschlichen und demokratischen Werten zutiefst zuwiderlaufen. Jetzt im Jahre 2022, nach meinem Ausscheiden aus dem Bundestag, habe ich endlich die Zeit, das zu tun. Es ist, wie es ist und ich habe mit dem Politiktheater in dieser Form vorerst einmal abgeschlossen. Dafür kämpfe ich weiter als Bürgerrechtler für Freiheit, Bürgerrechte, Selbstbestimmung, Marktwirtschaft und echte Demokratie, also für Werte, die aus meiner Sicht vom scheindemokratischen BRD-System kaputt gemacht worden sind. Das mit dem Politiktheater meine ich parteiübergreifend, weil es ein systemisches Problem ist! Deshalb mein Gefühl der Befreiung beim Champagnertrinken mit Dr. Rainer Rothfuss und mein freudiger Blick nach vorne. Den geschätzten Lesern möchte ich durch eigenes Erleben näherbringen, nach welchen Methoden die Scheindemokratie in unserem Land funktioniert und die Listenaufstellung der eigenen Partei für den Bundestag war doch ein anschauliches Beispiel zum Einstieg, oder nicht?

2013

Frühjahr 2013 – Wie alles begann

Eigentlich begann alles noch viel früher. Bereits als Schulbub interessierte ich mich brennend für Politik, womit ich wohl eine Ausnahme in meiner Klasse war. Die Bundestagsdebatte zum NATO-Doppelbeschluss

1983 verfolgte ich mit großem Enthusiasmus. Dabei ging es um eine Nachrüstung im westlichen Militärbündnis NATO, um den Rüstungsvorsprung des östlichen Militärbündnisses Warschauer Pakt aufzuholen, verbunden mit einem westlichen Abrüstungsvorschlag an den Osten. So wurde uns das erklärt und ich fand die Handlungsweise der NATO damals völlig richtig. Jüngeren Lesern, deren Erinnerung erst nach der deutschen Wiedervereinigung 1990 einsetzt, erkläre ich gerne, dass ich zu Zeiten der deutschen Teilung im damals freien westlichen Teilstaat, der Bundesrepublik Deutschland (BRD), aufwuchs. Für uns im Westen waren die BRD und deren NATO-Führungsmacht, die Vereinigten Staaten von Amerika, die Guten. Die aus unserer Sicht Bösen waren die Kommunisten im Osten. Das war der östliche Teilstaat Deutsche Demokratische Republik (DDR) und deren Führungsmacht im Warschauer Pakt, die Sowjetunion, aus der das heutige Russland hervorging. Den Warschauer Pakt als militärisches Gegengewicht zur NATO gibt es seit 1991 nicht mehr. Gemäß meinen damaligen Überzeugungen war ein besonders aufrechter Kämpfer gegen die „bösen Russen" der CSU-Vorsitzende und bayerische Ministerpräsidenten Franz Josef Strauß gewesen. Wegen ihm trat ich 1987 in die Junge Union (JU) ein, die gemeinsame Jugendorganisation der CDU/CSU; Mitglied in der Mutterpartei CSU wurde ich dabei nicht. Ich hatte die Ehre, dem Franz Josef – jeder Bayer weiß bis heute, es gibt nur „den einen" Franz Josef, den Strauß – einmal persönlich zu begegnen und er schrieb sogar einen Brief an unseren JU-Kreisverband in Würzburg, dessen Kopie ich bis heute wie ein Juwel aufbewahre. 1988, nach einem Jahr in der Würzburger Jungen Union, war meine politische Begeisterung schnell am Ende, nachdem ich mitbekommen hatte, wie bereits auf der Funktionsebene des Kreisverbandes einer Jugendorganisation fachlich gute Leute mit Ecken und Kanten aussortiert werden, dafür stromlinienförmige Jasager ohne Inhalte Karriere machen. Im selben Jahr trat ich aus der JU aus.

Heute, also über 30 Jahre später, sehe ich die globalen Schurkenrollen zwischen West und Ost genau andersherum verteilt als damals: Heute agiert Russland als Bollwerk der Selbstbestimmung gegen die Gleichschaltung der Welt durch die Vereinigten Staaten von Amerika. Besonders stark leidet unser Land, Deutschland, unter dieser Gleichschaltung, weil es im amerikanischen Hegemoniekampf gegen Russland zwischen den Fronten verheizt wird, so wie die Ukraine übrigens auch. Aus diesen geänderten Interessenlagen ergibt sich automatisch, dass heutzutage ziemlich deckungsgleich für Deutschland gut ist, was auch für Russland gut ist. Erstaunlich, wie sich die Interessenlagen um unser Land herum in den letzten 30 Jahren ins Gegenteil verkehrt haben: Damit ist heute gut, was damals schlecht war und umgekehrt. Vor über 30 Jahren war ich noch ein glühender USA-Verehrer und „Russenfresser" gewesen, der ich heute nicht mehr sein kann, wenn ich die deutschen Interessen in den Mittelpunkt stelle, was jeder Deutsche zu tun hat. Deshalb nehme ich für mich in Anspruch, mich weiter entwickelt zu haben, im Gegensatz zu manchen unreflektierten NATO-Fans, die ich für geistig stehengeblieben halte.

Auch nach meinem Austritt aus der Jungen Union konnte ich das politische Denken nicht abschalten, das mir in die Wiege gelegt worden war. Insofern machte ich mir weiter politische Gedanken, wetterte fleißig an Stammtischen – Internetforen gab es damals noch nicht – ohne einstweilen einer weiteren politischen Organisation beizutreten. Ich konzentrierte mich auf mein Studium der Volkswirtschaft in Würzburg und Passau, das ich mit dem Diplom abschloss, sowie auf die Wirtschaftsfremdsprachen Englisch, Spanisch, Russisch und Tschechisch, die ich verhandlungssicher erlernte. Zwischen dem Grundstudium in Würzburg und dem Hauptstudium in Passau legte ich von September 1989 bis Februar 1990 ein Auslandssemester in Wolgograd in der damaligen Sowjetunion ein, um meine Russischkenntnisse zu verbessern. Wolgograd ist das frühere Stalingrad, was meinen geschichtlichen und damit auch politischen Blick weiter schärfte. 1994 trat ich ins Berufsleben ein, in dem ich 23 Jahre lang Leistung in international tätigen mittelständischen Unternehmen, in Konzernen und als Selbständiger erbrachte, bevor ich 2017 in den Deutschen Bundestag gewählt wurde.

1995, inzwischen lebte ich in Bayreuth, spazierte ich an einem Samstag durch die Fußgängerzone und lief dort an einem Wahlkampfstand Ortwin Lowack in die Arme, einem Außenpolitiker der CDU/CSU-Bundestagsfraktion. Er hatte die Union verlassen und seine eigene Partei, die

„Freie Bürger Union" (FBU) zusammen mit dem Ex-CSU-ler Hermann Knipfer aus Augsburg gegründet und war noch Mitglied des Bundestages. Die FBU hatte die gleiche politische Ausrichtung wie der „Bund Freier Bürger" (BFB), die bekanntere Parallelgründung des Ex-FDP-lers Manfred Brunner: Freiheitlich-marktwirtschaftlich-patriotisch, beide angelehnt am Modell der Freiheitlichen Partei Österreichs (FPÖ) unter ihrem damaligen Parteiobmann Jörg Haider. An diesem Samstag des Jahres 1995 kamen meine ganzen politischen Überzeugungen wieder hoch und ich wurde kurz darauf Mitglied der FBU. 1995-1996 schrieb ich das Bundesprogramm der FBU, das ich gegen den Konkurrenzentwurf des Parteifreundes Manfred Schmidt aus Baldham durchsetzen konnte. 20 Jahre später traf ich Manfred Schmidt in der bayerischen AfD wieder und wir verstanden uns viel besser als vorher in der FBU. Die Wege in der Politik sind manchmal skurril. 1995 wurde ich im Alter von 27 Jahren Kreisvorsitzender der FBU in Bayreuth und organisierte 1996 den Stadtratswahlkampf, bei dem wir zwei Stadträte in den Stadtrat brachten. Damit war der Zenit der FBU erreicht, mehr war damals nicht drin. Wir waren zwei Jahrzehnte zu früh am politischen Markt gewesen, der erst mit dem Entstehen der AfD reif für eine freiheitliche Partei in Deutschland wurde.

Wahlvorschlag Nr. 7

Kennwort: FREIE BÜRGER UNION (FBU)

1	**Lowack Ortwin**, Rechtsanwalt **Lowack Ortwin**, Rechtsanwalt
2	**Breitbach Heinz**, Werkleiter i. R. **Breitbach Heinz**, Werkleiter i. R.
3	**Alt Elfriede**, Hausfrau **Alt Elfriede**, Hausfrau
4	**Gießübel Elke**, Laborantin **Gießübel Elke**, Laborantin
5	**Weidmann Roland**, Unternehmer, Stadtrat **Weidmann Roland**, Unternehmer, Stadtrat
6	**Kraus Fritz**, Landrat a.D., Stadtrat **Kraus Fritz**, Landrat a.D., Stadtrat
7	**Schenck zu Schweinsberg** Regine, Reg.-Rätin **Schenck zu Schweinsberg** Regine, Reg.-Rätin
8	**Machacek Jethro**, Gärtner **Machacek Jethro**, Gärtner
9	**Hünewaldt Christl**, med.-techn. Assistentin **Hünewaldt Christl**, med.-techn. Assistentin
10	**Müller Hansjörg**, Kfm. Angest., Kreisvors. **Müller Hansjörg**, Kfm. Angest., Kreisvors.
11	**Rose Mechthild**, leitende Krankenschwester
12	**Ehrnsperger Horst**, Textilkaufmann
13	**Berndt Frank**, leitender Angestellter
14	**Schilling Ursula**, Versicherungsangestellte
15	**Porr Günter**, Rentner
16	**Hummel Rosa**, Unternehmensberaterin
17	**Hegen Manfred**, Musikpädagoge
18	**Jobst Evelyn**, med.-techn. Assistentin
19	**Leithoff Joachim**, technischer Angestellter
20	**Weber Waltraud**, Vertriebsleiterin
21	**Pichner Reinfried**, Rentner
22	**Eichner Thomas**, Versicherungsmakler
23	**Ascherl Josef**, Soldat
24	**Knublauch Wilfried**, technischer Mitarbeiter
25	**Weichert Thomas**, Hausmeister
26	**Morand-Danrez Jean-Michel**, Gastronom
27	**Stoll-Barthelmes Monika**, Hausfrau
28	**Prokosch Dagmar**, Polizeiangestellte
29	**Feuerabendt Siglinde**, Förderlehrerin
30	**Mader Ingrid**, Industriekauffrau
31	**Steffens Werner**, Betriebsratsvorsitzender
32	**Lindner Dirk**, Kraftfahrer
33	**Wagner Marianne**, Reg.-Angest., Distriktsvorsteherin
34	**Fischer Wolfram**, Studiendirektor a.D.

Gegen die Politik-Elefanten
Für Dynamik im Rathaus

Wir laden Sie sehr herzlich ein zu unseren Veranstaltungen:

23.1.96	Di. 19.30 Uhr, Gaststätte Maisel, St. Johannis
25.1.96	Do. 19.30 Uhr, Gaststätte Gotschel, St. Georgen
30.1.96	Di. 19.30 Uhr, Gasthaus Elbel, Oberkonnersreuther Str. 18
31.1.96	Mi. 19.30 Uhr, Restaurant Mexx, Grunau Park, Kemnather Str. 27
01.2.96	Do. 19.30 Uhr, Gaststätte Mykonos-Hilmann, Wolfsbacher Str. 3
04.2.96	So. 19.30 Uhr, Gasthaus Redemann, Oberpreuschwitz
06.2.96	Di. 19.30 Uhr, Braunbierhaus, Kanzleistr. 15
08.2.96	Do. 19.30 Uhr, Gaststätte Neukam, Donndorfer Str.
11.2.96	So. 10.30 Uhr, Seulbitzer Bierstübl
13.2.96	Di. 19.30 Uhr, Sportheim Saas, Lerchenbühl 15
15.2.96	Do. 19.30 Uhr, Sportheim Laineck
21.2.96	Mi. 19.30 Uhr, politischer Aschermittwoch, Kolpinghaus
22.2.96	Do. 19.30 Uhr, Gasthaus Grüner Baum, Bernecker Str. 1
27.2.96	Di. 19.30 Uhr, Sportheim SpVgg, Jakobshöhe 33
29.2.96	Do. 19.30 Uhr, Sportheim Kreuz, Egerstr. 10
05.3.96	Di. 19.30 Uhr, Gaststätte Zum Mistelbach, St. Nikolausstr. 10
06.3.96	**Mi, 19.30 Uhr, Kolpinghaus Abschlußveranstaltung**

Sie als Bürger an Entscheidungen in Ihrer Stadt beteiligen - Den Mittelstand retten = Arbeitsplätze schaffen - Solide Finanzpolitik betreiben - Stadtverwaltung in modernes Dienstleistungsunternehmen umwandeln - Ein neues Bayreuth-Gefühl, Kultur neu beleben - Verkehrskonzept des gesunden Menschenverstandes - Busbahnhof am Markt - Anwohnerschutz beim Autobahnausbau - Die Straßen wieder sicher machen - Nicht ideologischen, sondern intelligenten Umweltschutz - Ehrenamt stärken - Zukunftsorientierte Wohnungspolitik - Hilfe für ältere Menschen, Perspektiven für die Jugend

V. i. S. d. P. Hansjörg Müller, Spessartstr. 1, 95448 Bayreuth

(FBU-Flyer Stadtratswahl Bayreuth 1996_Vorderseite)

OFFENHEIT - FREIHEIT - SICHERHEIT

ZUR STADTRATSWAHL AM 10. MÄRZ 1996 IN BAYREUTH

Fühlen Sie sich durch die örtlichen Politiker gut vertreten ?
Vergessen Sie Filz und Klüngelei. Sie können wieder wählen. Die FREIE BÜRGER UNION wird eine **OFFENE POLITIK** betreiben!

Stört Sie der sinnlose Streit zwischen den etablierten Parteien im Stadtrat ?
Viel zu viele Entscheidungen im jetzigen Stadtrat leiden darunter, daß die Parteien/Fraktionen keine abweichende Meinung dulden, selbst wenn sie besser ist. Eine sachgerechte Problemlösung in Ihrem Sinne als Bürger bleibt dabei auf der Strecke. Die FREIE BÜRGER UNION setzt auf den **GESUNDEN MENSCHENVERSTAND** und akzeptiert jede vernünftige Lösung, egal woher sie kommt !

Sie als Bürger an Entscheidungen in Ihrer Stadt beteiligen
Bei eigenen klaren politischen Vorstellungen werden wir stets Sprachrohr für die Anliegen der Bürger sein. Wenden Sie sich mit Ihren Vorschlägen an uns.

Den Mittelstand retten = Arbeitsplätze schaffen
Die Gewerbesteuer muß runter. Damit können die Betriebe mehr Arbeitsplätze schaffen.
Die Stadt muß flexibler Gewerbeflächen zur Verfügung stellen, um weitere Abwanderungen von Betrieben in das Umland zu verhindern. Die Wirtschaftskraft ist noch zu schwach, um sich selbst zu tragen. Wir müssen Investitionen nach Bayreuth holen.

Solide Finanzpolitik betreiben
Bayreuth muß ein Vorbild öffentlicher Sparsamkeit sein. Heute eingesparte Finanzmittel müssen auf das nächste Jahr übertragbar sein, um überflüssige Verschwendungen zum Jahresende zu vermeiden. Die Umgestaltung der Stadtwerke muß sich zum Wohl der Bürger auswirken.

Stadtverwaltung in modernes Dienstleistungsunternehmen umwandeln
Bewährte Mitarbeiter und Verbesserungsvorschläge auszeichnen. Moderne Technik einführen. Eigeninitiative fördern. Genehmigungsverfahren drastisch kürzen.

Ein neues Bayreuth-Gefühl, Kultur neu beleben
Unser Ziel ist das *Miteinander* aller Generationen und Gesellschaftsschichten im Sinne eines florierenden Stadtlebens: Ein Bürgertreffpunkt soll zusammen mit der Stadtbücherei ins alte Rathaus.
Behinderte einbeziehen.
Weltstadt nicht nur auf Zeit: Förderung von Kleinkunstbühnen, Künstlern, Theatern, Konzerten usw. das ganze Jahr. Die Innenstadt muß wieder mit Leben erfüllt werden: Dazu gehören Wohnen, Arbeiten, Einkaufen und Feiern. Dies muß die Stadt durch eine großzügige Konzessionsvergabe an private Anbieter fördern.

Verkehrskonzept des gesunden Menschenverstandes
Klare, überschaubare Verkehrsführung.
Wohngebiete 30 km/h, Verbindungsstraßen 50 km/h, Ausfallstraßen 60 km/h.
Schilderwald drastisch reduzieren.
Vorfahrt für den Kreisverkehr.
Verkehrsangepaßte, umweltschonende Ampelschaltungen mit Hilfe modernster Technik.
Straßenbaumaßnahmen abstimmen.
Konsequenter Ausbau des Bus- und Radwegenetzes.
Sicherheit für Fußgänger.

Busbahnhof am Markt
Es gibt derzeit keine bessere Alternative: Der Busbahnhof am Markt muß im Interesse der einkaufenden Bevölkerung und älteren Menschen erhalten bleiben.

Anwohnerschutz beim Autobahnausbau
Für die Anwohner muß es den besten bezahlbaren Schutz geben, z.B. durchgehende Wälle und hohe Lärmschutzwände. Eine Einhausung aus Ihren Steuergeldern ist nicht finanzierbar.

Die Straßen wieder sicher machen
Seit der Öffnung der Grenzen werden unsere Bayreuther Bürger immer stärker durch Kriminalität belästigt und bedroht. Die Polizeipräsenz für unsere Bürger muß verbessert und verstärkt werden. Fußstreifen in den Abendstunden.
Polizisten, welche die Sicherheit unserer Bürger schützen, müssen von Verwaltungsarbeit entlastet werden.
Anlaufstelle für Verbrechensopfer im Rathaus.

Nicht ideologischen, sondern intelligenten Umweltschutz
Wir unterstützen alle machbaren Formen der Verbesserung unserer Umwelt.
Gelbe Säcke und Biomüll dürfen nicht wochenlang vor sich hinstinken. Sie müssen regelmäßig abgeholt werden:
Im Sommer jede Woche, im Winter alle 14 Tage

Ehrenamt stärken
Die ehrenamtlichen Helfer erbringen in Breitensport und Gesellschaft unschätzbare Leistungen für uns alle. Wir werden ihre Arbeit besonders anerkennen.

Zukunftsorientierte Wohnungspolitik
Wir drängen darauf, die Ausgleichsabgabe für fehlbelegte Sozialwohnungen endlich konsequent zu erheben.
Bezahlbaren Wohnraum schaffen durch:
Angebot an Grundstücken - Schnelle Baugenehmigungen
Vorbildfunktion der Stadtsparkasse bei Baufinanzierungen

Hilfe für ältere Menschen, Perspektiven für die Jugend
Gegen die Ausgrenzung älterer Menschen, gegen die wachsende Perspektivlosigkeit für unsere Jugend.
Gemeinsam können sie nur gewinnen.

Die FREIE BÜRGER UNION tritt als neue dynamische Kraft zur Stadtratswahl in Bayreuth an. Wir wollen Herausforderung und Kontrolle von Oberbürgermeister und Stadtverwaltung im Interesse der Bürger dieser Stadt sein. Wir werden alte Strukturen aufbrechen, neue Motivation ins Rathaus bringen und mit unserem Kampfgeist für schöpferische Unruhe sorgen.

SIE KÖNNEN WIEDER WÄHLEN

(FBU-Flyer Stadtratswahl Bayreuth 1996_Rückseite)

Kurze Anekdote am Rande: Nachdem die Freie Bürger Union ihren Zenit hinter sich gelassen hatte, besuchte mich überraschend Manfred Brunner, Chef der Parallelpartei Bund Freier Bürger, um mich für seine Partei abzuwerben. Das Treffen fand in der Lohmühle statt, Besuchern der Bayreuther Wagner-Festspiele ist diese Institution ein Begriff. Der Kontakt schlief ein und es wurde nichts daraus. Kurze Zeit später trat Brunner aus seiner eigenen Partei aus und ich fragte mich, warum er mich zuerst abwerben wollte, um dann selbst hinzuwerfen.

In meiner FBU-Zeit Mitte der 1990er Jahre hatten wir mehrere ehemalige Republikaner als Mitglieder, darunter Gründungsmitglieder, die mir sehr viel darüber berichteten, wie die Altparteien unter Missbrauch von Medien, Verfassungsschutz und weiterer staatlicher Organe ihre damalige Partei, DIE REPUBLIKANER (REP), unterwandert und zersetzt hatten. Seit dieser Zeit wurde mir zunehmend klar, dass wir in einer Scheindemokratie leben, hinter deren bunter Fassade ein brutaler Machtpoker abläuft, in dem die politischen Parteien mit Methoden, die alles andere als demokratisch sind, eines tun: Ihre Macht absichern, fremden Interessen dienen und dabei die Interessen der ihnen anvertrauten Bürger mit Füßen treten.

Frecherweise betreiben die Parteien diese bürgerfeindliche Politik mit demjenigen Geld, welches sie vorher ihren Bürgern durch überhöhte Steuern abgepresst, d.h. gestohlen haben. Folgendes Zitat bringt das Un(-Wesen) der Parlamentarischen Demokratie in Deutschland auf den Punkt: «Im Laufe der Zeit wurde hinter der demokratischen Fassade ein System installiert, in dem völlig andere Regeln gelten als die des Grundgesetzes.» Dieses Zitat stammt von dem bekannten Parteienkritiker Prof. Hans-Herbert von Arnim aus seinem überragenden Werk von 2001 „Das System – Die Machenschaften der Macht“. Seitdem ich dieses Buch las, glaube ich nichts mehr, wenn Politiker in die Kamera ihre typischen Floskeln verkünden: „Wir seien die freieste Demokratie, die der deutsche Boden je gesehen hätte, die Parlamentarische Demokratie würde den Wählerwillen über den politischen Prozess wunderbar abbilden und überhaupt würden wir toll regiert ...“.

Das Buch von Hans-Herbert von Arnim finden Interessierte übrigens hier:

Quelle: https://www.amazon.com/Das-System-Hans-Herbert-Arnim/dp/3426776588

1997 lud mich der Bayreuther CSU-Abgeordnete Hartmut Koschyk, der Nachfolger von Ortwin Lowack, zu einem Praktikum in den Bundestag ein, das ich in vollen Zügen genoss. Das war noch in Bonn vor dem Umzug des Bundestages nach Berlin. Herr Koschyk tat wirklich alles, damit ich einen möglichst umfassenden Eindruck von der Arbeitsweise des Parlaments erhielt und schaffte es, dass ich ihn in alle Ausschüsse begleiten durfte. Dort erhielt ich einen persönlichen Eindruck von mehreren Abgeordneten. Zum Beispiel von Erika Steinbach, der späteren Präsidentin des Bundes der Vertriebenen, die noch später als Vorsitzende der Desiderius-Erasmus-Stiftung im AfD-Umfeld wieder auftauchte: Leider auf der falschen Seite der Oppositionsspieler. Wer sich jahrzehntelang durch den CDU-Parteiapparat hindurch gedient hatte, wie Frau Steinbach, wird dabei offensichtlich derart abgeschliffen, dass er bzw. sie zu echter Opposition gegen das Establishment nicht mehr fähig ist. 1997 in Bonn fiel mir Frau Steinbach zuerst optisch auf, weil sie die für ihr Alter tolle Figur durch Minirock, Nylons und Stöckelschuhe – alles in schwarz - unterstrich. Auch ihre Äußerungen fand ich wertkonservativ-sympathisch, das gefiel mir. Auch Ulla Jelpke lief mir das erste Mal über den Weg, damals parteiloses Mitglied der PDS-Fraktion, bis 2021 für die LINKE im Bundestag. Sobald Frau Jelpke damals den Mund öffnete, schauten die meisten anderen Ausschussmitglieder betreten zu Boden, 100% Ideologie, 0% Fakten, das hatte sich bis zu meinem Bundestagseinzug 2017 nicht geändert. Sie können sich mein Aha-Erlebnis vorstellen als ich 2017 Frau Jelpke im Bundestag ans Rednerpult treten sah, diesmal aus Sicht eines AfD-Bundestagsabgeordneten. Ich dachte nur: „Oh mein Gott, dafür presst unser Staat der arbeitenden Bevölkerung Steuern ab, um solche Blindschleichen jahrzehntelang im Parlament durchzufüttern." Einen besonders kompetenten Eindruck während meines Praktikums in Bonn hinterließ bei mir Erwin Marschewski, 1983 bis 2005 für die CDU im Deutschen Bundestag. Der Mann war fachlich 1-A aber wer kennt ihn? Das ist genau das Problem unseres politischen

Systems: Wir haben eine Negativselektion, die Schlechtesten kommen nach oben, die Besten kommen entweder gar nicht rein oder sind zum Hinterbänkler verdammt. Dazu liefert Oliver Janich in einem Kapitel seines Buches „Die Vereinigten Staaten von Europa" eine brillante Analyse, in der er erklärt, warum an der Spitze von politischen Parteien Psychopathen besonders gehäuft vorkommen, obwohl sie in der Gesamtbevölkerung nicht besonders häufig vertreten sind.

Quelle: https://www.amazon.com/Die-vereinigten-Staaten-von-Europa/dp/3898798208

Hermann Oberth, der Vater der Raumfahrt, brachte dieses Phänomen wie folgt auf den Punkt: „Im Leben stehen einem anständigen Charakter so und so viele Wege offen, um vorwärtszukommen. Einem Schuft stehen bei gleicher Intelligenz und Tatkraft auf dem gleichen Platz diese Wege auch alle offen. Daneben aber auch noch andere, die ein anständiger Kerl nicht geht. Er hat daher mehr Chancen, vorwärtszukommen, und infolge dieser negativen charakterlichen Auslese findet eine Anreicherung der höheren Gesellschaftsschichten mit Schurken statt."

Quelle: https://beruhmte-zitate.de/zitate/124086-hermann-oberth-im-leben-stehen-einem-anstandigen-charakter-so-und/

Egal, ob wir diese Charaktere Psychopathen, Soziopathen oder Schurken nennen: Hermann Oberth, Oliver Janich oder auch Dr. Markus Krall und viele andere beschreiben das gleiche Phänomen, an dem alle Führungsstrukturen kranken, besonders aber die Führungsstrukturen politischer Parteien: Eine hanebüchene Negativauslese von nicht vorhandenen Fähigkeiten, kombiniert mit gnadenloser Rücksichtslosigkeit in der Durchsetzung! Nachdem das Problem genug schlaue Menschen erkannt haben – wahrscheinlich auch schon chinesische Philosophen vor Tausenden von Jahren - müsste jede Suche nach einem besseren politischen Führungssystem erst einmal daran ansetzen, diesen Konstruktionsfehler der Parlamentarischen Demokratie zu bereinigen. Es gibt ein besseres politisches Führungssystem, das sogar viel demokratischer ist als die Parlamentarische Demokratie: Es ist die Direkte Demokratie. Zu den Details kommen wir am Ende des Buches.

Mit diesen politischen Erfahrungen im Rücken hörte ich im Frühjahr 2013 das erste Mal von der Alternative für Deutschland (AfD), die sich kurz zuvor gegründet hatte.

Ich war neugierig und ließ mir im Mai 2013 einen Termin bei Wolf-Joachim Schünemann geben, dem damaligen Gründungsvorsitzenden der AfD-Bayern. Ich stand vor seinem Finanzmaklerbüro in Fürth und trat ein. Die Tische waren vor lauter Ordnern nicht zu sehen, aber das kann so sein, wenn es zu viele Aufträge gibt. Wir stellten uns gegenseitig vor und ich fragte Herrn Schünemann was die AfD vorhat. Er antwortete, dass die Euro-Rettungspolitik unverantwortlich sei, was ich bereits der Presse entnommen hatte. Die Euro-Problematik war auch schon zu FBU-Zeiten mein Steckenpferd gewesen, als ich mit meinem Hintergrund als Diplom-Volkswirt davor gewarnt hatte, den Euro überhaupt einzuführen. Mich interessierten die weiteren Themen, die nicht in der Presse standen. Also fragte ich Herrn Schünemann, was die Ziele der AfD sind und was sie zu tun beabsichtigt bezüglich des laufenden Umbaus der Gesellschaft, der Auflösung der familiären Werte, des Gegenhaltens gegen die Ausbeutung der Leistungsträger über irre Steuern, des Brechens der linken Hegemonie in der Presse, des Ersatzes der NATO durch eine ausgewogene Sicherheitsarchitektur für Deutschland zwischen Ost und West, wobei Russland einzubeziehen ist, bezüglich eines endlich ausgewogenen Geschichtsverständnisses und der schamhaft verschwiegenen Frage nach der Deutschen Souveränität usw. Darauf gab mir Herr Schünemann laut meiner Erinnerung immer wieder die gleiche Antwort, dass das alles wichtig und richtig sei aber wir darüber erst sprechen dürften, wenn wir in den Bundestag eingezogen seien. Nicht früher, sonst kämen wir nicht rein. Meint der das ernst, habe ich mir gedacht, wenn die AfD schon mit Selbstverleugnung anfängt, weil sie Angst hat, die wirklich entscheidenden Themen anzusprechen? Wie soll aus dieser Gruppierung jemals eine ernst zu nehmende Oppositionspartei werden? Ich dachte, die AfD tritt an, um die tonnenschwere Sargplatte der Politischen Korrektheit hinwegzufegen, damit wir in Deutschland endlich wieder offen diskutieren und handeln können, gerade auch bei Tabuthemen? Das kann ja heiter werden, wenn sich die AfD schon zu Beginn ihrer Existenz dem System unterordnet, das Prof. von Arnim richtig als antidemokratisch beschrieben hat, anstatt die pseudodemokratische Parteienherrschaft zugunsten einer echten Demokratie zu überwinden, die den Menschen dient. Das war mein erster, fataler Eindruck von dieser Partei, der ich dann doch noch beitrat, um mich für eine echte Demokratie und die deutsche Souveränität – wirtschaftlich wie politisch - einzusetzen. Mein erster Eindruck von damals bringt den Geburtsfehler der AfD auf den Punkt, der sich seitdem durch ihre inzwischen neunjährige Existenz zieht: Der ewige, parteiinterne Lagerkampf zwischen den einen, die echte Oppositionspolitik machen wollen, und den anderen, die Opposition lieber nur spielen. „Opposition machen" bedeutet, das Establishment anzugreifen, es in die Enge zu treiben und zu überwinden. Leuchtende Beispiele, wie weit man es damit bringen kann, sind Matteo Salvini von der Lega in Italien und Donald Trump in den USA. „Opposition spielen" bedeutet, zwar feurige Reden im Bundestag zu halten aber sonst nur angepasst innerhalb der Spielwiese herumzuhüpfen, welche die Herrschenden uns zugewiesen haben. An die Bekämpfung oder gar Überwindung des Establishments denken die Oppositions-Spieler in den Reihen der AfD gar nicht. Stattdessen sehen sie in den Oppositions-Machern in den eigenen Reihen die größeren Feinde, die sie mit mehr Inbrunst bekämpfen als die politischen Gegner. Hierzu fällt mir ein Zitat ein, das Napoleon zugeschrieben wird, auch wenn es ihm der deutsche Publizist Joseph Görres in den Mund gelegt haben sollte. Der Inhalt ist doch entscheidend, Sie erinnern sich? Ersetzen wir „Deutsche" bzw. „Landsleute" mit „AfD-Parteifreunde" und es beschreibt leider perfekt den menschlichen Umgang innerhalb der AfD: „Es gibt kein gutmütigeres, aber auch kein leichtgläubigeres Volk als das deutsche. Keine Lüge kann grob genug ersonnen werden, die Deutschen glauben sie. Um eine Parole, die man ihnen gab, verfolgen sie ihre Landsleute mit größerer Erbitterung als ihre wirklichen Feinde."

Quelle: https://www.presseportal.de/pm/133833/4644381

Damit kennen die geschätzten Leser einen wichtigen Grund, warum die AfD in der Öffentlichkeit als zerstritten rüberkommt.

Das war also mein erster Eindruck von der frisch gegründeten AfD-Bayern und bevor ich mich umdrehen und kopfschüttelnd weglaufen konnte, kam Michael Göschel zur Tür herein, ein weiteres Mitglied des damaligen AfD-Landesvorstandes. Er pflichtete Herrn Schünemann nicht nur bei, dass Leisetreten oberste Bürgerpflicht in der Opposition sein, sondern stellte sich mir auch als Bundeswehrangehöriger vor. Da läuteten bei mir die Alarmglocken. Das Establishment hat über den MAD, den Militärischen Abschirmdienst, die Bundeswehr gut im Griff, damit dort keiner auf die Idee kommt, abweichlerisches Gedankengut zu vertreten. Die ehemaligen Republikaner in der FBU hatten mich bereits damals gewarnt, dass es „die Dienste" waren, die ihre ehemalige Partei unterwandert und über die Presse zum Aussätzigen der politischen Landschaft erklärt hatten. Nicht nur vor der Wühlarbeit des Verfassungsschutzes, sondern auch vor der Verbindung aus Bundeswehr und MAD hatten sie mich gewarnt.

Hinzu kommt der BND, der Bundesnachrichtendienst, der, wie auch der MAD, faktisch im rechtsfreien Raum agieren kann, weil sich Geheimdienste nun mal ungern kontrollieren lassen. Deren sogenannte parlamentarische Kontrolle durch den Bundestag steht auf dem Papier, um die Bürger zu beruhigen. Wie versuchte Einflussnahmen auf die Besetzung dieses Parlamentarischen Kontrollgremiums ablaufen, schildere ich im Kapitel zum Jahr 2020. Beide Dienste, nur formal deutschen Stellen untergeordnet, befinden sich fest in der Hand der US-Amerikaner, die jegliche Bewegungen oder politische Parteien von innen heraus zersetzen, die sich wirklich für deutsche Interessen einsetzen. Die Hegemonialmacht USA handelt aus egoistischem Interesse, um zu verhindern, dass der abhängige Vasallenstaat Bundesrepublik Deutschland zu viel Eigenleben entwickeln oder sich gar mit Russland verbünden könnte, um seiner Souveränität näher zu kommen. Wer das nicht glauben will, lese das Buch „Die einzige Weltmacht: Amerikas Strategie der Vorherrschaft" von 1997. Der Vordenker einer US-Weltherrschaft, Zbigniew Brzeziński, beschreibt derartige Szenarien offen und ehrlich und bezeichnet uns direkt als „Vasallen", genauso wie George Friedman von der US-Denkfabrik STRATFOR und andere die machtlose Position Deutschlands benennen, welche als Taktgeber der US-Außenpolitik agieren.

Quellen: https://www.kla.tv/5726

https://www.amazon.com/einzige-Weltmacht-Amerikas-Strategie-Vorherr-schaft/dp/3596143586

Ich ergriff also die Flucht aus dem Fürther Maklerbüro und hoffte, dass die AfD bei der Bundestagswahl im Herbst 2013 nicht über die 5%-Hürde kommen würde, so unterwandert, wie ich sie damals schon wahrnahm. Die transatlantisch-globalistische Ausrichtung der damaligen Parteiführung unter Bernd Lucke ließ für mich keinen anderen logischen Schluss zu. Ebenso das Bestreben, schon von Beginn an die wirklich heißen Themen nicht ansprechen zu wollen.

Meine Hoffnung, dass es die fragwürdigen Lucke-Kader nicht in den Bundestag schaffen mögen, erfüllte sich. Damit war dessen Personal nicht mit Abgeordnetenmandaten versehen und konnte sich somit noch nicht in der politischen Landschaft festsetzen. Mit neuer Begeisterung erfüllt trat ich im Herbst 2013 dann doch noch in die AfD ein, mit einem einzigen Ziel: Neue Strukturen mit aufzubauen, die noch nicht von den Verstrickungen des Systems durchseucht sind, um einer Partei auf die Beine zu helfen, die sich wirklich für deutsche Interessen einsetzt: Basisdemokratisch auf dem Boden des Grundgesetzes!

Einige Leser werden sich jetzt fragen: Wie kann sich der Hansjörg Müller nur für das Grundgesetz stark machen? Es wurde uns doch von den Siegern nach Kriegsende aufgedrückt und unterstreicht damit die nicht vorhandene Souveränität Deutschlands? Dieser Einwand stimmt bezüglich seiner Entstehungsgeschichte und dennoch enthält unser Grundgesetz viele gute Bestimmungen, die uns Bürger vor einem übergriffigen Staat schützen, zumindest dann, wenn sich der Staat daran halten würde. Z.B. heißt es in Artikel 20, Absatz 2: „Alle Staatsgewalt geht vom Volke aus. Sie wird vom Volke in Wahlen **und Abstimmungen** und durch besondere Organe der Gesetzgebung, der vollziehenden Gewalt und der Rechtsprechung ausgeübt." Volksabstimmungen sind also nach dem Wortlaut des Grundgesetzes vorgesehen und werden uns dennoch vom Staat seit 1949, der Gründung der Bundesrepublik Deutschland, vorenthalten. In vorliegendem Buch rede ich der direkten Demokratie das Wort. Deren wesentliche Elemente - Abstimmungen im Sinne von Volksabstimmungen - werden im Grundgesetz explizit erwähnt, weshalb ich als Bürger erwarten kann, dass sie umgesetzt werden. Zumal ich den Parteienstaat aus demokratischer Sicht für unrettbar korrumpiert und damit für verloren halte.

Man wird mir natürlich entgegenhalten, dass sich das Wort „Abstimmungen" gemäß Artikel 20, Absatz 2 GG nur auf die im Artikel 29 GG erwähnten Abstimmungen bezieht, nämlich auf Gebietsänderungen zwischen Bundesländern. Formuliert ist diese Einschränkung nicht im Grundgesetz selbst, sondern in der Kommentarliteratur zum Grundgesetz. Am Ende entscheidet das Bundesverfassungsgericht, wie das Grundgesetz auszulegen ist, was geht und was nicht geht. Die Entscheidungen des Bundesverfassungsgerichtes wirken wiederum prägend auf die Kommentarliteratur zum Grundgesetz, welche Auslegung als herrschende Meinung, als Minderheitenmeinung oder als abwegige Meinung klassifiziert wird. Wenn das Bundesverfassungsgericht ein unabhängiges Gericht wäre und die Kommentarschreiber zum Grundgesetz unabhängig agierende Verfassungsrechtler wären, wäre alles in Ordnung! Die Richter zum Bundesverfassungsgericht werden aber je zur Hälfte von Bundestag und Bundesrat gewählt und damit genau von denjenigen Systemparteien, die als demokratieschädigend wirkende Oligarchie dem Volk seine demokratisch verbürgte Macht wegnehmen. Das Problem der Oligarchisierung demokratischer Systeme gemäß Robert Michels' „Ehernem Gesetz der Oligarchie" werde ich nachfolgend im Kapitel zum Jahr 2019 detailliert beschreiben. Mögliche Lösungen werde ich am Schluss im Kapitel zum Jahr 2022 anbieten. Wie schon die Richter des Bundesverfassungsgerichtes, sind auch die Verfasser der Grundgesetzkommentare in der Regel keine neutralen Verfassungsrechtler, sondern vom Staat wirtschaftlich abhängige Personen. „Wes Brot ich ess, des Lied ich sing", bringt es der Volksmund auf den Punkt.

Im Lichte dieser Erkenntnisse sollten wir nicht länger zulassen, dass derart abhängige und damit steuerbare Personen – seien sie Kommentarschreiber oder Verfassungsrichter – unser Grundgesetz weiterhin einseitig im Sinne der Staatsmacht interpretieren können. Im Sinne der

Wiederherstellung der Demokratie in Deutschland schlage ich deshalb die Umsetzung folgender vier Punkte vor:

1. Das Grundgesetz ist sehr nahe am Wortlaut auszulegen. Im Falle der (Volks-)Abstimmungen heißt das konkret, dass eine Verengung des Wortlauts des Artikel 20, Absatz 2 GG auf den Artikel 29 GG abzulehnen ist, weil es im Grundgesetz so nicht steht.
2. Zusätzlich muss dem Volk das Recht gegeben werden, Gesetzesinitiativen selbst einzubringen, um die Torpedierung von Volksabstimmungen durch die Parteien zu verhindern.
3. Kommentare zum Grundgesetz sind notwendig, weil der abstrakte Wortlaut des Gesetzes immer einer Auslegung bedarf. Das darf aber nicht so weit gehen, dass Kommentatoren das Grundgesetz im Machterhaltungsinteresse der Parteienoligarchie oder gar gegen seinen Wortlaut auslegen. Derartige Kommentare sollten als irrig bzw. irrelevant betrachtet werden.
4. Unabhängige Verfassungsrechtler sind aufgerufen, eigene Kommentare zum Grundgesetz zu schreiben, diese den Kommentaren staatnaher Auftragsschreiber entgegenzustellen und im Interesse der Bürger für unser Gemeinwesen gegen die Parteienoligarchie durchzusetzen. Diese Durchsetzung muss basisdemokratisch über Abstimmungen erfolgen und erfüllt dann die höchsten demokratischen Ansprüche. Basisdemokratie ist für mich die Bundesliga der Demokratie, wogegen die Parteiendemokratie früher einmal in der Landesliga spielte, aber nach der Durchkorrumpierung von außen nur noch Kreisklasse ist.

Mir ist natürlich auch der nächste Einwand staatsnaher Verfassungsrechtler bekannt, dass die Erweiterung des Grundgesetzes um Gesetzesinitiativen durch das Volk – oben genannter Punkt 2. – angeblich ein Verstoß gegen die sogenannte „Ewigkeitsgarantie“ nach Artikel 79, Absatz 3 GG wäre. Im Artikel 79, Absatz 3 GG ist aus gutem Grund geregelt, dass die in den Grundgesetzartikeln 1 und 20 festgeschriebenen „Grundsätze“ nicht verändert werden dürfen, weil auf diesen beiden Säulen unser Rechtsstaat fußt. Diese Grundsätze möchte ich nicht nur nicht ändern, sondern sogar stärken! Das heißt ich füge der „Ewigkeitsgarantie“ neue Substanz hinzu. Das tue ich, indem ich deren Geist durch eine neue Sichtweise bei der Auslegung stärke. Im Endeffekt läuft es darauf hinaus, wer die Deutungshoheit über die Auslegung des Grundgesetzes hat: Weiterhin die im Niedergang begriffene Parteienoligarchie oder zukünftig wir im Aufstieg befindlichen freien Bürger aus der Zivilgesellschaft?

Das Grundgesetz wurde unzählige Male für alle möglichen Zwecke geändert, dass es ein Substanzgewinn wäre, seinen Wirkungsbereich um Volksabstimmungen zu erweitern. Damit würden endlich die Meinungen der Nichtwähler berücksichtigt, die aktuell unter den Tisch fallen; immerhin sind das ca. ein Drittel aller Wahlberechtigten. Warum gibt es denn so viele Nichtwähler? Die Enttäuschung mit dem real existierenden politischen System dürfte die Hauptursache sein und was gäbe es Schöneres, als diese Menschen über Volksabstimmungen in den demokratischen Willensbildungsprozess zurückzuholen?

Liebe sogenannte Verfassungsschützer!

Ihr werdet mein vorliegendes Buch bestimmt nach jedem Buchstaben durchforsten und umdrehen, der gegen mich verwendet werden kann, um mich in den nächsten Verfassungsschutzbericht aufzunehmen. Rein menschlich verstehe ich Euch, Ihr seid vom Staat abhängig Beschäftigte, müsst Eure Familien ernähren, vielleicht ein Häuschen abbezahlen usw. Deshalb appelliere ich an Euer Gewissen: Ihr seid doch auch Menschen, nicht nur Beamte und glaubt an Werte. Ihr müsst Euch entscheiden, wem Ihr dienen wollt: Der Parteienoligarchie - die sich den Staat zur Beute gemacht hat - oder dem Volk? Als freier Bürger lasse ich mir von keiner Behörde verbieten, meine Meinung frei zu äußern, um den von den Parteien verschütteten, demokratischen Geist des Grundgesetzes wiederzubeleben und zusätzlich in Richtung Basisdemokratie auszubauen. Wenn Ihr mich trotzdem in den Verfassungsschutzbericht aufnehmen solltet, weil ich die Demokratie demokratischer machen möchte, wird ganz Deutschland über Euch lachen.

Mit freundlichen Grüßen

Euer
Hansjörg Müller

Inwiefern halte ich den Parteienstaat für korrumpiert? Eventuelle Bestechungsgelder von Industrielobbyisten sind zwar ärgerlich, aber wirklich gefährlich ist etwas anderes: Die seit Jahrzehnten laufende Entwicklung, dass die Finanzgangster über ihre „unsichtbaren Regierungen" auch in Deutschlands politischen Parteien und Regierungen die Strippen ziehen. Gewiss erinnern Sie sich an Edward Bernays Zitat zu Anfang des Buches. **Durch diese Art der Unterwanderung wird das Grundgesetz von den Regierenden selbst entwertet!** Deshalb ist es nicht nur legitim, sondern dringend notwendig, dass wir Bürger das Grundgesetz in Eigeninitiative wiederherstellen und auch nach neuen Schutzmechanismen suchen, die unsere demokratischen Rechte gegenüber einem übergriffigen Staat garantieren. Wobei der übergriffige Staat immer mehr in Gestalt international agierender Organisationen daherkommt, wie der Europäischen Union EU oder z.B. der Weltgesundheitsorganisation WHO, deren diktatorische Anweisungen von der Bundesregierung geradezu herbeiwünscht werden. Es sieht so aus als hätten die Finanzgangster sowohl auf nationaler als auch auf internationaler Ebene ihre Marionetten intelligent platziert, die sich die Bälle gegenseitig zuspielen und uns Bürger dabei entrechten.

Quelle: https://unser-mitteleuropa.com/who-horror-ab-juni-deutschland-stellt-weltgesundheitsorganisation-freiwillig-ueber-eigene-regierung/

Wer immer noch nicht glauben möchte, wie dieses Schweinespiel der selbsternannten westlichen „Wertegemeinschaft" seit Jahrzehnten funktioniert, lese John Perkins „Bekenntnisse eines Economic-Hit-Man: Unterwegs im Dienst der Wirtschaftsmafia" oder schaue sich im entsprechenden Film an, wie die Finanzgangster Regierungen kaufen, erpressen oder stürzen, Politiker bestechen oder sie umbringen, wenn sie sich nicht bestechen lassen: Das volle Programm!

Quelle: https://www.amazon.de/Bekenntnisse-eines-Economic-Hit-Wirtschaftsmafia/dp/3442154243

Herbst 2013 – Ich bin dabei

Bevor man AfD-Mitglied werden kann, muss sich jeder Interessent einem Aufnahmegespräch durch den zuständigen Kreisvorstand stellen. Sinn dieses Aufnahmegesprächs ist es herauszufinden, ob der Interessent vielleicht extremistisches Gedankengut in sich trägt, um ihn sofort abzulehnen, bevor er überhaupt Parteimitglied werden kann. Ich kenne keine andere Partei, die potentielle Mitglieder derart rigoros aussiebt. Damit sollte klar sein, dass gerade die AfD einen besonders geringen Anteil an extremistischen Mitgliedern haben muss, im Vergleich zu anderen Parteien, die ihre Mitglieder nicht derart rigoros aussieben. In der Öffentlichkeit wird aber das gegenteilige Bild vermittelt, die AfD sei angeblich eine Ansammlung an Rechtsextremisten. Nachdenkliche Menschen kommen von selbst darauf, dass dieses in der Öffentlichkeit vermittelte Bild nicht stimmen kann. Zudem erfolgt das Aufnahmegespräch anhand der sogenannten Unvereinbarkeitsliste. Diese Unvereinbarkeitsliste listet detailliert auf, wer kein AfD-Mitglied werden kann, weil er irgendwann in seinem Leben Mitglied eines geächteten Vereins, Clubs oder einer solchen Partei gewesen war. Dabei bleibt unberücksichtigt, wie viele Jahrzehnte diese Mitgliedschaft zurückliegt und dass Menschen innerhalb von Jahren ihre politische Einstellung ändern können. Nach dieser Logik hätte Willy Brandt nach dem Krieg niemals SPD-Mitglied und Bundeskanzler werden können, weil er vor dem Zweiten Weltkrieg eine linksextremistische Vergangenheit hatte. Als ich mich in der AfD dafür interessierte, wer nach welchen Kriterien diese Unvereinbarkeitsliste aufstellt, fiel ich fast vom Hocker als mir ein hoher Parteifunktionär mitteilte, dass die Grundstruktur der Unvereinbarkeitsliste vom Verfassungsschutz kommt. Hat's geklingelt? Anstatt unser Grundgesetz vor dem Kraken des Altparteienkartells zu schützen – was die Aufgabe eines echten, d.h. regierungs**un**abhängigen Verfassungsschutzes wäre – wird der sogenannte Verfassungsschutz von den Regierenden als Instrument missbraucht, um die AfD als Oppositionspartei zu diskreditieren, damit diese die Allmacht das Altparteienkartells nicht brechen kann. Darüber hinaus lässt sich die AfD aus dieser Ecke auch noch vorgeben, wen sie als Mitglied aufnehmen darf und wen nicht. Im Endeffekt bestimmen damit die politischen Gegner und nicht die AfD selbst, wer Mitglied in dieser Oppositionspartei werden darf. Wäre das hier eine Chatnachricht, würde ich hinter den letzten Satz das Symbolbild von 100 Affen schreiben, welche die Hände vor dem Kopf zusammenschlagen: Wie kann man sich nur so vom politischen Gegner am Nasenring durch die Manage ziehen lassen. Oder ist das gewollt, um die Partei als Scheinopposition an der kurzen Leine zu halten?

Damit wir uns richtig verstehen: Die AfD sollte nicht jeden aufnehmen und Karrieristen mit fragwürdiger Vergangenheit haben bei uns nichts verloren, wirklich echte Extremisten ebenfalls nicht. Dabei aber sollten wir bitte schön selbst bestimmen, wer als Extremist gilt und wer nicht, wer reinkommen darf und wer nicht. Wenn schon eine Unvereinbarkeitsliste, dann sollte sie die AfD nach eigenen Kriterien aufstellen und sich nicht von politischen Gegnern aufs Auge drücken lassen. Nach diesen fremdbestimmten Aufnahmekriterien werden engagierte Menschen, die keine Extremisten sind, reihenweise als Extremisten abgestempelt. Den größten Schaden haben meiner Partei Mitglieder zugefügt, die in den Altparteien nichts werden konnten und die beim Wechsel zur AfD die ganzen Unarten des Altparteiensystems mitgebracht haben. Somit war eine saubere Gründung der AfD nicht möglich, weil sie von Anfang an durch zu viele Karrieristen aus den Altparteien belastet war, vor allem in den Führungsstrukturen. Aber das war ja vielleicht so gewollt, auch das wäre eine effiziente Form der Unterwanderung einer neu entstandenen Oppositionspartei, genug Gründer und Multiplikatoren kamen ja von der CDU. Wenn ich über die Unvereinbarkeitsliste hätte bestimmen können, hätte ich ganz vorne draufgeschrieben, wer nicht AfD-Mitglied werden kann: Wer in den vergangenen 10 Jahren Mitglied im Altparteienkartell der CDU, CSU, SPD, GRÜNE, FDP, LINKE war.

Nach diesem kurzen Ausflug in die fragwürdige Sinnhaftigkeit unserer Aufnahmeprozeduren kann ich vermelden, dass mein Aufnahmegespräch im Oktober 2013 reibungslos verlief und ich im November 2013 in die AfD aufgenommen wurde, was mir erst mit einem Monat Verspätung mitgeteilt wurde; die Ablaufprozesse des Parteiapparats funktionierten noch nie gut.

Kreisvorsitzender war damals Torsten Balkow, ein feiner Mensch, der zuvor in der Piratenpartei erfolglos versucht hatte, unser Land zum Besseren zu wenden und der nunmehr sein Engagement in die Alternative für Deutschland einbrachte, bevor ihn ein furchtbarer Unfall beim Gleitschirmfliegen in den Rollstuhl zwang. Kürzlich habe ich Torsten wieder getroffen und bewundere seinen Kampfgeist, mit dem er seinen Oberkörper über jahrelanges, eisernes Training wieder beweglich gemacht hat. Ich glaube fest daran, dass er es auch schafft, wieder das Laufen zu lernen. Lieber Torsten, bleib dran, Du schaffst es! Solche menschlichen Schicksale wie auch die der Mitglieder des Bundestages Corinna Miazga, Markus Frohnmaier, Stephan Protschka und Heiko Hessenkemper, die mit Krebs, Herzinfarkt oder Schlaganfall ihren gesundheitlichen Tribut an die permanenten Kämpfe in der ersten AfD-Bundestagsfraktion zollten, führen mir vor Augen, dass es Wichtigeres als den politischen Kampf gibt. Ich bin dem lieben Gott dankbar, dass ich das Bundestagstheater gesund und intakt verlassen konnte. 2013 wurde ich also im schönen Berchtesgadener Land Mitglied im dortigen AfD-Kreisverband BGL. Das heißt eben nicht Bergisch Gladbach; das wird oft verwechselt.

Ebenfalls im Jahre 2013 – Parallele Idee einer eigenen Parteigründung

Als Mitglied zweier schlagender Studentenverbindungen, einer deutschen und einer österreichischen, war ich fast jedes Jahr Teilnehmer auf dem Ball des Wiener Korporationsrings (WKR), der seit 2013 von der Wiener FPÖ als Akademikerball weitergeführt wird, nachdem der ursprüngliche WKR-Ball von gar nicht toleranten linken Kräften aus der Wiener Hofburg hinausgeworfen worden war. Der Ball findet traditionell am letzten Wochenende im Jänner statt und 2013 war die Blockade der Eingänge durch die Antifa derart umfassend, dass zur Hofburg kein Durchkommen war. Meine Frau und ich mussten mit einem befreundeten Paar das Taxi einige Hundert Meter vorher verlassen und in einer Kneipe Zuflucht suchen, um von den Antifa-Pöblern nicht weiter beschimpft, beworfen und bespuckt zu werden. Selbst in die Kneipe kam einer von denen nach, um mir meine Studentenmütze zu entwenden. Nach einem kurzen Gerangel war der ungebetene Gast draußen und ich wieder Herr meiner Mütze. Was tun, wie kamen wir nun in die Hofburg? Ich ging als Vorhut nach draußen und wandte mich an die Polizei an der nächsten Straßensperre, mit der Bitte, uns unter Polizeischutz zum Ball zu bringen. Daraufhin sagte mir der dortige Polizist unverblümt, das dürfe er nicht, Anweisung der Einsatzleitung. Ungläubig war ich zuerst sprachlos und schimpfte dann los, wie es sein kann, dass wir Bürger die Polizei über unsere Steuern bezahlen und diese dann nix für uns tut, wenn wir von gewalttätigem Gesindel bedroht werden. Ich hatte vorher in Österreich gearbeitet und dort Steuern bezahlt, weshalb ich das als Deutscher dem österreichischen Polizisten ins Gesicht sagen konnte, ohne rot zu werden. Der zuckte nur mit den Schultern und auf einmal kam ein Herr auf mich zu, der die Situation beobachtet hatte und mir zuraunte, dass er vom Parlamentsklub der FPÖ sei und mich reinbringen könne. Erstaunt blickte ich auf, holte meine Frau sowie das befreundete Paar aus der Kneipe und wir gingen mit dem geheimnisvollen Herrn zu seinem VW-Bus. Dort stellte er sich als Oliver Ribarich vor, Sicherheitsbeauftragter der FPÖ und Leibwächter des damaligen FPÖ-Chefs Heinz-Christian Strache, überall HC genannt. Er hätte früher für die Polizei gearbeitet und wüsste deshalb, wo sich die einzige offene Zufahrt zur Hofburg befindet. Dankbar nahmen wir sein Angebot an und tatsächlich durften wir unter seinem Schutz bis zum Ziel durchfahren. Während der kurzen Fahrt hatte ich Oliver von meinen langjährigen Plänen berichtet, angelehnt an die FPÖ eine deutsche Schwesterpartei gründen zu wollen; die Zeit sei nunmehr reif und ich würde mein Konzept gerne seinem Chef, dem HC, vorstellen und loslegen. Solche Gelegenheiten muss man beim Schopf packen. Und tatsächlich bekam ich ein paar Wochen später von Oliver Ribarich die Einladung in den FPÖ-Parlamentsklub im Österreichischen Nationalrat. An das genaue Datum kann ich mich nicht mehr erinnern, aber es muss ungefähr zur gleichen Zeit wie mein o.g. Gespräch mit dem bayerischen AfD-Gründungsvorsitzenden Wolf-Joachim Schünemann im Frühjahr 2013 stattgefunden haben.

(mit HC Strache, Akademikerball)

Von einer netten Dame wurde ich am Eingang abgeholt und in die heiligen Hallen des FPÖ-Parlamentsklubs geleitet. Dort nahm ich neben einem älteren Herren Platz, der sich als Vater von Johann Gudenus vorstellte, der damaligen rechten Hand von FPÖ-Chef Strache. In diesem Moment sauste HC aus seinem Büro an uns vorbei, sagte kurz „Grüß Gott", er müsse noch schnell eine Rede im Parlament halten, danach hätte er Zeit. Als er wieder zurückkam, bat er mich freundlich in sein Büro, in dem schon Johann Gudenus, Spitzname „Joschi", wartete. Beide boten mir einen Red Bull an, nahmen sich selbst je einen, HC zündete sich eine Zigarette an und los ging's. Ich stelle ihnen meine Idee einer freiheitlichen Parteigründung für Deutschland vor und fragte, unter welchen Bedingungen die FPÖ diese unterstützen würde. Die Antwort war kurz und konkret: Wenn sich mindestens sechs fähige Leute zusammenfänden, wären sie bereit. Auf die Gegenfrage meinerseits, ob sie schon konkrete Leute im Auge hätten, meinten beide ja, die Professoren Karl-Albrecht Schachtschneider und Wilhelm Hankel. Ok, meinte ich, mit mir sind es dann schon drei und weitere drei finden wir auch noch. HC und Joschi nickten, aber dann warf ich ein, wir könnten zu spät kommen, vor kurzem hätte sich in Deutschland bereits die Alternative für Deutschland gegründet, die im gleichen Teich fischt. Stimmt, meinten beide, die abermals nickten, das wäre auch richtig. HC versprach, mir den Kontakt zu Prof. Wilhelm Hankel herzustellen, um gemeinsam mit ihm die Lage zu sondieren und dann weitere Schritte zu beraten. Den Kontakt zu Prof. Schachtschneider hatte ich schon. Kurze Zeit später avisierte mich Brigitte Schindl, HCs Tante und Mitarbeiterin, bei Prof. Hankel in seinem Haus im Rheinland.

Seit Jörg Haiders Zeiten hatte es immer wieder Ideen in den Schubladen der FPÖ gegeben, die Gründung einer Schwesterpartei in Deutschland zu unterstützen, die nie realisiert worden waren. Halb konkret wurde es einmal Mitte der 1990er Jahre als Jörg Haider Manfred Brunner vom BFB bei dessen Wahlkampftouren in Deutschland unterstützte. An einen gemeinsamen Auftritt von beiden kann ich mich erinnern, als Haider feststellte, dass nicht die FPÖ bzw. der BFB „rechts" seien, sondern dass sich das politische Koordinatensystem derart nach „links" verbogen habe, dass aus dieser schiefen Sicht Positionen der Mitte fälschlicherweise als angeblich „rechts" interpretiert würden. In meinem strategischen Konzept der „Echten Mitte", das ich 2014-2015 für die AfD entwarf, nahm ich diesen damaligen Gedanken von Haider auf und passte ihn an die aktuellen Gegebenheiten 20 Jahre später an. Anschießend bot ich es dem damaligen AfD-Chef Bernd Lucke zur Umsetzung an. Auf Antwort warte ich bis heute.

Anschreiben zum Konzept
"Die Echte Mitte - AfD"

Problem

1. Die ALTERNATIVE FÜR DEUTSCHLAND (AfD) findet auf dem **politischen Markt** nur dann **Nachfrager, wenn sie etwas anbietet, was andere Parteien nicht mehr anbieten**:

   a. Nachdem die Einheitsparteien **bürgerliche** und **patriotische Werte** aufgegeben haben, sind diese **unser Angebot** und **unser Platz** auf dem **politischen Markt.**

   b. Gleichermaßen vertreten wir **liberale Werte**, weil wir Bürger und Patrioten **unsere Wurzeln** in der **demokratischen Freiheitsbewegung des 19. Jahrhunderts** haben, die gleichermaßen bürgerlich, national und liberal war.

   c. Im wirtschaftlichen Bereich ist nur eine **liberal organisierte Marktwirtschaft** in der Lage eine entsprechende **Wertschöpfung hervorzubringen**, die auch **für soziale Belange verwendet** werden kann.

2. Damit wir damit keinen Erfolg haben, diffamieren unsere Gegner so ziemlich alles, was wir als AfD sagen, als angeblich "rechts". Durchgeführt wird diese Diffamierung von den Massenmedien, die mit unseren politischen Gegnern zusammenarbeiten. Sachlich richtige Aussagen werden ins Gegenteil verdreht.

3. In der Folge spülen wir uns als AfD selbst weich, weil wir nicht als angeblich "rechts" = "böse" dastehen wollen.

4. Im Ergebnis wenden sich die Wähler von uns ab, weil wir dann – als "CDU 2.0 oder FDP 2.0" - genauso konturlos werden, wie die Einheitsparteien.

5. Wir verlassen selbst unseren aussichtsreichen Platz auf dem politischen Markt - aus Angst oder Rückgratlosigkeit - womit wir den Menschen keine Alternative mehr bieten, die sie interessieren könnte.

6. Damit droht die AfD zu sterben, bevor sie begonnen hat, richtig zu leben.

 1

Lösung

I. Wir MÜSSEN KLARTEXT reden, egal, wie das unsere Gegner verbiegen und verzerren!

II. Damit sich unsere Mitglieder, Kandidaten und Sprecher das trauen, haben wir ein Konzept entwickelt, das es ihnen ermöglicht so zu handeln, ohne dabei in der "rechten Ecke" zu landen.

III. Wie wir das machen? Ganz einfach: **wir hören auf, uns von unseren Gegnern auf dem politischen Markt positionieren zu lassen, wir positionieren uns selbst !!!**

Alle inhaltlichen Themen der AfD (= aktuelle Arbeiten am Parteiprogramm) - wie wichtig sie auch sein mögen - können erst dann ihre Wirkung entfalten, wenn wir vorher unser Selbstverständnis klar definiert haben.

Bevor man die Stockwerke eines Hauses baut muss erst einmal das Fundament gegossen und gefestigt sein. **Diese wichtigste aller Aufgaben schiebt die AfD seit ihrer Gründung ungelöst vor sich her.**

Nicht nur AfD-Mitglieder, sondern Bürger in ganz Deutschland werden sich freuen, dass wir ihnen – über unser Konzept der Echten Mitte - einen konkreten Ausweg aus der Sackgasse "*wir würden gerne aber trauen uns nicht*" anbieten.

National-konservativ und **wirtschaftsliberal** sind keine Gegensätze, sondern zwei Seiten ein und derselben Medaille.

Beiliegend die Präsentation der Echten Mitte *mit einer klaren Formulierung des Lösungsansatzes*

gez. H. Müller, 21.09.2015

 2

Immunisierung
gegen unberechtigte Angriffe
Alternative zum Rechts-Links-Schema

Wie kann die

Alternative für Deutschland (AfD)

unberechtigten Extremismusvorwürfen selbstbewusst entgegentreten?

AUSGANGSLAGE

Artikel 5 Grundgesetz
(1) Jeder hat das Recht, seine Meinung in Wort, Schrift und Bild frei zu äußern und zu verbreiten und sich aus allgemein zugänglichen Quellen ungehindert zu unterrichten. Die Pressefreiheit und die Freiheit der Berichterstattung durch Rundfunk und Film werden gewährleistet. Eine Zensur findet nicht statt.

Dieses **MENSCHENRECHT** ist in Deutschland faktisch abgeschafft durch die

Political Correctness (PC)

- Die PC bezeichnet abweichende Meinungen als angeblich *"rechts/populistisch/extremistisch/homophob/ausländerfeindlich"*
- Die PC lässt keine anderen Meinungen gelten

Die PC ist totalitär und undemokratisch

1984 

Demokratie

Buchtitel von George Orwell

"1984" beschreibt die Unterdrückung der Menschen

im zentralistischen Überwachungsstaat mit Hilfe der

Political Correctness

Die Political Correctness missbraucht die ursprünglich positiven Begriffe "Antidiskriminierung" und "Gleichberechtigung", benutzt sie falsch

- *discriminare* (lat.) heißt "unterscheiden", jeder Mensch ist einzigartig
- Deshalb unterscheidet sich jeder Mensch von seinen Mitmenschen
- Die PC leugnet natürliche Unterschiede zwischen Menschen, Geschlechtern und Kulturen
- Wir empfinden, dass die PC an die Stelle denkender Bürgerinnen & Bürger, die ihr Leben selbst bestimmen wollen, den manipulierbaren Einheitsmenschen setzt
- Gleichberechtigung = gleiches gleich und ungleiches ungleich behandeln
- gleichberechtigt ≠ gleichartig
- Wer in unser Land kommt, muss sich an unsere Regeln und Gebräuche anpassen, so wie wir Deutsche uns an fremde Traditionen anpassen müssen, wenn wir ins Ausland gehen. Gleiches Recht für alle

Diese fundamentalen **Menschenrechte** verteidigt die AfD gegen die Anmaßungen der Political Correctness

 6

FOLGEN …

… für alle Bürgerinnen & Bürger in Deutschland

- Sie trauen sich nicht mehr
  - sachlich begründete Meinungen zu äußern
  - eigene Interessen zu vertreten

  um nicht als angeblich
  "rechts/populistisch/extremistisch/homophob/ausländerfeindlich"
  zu erscheinen
- Die Freiheit stirbt
- Feigheit und Lüge treten an die Stelle von Mut und Wahrheit

… für die Alternative für Deutschland

- Diese Selbstzensur bedroht auch die AfD
- Mitglieder, Kandidaten oder Sprecher lassen sich einschüchtern anstatt Klartext zu reden
- Die AfD verspielt ihr Potenzial, die VOLKSPARTEI in Deutschland zu werden

© H. Müller 7

RAUS AUS DER SACKGASSE !

Alle im Bundestag vertretenen Parteien + Massenmedien
vertreten die Ideologie der PC, von ihnen ist nur Gegnerschaft zu erwarten

Die AfD ist die einzige Partei mit Potenzial, welche

- die verlorengegangene Demokratie wiederherstellt
- mit Rückgrat hinter unseren Bürgerinnen & Bürgern steht
- Ecken und Kanten zeigt, auch wenn ihr der Wind ins Gesicht bläst
- anstelle verzerrter rechts-links-Einordnungen die ECHTE MITTE setzt
- als moderne Alternative den GESUNDEN MENSCHENVERSTAND vertritt

Folgende Abbildungen zeigen, warum der Weg des GESUNDEN MENSCHENVERSTANDES in die ECHTE MITTE der Gesellschaft führt

© H. Müller 8

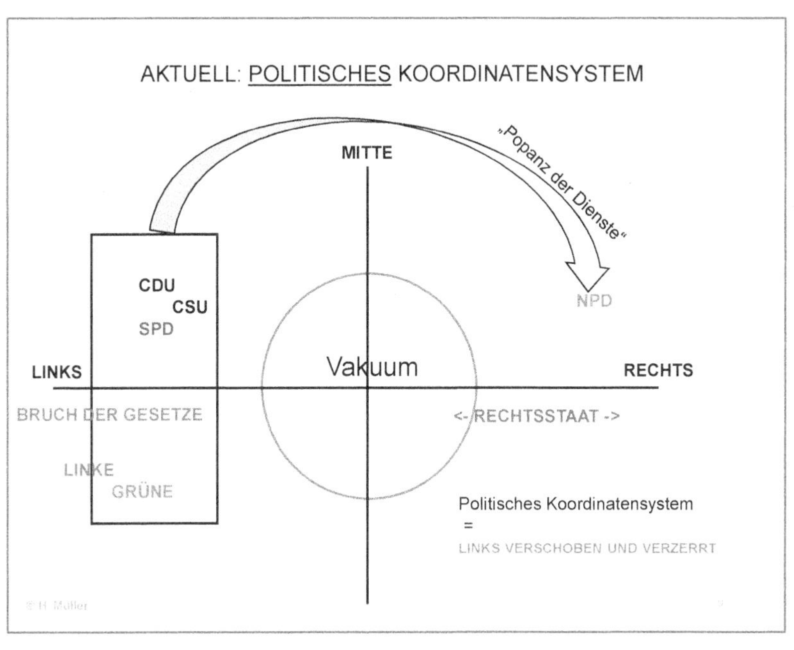
AKTUELL: POLITISCHES KOORDINATENSYSTEM
„Popanz der Dienste"
MITTE
CDU
CSU
SPD
NPD
LINKS
Vakuum
RECHTS
BRUCH DER GESETZE
<- RECHTSSTAAT ->
LINKE
GRÜNE
Politisches Koordinatensystem
=
LINKS VERSCHOBEN UND VERZERRT

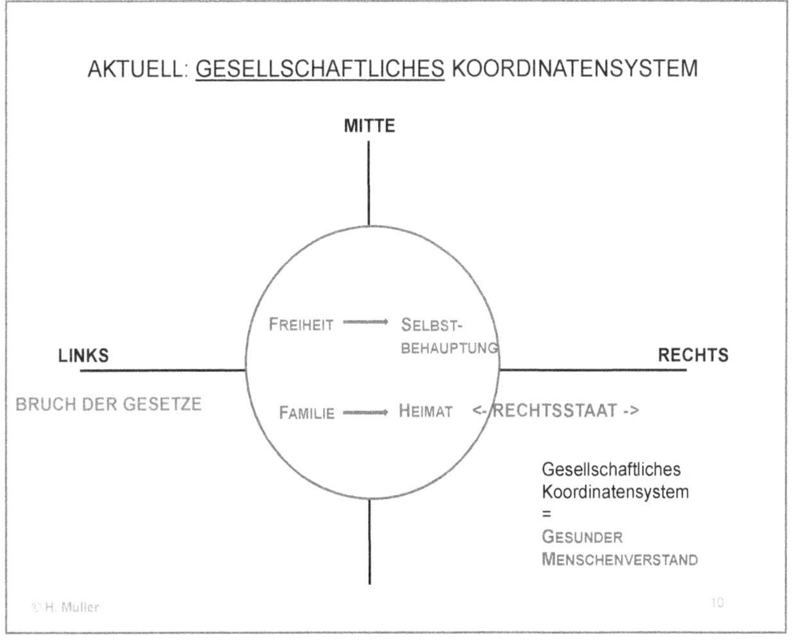
AKTUELL: GESELLSCHAFTLICHES KOORDINATENSYSTEM
MITTE
FREIHEIT
SELBST-BEHAUPTUNG
LINKS
RECHTS
BRUCH DER GESETZE
FAMILIE
HEIMAT
<- RECHTSSTAAT ->
Gesellschaftliches Koordinatensystem
=
GESUNDER MENSCHENVERSTAND
© H. Müller
10

- Die AfD überträgt den GESUNDEN MENSCHENVERSTAND aus der Gesellschaft in die Politik
- Die AfD besetzt die verlassene Mitte
- Damit richtet die AfD das linksverzerrte politische Koordinatensystem gerade
- An die Stelle willkürlicher Gesetzesbrüche durch die politische Klasse setzen wir wieder den Rechtsstaat als Fundament unserer Freiheitlich-Demokratischen Grundordnung

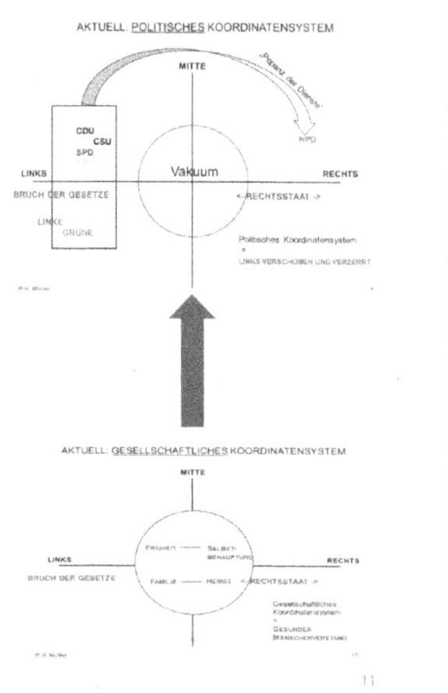

© H. Müller

11

VERGLEICH AUS INTERNATIONALER SICHT:

POLITISCHE KOORDINATENSYSTEME

DEUTSCHLAND <–> ANDERE LÄNDER

bezogen auf die Grundwerte

- **F**REIHEIT
- **S**ELBSTBEHAUPTUNG
- **F**AMILIE
- **H**EIMAT

(zu den Graphiken auf der Folgeseite)

© H. Müller

12

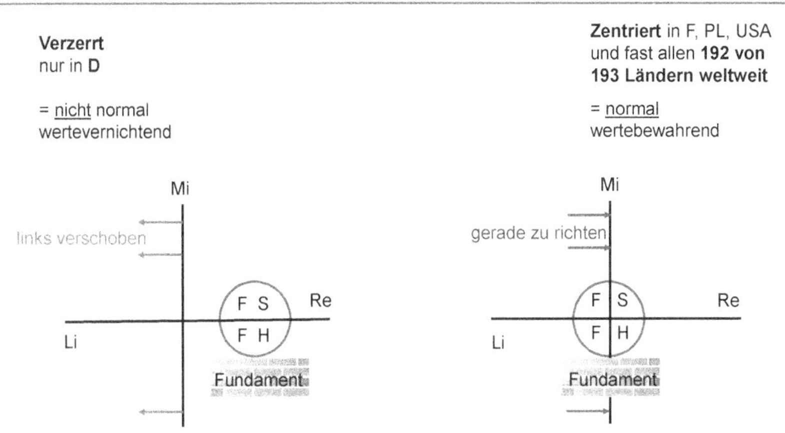

- Kein deutscher Sonderweg, keine Selbstverleugnung mehr!
- Wir werden wieder normal und leben auf Augenhöhe mit anderen Völkern friedlich zusammen
- Innerhalb unseres Volkes sind alle gleichberechtigt. Die AfD lehnt es ab, alte Diskriminierungen (Homosexuelle – leistungsbereite Zuwanderer) durch neue Diskriminierungen (Familien – traditionelle Inländer) zu ersetzen. Unterscheiden, ja – diskriminieren, nein!

© H. Müller 13

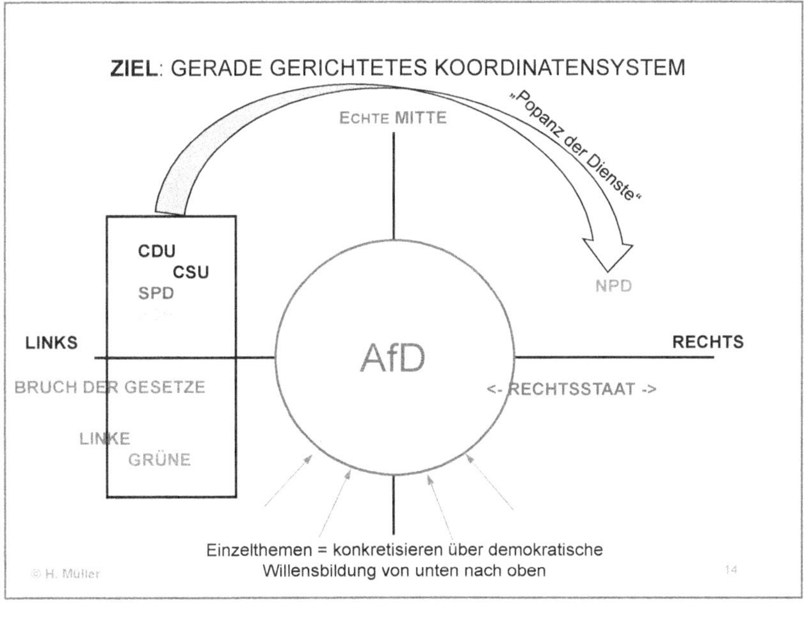

Umsetzung

Intern

- vorliegende Präsentation der ECHTEN MITTE jedem Bürger, AfD-Mitglied, unseren Kandidaten und Sprechern anbieten
- damit erhalten alle gemeinsam ein immunisierendes Rüstzeug für die öffentliche Auseinandersetzung
- die ECHTE MITTE dient als mögliches Fundament für das aktuell zu erarbeitende Parteiprogramm
- Diskussion und Abstimmung auf dem Bundes-Programm-Parteitag der AfD

Extern

- anschließend publizieren, vorrangig über uns nahestehende alternative Medien wie z.B. Junge Freiheit, eigentümlich frei, Freie Welt, blu-News, Compact Magazin, Sezession, PI u.v.a. mehr ...
- den Massenmedien über AfD-Presseerklärungen anbieten, ohne uns anzubiedern
- im Internet verbreiten über alle AfD-Seiten, Facebook, Twitter, Youtube, u.v.a. mehr ...

© H. Müller 15

(Konzept: Die Echte Mitte)

Das Konzept der „Echten Mitte" wäre auch heute noch ein funktionierendes Instrument, damit die AfD aus der ihr zugeschriebenen „rechten Ecke" herauskommen könnte. Das war aber nie gewollt, torpediert von eigenen „Parteifreunden". Für wen arbeiten sie wirklich? Daher mein wiederholt geäußerter Verdacht, dass die AfD von systemtreuen Agenten von Beginn an unterwandert war, welche die Partei in ein schlechtes Licht rücken und zahnlos machen sollten, damit dem politischen System der von mir so empfundenen Scheindemokratie keine Gefahr durch echte Demokraten drohen kann.

Mein Gespräch mit Prof. Hankel und seiner Frau bleibt für mich ein Höhepunkt meines Lebens. Es fand im Sommer 2013 in deren Haus in Königswinter (Rheinland) statt. Der Mann strahlte aus, dass er der letzte Mohikaner aus einer alten Garde war, die aus dem Trümmerhaufen des

Krieges über das Wirtschaftswunder eine blühende Bundesrepublik erschaffen hatte. Er war Wirtschaftswissenschaftler mit Durchblick, kam als seriöser Bankier und nicht als schmieriger Bangster (= Banker und Gangster) rüber, ein Sozialdemokrat der alten Schule, der auch an die Nöte der einfachen Menschen dachte. Wilhelm Hankel und ich hatten bei unserem einzigen Treffen sofort einen Draht zueinander gefunden. Herzlichen Dank an seine Frau Uta, die immer wieder als Stichwortgeberein neue Diskussionsfelder eröffnete! Nach einem langen Abend gingen wir mit der gemeinsamen Überzeugung auseinander, dass es jetzt zu spät sei einen FPÖ-Ableger in Deutschland zu gründen. Inzwischen sei die AfD existent und wir sollten lieber gemeinsam versuchen, den Weg dieser Partei in die richtige Richtung zu lenken. Dieses Ergebnis vermeldete ich über seine Tante an HC Strache und hörte nichts mehr von ihm.

Damit war das Kapitel einer eigenen Parteigründung erledigt. Ich wartete noch die Bundestagswahl 2013 ab, siehe oben, und ab meinem Parteieintritt im Herbst setzte ich alle Kraft daran, meine Überzeugungen innerhalb der AfD zu realisieren. Mit Prof. Hankel telefonierte ich in den folgenden Wochen regelmäßig und brachte ihm gegenüber meinen Bedenken zum Ausdruck, dass der Weichspülkurs der AfD-Führung unter Bernd Lucke eher als Beruhigungspille zur Ruhigstellung der Unzufriedenen dient, anstatt echte Oppositionspolitik mit Ecken und Kanten zu machen. Bezüglich meiner Ambitionen, hier gegensteuern zu wollen, hielt ich nicht hinter dem Berg, was auf ausdrückliches Wohlwollen bei Wilhelm Hankel stieß. Unseren letzten Kontakt hatten wir, nach dem Datum einer Mail zu urteilen, Ende 2013, als ich Prof. Hankel fragte, ob er gemeinsam mit mir eine Veranstaltung machen würde. Er antwortete: „Sehr gerne lieber Herr Müller, sofern mir der liebe Gott noch die Kraft dazu gibt." Er hat also seinen Tod vorausgesehen; kurze Zeit später weilte er nicht mehr unter uns. Ich war sehr traurig. Ein letzter Zeitzeuge war von uns gegangen und Prof. Hankel fehlt seitdem unersetzlich, um der AfD erkennbarere Konturen zu geben. Der andere Professor, Karl-Albrecht Schachtschneider, hätte der AfD diese erkennbareren Konturen ebenfalls geben können, weshalb er vom damaligen AfD-Chef Lucke nicht in die Partei gelassen wurde.

Vor dem Hintergrund meiner langen, persönlichen, politischen Vorgeschichte sollte klar geworden sein, warum ich mich in der AfD niemals mit der Rolle eines Mitläufers zufriedengeben konnte. Meine eigenen strategischen Ausarbeitungen zu einer freiheitlichen Partei und ihrer Positionierung am politischen Markt reichen viel weiter zurück als die AfD überhaupt existiert und deshalb fühlte ich mich von Anfang an für die politische Ausrichtung der Alternative für Deutschland persönlich verantwortlich, als hätte ich die Partei selbst mitbegründet. Im inhaltlichen Sinne ist die AfD des Gründungsjahres 2013 auch mein Baby gewesen, das ich fast 20 Jahre zuvor bei der Freien Bürger Union (FBU) vorausgedacht hatte. Leider haben Konfliktscheue, Systemgünstlinge und vom Staat clever platzierte Provokateure die AfD seit ihrer Gründung zu einer zahnlosen Oppositionsschauspielertruppe unter Kontrolle des Establishments gemacht, so sehe ich es. Solange ich konnte, arbeitete ich am Gegenentwurf einer echten Oppositionspartei, die dem Establishment Feuer gibt. So ähnlich, wie es Donald Trump in den USA gemacht hat: Knallharte Konsequenz in der politischen Argumentation sowie bewusst pointierte Auftritte in der Öffentlichkeit hatte ich mir von ihm abgeschaut. Dabei kam ich erstaunlich weit, sogar bis in den Bundestag und dort in den Fraktionsvorstand. Bei Lichte besehen kann niemand gegen die vereinten Kräfte des Establishments gewinnen, wenn sie innerhalb und außerhalb einer mutmaßlich gesteuerten Scheinoppositionspartei zusammenarbeiten. Obwohl, eine reelle Chance ergab sich dann später doch noch, in den Jahren 2019 und 2020, durch den von mir initiierten Mitgliederentscheid zur Abschaffung des parteiinternen Delegiertensystems. Mit diesem scharfen Schwert hatten die Mitgliederbasis und ich die ganze Führungsriege an den Rand des Machtverlusts gedrängt. Mit welchen Trickesereien beim Mitgliederentscheid die Parteiführung ihr Entschwinden ins politische Nirwana gerade noch verhindern konnte, erzähle ich nachfolgend in den Kapiteln zu den Jahren 2019 und 2020. Egal ob die Führungsfiguren Bernd Lucke, Hans-Olaf Henkel, Frauke Petry, Marcus Pretzell, Jörg Meuthen, Beatrix von Storch oder Alice Weidel hießen: Wer gegen meine basisdemokratischen Überzeugungen agierte oder sich gar mit der Pseudooppositionsrolle gegenüber dem Establishment begnügte, lernte mich kennen.

AfD-Möchtegernführungskräfte dieser Art – Sie erinnern sich gewiss an die Negativauslese an Inkompetenz, gepaart mit Rücksichtslosigkeit – trieb ich parteiintern vor mir her, wenn es möglich war, weil ich die Unterstützung der zu kurz gekommenen Mitgliederbasis hatte, für deren Interessen ich mich ehrlich einsetzte. Mir selbst und wohl auch meinen Mitstreitern war intuitiv klar gewesen, dass es ein Himmelfahrtskommando war, den Partei-Schmusekurs aufhalten zu wollen, weil an den Schalthebeln zu viele Oppositionsschauspieler mit Unterstützung von außen saßen, wie ich es erleben musste. Aber uns war wichtig, wenigstens das Richtige versucht zu haben, um auch weiterhin ohne schlechtes Gewissen in den Spiegel schauen zu können. Und einen Riesenspaß hat's mir auch gemacht, das Ärgern der „Großkopferten". Für die Nichtbayern unter den Lesern: Großkopferte sind die Führungsriege.

2014

Anfang 2014 – Es geht los

Als aktiver Mensch begann ich sofort, mich berufsbegleitend in die Parteiarbeit einzubringen. Als erstes Ereignis erinnere ich mich an die Mitgliederversammlung Anfang Januar 2014, damals noch im gemeinsamen Kreisverband Oberbayern-Südost, der anschließend aufgrund der Mitgliederzuwächse in die Kreisverbände Rosenheim, Traunstein und Berchtesgadener Land (BGL) aufgeteilt wurde. Auf dieser Mitgliederversammlung stellte ich erstmals meine Idee vor, für die AfD eine Mittelstandsvereinigung ins Leben zu rufen. Während meiner beruflichen Laufbahn von 1994 bis zum Einzug in den Deutschen Bundestag 2017 arbeitete ich zu je ca. 1/3 in mittelständischen Familienunternehmen, in Konzernen und selbstständig. Meine unternehmerische Prägung hatte ich dabei im Mittelstand erhalten, dessen Wertesystem, Umgang mit

Mitarbeitern und langfristiges Handeln für mich das Non-plus-Ultra darstellen, wie vernünftiges Wirtschaften aussieht.

Nach meinem Eintritt in die AfD hatte ich herausgefunden, dass es dort noch keine Mittelstandsvereinigung gab, wobei doch die wirtschaftspolitische Ausrichtung der AfD perfekt zum Mittelstand passt. Zudem ist die ehemalige Mittelstandspartei F.D.P. ins globalistische Lager abgedriftet. Sie spricht zwar noch salbungsvoll vom Mittelstand, aber handelt vorwiegend im Interesse börsennotierter Großkonzerne und lässt ihre eigene Klientel im Regen stehen. In diesem Zusammenhang möchte ich ein Geständnis machen: Bevor ich mit Ende dreißig desillusioniert zu den Nichtwählern abwanderte, hatte ich zwei Jahrzehnte lang bei Bundestagswahlen mit der Erststimme CSU und mit der Zweistimme F.D.P. gewählt. Daher kommt wahrscheinlich mein Antrieb, beiden Systemparteien zu beweisen, dass die AfD demokratischer als die CSU und wirtschaftskompetenter als die F.D.P. ist. Meine strategischen Ansätze in diese Richtung interessierten leider die AfD-Führungsorgane nicht, die vorwiegend mit internen Machtkämpfen beschäftigt waren.

Kurzum, wenn die AfD auf die Beine kommen wollte, musste sie den unternehmerischen Mittelstand erreichen und dort wirtschaftliche Kompetenz beweisen. Nachdem es in der AfD noch keine Mittelstandsvereinigung gab, beschloss ich, diese selbst zu gründen. Den ersten Rohentwurf stellte ich in besagter Mitgliederversammlung Anfang Januar 2014 vor. Die Resonanz war so gut, dass ich beschloss, die Mittelstandsidee parteiintern weiter voranzutreiben. Mein erster Ansprechpartner war Steffen Schäfer, damaliger Bezirksvorsitzender Oberbayern, der mich schnurstracks an Dagmar Metzger weiterleitete, die damalige Pressesprecherin des AfD-Bundesvorstandes. Geben Sie mal „Dagmar Metzer AfD“ und „Dagmar Metzger Wordstatt“ in eine Internet-Suchmaschine ein, dann stoßen Sie u.a. auf folgenden Link, der es auf den Punkt bringt.

Quelle: https://lobbypedia.de/wiki/Wordstatt_GmbH

Ich war Anfang 2014 in der AfD noch gar nicht richtig angekommen und schon ins Visier einer Lobbyistin geraten, und zwar einer einflussreichen: Frau Metzger pflegte Kontakte zum Milliardär Baron von Finck und seinem Umfeld, deren Namen ein paar Jahre später in der Presse auftauchten als die AfD-Granden Alice Weidel und Jörg Meuthen mit Spendenskandalen auf sich aufmerksam machten, wobei auch die Schweizer Goal AG um Alexander Segert und der Deutschlandkurier um David Bendels fragwürdige Rollen spielten. Die mutmaßlichen Quer- bzw. Finanzverbindungen zwischen den einzelnen Akteuren wurden mir erst Jahre später klar. Auf dieses zwielichtige Netzwerk, das im Verdacht steht, die AfD von außen über finanzielle Zuwendungen zu steuern, sind schon andere gestoßen, z.B. die frühere AfD-Sprecherin Frauke Petry, die in ihrem Buch „Requiem für die AfD" darüber schreibt.

Quelle: https://www.faz.net/aktuell/politik/inland/frauke-petry-erhebt-korruptionsvorwuerfe-gegen-afd-spitze-17391539.html

Journalisten haben darüber ebenfalls ausgiebig recherchiert, hier zwei Beispiele aus der Süddeutschen Zeitung und dem Spiegel:

Quellen: https://www.sueddeutsche.de/politik/afd-spendenskandal-weidels-helferkreis-1.4221538

https://www.spiegel.de/politik/afd-spendenskandal-die-costa-brava-masche-a-00000000-0002-0001-0000-000163036958

Den Namen „Dagmar Metzger" hörte ich in der Folge nicht nur von der Riege um den damaligen AfD-Chef Bernd Lucke, sondern auch vom späteren AfD-Ehrenvorsitzenden Alexander Gauland und einem weiteren Lobbyisten, Tom Rohrböck, der 2017 in meinem Leben auftauchte. Frau Metzger antwortete mir auf meine ursprüngliche Anfrage, die Mittelstandsidee sei gut, sie wünsche mir viel Erfolg, aber groß ins Zeug legte sie sich dafür nicht. Wie ich bald aus parteiinternen Kreisen zugetragen bekam, verfolgte sie gemeinsam mit Mitstreitern andere Interessen, nämlich die Gründung einer AfD-nahen Stiftung, in der selbstverständlich sie selbst eine wichtige Rolle spielen sollte. Wie viele Millionen Steuergelder pro Jahr kann man über so eine Stiftung abgreifen? Der Drang zum Gelde war wohl 2014 die treibende Kraft, als noch nicht abzusehen war, dass das Systemparteienkartell aus CDU/CSU-SPD-F.D.P.-GRÜNE-LINKE der AfD auch noch acht Jahre später Steuermittel für die AfD-

Stiftung verweigern würde. Gleichzeitig schustern sich die Systemparteien über ihre eigenen Stiftungen diese Steuermittel zu. Wenn ich beides vergleiche, stelle ich laufende Steuermittelkorruption bei den Systemparteien fest sowie versuchte Steuermittelkorruption bei der AfD. Es werden Steuergelder zweckentfremdet, womit politische Parteien über ihre Stiftungen knallharte Parteiinteressen in Wirtschaft und Gesellschaft durchsetzen, getarnt als angebliche demokratische Willensbildung. Im Endeffekt nehmen die Parteien über den Staatsapparat den Bürgern ihr sauer verdientes Geld durch Steuern weg und verwenden dann dieses Geld, um ihre machtgierigen Sonderinteressen gegenüber den Bürgern durchzusetzen. Das heißt im Endeffekt, dass die Bürger ihre eigene Machtlosigkeit auch noch zwangsfinanzieren dürfen. Dieses Vorgehen könnte von der Mafia stammen. Korruption nenne ich das, mir fällt kein passenderes Wort dafür ein.

Nachdem Frau Metzger zu diesem Zeitpunkt anderweitig beschäftigt war, machte ich aus eigener Kraft weiter und stieß im damaligen AfD-Bundesvorstand auf zwei nette und kompetente Damen, die mir gerne weiterhalfen, die Mittelstandsidee weiterzuentwickeln: Verena Brüdigam aus Bayern und Beatrix Diefenbach aus Hessen. Es ging dann sehr schnell: Mitte Januar 2014 stellten wir im Kreisverband BGL das Konzept „Arbeitsgruppe Mittelstand" fertig und bereits eine Woche später konnte ich es Alexander Gauland persönlich vorstellen, als ich ihn auf einer Berlinreise kennenlernte. Meine erste Zusammenkunft mit Herrn Gauland verlief genauso frostig wie die folgenden Jahre an seiner Seite. Er geht bestimmt in den Keller, bevor er mal lacht.

Anscheinend hatte ich mit meinen Aktivitäten derart viel Staub aufgewirbelt, dass Dagmar Metzger doch noch aktiv wurde und mich zu einer ihrer Lobbyingveranstaltungen nach München einlud, auf der Hans-Olaf Henkel sprach, der ehemalige Präsident des Bundesverbandes der Deutschen Industrie und „Senior Adviser" der „Bank of America". Im Nachgang zu dieser Veranstaltung durfte ich Herrn Henkel im Beisein von Frau Metzger und bayerischen AfD-Vertretern mein Mittelstandskonzept vorstellen. Es wurde wieder für gut befunden. Dieses Treffen fand am 06. Februar 2014 statt, danach herrschte Funkstille. Am 05. März

2014 war der politische Aschermittwoch der AfD in Osterhofen in Niederbayern. Die Gelegenheit schien günstig, den damaligen AfD-Chef Bernd Lucke auf die Mittelstandsidee direkt anzusprechen. Offiziell hatte die damalige AfD drei gleichberechtigte Sprecher: Bernd Lucke, Konrad Adam, Frauke Petry, aber Bernd Lucke war das bekannteste Gesicht in der Öffentlichkeit. Beim Eingang in den Saal trafen meine Frau und ich erst einmal auf zwei Herren: Auf Georg Pazderski, den damaligen AfD-Bundesgeschäftsführer und späteren Berliner Parteichef, der zugleich stellvertretender AfD-Bundessprecher war, sowie seinen Adlatus Frank-Christian Hansel. Hände schütteln, sich kurz bekannt machen, Smalltalk und weiter gingen wir zu einem Sitzplatz. Ich wartete, bis Bernd Lucke seine Rede gehalten hatte und brachte mich am Saalausgang in Richtung Toiletten in Stellung und in der Tat tauchte Bernd Lucke hier bald auf. Erst ließ ich ihn sein Geschäft verrichten und sprach ihn dann an als er zurück in den Saal strebte. Ich grüßte ihn freundlich und fragte ihn, ob er schon etwas vom Mittelstandskonzept des Kreisverbandes BGL gehört hätte, was er verneinte. Daraufhin teilte ich ihm mit, dass Hans-Olaf Henkel darüber schon Bescheid wüsste und es für gut befunden hätte. Jetzt zeigte Herr Lucke Interesse und antwortete mir, dass eine Parteifreundin namens Anette Schultner aus Niedersachsen dieses Thema auch bearbeiten würde, ich solle mich mit ihr in Verbindung setzen und gab mir ihre Nummer. Noch am Abend des politischen Aschermittwochs rief ich Frau Schultner an und wir unterhielten uns prächtig. An den folgenden Tagen telefonierten Frau Schultner und ich uns mehrmals zusammen und es kristallisierte sich heraus, dass ich das Mittelstandskonzept weiter vorantreiben soll und sie mich gerne dabei unterstützt. In diesem Zusammenhang gab mir Anette Schultner die Telefonnummer einer gewissen Alice Weidel, deren Name mir damals gar nichts sagte und die heute, im Jahre 2022, die große AfD-Chefin ist. Frau Weidel hätte, sagte sie, einen volkswirtschaftlichen Hintergrund wie ich; wir sollten uns zum Thema Mittelstand austauschen, so Frau Schultners Empfehlung. X-mal versuchte ich Frau Weidel zu erreichen, hinterließ mehrere Nachrichten auf Ihrer Mailbox und warte seit 2014 vergeblich auf ihren Rückruf. Aber vielleicht ruft sie doch noch zurück, wenn sie vorliegendes Buch gelesen hat.

Mir fällt gerade auf, dass ich in vorliegendem Kapitel zahlreiche Namen nenne, die zwar AfD-Insidern bekannt sind, aber Lesern aus anderen Bereichen eher weniger. Deshalb schreibe ich zu jedem Namen dazu, was sie bzw. er damals oder später gemacht hat. Über Suchmaschinenabfragen im Internet können Sie sich jederzeit zusätzliche Informationen über diese Personen einholen. Vorliegendes Buch ist auch ein Erlebnisbericht aus der politischen Praxis und ich nenne die Personen in derjenigen Reihenfolge, in der sie mir das erste Mal über den Weg gelaufen sind.

Inzwischen lernte ich auch Markus Frohnmaier kennen, Gründungsmitglied der Jungen Alternative (JA), der Jugendorganisation der AfD. Markus und ich kamen uns schnell näher, weil wir ähnliche Netzwerke in die österreichische FPÖ hinein pflegten und auch geopolitisch auf einer Linie lagen: Deutsche und russische Interessen ergänzen sich viel besser als deutsche und amerikanische Interessen, weshalb es für Deutschland nutzbringend wäre, das Bündnis mit den Vereinigten Staaten von Amerika aufzulösen und dafür ein Bündnis mit Russland anzustreben. Markus besorgte mir eine Einladung zur Europawahlparty in Berlin und am 25. Mai 2014 sah ich das erste Mal die geballte Parteiprominenz an einem Ort versammelt. Neben Lucke, Henkel, Gauland und der weiteren Bundesspitze waren auch zahlreiche Landes- und Bezirksvorsitzende vertreten. Als begeisterter Netzwerker fing ich gleich an, meine Netze auszuwerfen. An diesem Abend traf ich das erste Mal Beatrix von Storch, *la dame terrible* der Partei. In den folgenden Jahren kreuzte sie immer wieder meinen Weg, was mir lustige Horrorerlebnisse bescheren sollte. Die AfD zog an diesem Maiabend in ihr erstes Parlament ein, in das EU-Parlament mit 7,1% der Stimmen. Markus Frohnmaier sitzt seit 2017 bis heute im Bundestag, aber ich habe ihn zunehmend aus den Augen verloren.

Zurück zum Mittelstandskonzept. In den Wochen nach dem politischen Aschermittwoch liefen konstruktive Abstimmungen zwischen Bernd Lucke, Verena Brüdigam, Beatrix Diefenbach, dem Kreisverband BGL und mir, aber im Spätfrühjahr 2014 wurde es kritisch: Lucke brachte eine weitere Mittelstandexpertin ins Spiel, Prof. Dr. Ursula Braun-Moser. Ihr akademischer Hintergrund als Professorin für Volkswirtschaft und ihr

Wirken für die Europäische Mittelstandsunion waren aller Ehren wert, aber sie brachte auch genug Negatives mit: Jahrzehntelange CDU-Mitgliedschaft, davon fast 10 Jahre Abgeordnete im Europaparlament und somit die realitätsfremde Weltsicht der Systemparteien. Erschwerend kam hinzu, dass Frau Braun-Moser ihr Berufsleben in akademischen und politischen Organisationen verbracht hatte. Die freie Wirtschaft und die wirklichen Probleme des Mittelstandes kannte sie nur vom Hörensagen. Entsprechend nervenaufreibend verliefen die Telefonate mit ihr. Zum Glück waren wir uns mit den anderen Mitstreitern einig, dass die Dame uns nicht wirklich weiterhilft und gemeinsam ließen wir sie links liegen. Damit war Bernd Luckes Versuch gescheitert, über seine Vertrauensperson Ursula Braun-Moser die Kontrolle über mein Mittelstandskonzept an sich zu ziehen und ich konnte weitermachen. AfD-Bundesgeschäftsführer Pazderski schickte mir eine Einladung, am 22. Juni 2014 nach Berlin zu kommen und das Mittelstandskonzept dem gesamten Bundesvorstand persönlich vorzustellen. Dafür nahm ich extra einen Tag Urlaub, wie auch schon beim politischen Aschermittwoch vorher, schließlich war ich als Geschäftsführer eines mittelständischen Unternehmens voll berufstätig. Jetzt habe ich schon so viel über das Konzept erzählt, dass ich es hier in derjenigen Form einstelle, in der ich es dem AfD-Bundesvorstand vorstellte, gekürzt um die weniger interessanten Seiten.

Konzept

„Mittelstand“

für die AfD

Erarbeitet von der

Arbeitsgruppe
Mittelstand

Dirk Adam
Thomas Clemens
Karl Halbritter
Richard Kühne
Roland Mahler
Hansjörg Müller

angebunden an den
Kreisverband
Berchtesgadener Land

1. Vorsitzender
Torsten Balkow

22.06.2014

Bisher erfolgte Schritte

- 18. Januar: Demokratische Konstituierung der **Arbeitsgruppe Mittelstand**, angehängt an KV Südostbayern (Vorgänger des KV BGL), als Pilotgruppe für ganz Deutschland: nach Rücksprache mit Steffen Schäfer – Dagmar Metzger – Bundesvorstand?
- 21. Januar: Abstimmungsgespräch Dr. Gauland - Müller
- 06. Februar: Abstimmungsgespräch Prof. Henkel - Müller
- 05. März: Abstimmungsgespräch Prof. Lucke - Müller
Ferngespräch Schultner - Müller
- 26. März: Abstimmungsgespräch Seeghitz - Müller
- März - April: Abstimmungsmails Prof. Lucke - Müller
- April – Juni: Abstimmungsmails und –ferngespräche Prof. Braun-Moser - Müller

→ Einbringen des umfangreichen Netzwerkes von Müller zu mittelständischen Unternehmen, Verbänden, Brüssel

22.06.2014 © Dipl.-Volkswirt Hansjörg Müller, kommissarischer Leiter der Arbeitsgruppe Mittelstand der AfD 3

Warum der Mittelstand so wichtig

und

für die AfD unverzichtbar ist

Insgesamt stellt der (unternehmerische + gesellschaftliche) Mittelstand ca. **27 Mio**. von **61,8 Mio**. Wählern.

Das sind **43,6 %**. Die Mittelstandspolitik wurde rhetorisch von den bürgerlichen Parteien CDU/CSU und FDP versprochen, aber nie gehalten

(zitiert nach Prof. Dr. Eberhard Hamer, Mittelstandsinstitut Niedersachsen e.V.)

⇒ dem bedrängten Mittelstand Lösungen anzubieten ist die Chance für unsere AfD, wenn wir eine Volkspartei werden wollen!

22.06.2014

4

Maßnahmen

strategisch

1. <u>Die erfolgreiche Durchsetzung mittelständischer Interessen über die AfD braucht das Zusammenspiel dreier Elemente:</u>

- Ansprechpartner/-in im Bundesvorstand (AP/BV)
- Ansprechpartner/-in bei der EU (AP/EU)
- Arbeitsgruppe Mittelstand (AG/MS)

Eine sinnvolle Funktionsaufteilung könnte dem Prinzip folgen

„Jeder macht das, was er am besten kann"

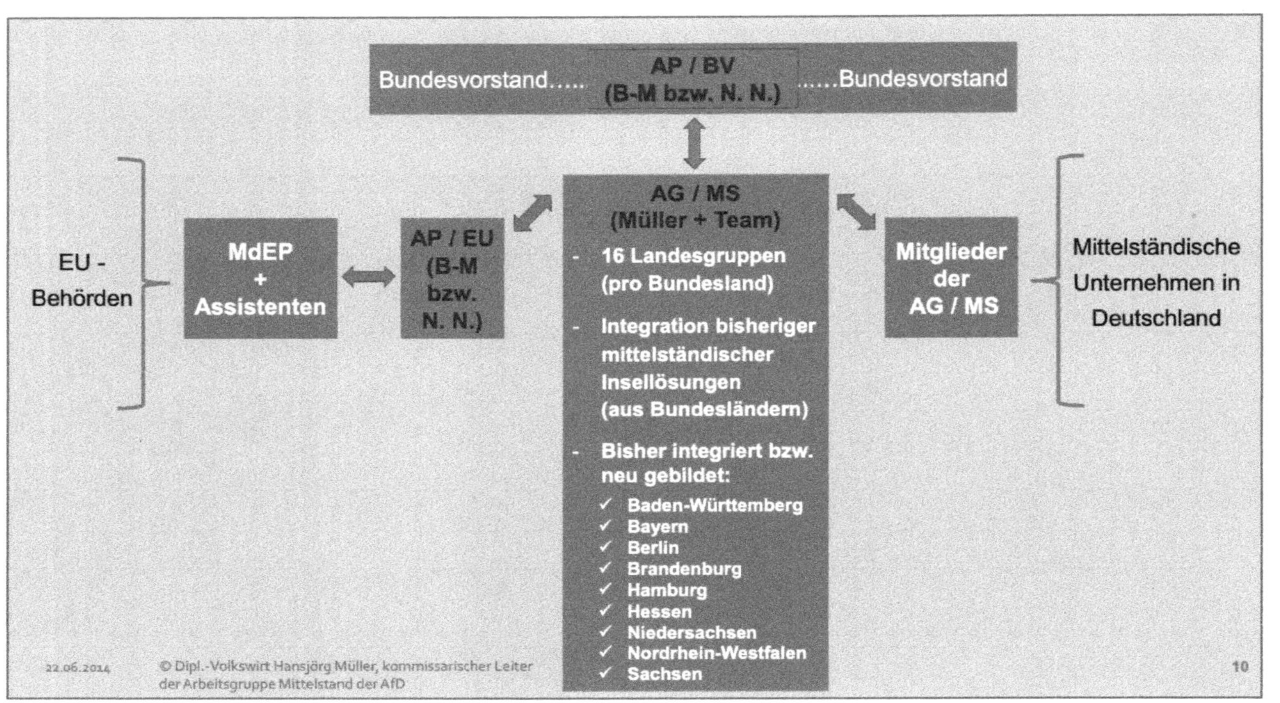
Bundesvorstand……
AP / BV
(B-M bzw. N. N.)
……Bundesvorstand
EU -
Behörden
MdEP
+
Assistenten
AP / EU
(B-M
bzw.
N. N.)
AG / MS
(Müller + Team)
- 16 Landesgruppen (pro Bundesland)
- Integration bisheriger mittelständischer Insellösungen (aus Bundesländern)
- Bisher integriert bzw. neu gebildet:
✓ Baden-Württemberg
✓ Bayern
✓ Berlin
✓ Brandenburg
✓ Hamburg
✓ Hessen
✓ Niedersachsen
✓ Nordrhein-Westfalen
✓ Sachsen
Mitglieder
der
AG / MS
Mittelständische
Unternehmen in
Deutschland
22.06.2014
© Dipl.-Volkswirt Hansjörg Müller, kommissarischer Leiter der Arbeitsgruppe Mittelstand der AfD
10

Maßnahmen strategisch

2. Der größte Hebel zur Durchsetzung mittelständischer Interessen in der EU liegt in der aktiven Teilnahme am europäischen Gesetzgebungsverfahren - **VOR** seinem Abschluss

Wie Gesetzgebungs-Prozess abläuft (vereinfacht auf parlamentarisch Wesentliches):

a. Kommission macht Vorschlag
b. Wird an Ausschüsse des Parlaments zur Bearbeitung verwiesen
c. Änderungsanträge werden in Ausschüsse eingebracht und dort de facto für das Parlament vorab abgestimmt. „Bericht" (durch „Rapporteur") als Ergebnis
d. Im Parlament können nur noch Fraktionen „Bericht" ändern
e. Nachfolgende Abstimmung im Parlament über „Abstimmungslisten" eher formal

(Achtung! Bei a, c, e findet Kungelei und Einflussnahme durch Lobbyisten internationaler Großkonzerne statt)

→ **Zu Gegenmaßnahmen für den Mittelstand - über die AfD- siehe nächste Seiten**

22.06.2014 © Dipl.-Volkswirt Hansjörg Müller, kommissarischer Leiter der Arbeitsgruppe Mittelstand der AfD 13

Abschluss

Vielen Dank für Ihre Aufmerksamkeit!

Von links nach rechts: Kühne, Clemens, Adam, Mahler, Halbritter, Müller

Baden-Württemberg (H. Dr. Behrens), **Bayern** (H. Riediger), **Berlin** (H. Dr. Barounig)
Brandenburg (H. Hünich), **Hamburg** (H. Tierling), **Hessen** (F. Diefenbach)
Niedersachsen (H. Hoyer), **Nordrhein-Westfalen** (H. Berg), **Sachsen** (H. Dr. von Below)

22.06.2014 19

Bis auf Alexander Gauland waren alle Bundesvorstandsmitglieder anwesend und Bernd Lucke aß während meiner ca. 30-minütigen Vorstellung Salat. Dann musste ich den Besprechungsraum kurz verlassen und als ich wieder hereingebeten wurde, teilte mir Lucke mit, dass der Bundesvorstand entschieden habe, mich mit der Umsetzung des Mittelstandskonzeptes zu betrauen. Über den AfD-Mailverteiler würden alle Parteimitglieder in den nächsten Tagen angeschrieben und sollten sich bei Interesse, mitwirken zu wollen, an mich wenden. So geschah es dann auch. Ich hatte es geschafft mein Mittelstandskonzept beim AfD-Bundesvorstand durchzubringen und Erfolge soll man feiern. Es war ein lauer Sommerabend, den ich mit Mitstreitern in einem Berliner Biergarten ausklingen ließ.

Ein paar Tage später brach eine E-Mail-Lawine über mich herein, nachdem der AfD-Bundesvorstand über den Parteiverteiler alle Mitglieder deutschlandweit informiert hatte, dass ein AfD-Mittelstandsforum gegründet werden sollte mit Hansjörg Müller als Gründungsbeauftragtem. Den Namen „AfD-Mittelstandsforum" hatte uns der Bundesvorstand damals vorgegeben. Ein paar Jahre später hat uns ein späterer Bundesvorstand diesen Namen wieder aberkannt, was das Hin und Her bei der parteiinternen Selbstbeschäftigung anschaulich darstellt.

Als besagte E-Mail-Lawine von am Mittelstand Interessierten über mich hereinbrach, war ich nächtelang am Fluchen. Berufsbegleitend blieben mir nur die Nächte, um Hunderte von Mails zu beantworten und danach zu sortieren, wer für zukünftige Aufgaben in Frage kommen könnte. Zahlreiche Telefonate mit Interessenten halfen mir bei der Einschätzung. Nachdem das bewältigt war, machte ich mir Gedanken über Zeit und Ort der Gründungsversammlung für das AfD-Mittelstandforum.

Wir führten diese „Gründung" – so glaubten wir zu Beginn der Veranstaltung noch - am 26. Juli 2014 in meiner Heimatstadt Würzburg durch, im Vogel Convention Center, als die AfD noch keine Probleme hatte, Säle anzumieten. Klar, wir saßen damals nur im EU- aber noch in keinem deutschen Parlament und stellten somit für die Systemparteien noch keine Gefahr dar, weshalb man uns Säle noch problemlos anmieten ließ.

Im Laufe dieser „Gründungsversammlung" stellte sich heraus, dass wir am 26. Juli 2014 den eingetragenen Verein mit dem Namen „AfD-Mittelstandsforum" noch gar nicht offiziell gründen konnten. Was war geschehen? Organisatorisch hatte unser Team fast alles vorbereitet, wir wurden vom bayerischen Bundesvorstandsmitglied Verena Brüdigam und deren Leuten sehr gut unterstützt. Der Saal war bestuhlt, die Technik funktionierte, die Einlasskontrolle funktionierte ebenfalls, Einladungen waren verschickt, mehrere zig Interessenten aus ganz Deutschland waren erschienen, aber zu Beginn der Versammlung stellte sich heraus, dass ein wichtiger Punkt nicht geklärt war: Eine rechtssichere Ladungsfrist. Dieses Versäumnis ging auf meine Kappe. Ich hatte vorher noch nie so eine Veranstaltung organisiert und diesen Punkt übersehen. Ein Anwalt unter den Anwesenden machte folgenden Lösungsvorschlag: „Unsere heutige Zusammenkunft ist wie eine Gartenparty, die sich selbst ihre eigenen Regeln geben kann, bloß eine formale Vereinsgründung kann es nicht werden." Kurzerhand funktionierten wir die Veranstaltung in eine Vorgründung um, Frau Brüdigam las ein Grußwort von Bernd Lucke vor und ich wurde zum 1. Vorsitzenden des AfD-Mittelstandsforums in Gründung gewählt. Wir beschlossen, die formale Gründung nachzuholen. Zum Ende der Vorgründungsveranstaltung lernte ich Anette Schultner persönlich kennen, mit der ich seit dem politischen Aschermittwoch viele nette Ferngespräche geführt hatte. Sie fragte mich, ob ich vom Rednerpult aus registriert hätte, dass in der ersten Reihe Alice Weidel saß, die jetzt schon wieder abgereist war. Hatte ich nicht und ich fand es damals seltsam, dass Frau Weidel erst wochenlang nicht ans Telefon geht, dann doch kommt, mich ausgiebig beäugt und grußlos wieder geht. Als ich sie später persönlich kennenlernte, wurde mir klar, dass das ihr Stil ist.

Vor meinem Parteieintritt hatte ich im Jahr 2013 einen volkswirtschaftlichen Vortrag ausgearbeitet, der bewies, dass das Gros der Bürger und Unternehmen in Deutschland nicht vom Euro profitiert, obwohl die Propaganda ständig das Gegenteil behauptete. Mit diesem Vortrag tourte ich ab 2014 durch die ersten bayerischen Kreisverbände. Im Zuge der Nachforschungen zu diesem Vortrag war ich auf die unglaublich scheinende, aber dennoch real wirkende Konzentration wirtschaftlicher

Macht in den Händen weniger Superreicher gestoßen, die damit weltweit die Politik bestimmen können! Kleine Kostprobe gefällig? 1318 Konzerne kontrollieren 80% der Weltwirtschaft, 147 von ihnen kontrollieren 40% der Weltwirtschaft, die meisten sind angloamerikanische Finanzkonzerne. James Glattfelder, Stefano Battiston und Stefania Vitali von der Eidgenössischen Technischen Hochschule (ETH) in Zürich belegen das mit Zahlen.

Quelle: https://www.focus.de/finanzen/news/das-netzwerk-der-macht-diese-konzernen-kontrollieren-die-welt_id_3929949.html

Später entwickelte ich diesen Vortrag zu einer wirtschaftswissenschaftlichen Ausarbeitung weiter, die ich in Buchform veröffentlichte, worauf ich im ersten Kapitel schon einmal hingewiesen habe. Parallel stellte ich später diese Vorarbeiten auch der ersten AfD-Bundestagsfraktion zur Verfügung, als Grundstock für ein eigenes Wirtschafsprofil. Es geht um die Zusammenballung wirtschaftlicher Macht in den Händen weniger Superreicher und welche politischen Folgen das weltweit hat: „Soziale Marktwirtschaft statt Globaler Finanzoligarchie – heimische Wirtschaft zuerst", so lautet der Titel, erschienen 2020 im Gerhard-Hess-Verlag https://www.mueller-hansjoerg.bayern/wirtschaftskonzept/

Mit Begeisterung hatte ich den o.g. Anti-Euro-Vortrag ausgearbeitet und das zukünftige AfD-Mittelstandsforum vorbereitet, das alles leistete ich berufsbegleitend neben einer 50-60-Stunden-Woche als Geschäftsführer eines mittelständischen Unternehmens. Das funktionierte nur, weil die Kinder bereits aus dem Haus waren und meine Frau sehr viel Verständnis für mein Engagement aufbrachte. Einerseits gab das meinem Leben einen neuen Sinn, der staatlichen Medienpropaganda fachlich fundierte Gegenpositionen entgegenstellen zu können, andererseits laugte mich diese Doppelbelastung über die Zeit hinweg aus und ich war an einem Punkt angelangt, an dem ich mich entscheiden musste: Job oder Politik. Konnte ich von der Politik leben? Nein! Wollte ich von der Politik leben? Auch nicht, um nicht in Abhängigkeiten zu geraten. Also war die Entscheidung klar: Der Job geht vor. Im Herbst 2014 suchte ich nach einer vertrauenswürdigen Person, der ich meine Vorarbeiten für das AfD-Mittelstandsform übergeben konnte. Es musste jemand sein, der Erfahrungen als mittelständischer Unternehmer hatte, geistig und finanziell unabhängig war und in einem festen konservativ-liberalen Wertefundament wurzelte. Diese Kombination findet man unter Alten Herren schlagender Studentenverbindungen. Da ich selbst einer bin, konnte ich die Suche zielgerichtet beginnen und fand ziemlich schnell Herrn Dr. Ulrich Wlecke. Meinen Vorschlag stimmte ich mit Bernd Lucke ab, der ihn akzeptierte, nachdem er und Herr Wlecke sich schon persönlich kannten: Beide standen 2013 auf der Bundestagsliste als die AfD noch an der 5%-Hürde gescheitert war. Herr Wlecke übernahm die Vorbereitungsarbeiten für die endgültige Gründung des AfD-Mittelstandsforums in Vereinsform, die zu Jahresbeginn 2015 stattfinden sollte. Er selbst wollte als 1. Vorsitzender kandidieren und bat mich als Beisitzer mit in den neuen Vorstand zu kommen. Ich stimmte unter der Bedingung zu, dass es keinen spürbaren zeitlichen Aufwand bedeutet, weil ich mich ausschließlich wieder auf meine Arbeit konzentrieren wollte. Weder für das AfD-Mittelstandsforum noch für die AfD-Partei wollte ich mich weiter groß engagieren, sondern mich jeweils auf die Position einer Karteileiche zurückziehen.

Somit war meine kurze politische Karriere Ende 2014 eigentlich schon beendet gewesen. Aber es kam dann alles ganz anders.

2015

Januar 2015 - Gründung des AfD-Mittelstandsforums, erster Wink des Schicksals

Die formal korrekte und damit auch endgültige Gründung des AfD-Mittelstandsforums e.V. hatte Ulrich Wlecke auf Samstag, den 24. Januar 2015, in Kassel festgesetzt. Weder Zeit noch Ort waren zufällig gewählt.

Zeitgleich fand dort eine Veranstaltung des AfD-Bundesvorstandes statt, womit Bernd Lucke und die Parteiprominenz zu einem persönlichen Grußwort vorbeischauen konnten. Anfang Januar reservierte ich ein Hotelzimmer und harrte der Dinge, die da kommen mochten.

Ein paar Tage vorher erreichte mich die Hiobsbotschaft: Ulrich Wlecke hatte eine Gehirnblutung erlitten. Der arme Kerl verlor schlagartig die Fähigkeit sich zu bewegen und zu sprechen. Über die folgenden Monate und Jahre trainierte er sich mit eisernem Willen ins Leben zurück und ist heute wieder vollkommen hergestellt. Lieber Ulrich, ich freue mich wahnsinnig für Dich und Deine Familie über diese großartige Leistung! Für die bevorstehende Gründungsveranstaltung bedeutete das aber, dass ich in die Funktion des Gründungsbeauftragten zurückkatapultiert worden war, die ich ein paar Monate zuvor bewusst abgegeben hatte. Ich hatte nur wenige Tage Zeit – aufgrund meiner Berufstätigkeit hieß das auch wieder ein paar Nächte – mich in die Vorbereitungen einzuarbeiten. Zum Glück hatte Herr Wlecke zwei gute Helfer: Der eine hieß Axel Lange, der andere war Sebastian Becker, die mich dabei wunderbar unterstützten. Die Arbeitsgruppe Mittelstand des AfD-Kreisverbandes BGL - Sie erinnern sich, das heißt Berchtesgadener Land – um Dirk Adam, Richard Kühne, Thomas Clemens, Roland Mahler und Karl Halbritter half kräftig mit und so konnte ich am 23. Januar beruhigt nach Kassel anreisen, um am Folgetag die Gründung durchzuführen. Am Vorabend gab es im Hotel ein Abendbüffet, an dem auch die AfD-Spitze teilnahm, welche am Folgetag ihre Parallelveranstaltung abhielt. Hier traf ich das erste Mal Frauke Petry und Marcus Pretzell, an deren Tisch ich sitzen durfte, welche Ehre. Bernd Lucke kannte ich ja schon. Frauke Petry zählte damals zu den drei AfD-Bundessprechern und sollte Bernd Lucke beim Essener Bundesparteitag im Juli 2015 als bekanntestes Gesicht der Partei ablösen. Marcus Pretzell war damals noch nicht, zumindest nicht offiziell, ihr Lebensgefährte, aber er war AfD-Landeschef in Nordrhein-Westfalen, ein sehr mächtiger Landesverband sogar. Der „Bretzel", so sein parteiinterner Spitzname, hatte damals die Seilschaft der sogenannten „Beutegemeinschaft" installiert, auf die er seine Macht stützte. Von dieser „Beutegemeinschaft" hat sich die AfD bis heute nicht erholt, obwohl der „Bretzel" schon lange weg ist. Das

Abendessen war ganz nett und nach ein paar Feierabendbierchen ging ich auf mein Zimmer und schlummerte ein.

Die Gründungsversammlung des AfD-Mittelstandsforums e.V. verlief harmonisch, also untypisch für die AfD. Das lag wahrscheinlich daran, dass es noch nichts zu verteilen gab, sondern erst einmal die Kärrnerarbeit zu leisten war, eine bundesweite Organisation auf die Beine zu stellen. In meiner Eigenschaft als erneut eingesetzter Gründungsbeauftragter präsentierte ich einen Satzungsvorschlag, den wir diskutierten und über den wir abstimmten. Ein Satzungsparagraph lag mir dabei besonders am Herzen, ich zitiere aus dem Protokoll: „Zweck des AfD Mittelstandsforums solle nach Müller eine Anbindung an die Partei Alternative für Deutschland sein, um die Wünsche und Anregungen der mittelständischen Unternehmer in die Partei zu tragen, damit diese sie politisch umsetze. Gleichzeitig stehe das AfD Mittelstandsforum als eigenständiger Verein neben der Partei und sei auch für Nicht-Parteimitglieder offen und deren Beitritt auch explizit gewünscht." Lucke, Wlecke und ich waren uns im Vorfeld darüber einig, dass wir von der mittelständischen Unternehmerschaft leichter akzeptiert werden, wenn man in unserer wirtschaftsliberalen Vereinigung Mitglied werden kann, ohne gleichzeitig in der Partei Mitglied werden zu müssen. So wurde es von der Versammlung einstimmig beschlossen. Entsprechend waren unter den ca. 300 Interessenten, von denen 80 zur Gründung nach Kassel gekommen waren, auch parteilose Unternehmer. Damit war der Vormittag vorbei, unser Verein gegründet und wir begaben uns zum Mittagessen.

In der Mittagspause kam AfD-Bundessprecher Bernd Lucke zu uns und hielt sein Grußwort, in dem er auf die herausragende Bedeutung mittelständischer Familienunternehmen für die deutsche Wirtschaft verwies. Das AfD-Mittelstandsforum hätte die Aufgabe, wirtschaftliche Kompetenz zu zeigen und Mittelständler an die AfD-Partei heranzuführen, so Lucke. Werte Leser, damit Sie nicht zwischen dem Mittelstandsforum der AfD und der AfD als Partei durcheinanderkommen, schreibe ich ab jetzt „AfD-Mittelstandsforum" und „AfD-Partei", wenn es um eine der beiden Organisationen geht. Ebenfalls ein Grußwort hielt Dr. Heinrich Weiss, Inhaber des großen Anlagenbauers SMS-Group, immerhin früherer Präsident sowohl des CDU-Wirtschaftsrates als auch des Bundesverbandes der Deutschen Industrie. Damals, zu Beginn des Jahres 2015, war Weiss noch ein großer Befürworter der AfD gewesen und griff die Wirtschaftspolitik der Union scharf an. Die F.D.P. hatte Heinrich Weiss seinerseits schon abgeschrieben. Nach Luckes Abgang ein halbes Jahr später distanzierte sich Weiss von der AfD.

Anschließend gab es eine Fragerunde, in der mir das erste Mal ein Wesensmerkmal der Parteiführung auffiel. Unabhängig davon, dass die Wirtschaftsvereinigung AfD-Mittelstandsforum das falsche Podium für ein völkerrechtliches Thema ist, stellte ein Unternehmer aus Thüringen Lucke die Frage, was er hinsichtlich der früheren deutschen Ostgebiete zu tun gedenke. Lucke wollte von dem Thema nichts hören. Es geht mir hier überhaupt nicht um eine inhaltliche Diskussion. Meine Beobachtung des Vorgangs stellt auf etwas ganz anderes ab: Die AfD-Partei hatte sich u.a. mit dem Ziel gegründet, „heiße Themen" anpacken zu wollen. Lucke war in seiner Eigenschaft als Parteichef anwesend und hätte auf diese Frage souverän reagieren können, mit welcher Antwort auch immer. Aber er wich einfach aus. Meine Schlussfolgerung war, dass Lucke nicht bereit war, „heiße Themen" überhaupt anzudiskutieren. Diese Angst vor dem Anecken in Grundsatzfragen zieht sich bis heute durch alle Führungsgremien meiner Partei, egal, wer gerade an der Spitze steht.

Mit dieser „Das-darf-man-doch-nicht-sagen"-Mentalität schwächte die AfD von Anfang an ihr eigenes Potential als Oppositionspartei. Es ist doch eine zentrale Aufgabe der Opposition, gerade die Tabuthemen in einer Demokratie mutig anzusprechen, zumindest in einer funktionierenden.

Wir waren also gegründet, hatten aber noch keinen Vorstand. Dieser wurde am Nachmittag gewählt. Es begann mit der Wahl des Bundesvorsitzenden. Aus dem Saal wurde ich für dieses Amt vorgeschlagen, aber ich lehnte ab. Ich sah mich als zeitweiligen Ersatz für Ulrich Wlecke bis zu dessen Rückkehr und schlug der Versammlung deshalb vor, ihn in Abwesenheit zu wählen. Wleckes Frau hatte eine schriftliche Vollmacht vorbereitet, dass ihr Mann die Wahl annehmen würde. Ein Raunen ging durch den Saal als ich Wleckes Wahl in Abwesenheit durchzog. Im politischen Umfeld ist es normalerweise üblich, den gesundheitlichen Ausfall eines anderen ausnutzen, um dessen Posten zu übernehmen. In der Rückschau stand mir meine Geradlinigkeit mehr als einmal im Wege, solange ich politisch tätig war. Sie ist ein Grund, warum ich heute dem Deutschen Bundestag nicht mehr angehöre und auch keine Führungsposition in der Partei mehr bekleide. In manchen Situationen fehlt mir die notwendige Gnadenlosigkeit in diesem schmutzigen Geschäft. Können täte ich es schon, aber ich will nicht. Heute, im Jahre 2022 bin ich zufrieden und ich kann problemlos in den Spiegel schauen, was manche Ex-Kollegen, die in vorliegendem Buch vorkommen, wohl eher nicht von sich nicht behaupten können. Ich verzichtete also auf das Amt des Bundesvorsitzenden des AfD-Mittelstandsforums und Herr Wlecke wurde in Abwesenheit gewählt. Anschließend stand die Wahl der beiden stellvertretenden Bundesvorsitzenden auf der Tagesordnung. Ich erklärte mich dann doch noch bereit, zumindest als einer der beiden Stellvertreter zu kandidieren, der andere Kandidat war der mittelständische Unternehmer Hans-Hermann Schreier. Wir wurden beide gewählt. Ein halbes Jahr später, auf dem sagenumwobenen Essener Bundesparteitag der AfD-Partei, als Bernd Lucke in die Wüste geschickt wurde, sollten Herr Schreier und ich in verschiedenen Lagern stehen. Ungeachtet dessen arbeitete ich mit ihm im AfD-Mittelstandforum sehr gut zusammen; er ist fachlich höchst kompetent und ein aufrichtiger Mensch. Lieber Hans-Hermann, solltest Du dieses Buch zufällig lesen, richte ich einen herzlichen Gruß an Dich und würde mich freuen, wieder von Dir zu hören. Du findest mich im Internet über wirtschaftliche Netzwerke wie Xing bzw. LinkedIn oder auch über meine Unternehmerwebseite: https://hjminterimmanagement.com. Mit weiteren Wahlgängen wurde unser Bundesvorstand über Schriftführer und Schatzmeister bis hin zu den Beisitzern komplettiert. In der Wahlkommission waren aus der Parteiprominenz Frauke Petry und Marcus Pretzell vertreten und machten sich beim Auszählen der Stimmen nützlich.

Als Folge der Gründung unseres AfD-Mittelstandsforums tauchte mein Name das erste Mal in der überregionalen Presse auf:

Quellen: https://m.focus.de/regional/kassel/parteien-afd-gruendet-mittelstandsforum_id_4428558.html

https://www.mittelstand-nachrichten.de/politik/afd-buendelt-wirtschaftskompetenz-mittelstandsforum-gegruendet/

Als ich wieder zuhause war, wurden die Auffassungsunterschiede zwischen meinem damaligen Arbeitgeber und mir immer größer, wie das mittelständische Unternehmen strategisch auszurichten sei, welches ich als angestellter Geschäftsführer leitete. Wir kamen überein, uns zu trennen. Auf einmal hatte ich viel Zeit und mir wurde rasch langweilig. Beste Voraussetzungen, um den Aufbau des AfD-Mittelstandsforums voranzutreiben. Das hatte ich mit der Kapitelüberschrift „erster Wink des Schicksals“ gemeint: Ich hatte die Mittelstandsgründung ursprünglich an Ulrich Wlecke abgegeben, wollte auch politisch nichts mehr machen und dennoch kam die Aufgabe von ganz allein zu mir zurück. Zusätzlich mit viel Zeit obendrauf, anscheinend sollte ich weitermachen.

Im Verlaufe der nächsten eineinhalb Jahre reiste ich regelmäßig durch die Republik und baute zusammen mit engagierten Mitstreitern einen Landesverband nach dem anderen auf. Nachdem nicht alle, aber doch die meisten Mitglieder des AfD-Mittelstandsforums ebenfalls Mitglieder der AfD-Partei waren, konnte ich mir damit innerhalb der AfD ein großes Netzwerk über ganz Deutschland aufbauen. Bei diesen Reisen lernte ich unter anderem auch den ehemaligen Brandenburger AfD-Sprecher Andreas Kalbitz und den Thüringer Parteichef Björn Höcke kennen. Es gibt keinen anderen AfD-Politiker, bei dem das mediale Zerrbild vom realen Menschen weiter entfernt ist als bei Björn Höcke. In der Öffentlichkeit wird er als der leibhaftige Teufel dargestellt, der angeblich eine Diktatur errichten wolle. Eine faktische Diktatur in Deutschland haben meines Erachtens schon lange die Systemparteien errichtet, indem sie hinter der Demokratiefassade verdeckte, totalitär wirkende Herrschaftsmechanismen betreiben, weshalb die AfD oder Höcke für diesen Vorwurf der falsche Adressat sind. Die erschreckenden, antidemokratischen Herrschaftsmechanismen der Systemparteien kritisiert der Staatsrechtler Hans Herbert von Arnim seit Jahrzehnten, wobei die Titel seiner Bücher für sich selbst sprechen:

„Der Staat als Beute: Wie Politiker in eigener Sache Gesetze machen“ (1993)

Quelle: https://www.amazon.de/Staat-als-Beute-Taschenb%C3%BCcher-Sachb%C3%BCcher/dp/3426800144

„Vom schönen Schein der Demokratie: Politik ohne Verantwortung – am Volk vorbei“ (2000)

Quelle: https://www.amazon.de/Vom-sch%C3%B6nen-Schein-Demokratie-Verantwortung/dp/3426775387

„Das System: Die Machenschaften der Macht“ (2001)

Quelle: https://www.amazon.de/Das-System-Hans-von-Arnim/dp/3426272229

„Die Hebel der Macht: und wer sie bedient – Parteienherrschaft statt Volkssouveränität“ (2017)

Quelle: https://www.amazon.de/Die-Hebel-Macht-Parteienherrschaft-Volkssouver%C3%A4nit%C3%A4t/dp/3453201426

Zurück zu Björn Höcke. Bei unserem ersten persönlichen Treffen lernte ich einen nachdenklichen und feinfühligen Menschen kennen, der Empathie für seine Mitmenschen empfindet. Im direkten, persönlichen Gespräch vermittelt er insgesamt den Eindruck, für das schmutzige Politikgeschäft zu anständig zu sein. Das sind meines Erachtens wesentliche Gründe, warum ihm sehr viele Parteimitglieder folgen. Das macht Höcke natürlich für das politische System hochgefährlich, weshalb er von den Systemmedien nach Strich und Faden verleumdet wird. Später ließ er mich allerdings zweimal hängen und hielt sich auch nicht an eine getroffene Vereinbarung. Details folgen in den Kapiteln zu den Jahren 2020 und 2021.

Nicht nur ich, sondern auch Frauke Petry reiste durch Deutschland und mobilisierte Unterstützer für den kommenden Bundesparteitag. Eine Veranstaltung fand in der Hausbrauerei Barfüßer in Nürnberg statt, wohin ich neugierig fuhr. Während Petry sprach, lief meine Französische Bulldogge grunzend unter den Tischen hin und her, was für Erheiterung sorgte. Nach dem Ende der Veranstaltung redeten wir unter vier Augen.

Ich wollte herausfinden, was sie für das AfD-Mittelstandsforum tun könnte, Frauke Petry wollte wissen, wo ich in ihrem bevorstehenden Show-Down mit Bernd Lucke stehe. Dabei drängte sie mir das „Du" geradezu auf. Das ist eine weit verbreitete Unsitte in allen politischen Parteien, die zur Verrohung im menschlichen Umgang führt. Ein Beispiel: „Du Vollidiot" geht viel leichter von den Lippen als „Sie Vollidiot."

Juli 2015 - AfD-Bundesparteitag in Essen, zweiter Wink des Schicksals

Über die Zeit hinweg hatte sich der parteiinterne Graben zwischen Bernd Lucke und Hans-Olaf Henkel auf der einen Seite sowie dem Lager um Björn Höcke auf der anderen Seite vergrößert. Beide Lager hatten ihre eigenen Vereinigungen gegründet, Lucke den „Weckruf" und Höcke den „Flügel", um ihre jeweiligen Anhänger hinter sich zur versammeln. Keines beider Lager hatte aber eine Mehrheit, weil es noch ein neutrales Lager um die neben Bernd Lucke gewählten AfD-Bundessprecher Frauke Petry und Konrad Adam gab. Der Riss zwischen dem „Weckruf" und dem „Flügel" war die Folge grundsätzlicher Meinungsverschiedenheiten, wie die AfD Politik betreiben solle: Die „Weckrufler" wollten sich auf Wirtschaftsfragen beschränken und Tabuthemen nicht ansprechen, wogegen die „Flügler" Grundsatzfragen stellten, was in unserem Staat alles zu verändern sei, ohne Angst vor Tabuthemen. Ein anderer Begriff dafür ist „Fundamentalopposition". Meine Meinung dazu: Wenn es im Staat fundamental falsch läuft, ist oberflächliches Herumdoktern an Symptomen zu wenig, dagegen hilft nur fundamentales Handeln, das den Problemen an die Wurzel geht. Der Konflikt zwischen dem neutralen Lager und den „Weckruflern" beruhte dagegen eher auf persönlichen Animositäten zwischen Lucke/Henkel einerseits und Adam/Petry andererseits. Ich selbst wurde in den Konflikt hineingezogen, als Hans-Olaf Henkel mir eine unmissverständliche E-Mail schrieb, das AfD-Mittelstandsforum solle sich eindeutig an Luckes Seite positionieren, die Zeit des Wegduckens sei vorbei.

Quelle: https://www.faz.net/aktuell/wirtschaft/wirtschaftspolitik/afd-mittelstaendler-hansjoerg-mueller-beklagt-internen-druck-13679239.html

Dazu habe ich klare Standpunkte:

Das AfD-Mittelstandsforum als überparteilicher Verein, der ausschließlich wirtschaftlichen und mittelständischen Interessen verpflichtet ist, darf sich bei parteiinternen Streitigkeiten niemals auf eine Seite schlagen, sondern ist stets zu Neutralität verpflichtet. Das antwortete ich Henkel, was ihm natürlich nicht passte.

Natürlich hatte und habe ich eigene Ansichten als Person. Wirtschaftspolitisch unterstützte ich den marktwirtschaftlichen Ansatz von Lucke und Henkel. Gesellschaftspolitisch unterstützte ich den fundamentaloppositionellen Kurs von Höcke.

Dem ersten Punkt entsprechend hielt ich das AfD-Mittelstandsforum als Organisation aus dem Streit konsequent heraus. Während sich Lucke und Henkel gesellschaftspolitisch gegen eine Fundamentalopposition aussprachen, sprach sich Höcke wirtschaftspolitisch nicht gegen die Marktwirtschaft aus, sondern er sagte gar nichts dazu. Also fragte ich ihn und bekam von Höcke eindeutige, marktwirtschaftliche Antworten. Damit war für mich die Entscheidung gefallen und wegen des zweiten Punktes unterstützte ich auf dem Essener Bundesparteitag 2015 den „Flügel" gegen den „Weckruf", natürlich nur als Person und ebenso konsequent. Die marktwirtschaftliche Ausrichtung beider Lager war ja unstrittig.

Im Vorfeld des Parteitages wurde klar, dass er eine Richtungsentscheidung bringen würde und beide Lager, „Weckruf" und „Flügel", mobilisierten ihre Anhänger, wobei keines eine Mehrheit hatte. Somit wurde für den Sieg entscheidend, wie sich das sogenannte neutrale Lager um Petry und Adam verhalten würde. Diese wollten mit Lucke nichts mehr zu tun haben, aber vor allem Frauke Petry und Marcus Pretzell unternahmen alles, um den „Flügel" kleinzuhalten und selbst die Macht in der Partei zu übernehmen. Wochenlang gab es zwischen „Flüglern" und „Neutralen" Telefonkonferenzen und persönliche Treffen, um eine mögliche Zusammenarbeit gegen den gemeinsamen Gegner

„Weckruf" auszuloten. Wie schon ausgeführt, hatte ich viel Zeit und nahm an fast allen dieser Treffen teil, womit ich mich in den inneren Kreis der „Verschwörer" (aus Luckes Sicht) hineinarbeitete. Wir waren ein paar zig Leute, die vor und auf dem Parteitag die Strippen zogen. Auf einem dieser Treffen entstanden beide Fotos, mit Petry und mit Pretzell.

(mit Petry)

(mit Pretzell)

Nachdem Frauke Petry kategorisch ausgeschlossen hatte, Björn Höcke im neuen Bundesvorstand zu akzeptieren, stand die Zusammenarbeit auf der Kippe. Es gab dann mehrere Telefonate zwischen den damaligen Petry-Unterstützern Beatrix von Storch aus Berlin sowie Albrecht Glaser aus Hessen (beide sind bis heute Bundestagsabgeordnete), weiteren Vermittlern und mir, bis Petry den Vertrauensmann Höckes André Poggenburg (damaliger AfD-Landeschef Sachsen-Anhalt) als dessen Vertreter im neuen Bundesvorstand akzeptierte. Damit war die Mehrheit gegen den „Weckruf" gesichert. Eines dieser Gespräche führte ich mit Björn Höcke, und erinnere mich gut daran, wie wir beide Frauke Petry schon damals als „machtgeil" und „prinzipienlos" einschätzten. Wir konnten damals nur mit einem ebenfalls bekannten Gesicht als Gegenkandidatin das bekannte Gesicht Lucke stürzen, weshalb sich o.g. „Verschwörerkreis" auf Frauke Petry geeinigt hatte. Das Risiko, das mit dieser Personalie verbunden war, hatten Höcke und ich leider richtig eingeschätzt, viele andere bestimmt auch und später ist es genau so gekommen.

Ebenfalls im Vorfeld des Bundesparteitags der AfD-Partei hatten wir uns im AfD-Mittelstandsforum Gedanken gemacht, wen wir als unseren Vertreter für den neuen Parteivorstand vorschlagen sollten. Zuerst fragte mich der Schatzmeister des AfD-Mittelstandsforums, Ralf Glöckner-Goldmann, ob ich kandidieren wolle. Glöckner-Goldmann gehörte zu Petrys Vertrauensleuten und rief in deren Auftrag an, wie er mir sagte. Wochenlang hatte ich damals über meine berufliche Zukunft nachgedacht und die Entscheidung getroffen, mich selbstständig zu machen. Lange genug hatte ich als angestellter Geschäftsführer gearbeitet und beschlossen, nunmehr als freiberuflicher Interim Manager Unternehmen zu restrukturieren. In diese Phase der beruflichen Neuorientierung hinein kam der Anruf und ich malte mir aus, wie viel Zeit mich die Mitarbeit im neuen AfD-Bundesvorstand kosten würde. Entsprechend lehnte ich ab und schlug stattdessen meinen Vorstandskollegen Hans-Hermann Schreier vor, von dem ich damals noch nicht wusste, welchem Parteilager er angehörte. Schreier bekannte sich erst unmittelbar vor dem Bundesparteitag zum „Weckruf" und Petry lastete mir dann an, ihr bewusst einen „Weckrufler" untergeschoben zu haben, was überhaupt nicht stimmte. Allerdings brachte mich Petrys Angebot unmittelbar vor dem Parteitag auf die Idee, eine Kandidatur aus eigener Kraft zu versuchen. Nicht mit dem Ziel, in den Bundesvorstand zu kommen, sondern um auszutesten, wie viel Unterstützung ich selbst, d.h. ohne Hinterzimmerabsprachen, mobilisieren konnte.

Der sagenumwobene Essener AfD-Bundesparteitag fand am Wochenende des 4./5. Juli 2015 statt. Am Vorabend hatte jedes der drei Lager für seine Anhänger eine Lokalität angemietet. Zuerst ging ich zur Gartenparty des „Flügels", wo eine ausgelassene Stimmung herrschte. Björn Höcke hatte meinem Vorschlag zugestimmt, nach André Poggenburg und direkt vor ihm selbst eine kurze Ansprache halten zu dürfen. Ich ging also auf den Balkon, nachdem Poggenburg seine Ansprache beendet hatte und stimmte mit markigen Worten die „Flügler" auf den kommenden Tag ein, die mir vom Garten aus begeistert zuklatschten. Das war meine erste, flammende Rede vor ein paar Hundert Parteimitgliedern gewesen und ich nahm für mich die Erkenntnis mit, hierfür ein Talent zu haben. Anschließend ging ich zu den „Neutralen", um mir hier ebenfalls ein eigenes Bild zu machen. In einer Scheune und auf dem Feld drum herum herrschte ebenso ausgelassene Stimmung und Jubel brandete auf, als Frauke Petry am späten Abend dazukam.

Am nächsten Tag ging es in die Schlacht, von der ich als Teilnehmer an den Vorbereitungen ziemlich sicher war, wie sie ausgehen würde. Luckes Rede war anzumerken, dass er Zweifel hatte, die Wahl um den ersten AfD-Bundessprecher gegen Petry gewinnen zu können. Nach Auszählung der Stimmen trat der Vertreter der Zählkommission ans Mikrofon, um das Ergebnis bekannt zu geben. Die Älteren unter uns kennen noch die historische Szene von 1989 – zur Zeit der deutschen Teilung in einen West- und in einen Oststaat, also in BRD und DDR, als BRD-Außenminister Genscher in der Prager Botschaft ans Mikrofon trat, um den dort versammelten DDR-Flüchtlingen bekanntzugeben, dass sie in die BRD ausreisen durften. Der zweite Teil von Genschers Aussage ging damals im Lärm der Jubelnden unter. Als ähnlich empfand ich die Situation in der Essener Grugahalle. Der zweite Teil der Aussage der Zählkommission, dass Frauke Petry mit 60 % gegen Bernd Lucke gewonnen hatte, ging im Lärm der Jubelnden unter. Wildfremde Menschen, nur durch die AfD-Parteimitgliedschaft miteinander verbunden, lagen sich mit Freudentränen in den Armen. Einer von denen war ich. Als zweiter AfD-Sprecher neben Petry wurde damals Jörg Meuthen gewählt, der später seine Vorgänger Lucke und Petry noch übertreffen sollte, was das Zerstören der eigenen Partei betrifft. Über den Verlauf des zweitägigen Parteitages ist schon genug geschrieben worden, weshalb ich mich im Weiteren auf das beschränke, was mich betrifft.

Wie bereits gesagt wollte ich austesten, inwieweit ich die Unterstützung der Parteimitglieder hatte – Essen war ein Mitgliederparteitag, bei dem jedes Mitglied abstimmen konnte – und das beste Testinstrument war eine Kandidatur für den Bundesvorstand der AfD-Partei. Am Donnerstag vor dem Parteitag hatte ich mich endgültig dazu entschlossen, schnell ein Werbeblatt zu meiner Person erstellt und es in mehreren Hundert Exemplaren im Saal ausgelegt, bevor der stellvertretende Bundesschatzmeister gewählt wurde. Die Notizen für meine Bewerbungsrede machte ich in den Katakomben der Essener Grugahalle, während der Parteitag schon lief. Als ich an die Reihe kam, betrat ich die Bühne und ging ans Rednerpult, wo ich eine neue Erfahrung machte. Die Beleuchtung war grell auf die Bühne gerichtet und der Saal mit noch ca. 2000 Zuhörern befand sich im Halbdunkel. Etwa 1500 waren nach Luckes Niederlage bereits abgereist. Diese Atmosphäre empfand ich als sehr beruhigend, was mein Lampenfieber deutlich senkte, war es doch meine erste Rede vor so vielen Menschen und laufenden Fernsehkameras. Während meiner Rede brandete mehrmals starker Beifall auf, was mir die wichtige Rückmeldung gab, dass ich richtig lag. Anschließend kam die Fragerunde, in der Folgendes passierte: Die erste Frage hatte ich mit Bravour beantwortet und befand mich auf direktem Wege in den Bundesvorstand der Partei. Ich weiß nicht mehr, war es die zweite oder dritte Frage, als ein Mitglied wissen wollte, ob ich die notwendige Qualifikation und Zeit für das Amt des stellvertretenden Bundesschatzmeisters mitbrächte. Auf einmal fiel ich für Sekunden in einen Zustand vollkommener Leere. Um mich herum sah ich gleißendes Scheinwerferlicht, sonst sah und hörte ich nichts mehr. Ich befand mich ganz alleine mit mir selbst in einem von außen grell beleuchteten, dunklen, ruhigen Raum. Wieder schossen mir die gleichen Gedanken durch den Kopf, die ich mir schon zweimal gemacht hatte, zuerst, als ich das AfD-Mittelstandsforum an Ulrich Wlecke übergeben wollte und danach, als ich Frauke Petrys Angebot ablehnte, für den neuen Bundesvorstand der AfD-Partei zu kandidieren: Ich war doch gerade dabei, mich beruflich selbstständig zu machen und brauchte dafür Zeit; aus prinzipiellen Gründen wollte ich nie von der Politik abhängig werden, um nicht von „unsichtbaren Regierungen“ bzw. von den „Finanzgangstern“ ferngesteuert werden zu können, wie sie das mit fast allen Politikern in sogenannten demokratischen Systemen machen. Im Ersten Kapitel des vorliegenden Buches habe ich diesen Machtmechanismus beschrieben. Als Diplom-Volkswirt mit jahrzehntelanger Erfahrung mit Unternehmensfinanzen brachte ich die Qualifikation für den stellvertretenden Bundesschatzmeister mit. Aber der Faktor Zeit erlaubte mir nicht, jetzt schon in den Bundesvorstand der AfD-Partei zu gehen, so dachte ich zu diesem Zeitpunkt. Ich hatte ja schon ehrenamtlichen Einsatz für den Bundesvorstand des AfD-Mittelstandsforums zu leisten. Andererseits war das hier und jetzt eine historische Change, ungeplant in das oberste Führungsgremium aufzusteigen und der Partei zu helfen, sich in die richtige Richtung zu entwickeln. In mir tobte ein innerer Kampf auf höchstem Stressniveau, den ich kopfmäßig nicht entscheiden konnte. Das waren also die Gedanken, die mir innerhalb weniger Sekunden durch den Kopf schossen. Ich spürte, dass die Mitglieder im Saal ungeduldig auf meine Antwort warteten, und ließ meinem Unterbewusstsein freien Lauf, das zu sagen, was es für richtig hielt. Somit antwortete ich irgendeinen belanglosen Blödsinn und zog meine Kandidatur zurück. Hier ein Bild aus den Fernsehnachrichten des ARD-ZDF-Morgenmagazins, in das ich es mit der Kandidatur geschafft hatte.

(Buvo-Kandidatur Essen)

Als ich die Bühne verlassen und mich wieder auf meinen Platz gesetzt hatte, stürzte der bayerische Parteifreund Petr Bystron auf mich zu – heute außenpolitischer Sprecher der AfD-Bundestagsfraktion – und rief mir völlig entgeistert zu: „Hajot, was machst Du für einen Scheiß!" „Hajot" ist mein Spitzname seit meiner Kindheit, die Kurzform von „**H**ans**j**örg".

Womit der innere Kampf wieder von vorne begann, den ich soeben am Rednerpult hinter mich gebracht hatte. Habe ich es richtig oder vielleicht doch falsch gemacht? Danach lief mir Björn Höcke über den Weg, der erst den Kopf schüttelte, aber dann meinte: „Wer weiß, wofür es gut ist." Im Verlaufe des weiteren Tagesablaufs erntete ich vorwurfsvolle Blicke zahlreicher Mitglieder, die ich mit dem Rückzug meiner Kandidatur enttäuscht hatte. In gedrückter Stimmung fuhr ich nach Hause.

Am nächsten Tag nahm ich eine Auszeit, um die Ereignisse der letzten Monate zu ordnen und zu bewerten. Einerseits hatte der Beruf weiterhin Vorrang. Andererseits war ich zweimal vor der Politik weggelaufen, einmal vor der Gründung des AfD-Mittelstandsforums und das andere Mal beim Rückzug der Kandidatur für den Bundesvorstand der AfD-Partei, aber beide Male kam die Politik von allein zu mir zurück. Durch die Testkandidatur in Essen wurde mir endgültig bewusst, welch großen Rückhalt ich mir unter den AfD-Mitgliedern erarbeitet hatte und so etwas darf man nicht einfach wegwerfen. Da war er wieder, der alte Widerspruch zwischen beruflicher Vernunft („Hände weg von der Politik") und seelischem Wollen („Schon als Kind wollte ich in die Politik gehen"). Zum Glück hatte ich die Erfahrung wie solche Widersprüche und Weichenstellungen des Lebens aufgelöst werden können. Allein kommt man aus so einer Zwangslage selten heraus, weil man in ihr emotional gefangen ist, was den objektiven Blick auf reelle Lösungen verstellt. In solchen Fällen hilft der Blick von außen und ich konnte auf mehrere persönliche Coaches zurückgreifen, angefangen von Businesstrainern bis hin zu Psychoanalytikern. Nach einer Woche intensiver Arbeit an mir selbst, mit den Coaches und Gesprächen mit meiner Frau stand fest: Wenn es mein Kindheitstraum ist, in der Politik mitzumischen, darf ich ihn nicht übergehen, um seelisch keinen Schaden zu nehmen.

Das Berufsbild des Interim Managers ist keine Festanstellung. Zeiträume intensiver Tätigkeit im laufenden Projekt wechseln sich mit Zeiten der Akquise neuer Projekte ab, in denen immer Zeit ist, nebenher etwas anderes zu machen. Selbst während der Projektphase kann man sich mit den meisten Kunden auf eine 4-Tage-Woche bzw. einen 3-Wochen-Monat verständigen, weil sie froh sind, den teuren Tagessatz des Interim Managers teilweise einsparen zu können.

Ergebnis: Eine Woche nach dem Essener Parteitag entschied ich 2017 für den Deutschen Bundestag zu kandidieren und die verbleibenden zwei Jahre diese Kandidatur akribisch vorzubereiten. Mit meiner beruflichen Neuorientierung als selbstständiger Interim Manager war das gut vereinbar. Das meinte ich in der Überschrift mit „zweiter Wink des Schicksals". Nachdem ich zweimal vor der Politik weggelaufen und sie mich zum zweiten Mal eingeholt hatte, nahm ich endlich die Herausforderung an, Politiker zu werden. Als ersten zog ich Parteifreund Petr Bystron ins Vertrauen, der im Herbst 2015 bayerischer AfD-Landesvorsitzender werden sollte. Bystron hatte das gleiche Ziel und wir versprachen uns gegenseitige Unterstützung, was gut funktionierte. 2017 zogen wir beide über die bayerische Landesliste in den Bundestag ein.

In der zweiten Jahreshälfte des Jahres 2015 gab es noch zwei Ereignisse von Bedeutung.

Anfang Oktober 2015 – Geheimnisvolle Reise nach St. Petersburg

Ein Kreis ausgewählter AfD-Funktionäre um Alexander Gauland wurde von russischer Seite eingeladen, nach St. Petersburg zu kommen, wobei die Organisatoren auf deutscher Seite die Teilnehmer selbst bestimmen konnten. Um diese Reise ranken sich seit 2015 bis 2022 Gerüchte, die Presse hat bis heute immer noch nicht in Gänze herausbekommen, wer alles dabei war, sondern nur in Teilen.

Quellen: https://www.spiegel.de/politik/deutschland/afd-vize-alexander-gauland-will-kein-geld-von-russland-a-1067703.html

https://www.zeit.de/2022/19/afd-russland-krieg-manuel-ochsenreiter

Ja, es stimmt, dass Einlader der Kremlnahe Oligarch Konstantin Malofeev war und dass wir dort Alexander Dugin trafen, einen Kremlnahen russischen Philosophen, dessen Tochter Daria im Sommer 2022 einem feigen Bombenanschlag zum Opfer fiel. Es stimmt auch, dass AfD-seitig neben dem damals einflussreichsten Parteifunktionär Alexander Gauland der spätere Bundestagsabgeordnete Markus Frohnmaier der Organisator war, der mich freundlicherweise eingeladen hatte, mitzukommen. Es waren von deutscher Seite weitere Parteikollegen dabei, die zum Teil heute noch hohe Funktionen bekleiden und aufgrund des wieder einmal laufenden Russland-Bashings wohl nicht genannt werden wollen. Von russischer Seite war zudem ein prominentes Mitglied der Präsidentenadministration zugegen. Die Gespräche bestanden aus zwei Teilen: Politik und Kultur. Im kulturellen Teil wurde nicht politisiert und wir genossen ein Konzert mit Gesang auf höchstem Niveau. Dazu lud man uns in eine Villa ein, die über einen hauseigenen Musiksaal im Stil eines Barocktheaters verfügte.

Der politische Teil begann damit, dass die russische Seite ihre politischen Standpunkte, die uns zumeist bekannt waren, darlegte und begründete, nachdem wir uns im Vorfeld aus alternativen Medien im Internet informiert hatten, vorbei an der antirussischen Propaganda westlicher Staatsmedien. Dann wurden wir aufgefordert, die politischen Standpunkte der AfD ebenfalls darzulegen und zu begründen, was hauptsächlich Alexander Gauland übernahm. Die Russen werden das meiste davon sicher auch schon gewusst haben. Dem Herrn aus der Präsidentenadministration stellte ich eine Frage zur Medienlandschaft. Der ganze politische Teil bestand einzig und allein aus dem Austausch der jeweiligen Positionen, um sich gegenseitig besser einschätzen zu können. Das war's auch schon zu der „geheimnisvollen Reise“ nach St. Petersburg. Darüber hinaus gab es weder konkrete Vereinbarungen, noch gaben uns die Russen zum Abschied Geldkoffer von Putin mit.

Wissend, in welchen Nicht-mehr-Rechtsstaat sich die Bundesrepublik Deutschland inzwischen verwandelt hat, muss ich an dieser Stelle eine glasklare Aussage treffen: Niemals haben wir in der AfD – und ich persönlich schon gleich gar nicht – irgendwelche ausländischen Mächte aufgefordert, etwas gegen die Bundesrepublik zu unternehmen oder auch nur Derartiges zu finanzieren. Der frühere deutsche Rechtsstaat ist aber inzwischen derart degeneriert, dass schon ein Kennenlerntee mit russischen Entscheidern als angeblich staatsfeindliche Aktivität für eine ausländische Macht hingebogen werden kann.

Nein, ich verhalte mich immer staatstragend im deutschen Interesse, so auch Anfang Oktober 2015 in St. Petersburg, womit kein Anlass besteht, mich durch einen politisch fingierten Gerichtsprozess aus dem Verkehr zu ziehen. Während ich das schreibe, wurde mit Oliver Janich ein führender Kopf der deutschen bürgerlichen Opposition auf den Philippinen verhaftet und soll mutmaßlich nach Deutschland ausgeliefert werden. Natürlich würdigt die Systempresse Janich als angeblichen „Verschwörungsideologen" herab. Erinnert das die Älteren unter uns nicht an das Vorgehen gegen Dissidenten in kommunistischen Diktaturen? Dort wurden Dissidenten nicht als „Verschwörungsideologen" sondern als „Konterrevolutionäre" bezeichnet, sonst ist das rechtswidrige Vorgehen der Staatsmacht ähnlich. Meine Befürchtungen vor politisch motivierten Schauprozessen gegen Oppositionelle im heutigen Deutschland sind also begründet.

Quelle: https://unser-mitteleuropa.com/eilmeldung-widerstands-ikone-oliver-janich-auf-den-philippinen-verhaftet-auslieferung-droht/

Die Fragen staatsfeindlicher Aktivitäten, wer für und wer gegen deutsche Interessen handelt, sind eher andersherum zu stellen: Wer macht gerade, d.h. 2022, die Strom- und Gasrechnungen unbezahlbar, womit die gesellschaftliche Mittelschicht dezimiert wird und der Anteil der Armen in Deutschland stark zunimmt? Wer vernichtet über Energiewende, Coronavirus-Einschränkungen und Russlandsanktionen die deutsche Wirtschaft, das Rückgrat unseres Wohlstandes? Wer hat der Europäischen Zentralbank erlaubt, die Stabilität des Euro zu untergraben, was zu horrender Inflation führen musste? Wer stellt immer mehr

Deutsche vor die unmenschliche Wahl, an der Heizung oder am Essen zu sparen, weil ihr Geld nicht mehr für beides reicht? Wer schiebt dem russischen Staatspräsidenten Putin die Verantwortung für das alles zu, um vom eigenen Versagen abzulenken? Wer hat nicht verhindert, dass die NATO Russlands Ersuchen nach Sicherheitsgarantien brüsk abwies und Russland in den Ukrainekrieg trieb, der auf deutschen Boden zurückschlagen könnte? Wer unterstützt seit Jahrzehnten US-Regierungen und deren Verbündete, weltweit Länder zu überfallen, deren Regierungen auszutauschen, dortige Vermögenswerte zu klauen und die örtliche Bevölkerung zu massakrieren? Wer beutet die deutschen Arbeiter, Arbeitnehmer und Selbstständigen über Höchststeuersätze aus und verschiebt deren Wertschöpfung zum Teil ins Ausland? Wer tut das alles zum Schaden des eigenen Landes aber zum Nutzen der Finanzgangster bzw. der transatlantischen Strippenzieher? **Das tun Politiker der deutschen Systemparteien, die behaupten, angeblich Deutschland zu dienen! Gerade in diesen Kreisen sollte man in erster Linie nach staatsfeindlichen Aktivitäten gegen die Bundesrepublik Deutschland fahnden!**

Ende Oktober 2015 – Vorzeitige Neuwahl des Bundesvorstandes des AfD-Mittelstandsforums

Zurück ins Jahr 2015. Bernd Lucke war nach seiner Essener Wahlniederlage aus der AfD-Partei ausgetreten und hatte seine Gesinnungsgenossen mitgenommen, darunter zahlreiche Mitglieder und den halben Bundesvorstand des AfD-Mittelstandsforums. Also mussten wir diesen neu wählen. Wir trafen uns dazu am 31. Oktober in Schweinfurt. Im Vorfeld wurde an allen Ecken und Enden gezerrt und Mehrheiten organisiert, kein Vergleich zur friedlichen Gründung ein dreiviertel Jahr zuvor in Kassel. Man merkte, dass die Listenaufstellungen zur Bundestagswahl 2017 eineinhalb Jahre später vor der Tür standen und jedes Mitglied des AfD-Mittelstandsforums, das gleichzeitig auch Mitglied der AfD-Partei war, sich dafür schon jetzt in Stellung brachte. Ich selbst nehme mich hiervon in keiner Weise aus und es gelang mir, die notwenige Mehrheit zu organisieren: Ich wurde Bundesvorsitzender des AfD-Mittelstandsforums. Wie bei jedem Kuhhandel musste ich im Gegenzug Federn lassen und Kollegen im Vorstand akzeptieren, die mir stark zusetzen sollten.

2016

2016: Das ganze Jahr über – Aufbauen, reisen, Netzwerken, Pressearbeit

Wie bereits im vorhergehenden Kapitel beschrieben, begann ich nach Gründung des AfD-Mittelstandsforums im Januar 2015 durch Deutschland zu reisen und Landesverbände aus der Taufe zu heben. Diese Aufbauarbeit funktionierte sehr gut als Zusammenspiel örtlicher Initiatoren mit mir als Koordinator. Bei den Gründungsversammlungen sprach ich Grußworte als Bundesvorsitzender und bei den anschließenden Abendessen herrschte Aufbruchstimmung. Alle paar Wochen war ein neuer Landesverband an der Reihe und so dauerte es bis Spätsommer 2016, damit das AfD-Mittelstandsforum endlich vermelden konnte: Wir haben erfolgreich eine flächendeckende Struktur in der Bundesrepublik aufgebaut. Ende August 2016 besuchte ich eine Veranstaltung des bereits gegründeten AfD-Mittelstandsforums Niedersachsen und wurde dabei nicht nur von unserem dortigen Landesvorsitzenden, Volker Körlin, sondern auch vom damaligen Chef der AfD-Partei in Niedersachen, Armin-Paul Hampel unterstützt, den ich ein Jahr später als Abgeordneten im Deutschen Bundestag wiedersehen sollte. Mit örtlichen mittelständischen Unternehmern ergaben sich angeregte Gespräche.

Die beiden letzten Landesverbände, die wir für das AfD-Mittel-standsforum gründeten, waren Schleswig-Holstein / Hamburg und Rheinland-Pfalz im August bzw. im September 2016. Auf der Gründungsveranstaltung im hohen Norden lernte ich zwei unserer Politiker kennen, die auch in der AfD-Partei aktiv waren und die ein Jahr später ebenfalls in den

Deutschen Bundestag einziehen sollten: Bernd Baumann und Bruno Hollnagel. Bernd Baumann ist seitdem als 1. Parlamentarischer Geschäftsführer der AfD-Bundestagsfraktion eine feste Größe. Bruno Hollnagel, der gemeinsam mit mir im Herbst 2021 aus dem Bundestag ausscheiden sollte und darüber hinaus die Partei verließ, ist mittelständischer Unternehmer.

Im August 2016 war ich beruflich in Norddeutschland unterwegs, wodurch ich ein weiteres Treffen in Braunschweig wahrnehmen konnte. Am 23. August gab es eine örtliche Veranstaltung der AfD-Partei, auf der u.a. Beatrix von Storch und ich sprachen. Es waren auch Mitstreiter des niedersächsischen AfD-Mittelstandsforums dabei und Frau von Storch erklärte sich nach der Veranstaltung tatsächlich dazu bereit, gemeinsam mit uns vor einem flugs aufgebauten Plakat des AfD-Mittelstandsforums zu posieren. So viel Menschenfreundlichkeit habe ich von unserer Adeligen weder davor noch später jemals wieder erfahren. Während der Veranstaltung zischte sie mir wiederholt oberlehrerhafte Zurechtweisungen ins Ohr.

(Braunschweig mit Storch und Körlin)

Nachdem ich mir im Sommer 2015 das Ziel gesetzt hatte, zwei Jahre später Bundestagsabgeordneter zu werden, ging ich das Vorhaben strategisch an. An das Direktmandat in meinem Wahlkreis Traunstein / Berchtesgaden war aus drei Gründen nicht zu denken: Erstens würde die AfD nur +/- 10% der Zweitstimmen erreichen, weshalb ich nicht wesentlich mehr Erststimmen erreichen konnte. Zweitens war mein Wahlkreisgegner Peter Ramsauer von der CSU, ehemaliger Bundesverkehrsminister und Platzhirsch. Drittens bin ich als Franke ein sogenannter „Beutebayer" – erst seit zweihundert Jahren leben wir als geduldete Minderheit im Freistaat. Im obertraditionellen Oberbayern ist das ein Minus. Der Franke Markus Söder als Alpendiktator ... ähh ... bayerischer Ministerpräsident belastet das fränkisch-bayerische Verhältnis heute zusätzlich. Kurzum, wenn ich in den Deutschen Bundestag einziehen wollte, funktionierte der Weg nur über die bayerische Landesliste. Gemäß den Wahlgesetzen wählen die politischen Parteien ihre Bundestagskandidaten auf Länderebene durch die sogenannte Listenwahl. Folglich entschieden über meinen Platz auf der Landesliste, ob ich in den nächsten Bundestag komme oder nicht, einzig und allein die bayerischen AfD-Mitglieder. Damit war die Zielgruppe definiert, die über meine politischen Zukunftspläne entscheiden würde: Die Mitglieder des bayerischen Landesverbandes der AfD-Partei. Es war somit zu wenig, mich nur auf mein eigenes Netzwerk aus dem AfD-Mittelstandsforum zu verlassen, das zudem meist außerhalb Bayerns lag. Zwei Ziele setzte ich mir:

- mich bei den bayerischen AfD-Mitgliedern bekannt zu machen; nur dann nehmen sie mich wahr.

- mich bei den bayerischen AfD-Mitglieder beliebt zu machen; nur dann wählen sie mich.

<u>zu Ziel Nr. 1, bekannt zu werden</u>

Über die pressewirksame Gründung und den Bundesvorsitz des AfD-Mittelstandsforums hatte ich den Grundstein gelegt, weil auch Parteimitglieder aus den bayerischen Kreisverbänden davon gehört hatten. Gehört heißt, dass sie mich noch nicht kannten, d.h. mit mir noch nicht gesprochen hatten. Also war meine wichtigste Aufgabe, durch möglichst viele Kreisverbände in Bayern zu reisen und mich dort persönlich vor den Mitgliedern vorzustellen. Diese Notwendigkeit hatten natürlich alle Parteikollegen erkannt, die ebenfalls in den Bundestag wollten, womit die Kreisvorstände mit zunehmender Nähe zum Listenwahltermin mit immer mehr Anfragen überschwemmt wurden, einen Vortrag bei ihnen halten zu wollen. Also mussten potentielle Kandidaten interessante Themen anbieten können, um den Zuschlag zu erhalten. Hier hatte ich durch meinen akademischen Hintergrund als Diplom-Volkswirt, kombiniert mit jahrzehntelanger internationaler Managementerfahrung, klare Vorteile und konnte Fachvorträge zu folgenden vier Themen anbieten:

Volkswirtschaftliche Hintergründe und Zusammenhänge der EURO-Krise sowie Vorschläge, wie diese Krise gelöst gehört.

Beschreibung des dollarbasierten Währungssystems der westlichen Welt, wer davon profitiert und wer von ihm ausgebeutet wird. Ausgehend von dieser Erkenntnis ist es nur noch ein kleiner Schritt, die dahinterstehende Machtkonzentration in der Weltwirtschaft zu verstehen und wie leicht Politiker bzw. Medien von den Mächtigen zu steuern sind. Sie wissen schon, darüber veröffentlichte ich später ein wirtschaftswissenschaftliches Buch, welches diese Verschwörungspraxis knallhart belegt.

Geopolitische Vorträge zur Situation Deutschlands zwischen den USA und Russland, Vor- und Nachteile einer West- bzw. Ostbindung unseres Landes und welche Schlüsse daraus zu ziehen sind. In dieses Themenfeld wuchs ich über Jahrzehnte durch meine berufliche Tätigkeit im Ostgeschäft hinein, seit 1996 bin ich beruflich nicht nur in Russland, sondern auch in Tschechien tätig und spreche beide Sprachen. Nach fast 30 Jahren ununterbrochener Beschäftigung mit der Geopolitik bin ich im Thema so sattelfest, dass ich Fakenews vehement widerspreche, die hauptsächlich von einer Seite verbreitet werden: von den USA, von der NATO, von der EU, vom gehorsamen Erfüllungsgehilfen Deutschland, vom Westen insgesamt. Ich erinnere daran, dass ich als Fremdsprachen u.a. Englisch und Russisch spreche, mir beide Seiten im Original anhöre und deshalb selbst beurteilen kann, wer hauptsächlich lügt. Damit bin ich immun gegen betreutes Denken oder Gehirnwäsche durch die Massenmedien, egal von welcher Seite.

Vorträge zur mittelständischen Wirtschaft und zum Wirken des AfD-Mittelstandsforums.

Eines dieser vier Themen zog immer und von Herbst 2015 bis Frühjahr 2017, als endlich die Landeslisten mit den Bundestagskandidaten gewählt wurden, tingelte ich als gefragter Vortragsreisender durch die AfD-Kreisverbände unseres schönen Freistaats Bayern. Im Ergebnis kannten mich so gut wie alle Mitglieder persönlich, welche die Liste dann wählten. Das Ziel Nr. 1 „bekannt zu werden" wurde vollständig erreicht.

Im Folgenden ein paar Beispiele von Veranstaltungen.

Gemeinsam mit Jürgen Elsässer, Chefredakteur des COMPACT-Magazins, am 04. März 2016 in Ingolstadt. Wir setzten uns damals schon für partnerschaftliche Beziehungen zwischen dem Westen und Russland ein. Wenn die NATO-Kriegstreiber und ihre westeuropäischen Vasallen auf uns gehört hätten, gäbe es heute keinen Krieg in der Ukraine. Dafür wird aktuell versucht, das COMPACT-Magazin mit fingierten Gerichtsprozessen in den Bankrott zu treiben. Anscheinend hat der selbsternannte „freieste Staat, den der deutsche Boden je gesehen hat" ein Problem damit, dass ein unabhängiges Presseorgan der NATO-Propaganda in der Staatspresse Fakten entgegenstellt.

Bei einem meiner ersten Vorträge, der in Niederbayern stattfand, war Katrin-Ebner-Steiner unter den Zuhörern gewesen. Ebner-Steiner wurde einige Jahre später Vorsitzende der AfD-Fraktion im Bayerischen Landtag. Nach dem Vortrag kam sie auf mich zu und wir beschlossen, zukünftig gemeinsam durch die Kreisverbände zu ziehen. Für uns beide war das eine Situation zum gegenseitigen Nutzen. Katrin, die inhaltlich nicht viel zu bieten hat, konnte sich mit meinen Fachkompetenzen schmücken und ich wiederum konnte mit einer bodenständigen Blondine an meiner Seite aufwarten. Als Tandem steuerten wir gemeinsam Richtung Deutscher Bundestag. Sie schaffte es 2017 zwar nicht, zog dann aber ein Jahr später in den Bayerischen Landtag ein. Hier ein Bild von einem unserer gemeinsamen Auftritte im Jahre 2016. Das war eine Veranstaltung auf dem Marktplatz in Deggendorf, Ebner-Steiners niederbayerischem Wahlkreis, am 18. Juni. Als einzige Dame ist sie unschwer zu erkennen, Björn Höcke (der Übernächste links von mir) und der jetzige bayerische

AfD-Landesvorsitzende Stephan Protschka (ganz rechts) waren dabei, wie auch der heutige AfD-Bundestagsabgeordnete Martin Sichert (zwischen Höcke und mir). Links neben Katrin Ebner-Steiner steht ihr Mann Christian und daneben Mario Buchner, der sich später bei Bürgerrechtsdemonstrationen gegen die Corona-Politik engagieren sollte. Ich trug Smoking, weil ich als Conférencier mit launigen Bemerkungen durch das Programm führte.

(Deggendorf 2016, alle Redner)

Am 12. Juli entrollte ich mit Katrin Ebner-Steiner und Petr Bystron, dem damaligen bayerischen AfD-Landesvorsitzenden und heutigen außenpolitischen Sprecher der AfD-Bundestagsfraktion, ein Transparent vor dem bayerischen Finanzministerium in München. Anlass war der sogenannte Steuerzahlergedenktag, der auf folgenden Umstand hinweist: Von Anfang Januar bis Mitte Juli, also mehr als die Hälfte des Jahres, arbeiten deutsche Durchschnittsverdiener nur für den Staat, der ihnen mehr als die Hälfte ihres Jahreseinkommens über Steuern und Abgaben wegnimmt.

Am 13. August hatten wir bei brütender Hitze eine Veranstaltung auf dem Marktplatz von Traunreut in meinem Wahlkreis Berchtesgaden / Traunstein. Gemessen an den Reaktionen der Zuhörer war meine Rede die beste und die von Katrin wirkte aufgesetzt. Ich hatte ihr vorher noch den Redenschreiber besorgt, um den sie gebeten hatte, weil sie nicht wusste, wie das geht. Aber sie konnte nicht einmal die von einem Profi entworfene Rede vernünftig halten. Der Redenschreiber warf in der Folge entnervt hin. Er war übrigens ein Freund von Franz Bergmüller, den Katrin später massiv bekämpfen sollte. Franz Bergmüller ist Gastwirt, Metzger und Unternehmer aus der Nähe von Rosenheim, der sich bayernweit als „Raucherrebell" einen Namen gemacht hatte, indem er gegen das Rauchverbot in Gaststätten zu Felde zog. Anschließend trat er aus der CSU aus, in die AfD ein und wurde in der bayerischen AfD-Landtagsfraktion ab 2018 der Intimfeind von Ebner-Steiner.

Dieses Ereignis beschreibt die eine Hälfte von Katrin Ebner-Steiners Charaktereigenschaften, wie ich sie kennengelernt habe. Wenn sie jemanden braucht, bittet und bettelt sie wie damals bei Franz Bergmüller, dessen Freund und mir. Wenn sie aber meint, jemanden nicht mehr zu brauchen, schaltet sie auf eiskalten Vernichtungswillen um. In den folgenden Jahren durfte ich das hautnah erleben und werde an passender Stelle auf die andere Hälfte ihres Charakters zurückkommen, wie ich ihn persönlich kennengelernt habe.

Bei meinen Reisen durch Bayern sah ich den ehemaligen tschechischen Staatspräsidenten Vaclav Klaus wieder, den ich in den 1990er Jahren schon zweimal getroffen hatte. Dank Petr Bystrons Einladung frönten wir gemeinsam einem Weißwurstfrühstück. Petr Bystron ist geborener Tscheche, der laut Anti-AfD-Propaganda doch gar nicht in unserer Partei sein dürfte, weil wir angeblich Ausländerhasser seien. Entsprechend dieser verqueren Nichtlogik müsste ich meine Frau in Gänze hassen, weil sie Russin ist und meine Kinder zur Hälfte, weil sie halbe Russen sind.

(mit Bystron und Klaus)

Zum strategischen Vorgehen in Richtung Bundestag gehörte die Pressearbeit. Auf lokaler Ebene wurde über meine Aktivitäten berichtet, natürlich nur negativ und in wenigen Zeilen, aber es kam wenigstens etwas. Nachdem mir die deutschen Massenmedien überregional keine Plattform geben wollten, nahm ich die alternative Möglichkeit wahr, meine Positionen über RT International, den englischsprachigen Kanal von Russia Today darzulegen. Dort durfte ich immer ausreden und mir wurde das Wort auch dann nicht abgeschnitten, wenn es der Moderator anders sah. Von diesem hohen journalistischen Standard kann sich die selbsternannte freie Presse des Westens einige Scheiben abschneiden. Das kann jeder Leser nachprüfen, wenn er auf meinen YouTube-Kanal geht und sich die Interviews ansieht.

Parallel eröffnete ich natürlich ein eigenes Facebookprofil, später kamen Twitter, Instagram und YouTube hinzu. Ohne Präsenz in den sozialen Medien sind heutzutage keine Wahlen mehr zu gewinnen, vor allem keine parteiinternen um Listenplätze. Heute, im Jahr 2022, sind diese Profile immer noch online, aber seit über einem Jahr habe ich kaum noch etwas gepostet. Inzwischen geht der Beruf wieder vor.

zu Ziel Nr. 2, beliebt zu werden

Es war mir also gelungen, unter den bayerischen AfD-Mitgliedern bekannt zu werden. War es mir auch gelungen, beliebt zu werden?

Einerseits kann man davon ausgehen, weil ich im Frühjahr 2017 auf Platz 6 der bayerischen AfD-Landesliste für den Bundestag gewählt wurde. Als kompletter Unsympath wäre mir das nicht gelungen. Andererseits erhielt ich in der damaligen Stichwahl gegen Peter Felser gerade einmal um die 30 Stimmen mehr als mein Konkurrent, was einem Stimmenverhältnis von ca. 55% zu 45% entspricht. Ja, 55% waren für mich, aber 45% waren auch gegen mich. Meine eigene Einschätzung ist folgende: Ich neige zu klaren Analysen, klaren Aussagen und klaren Handlungen, d.h. ich polarisiere, was nicht alle Menschen vertragen. Damit habe ich automatisch diejenigen gegen mich, die ihre Komfortzone nicht verlassen wollen und immer noch meinen, man könne unser kaputtes Land mit ein bisschen Susi-Pusi-Schmuseopposition sanieren. Das sind die Leute in den eigenen Reihen, die mit ihrer Ängstlichkeit und Selbstbeschränkung die eigene Partei kleinhalten, worüber sich unsere politischen Gegner die Hände reiben. Solche Leute in den eigenen Reihen meinen das nicht böse, ich weiß es, das sind ebenfalls engagierte AfD-Mitglieder, aber als Konsequenz ihres Verhaltens kommt genau das am Ende heraus.

Bundesprogrammparteitag in Stuttgart - 30. April bis 01. Mai 2016

Auf diesem Parteitag gab sich die AfD erstmals ein Parteiprogramm, das in unermüdlicher Arbeit von den zuständigen Fachausschüssen erarbeitet worden war. Es standen mehrere Entwürfe zur Auswahl und entsprechend unserer „Parteitradition" wurde natürlich der Wachsweichste angenommen. Hinter dieser Entscheidung, möglichst konturlos bleiben zu wollen, um möglichst wenig Angriffsfläche zu bieten, stand wieder einmal der Bundesvorstand. Das ist immer wieder die gleiche Leier in unserem Laden: Man hat es sich in der weich gepolsterten Susi-Pusi-

Schmuseoppositionsecke gemütlich gemacht und ist mit den 10% - 15% Wahlergebnis zufrieden, welche uns die Systemparteien auf Bundesebene zugestehen, solange wir die nur ein bisschen ärgern, ohne die Machtfrage zu stellen. Damit locken wir aber kaum noch **Nichtwähler** hinter dem Ofen hervor, **welche das wahre Oppositionspotential darstellen: 30%+ der Wählerstimmen bundesweit, womit wir stärkste Partei wären**. Warum verhalten sich Nichtwähler so? Weil Nichtwähler mit dem aktuellen politischen System der Scheindemokratie gebrochen haben und nur noch dann zu mobilisieren sind, wenn sie erkennen, dass eine neue Partei Opposition nicht nur spielt, sondern echt betreibt. Und zwar mit dem ehrenwerten Ziel, den entmachteten Bürgern ihre demokratischen Rechte zurückzugeben, wozu die Scheindemokratie zu überwinden ist! Echte Opposition betreiben heißt, raus aus der Kuschelecke, raus aus der Komfortzone, die Systemparteien angreifen als das, was sie sind: Ein totalitär wirkendes Parteienkartell, welches durch die weitgehende Ausschaltung eines wirklichen Parteien- bzw. Ideenwettbewerbs die Demokratie durch eine Oligarchie ersetzt hat. Eine unrühmliche Rolle spielt dabei der sogenannte „Verfassungsschutz", der von den Regierenden als Machterhaltungsorgan missbraucht wird, um diese Ausschaltung der demokratischen Opposition zu betreiben.

Die deutschen Systemparteien haben nichts wirklich zu entscheiden und agieren vorwiegend als Erfüllungsgehilfen der internationalen Finanzgangster. Warum sollte es in Deutschland anders zugehen als in den anderen pseudodemokratischen Staaten des Westens? Diese angeblichen Demokratien sind in Wahrheit knallharte Oligarchien, in denen wenige global agierende Finanzoligarchen die wahre Macht haben und über örtliche Politiker- oder Medienmarionetten in den angeschlossenen Ländern durchsetzen. Wer es nicht glauben will, soll sich die Absolventenliste des „Young Global Leaders"-Programm von Klaus Schwab anschauen. Dieser dunkle Lord des World Economic Forum (WEF), selbst den Finanzgangstern zugehörig, hat viele Marionetten herangezogen und platziert, die heute als Regierungschefs, Minister, Konzernlenker, Mediengurus oder Showgrößen an den Ausführungshebeln sitzen und ihre eigenen Länder samt Bürgern den Finanzgangstern ausliefern. „Great Reset" nennt sich dieses weltweite Gleichschaltungsprogramm.

Quellen: https://uncutnews.ch/die-young-global-leaders-des-weltwirtschaftsforums/

https://report24.news/aufgedeckt-alle-3-800-absolventen-von-klaus-schwabs-globalistischen-wef-ausbildungsprogrammen/

https://maloneinstitute.org/wef

In diesem Zusammenhang erinnere ich wieder einmal an mein anderes Buch, welches die Machtkonzentration in der Weltwirtschaft belegt und den daraus folgenden Machtmissbrauch beschreibt. Wahrscheinlich nerve ich Sie damit schon, werte Leser, aber es passt einfach wieder in den Kontext.

Quelle: https://www.amazon.de/Soziale-Marktwirtschaft-statt-Globaler-Finanzoligarchie/dp/387336686X

Was bedeutet eigentlich „Oligarchie", wie definiert man diesen Begriff? Oligarchie heißt „Herrschaft der Wenigen", trifft also auf unsere Zustände zu. Unsere angebliche Demokratie wird als reine Fassade missbraucht, aber die Herrschaftsmethoden der Oligarchie wirken so wie in einer Diktatur auch: Das Volk hat faktisch nichts zu entscheiden, abweichende Meinungen werden als vermeintliche Verschwörungstheorien lächerlich gemacht und wer die in den großen Medien vorgegebenen Meinungen kritisch hinterfragt, wird mit existenzvernichtenden Mitteln zum Schweigen gebracht. Manche werden vielleicht immer noch sagen: „Aber bei uns darf man doch die Regierungspolitik öffentlich kritisieren, ohne eingesperrt zu werden!" Darf man das wirklich? Der alternative Journalist Oliver Janich und der Corona-Maßnahmen-Kritiker Michael Ballweg wurden schon ins Gefängnis gesteckt. Die Vernichtung einer selbstbestimmten menschlichen Existenz ist aber auch ohne Einkerkerung schlimm genug. Was ist in der heutigen BRD anders als in der früheren DDR? Von der Staatsdoktrin abweichende Meinungen sind unter keinem Regime erwünscht: Dieses eherne Gesetz gilt immer, egal, ob es sich um eine ehrliche Diktatur wie in der damaligen DDR oder um eine verlogene Diktatur wie in der heutigen BRD handelt, so sehe ich das. Warum war die DDR-Diktatur ehrlich? Weil sie nicht versteckte, dass die kommunistische Partei als maßgebliche Staatspartei (neben weiteren Alibiparteien) dazu da war, die Diktatur des Proletariats durchzusetzen!

Warum halte ich die BRD für eine Diktatur, und dazu noch für eine verlogene? Weil sie Bürger mit Existenzvernichtung bedroht, die sich erlauben, auf die Diskrepanz zwischen scheindemokratischer Fassade und totalitären Maßnahmen im Alltag hinzuweisen. Beispiele gefällig? Aber gerne: Kündigung von Immobilienkrediten, Kündigung des Arbeitsplatzes, Verlieren von Aufträgen, Einfrieren bzw. Kündigen von Bankkonten usw. vernichten schon einmal die wirtschaftliche Existenz freiheitsliebender Bürger, die sich gegen die BRD-Oligarchie auflehnen. Dazu kommt die soziale Ausgrenzung von Kindern in der Schule und Erwachsenen in ihrem beruflichen sowie privaten Umfeld. Beides zusammen bedeutet die möglichst vollständige Vernichtung selbstbestimmter menschlicher Existenzen. Gerade einmal das physische Überleben als Sozialhilfeempfänger wird noch zugelassen. Wer sich als besorgter Demokrat für die Wiederherstellung der Demokratie in Deutschland einsetzt, wird in Verfassungsschutzberichten als angeblicher Rechtsextremist stigmatisiert. Wie wir schon wissen, schützt der angebliche Verfassungsschutz nicht unser Grundgesetz, sondern dient dem Machterhalt der Oligarchie gegen das eigene Volk.

Wer immer noch der Illusion nachhängt, die BRD sei heute eine angeblich funktionierende Demokratie und keine Diktatur, möge bitte seine Sichtweise erweitern. Mit dem Begriff „Diktatur" wird bisher nur das Einsperren und Umbringen von Regimekritikern in Verbindung gebracht, die regierungskritische Aussagen oder Handlungen getätigt haben. Diese Vorstellung stimmt auch für „harte Diktaturen". Es gibt aber genauso „weiche Diktaturen", in denen Regimekritiker ebenfalls für regierungskritische Aussagen oder Handlungen hart bestraft werden, nur eben nicht durch physische Liquidierung, sondern durch die Vernichtung ihrer wirtschaftlichen Existenz inklusive sozialer Ausgrenzung. Dieses Schicksal droht in der heutigen BRD bereits einem Drittel aller Bürger, welche sich trauen die Tatsache auszusprechen, dass wir in einer „Scheindemokratie" leben. Scheindemokratie ist die schöner klingende Umschreibung für „weiche Diktatur."

Quelle: https://www.hna.de/politik/umfrage-demokratie-deutschland-drittel-deutschen-sieht-scheindemokratie-swr-corona-gegner-verschwoerungstheorie-91472597.html

Zurück zum Machtgeflecht der Oligarchie westlichen Typus. Es stützt sich auf westliche Geheimdienste, die sich demokratischer Kontrolle entziehen und ihren Teil zum Tod der Demokratie beigetragen haben. Ein Beispiel zur US-amerikanischen Central Intelligence Agency gefällig, kurz CIA genannt?

Quelle: https://www.luzernerzeitung.ch/wirtschaft/cia-besass-mutmasslich-zweite-schweizer-firma-mit-grossbanken-und-behorden-als-kunden-ld.1204187

Oder ein Beispiel zur Filiale der CIA in Deutschland? Ausgeschrieben heißt BND Bundesnachrichtendienst.

Quelle: https://www.welt.de/politik/article205790375/Geheimdienste-BND-und-CIA-hoerten-gemeinsam-mehr-als-100-Laender-ab.html

Mit beiden Links habe ich bewusst staatsnahe Medien zitiert, keine unabhängigen Medien. Wenn sogar in abhängigen Staatsmedien das schmutzige Spiel der Geheimdienste ein bisschen ans Licht geholt wird, wie besonders schmutzig läuft es dann erst im Dunkeln ab?

Nach diesem längeren Exkurs zur Klärung politischer Begriffe zurück zum Stuttgarter Bundesprogrammparteitag der AfD im Jahre 2016. Um also eine echte oppositionelle AfD zu verhindern, bremste der damalige Bundesvorstand um Frauke Petry und Jörg Meuthen die eigenen Mitglieder trickreich aus. Der wachsweichste aller Programmentwürfe wurde angenommen. Hat da wer gelenkt? Mögliche Hinweise auf Lenkung von außen folgen in den nächsten Kapiteln. Wie dem auch sei, folgender Spiegel-Artikel beschreibt die Stuttgarter Programmparteitagsmisere ziemlich gut und trägt den passenden Titel: „Die gelenkte Partei".

Quelle: https://www.spiegel.de/politik/deutschland/afd-parteitag-die-zusammenfassung-der-wichtigsten-ereignisse-a-1090277.html

Aus dieser Abfolge der Ereignisse greife ich ein Thema heraus. In Stuttgart diskutierten wir unter anderem darüber, ob wir ins Parteiprogramm den Austritt Deutschlands aus der NATO aufnehmen sollten und die Stimmung im Saal war tatsächlich so, dass dieser Antrag kurz vor der Annahme stand. In diesem Moment sauste Alexander Gauland – den ich nie zuvor und nie wieder später so schnell habe laufen sehen - ans

Rednerpult und flehte uns Mitglieder an, das nicht zu tun. Es gelang ihm, die Stimmung zu drehen und der historische Antrag wurde abgelehnt. In diesem Moment glaubte ich zu hören, wie in Frankfurt, Brüssel, London und vor allem jenseits des Atlantiks den Finanzgangstern tonnenschwere Steine der Erleichterung vom Herzen fielen. Nicht auszudenken, wenn wir denen ihr Geschäftsmodell gefährdet hätten, die Welt weiterhin über das westliche Finanzsystem auszuplündern!

Wie machen die globalen Finanzgangster das eigentlich? Wie gehen sie vor? Eine Zusammenfassung ihres Geschäftsmodells in 10 Punkten:

1. Sie gehen mit ihren Unternehmen in ein Land, auf einen Markt mit dem Ziel, Konkurrenten auszuschalten und Monopolgewinne einzufahren. Erste Opfer sind mittelständische Unternehmen, am Ende zahlen alle Bürger die Zeche, die in die Massenarmut getrieben werden.

2. Dazu müssen die örtlichen Politiker auf Linie gebracht werden, damit derart ungesetzliche Vorhaben durchgezogen werden können. Diese Politiker werden von den Finanzgangstern gekauft, bestochen, bedroht, erpresst oder auch beseitigt, wenn sie nicht mitspielen. Das tun sie natürlich nicht selbst, sondern schicken einen Economic-Hit-Man vor – siehe Kapitel zwei vorliegenden Buches – einen westlichen Geheimdienst oder einfach Kriminelle.

3. Wenn ein örtlicher Politiker zu mächtig ist und sich dem entziehen kann, weil er über eigene Sicherheitsorgane verfügt, überfallen NATO- oder Söldnerarmeen das Land und vollziehen den sogenannten Regime-Change, d.h. die Finanzgangster setzen erst die gewählte Regierung ab und dann eigene Politmarionetten ein. Anschließend beginnen sie mit der Plünderung. NATO-hörige Presseorgane stellen diese maßlosen Verbrechen als „Absetzen eines blutrünstigen Diktators“, „Bringen der Demokratie“, „Flugverbotszone zum Schutz der Bevölkerung“ usw. dar. Beispiele: Irak 2003, Libyen 2011. Nur Syrien kann seit 2011 dank iranischer

und russischer Unterstützung gegenhalten. Das eigentliche „Verbrechen“ des syrischen Staatspräsidenten Assad besteht übrigens darin, dass er amerikanischen Geschäftskreisen den Bau einer Gasleitung durch sein Land verweigerte, weshalb ihn die USA seitdem stürzen wollen. Dazu bewaffneten sie die syrische Opposition und ließen von ihren Medien Gräuelmärchen über angebliche Chemiewaffenangriffe Assads auf sein eigenes Volk verbreiten. Wie werden also die Guten und die Bösen in der NATO-hörigen Westpresse inszeniert? Genau andersherum als es den Tatsachen entspricht: Die Angreifer werden als Heilsbringer und die Verteidiger als Mörder hingestellt.

4. Als abgeschwächte Variante dieses Vorgehens wird erst einmal ein Putsch in dem Land initiiert, das auf Linie zu bringen ist, um es nicht sofort mit einer ganzen Armee überfallen zu müssen. Beispiele: Chile 1973, Ukraine 2014.

5. Die Plünderung läuft über die Aneignung echter Werte wie Gold, Ackerland, Grund und Boden, Öl, Gas, Rohstoffe, Wasserversorgung, Wohnungsimmobilien, produzierende Unternehmen usw. Im Gegenzug werden wertlose Papierdollars bezahlt. Präsidenten, die sich weigern, diesen schlechten Handel zum Schaden ihres Landes mitzumachen, werden von NATO-Armeen mit tödlichem Ausgang „besucht“. Beispiele: Saddam Hussein im Irak, Muammar al Gaddafi in Libyen.

6. Dieses Zurückbomben eines widerspenstigen Landes in die Steinzeit wird über abhängige Medien in der Öffentlichkeit als „Bringen von Freiheit, Menschenrechten und Demokratie“ hingelogen. Das ist sowas von dreist und menschenverachtend.

7. Es gibt vom westlichen Finanzsystem unabhängige Länder, deren Militär zu stark ist, dass sie nicht einfach so überfallen werden können. In diesen Fällen wird erst einmal die Westpresse vorgeschickt und erklärt diese Länder zu bösartigen Terrorstaaten, ihre Kaiser bzw. Präsidenten zu leibhaftigen Teufeln. Die Wirtschaft dieser Länder wird über Sanktionen geschädigt, um sie zu schwächen. Parallel stellt man solchen Ländern derart unannehmbare Unterwerfungsbedingungen, dass sie die Rettung in einem verzweifelten militärischen Erstschlag suchen, um

ihrer Unterwerfung und Ausplünderung zuvorzukommen. Beispiele: Deutsches Reich 1914 und 1939, Japan 1941, Russland 2022. Serbien konnte 1999 nicht einmal einen Erstschlag führen und wurde von der NATO trotzdem bombardiert: Dieses wiederholte Vorgehen ist vollkommen völkerrechtswidrig und menschenverachtend, wie alles hier in dem vorliegenden „10-Punkte-Geschäftsmodell der Finanzgangster". Vielleicht hat gerade jemand aufgeschrien, weil ich mir erlaube, darauf hinzuweisen, wer die beiden Weltkriege und auch die seit drei Jahrzehnten laufende Umzingelung Russlands durch die NATO in Szene gesetzt hat. Gemach, ein bisschen weiter unten bringe ich eine ganze Literaturliste, in die sich jeder Leser einarbeiten kann, der die offizielle Lesart zur Geschichte des 20. Jahrhunderts hinterfragen möchte.

8. Dieses Machtsystem – eine clevere Kombination aus finanzieller, militärischer, medialer und politischer Macht – funktioniert stabil seit 1913, als die bestimmenden Familienclans der Finanzgangster die Federal Reserve Bank der USA gründeten. Die Federal Reserve Bank ist keine staatliche US-Notenbank, sondern eher ein Privateigentum der Finanzgangster. Damit erhielten diese Zugriff auf die riesigen finanziellen, militärischen, medialen und politischen Ressourcen der USA, die sie seitdem zur Unterjochung der Welt einsetzen. Erstes Opfer war das amerikanische Volk 1913 als es erst die Hoheit über sein eigenes Geldsystem verlor und seitdem in Dauerkriege zur Macht- und Vermögensmehrung der Finanzgangster geschickt wird. Natürlich gehört die US-Waffenindustrie zu deren Einflussbereich, die an jedem dieser Kriege prächtig verdient. Seit 1914 bis heute teilen viele weitere Völker dieses unmenschliche Schicksal des amerikanischen Volkes. Aktuell werden EU-Europäer, Ukrainer und Russen gegeneinander aufgehetzt und auf die Schlachtbank geführt. Das halte ich für wirkliche Volksverhetzung.

9. Seit welchem Jahr gibt es eigentlich Weltkriege?

10. Vervollkommnet wird dieses weltweit wirkende Machtsystem durch die immer weiter zunehmende elektronische Überwachung der Bürger: Überwachung von Smartphones und Computern, nachverfolgbare elektronische Zahlungen anstelle anonymer Bargeldeinkäufe,

elektronische Impfausweise mit Impfzwang, Verfolgung freier Meinungsäußerung als angebliche Hassrede, Verfolgung von Kämpfern für die bürgerliche Freiheit als angebliche Staatsfeinde, Austausch ehemals freier Bürger durch Menschenzombies, die auch im Westen durch ein Sozial-Kredit-System nach chinesischem Vorbild gesteuert werden können. In diesem Sozial-Kredit-System werden alle Daten über einen Menschen gesammelt; was er denkt und tut, damit die Regierung gewünschtes Verhalten durch die Vergabe von Punkten belohnen und unerwünschtes Verhalten durch die Streichung von Punkten bestrafen kann. Abhängig von der Punktzahl erhält jeder Mensch Zugang zu Lebensmitteln, Kleidung, Wohnraum, Arbeit, medizinischer Versorgung und gesellschaftlichem Leben oder auch nicht. Girokonten, die nur noch elektronisch existieren, können jederzeit eingefroren und Privateigentum entzogen werden. Wer nicht spurt, kriegt weniger zu essen und darf nicht mehr zum Arzt gehen. Es wird möglich, Menschen nach Belieben psychisch und physisch zu vernichten: Das ist die totale Kontrolle gemäß George Orwells düsterer Zukunftsversion „1984".

Zum Einlesen in die wirtschaftliche Seite des Themas eignet sich das Standardwerk „Der Welt-Geldbetrug" von Eberhard und Eike Hamer. Es steht mit persönlicher Widmung der Autoren in meiner Bibliothek. Eberhard Hamer ist nicht irgendwer, sondern Schöpfer der wirtschaftswissenschaftlichen Disziplin „Mittelstandsökonomie" und damit ein herausragender Ökonom Deutschlands. Sein Sohn Eike steht seinem Vater in nichts nach.

Quelle: https://www.amazon.de/Welt-Geldbetrug-Erweiterte-Mittelstand-Globalisierung-bestehen/dp/3980947831

Zum Einlesen in die militärische und historische Seite der Thematik eignet sich das Standardwerk „Pfeiler der US-Macht" von Wolfgang Effenberger, das selbstredend ebenfalls mit dessen persönlicher Widmung in meiner Bibliothek steht.

Quelle: https://www.amazon.de/Pfeiler-US-Macht-Seefahrermentalit%C3%A4t-Wolfgang-Effenberger/dp/3936169098

Zum Einlesen in die Problematik der totalen Bürgerkontrolle eignen sich die Warnungen des ehemaligen US-Geheimdienstmitarbeiters und Insiders Edward Snowden. Eine persönliche Widmung durch ihn gehört zu meinen Lebenszielen.

Quelle: https://www.derstandard.at/story/2000116169370/snowden-warnt-ueberwachungsstaat-den-wir-jetzt-schaffen-wird-corona-ueberstehen

Und jetzt noch die versprochene Literaturliste, welche den Märchenerzählungen zur Geschichte des 20. Jahrhundert die Fakten gegenüberstellt, um zur Wahrheitsfindung beizutragen. Wer traut sich, von vorgegebenen Denkmustern Abstand zu nehmen und möchte das Wagnis eingehen, selbstständig zu denken?

Mackinder, Halford John (1919). Democratic Ideals and Reality. A study in the politics of reconstruction. London: Constable and Company Ltd. / Thomas Schoonover (2003). Uncle Sams War of 1898 and the Origins of Globalization. Lexington, Kentucky, USA: The University Press of Kentucky / Halford John Mackinder (1904). The geographical pivot of history. In: The Geographical Journal. Special Issue: Halford Mackinder and the 'Geographical Pivot of History'. Edited by Klaus Dodds and James D. Sidaway, December 2004, volume 170, part 4, Glasgow / Schottland: Royal Geographical Society / Edwin Black (2001). IBM und der Holocaust. Die Verstrickung des Weltkonzerns in die Verbrechen der Nazis. / Antony C. Sutton (2008). Wall Street und der Aufstieg Hitlers. / Jacques R. Pauwels (2013). Big Business avec Hitler. / Gian Trepp (1997). Bankgeschäfte mit dem Feind. Die Bank für Internationalen Zahlungsausgleich im Zweiten Weltkrieg. Von Hitlers Europabank zum Instrument des Marschallplans. / John V. Denson (2013). Sie sagten Frieden und meinten Krieg: Die US-Präsidenten Lincoln, Wilson und Roosevelt, / Charles Higham (1983). Trading with the Enemy. An Exposé of the Nazi-American Money Plot 1933-1949. / Adam LeBor (2014). Tower of Basel. BIZ [Bank für Internationalen Zahlungsausgleich]. Die Bank der Banken und ihre dunkle Geschichte. / Pauwels, Jacques R (2003). The myth of the good war. America in the Second World War. / James Pool (1997). Who Financed Hitler: The Secret Funding of Hitler's Rise to Power, 1919-1933. / Guido Giacomo Preparata (2011). Wer Hitler mächtig machte. Wie britisch-amerikanische Finanzeliten dem Dritten Reich den Weg ebneten. / Carrol Quigley (2010). Appeasement. Die britische Mitschuld am Zweiten Weltkrieg. / Herbert Reginbogin (1998). Erträgliches Geschäft mit dem Feind. Amerikanisch-deutsche Wirtschaftsbeziehungen im Krieg. / Haisenko, Peter (2015). England, die Deutschen, die Juden und das 20. Jahrhundert. Die perfiden Strategien des British Empire. München: Anderwelt Verlag / Charmley, John, Churchill. Das Ende einer Legende, Berlin 1997 / Suworow, Viktor, Der Tag M, Stuttgart 1995 / Es gibt die Serie von Helmut Roewer (2016). Unterwegs zur Weltherrschaft. Warum England den Ersten Weltkrieg auslöste und Amerika ihn gewann. / (2017). Unterwegs zur Weltherrschaft. Band 2: 1918 bis 1945. Warum eine anglo-amerikanische Allianz Deutschland zum zweiten Mal angriff und die Rote Armee in Berlin einmarschierte. / (2018). Unterwegs zur Weltherrschaft. Band 3: 1945 bis heute. Warum das US-Imperium so lange bei uns Erfolg hatte, jedoch bei der Umerziehung der Ostdeutschen scheiterte. / Und schließlich die Serie von Reinhard Leube (2018). Londoner Außenpolitik und Adolf Hitler. Gibt es einen blinden Fleck? / (2019). Atemberaubend. London und Deutschland in den Jahren 1933 bis 1937. / (2019) Septemberrevolution. London und Deutschland 1938. / (2020) God Save the Fuehrer. London und Europa 1939. / (2020) Katz-und-Maus-Spiele. Europa in den Jahren 1940 und 1941. /(2021) Nicht noch einen Friedensvertrag. Europa 1942 bis zum Frühjahr 1943. / (2022) Ende und Anfang. Europa in den Jahren 1943 bis 1945. Diese Bände erschienen im Münchener Anderwelt Verlag.

Die Korrektheit meiner 10-Punkte-Zusammenfassung über das bluttriefende Geschäftsmodell der globalen Finanzgangster kann jeder Leser durch eigene Recherchen überprüfen. Achtung: Sobald Sie beim Stöbern auf die Warnung „Verschwörungs-Theorie" stoßen, wissen Sie, dass Sie vielleicht gerade richtig liegen. Nichts hassen diese Verbrecher mehr, als dass ihre menschenverachtende Verschwörungs-Praxis immer mehr ans Tageslicht kommt. Dazu müssen natürlich die Fakten umgedreht und nachdenkliche Menschen als Deppen hingestellt werden. Heerscharen an Hilfstruppen wie Politikermarionetten, Medienpropagandisten und willfährige Beamte sind ihnen dabei behilflich.

Die willigen Vollstrecker des 10-Punkte-Geschäftsmodells der globalen Finanzgangster in Deutschland:

Vor allem in Deutschland gibt es besonders viele dieser willigen Vollstrecker, was ein untrügliches Indiz dafür darstellt, wie wenig souverän unser Land ist! Die USA – genauer gesagt die Finanz-Familienclans, welche die USA beherrschen – wissen genau, dass ihre Macht zusammenbrechen würde, wenn Deutschland selbstbestimmt handeln könnte. Also haben sie die Führungseliten Deutschlands seit dem Zweiten Weltkrieg in ihrem eigenen, d.h. antideutschen Sinne ausgebildet und uns Bürgern vor die Nase gesetzt. Werte Leser, recherchieren Sie einfach selbst die Mitglieder- bzw. Teilnehmerlisten der „Atlantikbrücke", des „Aspen-Instituts", der „Trilateralen Kommission", des „Council on Foreign Relations" und seines europäischen Ablegers, der „Bilderberger" und weiterer US-gesteuerter Denkfabriken. Sie werden dort (fast) alle Marionetten finden, die im Interesse ihrer transatlantischen Herren gegen das eigene Land arbeiten. Ein paar Beispiele: Olaf Scholz (SPD), Friedrich Merz (CDU), Annalena Baerbock (GRÜNE), Klaus Kleber (ZDF), Mathias Döpfner (Axel-Springer-Verlag), Joe Kaeser (langjähriger Siemens-Vorstandsvorsitzender), Oliver Bäte (Allianz-Vorstandsvorsitzender) und so weiter und so fort. Das sind nur wenige Beispiele von Tausenden Erfüllungsgehilfen der Finanzgangster in deutscher Politik, Medien und Konzernen. Auch Hans-Olaf Henkel (früher AfD) ist einer von ihnen; er arbeitete für die Bank of America. Wen haben sie in der AfD noch im Griff?

Nachdem mir meine Gegner unbegründet aber gerne Amerikafeindlichkeit unterstellen, wiederhole ich hier noch einmal 1:1 meine Aussage aus Punkt 8 des 10-Punkte-Geschäftsmodells der Finanzgangster: „Erstes Opfer war das amerikanische Volk 1913, als es erst die Hoheit über sein eigenes Geldsystem verlor und seitdem in Dauerkriege zur Macht- und Vermögensmehrung der Finanzgangster geschickt wird. Natürlich gehört die US-Waffenindustrie zu deren Einflussbereich, die an jedem dieser Kriege prächtig verdient. Seit 1914 bis heute teilen viele weitere

Völker dieses unmenschliche Schicksal des amerikanischen Volkes." Als freiheitlich denkender und handelnder Mensch stehe ich voll und ganz hinter den liberalen Idealen der US-Gründungsväter, bewundere das amerikanische Volk für diesen hoffnungsvollen Beginn seiner Geschichte und bin nur noch angewidert von dem, was inzwischen daraus geworden ist. Im Gegensatz zu Deutschland mit zu vielen Duckmäusern haben die Vereinigten Staaten eine funktionierende Zivilgesellschaft rebellischer Bürger, denen ich zutraue, Ihr Land von den Finanzgangstern zu befreien.

Leider hat meine Partei auf ihrem Stuttgarter Programmparteitag 2016 versäumt, eine historische Weichenstellung gegen die westliche Scheindemokratie vorzunehmen, welche die Fortsetzung des bluttriefenden, menschenverachtenden 10-Punkte-Geschäftsmodells der Finanzgangster auf deutschem Boden ermöglicht. Die Weichenstellung hätte damit beginnen müssen, dem weltweit tätigen militärischen Arm der Finanzgangster den Boden zu entziehen, also der NATO! Meine Partei versäumte damals auch, ein neues, menschliches und wirklich demokratisches politisches System zu entwickeln. Inklusive Begründung, warum dieses neue, politische System demokratische Prinzipien viel besser verwirklichen kann als die aktuelle Scheindemokratie. Lösungsvorschläge, wie ein solches menschliches und wahrhaft demokratisches politisches System aussehen könnte, werde ich im letzten Kapitel zum Jahr 2022 liefern. In diesem Zusammenhang stellt sich automatisch die Frage der deutschen Souveränität. Als lösungsorientierter Mensch ist mir reine Kritik zu wenig.

2017

2017 – Das Jahr, als die AfD das erste Mal in den Deutschen Bundestag einzog

Warum wurde die AfD so dringend gebraucht? Weil die Systemparteien CDU/CSU, SPD, GRÜNE, F.D.P. und LINKE derart mit der Weltrettung beschäftigt waren, dass sie vergessen hatten, die Probleme der Deutschen in Deutschland zu lösen.

Für die Systemparteien ist es sehr wichtig, die Bedrängten und Bedrückten dieser Welt in den Schoß von „Ger-Money" zu holen. Aber unsere sozialen Sicherungssysteme – von der Sozialversicherung über die Krankenversicherung bis hin zur Rentenversicherung – leben von den Beiträgen der Beitragszahler. Es muss mathematisch betrachtet zum Zusammenbruch der Systeme führen, wenn plötzlich Millionen Neubürger aus Systemen versorgt werden, in die sie nichts einbezahlt haben. Im Sinne einer komisch verstandenen „Arbeitsteilung" werden Ursprungsdeutsche verdonnert, das zu bezahlen und sonst die Klappe zu halten. Mir ist übrigens nicht bekannt, dass nur ein einziger Abgeordneter der Systemparteien schon geäußert hätte, auf Krankenhausbehandlungen und Rente zu verzichten, um sich selbst als leuchtendes Vorbild für die Neubürger aufzuopfern.

Ein weiterer Grund, warum die AfD so dringend gebraucht wurde, war die weltweite Anomalität, dass es nur in Deutschland keine patriotische politische Partei im Parlament gab. Im Geschichtsunterricht wurden wir doch immer gewarnt, wie gefährlich ein „deutscher Sonderweg" sei. Über die AfD konnten wir diesen „deutschen Sonderweg" endlich beenden.

März/April 2017 - Wahl der bayerischen Bundestagsliste

Am letzten Märzwochenende 2017 begannen die bayerischen AfD-Mitglieder im Städtchen Greding ihre Bundestagskandidaten für die Landesliste zu wählen. Diese Listenwahl bzw. Listenaufstellung zog sich über mehrere Wochenenden hin, weil jeder kandidieren konnte, der wollte und fast immer Stichwahlen nötig waren, nachdem kaum ein Kandidat im ersten Wahlgang die absolute Mehrheit errang. Einerseits ist so ein Zeitaufwand nervig, aber andererseits notwendig, wenn die AfD ihrem basisdemokratischen Anspruch gerecht werden will, ihre Kandidatenlisten auf Mitgliederebene zu wählen: Von unten nach oben. In den Systemparteien läuft es andersherum. Dort setzen die Vorstände die Kandidatenlisten fest, die von Parteitagsdelegierten nur noch abgenickt werden: Von oben nach unten. Damit ist klar, warum von den Systemparteien fast nur noch stromlinienförmige Karrieristen im Bundestag sitzen. Wer selbst denkt und handelt, hat nicht den Hauch einer Chance, bei denen auf die Liste zu kommen. Leider geht die Entwicklung in der AfD in die gleiche Richtung.

In den Wochen, Tagen und Stunden vor jedem Wahltag gab es unzählige Treffen in Hinterzimmern und die Telefondrähte glühten: Jeder Kandidat mit ernsten Absichten, in den Bundestag einzuziehen, versuchte Mehrheiten für sich zu organisieren. Am Ende hatten sich ca. zehn heiße Kandidaten herauskristallisiert, von denen ich einer war. Untereinander sprachen wir zehn natürlich auch und so ein Gespräch lief, wie folgt, ab. Kandidat A: „Ich geh auf Listenplatz X, auf welchen Listenplatz möchtest Du gehen?" Kandidat B:"Eigentlich wollte ich auch auf Listenplatz X gehen, aber ich geh auf Listenplatz Y, wenn ich dort die Stimmen Deiner Unterstützer kriege." Kandidat A: „Mmh, ich habe gehört, dass auf Listenplatz Y schon der Kandidat C gehen wollte, wie wäre es mit Listenplatz Z? Sprich doch erst mal mit Kandidat C und dann melde Dich wieder." Kandidat B: „Der Listenplatz Z ist nicht mehr sicher, wenn wir nur wenige Leute in den Bundestag bringen. Geh doch Du dahin und lass mich auf Listenplatz X oder Y kandidieren. Auf Listenplatz Z bekommst Du dafür zu 100% sicher alle Stimmen meiner Unterstützer." Nach diesem Muster liefen die Gespräche kreuz und quer, zig Absprachen wurden getroffen, von denen einige sogar hielten. Am Ende hatte ich mit meinem Beraterstab, der aus wahlberechtigten AfD-Mitgliedern bestand, festgelegt, dass ich ab Listenplatz 4 ins Geschehen eingreifen werde und bis Listenplatz 8 ein zweites Mal kandidieren könnte, sollte es beim ersten Mal schiefgehen. Wann ich genau antrete, machten wir von der Entwicklung der Situation abhängig.

Am Samstag des ersten Wahlwochenendes begann der Aufstellungsparteitag mit den AfD-üblichen, endlosen Diskussionen über Formalitäten, Wahlverfahren usw., womit der Vormittag schon einmal verbraucht war. Das eigentliche Wahlverfahren begann am Mittag mit einem Paukenschlag: Unser Landesvorsitzender Petr Bystron fiel auf Platz 1 durch, den Martin Hebner für sich gewinnen konnte. Dahinter steckte die Arbeit von Bystrons Gegnern, die mich am Tag zuvor angerufen hatten, ob ich nicht auf Platz 1 gegen ihn gehen wolle. Damit steckte ich in einer Zwickmühle: Meine Absprachen hatte ich unter anderem sowohl mit Bystron als auch mit seinen Gegnern getroffen und brauchte die Stimmen aus beiden Lagern, wie auch diese wiederum meine Stimmen brauchten. Wie konnte ich da rauskommen? Ich zog mich auf die Position zurück, dass ein abgesägter Landesvorsitzender der Öffentlichkeit schwer zu vermitteln sei, worauf ich in Ruhe gelassen wurde. Danach zogen Bystrons Gegner Martin Hebner aus dem Hut. Bis Sonntagabend schaffte es der Parteitag gerade einmal, drei Listenplätze zu wählen und ich fuhr unverrichteter Dinge wieder nach Hause.

Bevor ich am Folgewochenende, den 1. und 2. April 2017, wieder nach Greding fahren konnte, musste ich zwischendurch in die USA fliegen. Im aktuellen Interim-Management-Projekt war ich Restrukturierungsgeschäftsführer eines tschechischen Schwermaschinenbauunternehmens. Es ging darum, neue Aufträge von einem amerikanischen Kunden an Land zu ziehen. Die Verhandlungen fanden am Mittwoch statt, verliefen erfolgreich und ich sollte am Donnerstag aus Washington nach München zurückfliegen, um am Freitag zu entspannen, bevor es am Samstag in die Bütt um meine Bundestagskandidatur ging. Das war zumindest der Plan. Vor Abflug ging ich noch ein paar Stunden in der Nähe des Kapitols spazieren und besuchte die dortigen Museen, in denen die Amerikaner ihre Sicht auf die Geschichte darstellen. Ich beneide die USA um ihre patriotische Sicht auf ihre eigene Geschichte, die dazu hingebogen wird, und kann uns Deutschen nur empfehlen, am amerikanischen Beispiel zu lernen. Kurz nachdem das Flugzeug abgehoben hatte und direkt Richtung Heimat fliegen sollte, gab es eine Durchsage, dass wir außerplanmäßig in Boston landen müssten. An den Grund kann ich mich nicht mehr genau erinnern, aber ich glaube, dass ein Passagier einer dringenden medizinischen Behandlung bedurfte. Wir landeten also in Boston und hingen dann dort einen ganzen Tag lang fest, weil ein Schneesturm uns am Weiterflug hinderte. Dieser späte Schnee am 30. und 31. März hatte folgende Konsequenzen: Ich wurde nervös, weil nicht abzusehen war, wann der Rückflug endlich startet und ich damit rechnen musste, zu meiner eigenen Bundestagskandidatur zu spät zu kommen. Wie gesagt, wollte ich situationsabhängig ab Listenplatz 4 ins Geschehen eingreifen und mit Listenplatz 4 ging es am 1. April in der Früh los. Irgendwann wurde unser Flug dann doch noch ausgerufen und sobald an Bord Getränke ausgegeben wurden, nahm ich eine Schlaftablette mit einem Glas Bier zu mir. Auf früheren Langstreckenflügen hatte ich gelernt, dass ich im Sitzen normalerweise nicht schlafen kann. Aber eine Schlaftablette plus ein kleines Bier bewirken das Wunder, sitzend einzuschlafen, durchzuschlafen und einigermaßen fit aufzuwachen. So landete ich dann am Samstag, den 1. April vormittags in München, als Listenplatz 4 bereits gewählt war. Ein Parteifreund holte mich am Flughafen ab und wir rasten mit Lichtgeschwindigkeit über die Autobahn nach Greding. Ich betrat den Saal, als gerade die Schlacht um Platz fünf lief.

Als Erstes wurde ich von einigen übel angegriffen, ich hätte bei Platz 4 angeblich gekniffen; ich sei zuhause gesessen und die Amerikareise wäre nur erfunden. Was war passiert? Auf Platz 4 war Landesvorsitzender Petr Bystron noch einmal angetreten, nachdem er auf Platz 1 durchgefallen war. Die Unterstellungen kamen aus dem Umkreis des unterlegenen Kandidaten – eines Vertrauten Corinna Miazgas – der gegenüber Bystron den Kürzeren gezogen hatte und im Nachhinein meinte, dass er gegen mich gewonnen hätte, wenn ich anstelle von Bystron sein Gegner gewesen wäre. Ich veröffentlichte umgehend Selbstporträts aus Washington inklusive Flugtickets auf meiner Facebookseite, um diesen Angriffen die Grundlage zu entziehen. Wenn es um Bundestagsmandate geht, wird selbst vor dreistesten Lügen nicht zurückgeschreckt, um Konkurrenten zu diskreditieren. Bevor Platz 6 aufgerufen wurde, gingen mit mir Corinna Miazgas engste Berater vor die Tür und versprachen mir das Blaue vom Himmel herunter, sollte ich jetzt nicht kandidieren. Sie würden mir als Gegenleistung ganz sicher Platz 9 organisieren aber auf Platz 6 könne ich angeblich nur verlieren. Ich spürte die gestellte Falle, schon 2017 wollten die Miazgatruppe und ihre Hintermänner meinen Einzug in den Bundestag verhindern. Welcher Lobbyist Corinna Miazga von extern steuert, lesen Sie nachfolgend in diesem Kapitel. Meine Unterstützer hätten mir nie verziehen, wenn ich auf Platz 6 gekniffen hätte, weil in diesem Moment alle auf meine Kandidatur warteten. Ich ging zurück in den Saal, zog mich in eine Ecke zurück und legte ein stilles Gelübde ab: Sollte ich auf den sicheren Listenplatz 6 und damit in den Deutschen Bundestag gewählt werden, würde ich mich wieder einer Kirche anschließen.

Werte Leser, erinnern Sie sich an das Jahr 2013 im Kapitel zwei? Als gewalttätiges Gesindel uns Verbindungsstudenten mit Frauen auf dem Weg in die Wiener Hofburg angriffen? Am Tag nach dem Akademikerball veröffentlichte ein Kirchenfürst Lobeshymnen auf diesen kriminellen Akt. Meine Diskussion mit dem bayerischen Landesbischof Bedford-Strohm verlief auf Referentenebene ebenso ergebnislos, weshalb ich die evangelische Kirche als hoffnungslos verloren ansah und 2013 aus dieser verlotterten Organisation austrat. Später, während meiner Zeit im Bundestag, erfüllte ich mein Gelübde. Zuerst schaute ich mir freikirchliche Alternativen zu den beiden großen Staatskirchen an und kam dann über eine Verkettung von Umständen zur russisch-orthodoxen Auslandskirche. Der Mensch denkt, aber der Herrgott lenkt, so einfach ist das. Von den drei großen christlichen Weltkirchen – der zentralisierten römisch-katholischen, den zahlreichen evangelischen und den ebenfalls zahlreichen orthodoxen Kirchen – haben heute nur noch die orthodoxen Kirchen den Mut, christliche Werte gegen den linksgrün verbogenen Zeitgeist zu verteidigen. Die anderen beiden Weltkirchen sind zu willfährigen Vollstreckern des Zeitgeistes verkommen. Insofern bin ich in der richtigen Kirche angekommen und kann jeden Christen nur ermuntern, sich mit der Orthodoxie näher zu befassen.

Ich legte also mein stilles Gelübde ab, trat im Vertrauen auf Gott und meine eigene Urteilskraft für Listenplatz 6 an, hielt eine gute Rede und wurde gewählt.

Die Lokalpresse meines Wahlkreises Berchtesgaden/Traunstein berichtete darüber ein paar Tage später in erstaunlich sachlichem Ton.

22./23. April 2017 - Bundesparteitag in Köln

Am Wochenende des 22./23. April 2017 fand der nächste AfD-Bundesparteitag in Köln statt, in dessen Zentrum zwei Entscheidungen standen: Einerseits der sogenannte „Zukunftsantrag" der damaligen AfD-Sprecherin Frauke Petry und andererseits die Wahl der AfD-Spitzenkandidaten für die Bundestagswahl im Herbst.

Mit ihrem „Zukunftsantrag" wollte sich Frauke Petry an die Systemparteien heranwanzen, um am Katzentisch als kleiner Koalitionspartner in eine Regierung mit der CDU/CSU zu kommen. Das wäre nur um den Preis einer Selbstaufgabe der AfD gegangen und die meisten Delegierten sahen es genauso. Wie auch schon 2015 vor dem Essener Parteitag, als wir Bernd Lucke in die Wüste schickten, gab es wieder Abstimmungstelefonkonferenzen unter einem ähnlichen Kreis von Strippenziehern. In einem dieser Telefonate äußerte Peter Boehringer die Idee, dass wir zu Parteitagsbeginn beschließen sollten, uns mit Petrys Antrag gar nicht erst zu befassen und ihn damit ins Leere laufen zu lassen. Wir fanden die Idee gut und so geschah es dann auch; von dieser Abstimmungsniederlage sollte sich Frauke Petry nie mehr erholen. Kurze Erläuterung für Leser, welche das AfD-Personal nicht so gut kennen: Peter Boehringer war schon vor der Politik ein gefragter Ökonom und kritisiert, wie unter anderem ich, das westliche Finanzsystem als inflationäres Falschgeldsystem, das wenige superreiche Entscheider noch reicher und alle anderen

Menschen ärmer macht. Boehringer hat es als Ausnahmeerscheinung geschafft, über alle Lager der zerstrittenen AfD hinweg unangefochten zu sein und gehört weiterhin dem Deutschen Bundestag an. Seit 2022 Jahr ist er einer der stellvertretenden Bundessprecher. Der zweite damalige AfD-Sprecher, Jörg Meuthen, stellte sich übrigens auf dem Kölner Parteitag ebenfalls gegen Frauke Petrys sogenannten „Zukunftsantrag". Superoberopportunist Meuthen bekämpfte hier, was er später selbst mit Eifer betreiben sollte: Heranwanzen und Anbiederung an die Systemparteien.

Die erste Klippe war also erfolgreich umschifft und als zweite, grundlegende Entscheidung sollte der Parteitag seine Spitzenkandidaten für die bevorstehende Bundestagswahl wählen. Nach dem Verzicht von Frauke Petry war klar, dass einer der Spitzenkandidaten Alexander Gauland wird, aber wer würde zweiter Spitzenkandidat werden? Alice Weidel war als potentielle Bewerberin in Stellung gebracht worden und vielen Mitgliedern und Delegierten war das nicht recht, die sich nach Alternativen umsahen. Welcher externe Lobbyist Frau Weidel im mutmaßlichen Auftrag von wem in Stellung gebracht hatte, wird noch in vorliegendem Kapitel ersichtlich. Ich analysierte also die Lage vor dem Parteitag und erkannte, dass keine weitere Frau als Konkurrentin im Wege stand, was mir die Außenseiterchance bot, durch eine völlig überraschende Kandidatur zweiter Spitzenkandidat werden zu können. Dazu musste mein Antritt aus dem Nichts kommen und ich musste zudem die beste Rede auf dem Parteitag halten. Eine ganze Woche lang feilte ich unter größter Geheimhaltung an folgender Rede, besprach sie nur mit meinen engsten Coaches und trainierte sie immer wieder, bis auch der Vortragsstil im Detail stimmte. Ich musste in meiner Rede herausarbeiten, warum ich der Partei mehr bieten kann als Alice Weidel, ohne in Selbstlob zu verfallen. Folgender Redetext kam am Ende heraus:

Liebe Parteifreunde,

ich möchte mit einer grundsätzlichen Betrachtung beginnen. Leider funktioniert unsere Gesellschaft nach folgendem Prinzip: Gruppe A wird gegen Gruppe B aufgehetzt, damit Gruppe C weiterhin auf Kosten der Gruppen A und B bequem leben kann, jung gegen alt, Arbeitnehmer gegen Hartz IV-Empfänger, Unternehmer gegen Arbeiter – eine Liste, die ich beliebig fortführen könnte.

Und unsere AfD fällt jedes Mal wieder auf diesen alten Trick rein:

– Die Gruppe C ist das Duo aus Altparteien und Massenmedien, die auf unsere Kosten leben und ihre Felle davonschwimmen sehen, seitdem es die AfD und alternative Medien gibt. Selbstverständlich wollen Altparteien und Massenmedien ihre Macht nicht abgeben, deshalb säen sie Zwietracht innerhalb der AfD, bringen angebliche Realos gegen angebliche Fundis in Stellung .... und wir lassen uns derart unprofessionell gegeneinander ausspielen.

*– Alle 25.000 AfD-Mitglieder haben trotz aller Unterschiede viel mehr Gemeinsames als Trennendes, das dürfen wir nie vergessen, und genau diese Gemeinsamkeiten verbinden uns heute und hier, in unserer lieben AfD... Freunde: steht geschlossen **einig nach außen** und hinterfragt **kritisch nach innen** ...... aber nicht umgekehrt!*

Die von der Zwietracht profitierende Gruppe C, die Altparteien und Massenmedien, werden weiterhin alles tun, um Keile zwischen unsere Einheit zu treiben. Sie wollen, dass wir uns innerhalb der AfD folgsam in die Gruppen A und B aufteilen, uns streiten und entzweien. Was haben wir davon? Nichts, nothing, nitschewo! Diesem perfiden Zersetzungsspiel können wir nur entkommen, wenn wir 3 Dinge tun:

*Wir bestimmen unsere Positionen ausschließlich selbst und wir unterwerfen uns nicht mehr den vorgegebenen Positionsbestimmungen der politischen Gegner – aus Angst vor deren Verleumdungen, als Rechtspopulisten oder noch schlimmer bezeichnet zu werden: **Über die <u>gemeinsame Definierung unserer ureigensten Begriffe</u> werden unsere intern gespaltenen Gruppen A und B – zum großen Erstaunen derer, die das auf gar keinen Fall wollen, also der Gruppe C – endlich wieder zueinander finden!***

Ich bin ein Bürger aus der Mitte unserer Gesellschaft. ***Als mündiger Bürger erwarte ich von einer bürgerlichen-freiheitlich-konservativen AfD drei Dinge: klare Analysen, klare Aussagen, klare Handlungen.*** *Rumlavieren, Distanzeritis oder das Anbiedern an den Mainstream sind* ***keine*** *Zeichen angeblicher Bürgerlichkeit. Nein, im Gegenteil: Es sind Zeichen von Angst & Schwäche. Unsere bürgerlich-freiheitlich-konservativen Wähler erwarten von der Alternative für Deutschland Selbstvertrauen und Durchsetzungsfähigkeit!*

Die dritte Voraussetzung für unseren politischen Erfolg ist ... Glaubwürdigkeit, ***Glaubwürdigkeit bei den Wählern****. Glaubwürdigkeit kommt von innen, Wähler spüren sehr genau, ob ein Kandidat nur eine Rolle spielt oder ob er authentisch ist. Unsere Wähler erkennen von selbst, ob sich ein Kandidat bzw. eine Kandidatin mit Leidenschaft und Herzblut einsetzt oder nur Karriere machen möchte. Durchgestylte Fassadentypen bringen uns nicht weiter, die gibt's schon in den Altparteien.* ***„AUTHENTISCH-SEIN"*** *wird über unser Wahlergebnis viel mehr entscheiden als alles andere. Deshalb dürfen in unser Spitzenteam nur Leute kommen, die für unsere gerechte Sache so brennen, dass ihnen die gebeutelten deutschen Wähler von Herzen vertrauen.*

Damit wir hier keinen Erfolg haben, werden die politischen Gegner alles tun, um die Glaubwürdigkeit unserer Kandidaten zu erschüttern. Lasst uns gemeinsam in die berühmte Glaskugel schauen, was im Bundestagswahlkampf auf uns zukommen könnte:

Einer Alice Weidel werden die politischen Gegner vorwerfen, als Frau des Großkapitals die Nöte des Mittelstandes und der „Kleinen Leute" nicht zu verstehen.

Sie werden Frau Weidel vorwerfen, dass ihr Auftreten kühl wie in Bilanzgesprächen sei, wo doch menschliche Nähe zum Bürger angebracht wäre.

Einem Hansjörg Müller werden die politischen Gegner vorwerfen, dass er die Missstände in unserem Land knallhart anspricht und sogar Lösungen vorschlägt, das ginge ja nun mal gar nicht. Seit wann bietet die AfD denn Lösungen an? ☺ ☺ ☺

Und sie werden mir meine Nähe zu Russland vorwerfen: weil ich eine russische Frau habe, einige Jahre in Russland lebte/arbeitete und immer noch gern hinfahre. Liebe Freunde: Es liegt im Interesse von uns allen, gute Beziehungen zu Russland zu haben. Dafür werde ich mich nicht entschuldigen, denn alle Deutschen brauchen Zusammenarbeit und vor allem Frieden mit Russland!

Noch ein paar Sätze zu mir, wer bin ich, was tue ich – warum ich unserem AfD-Spitzenteam sicher Nutzen bringen werde:

Ich bin Dipl.-Volkswirt mit dem Schwerpunkt internationale Wirtschaftsbeziehungen.

Seit 20 Jahren kämpfe ich für die deutsche Exportwirtschaft auf den Weltmärkten, verhandle mit Geschäftspartnern in 5 Sprachen.

Ich restrukturiere Unternehmen und habe Personalverantwortung für mehrere Hundert Mitarbeiter. Das funktioniert aber nur im Team. Teamfähigkeit ist etwas, was ich bei fast allen AfD-Führungskräften schmerzlich vermisse.

Wollen wir wirklich den Erfolg?? Den gibt es aber nur im Team!! Lasst uns nicht nur den Wahlkampf, sondern endlich unsere ganze Partei als Team führen – aufrichtig und authentisch.

Ich bin selbst Unternehmer und weiß eines ganz gewiss: Ohne oder gar gegen die Arbeiter & Angestellten geht es nicht. Erfolg kann man nur gemeinsam und im Miteinander erzielen, in der Wirtschaft wie in der Politik.

Zum Abschluss 2 wesentliche Punkte, die ich außerdem mitbringe:

ERSTENS: (kühl formulieren) Ich kann ***auch*** *Bilanzgespräche führen, kühl & sachlich, das steht außer Frage.*

ZWEITENS: (beherzt formulieren) Zusätzlich gehe ich sehr gerne auf Menschen zu, ich habe Freude am direkten Austausch mit Bürgern. Und es macht mir einen ***Riesen-Spaß****, die politischen Gegner im Wahlkampf zu* ***entlarven*** *und sie* ***mit aller Konsequenz / unbeirrt / ohne Wenn und Aber*** *vor uns herzutreiben, bis wir unsere Ziele erreicht haben!*

Meine geschätzte Kollegin Alice Weidel kann Euch perfekt Punkt 1 anbieten, kühle Wirtschaftsanalysen. Aber nur den. Ich bringe zusätzlich Punkt 2 mit, den Kontakt zu den Menschen. Das ist Eure Entscheidungs- und Wahlsituation, verehrte Delegierte.

Aber viel wichtiger ist – schauen wir nach vorn:

Auf diesem Parteitag sollten wir die interne Selbstbeschäftigung endgültig beenden und unsere Energien ausschließlich nach außen richten.

Führen wir einen knallharten Wahlkampf gegen die Zerstörer Deutschlands – gegen die Altparteien. Für unsere Wähler – für unser Volk – für unser Land!

Das war meine vorbereitete Rede gewesen und wenn ich sie hätte halten können, hätte ich es bestimmt geschafft! Als die Wahl der Spitzenkandidaten an die Reihe kam, hatte ich schon zwei Vertraute an den beiden Saalmikrofonen positioniert, um meine überraschende Kandidatur vorzuschlagen. In diesem Moment verkündete Alexander Gauland, dass er nur im Tandem mit Alice Weidel als Spitzenkandidat kandidieren würde und zwang damit die Delegierten, Weidel mitzuwählen, wenn sie Gauland als Spitzenkandidat haben wollten. Gauland konnte sich das leisten, weil er unangefochten war. Mit diesem Schachzug brachte er Weidel mit durch, die allein keine große Chance hatte, gewählt zu werden. Mit diesem Schachzug durchkreuzte er auch meinen Plan, neben ihm zweiter Spitzenkandidat für die Bundestagswahl zu werden. Dieses Paradebeispiel zeigt, mit welchen Mechanismen Mehrheiten auf demokratischen Parteitagen ausgehebelt werden. Nach erfolgreicher Abstimmung zum aufgezwungenen Spitzenduo drehte sich der Gauland- und Höcke-Intimus Andreas Kalbitz um, der direkt vor mir saß und grinste mich schelmisch an; er war also eingeweiht gewesen. Eilig hatte ich vorher meine Vertrauensleute von den Saalmikrofonen abgezogen und bis heute wusste fast niemand von meinem damaligen Vorhaben.

Mai 2017 - Privatbesuch bei Leonid Slutsky in Moskau

Im Februar 2017 war Noch-Parteichefin Frauke Petry zusammen mit ihrem Mann Marcus Pretzell und einem Vertreter der Jugendorganisation der Partei, Julian Flak, nach Moskau geflogen. Dort traf sich das AfD-Trio mit führenden russischen Politikern aus dem Umfeld von Staatspräsident Putin: Mit Wjatscheslaw Wolodin, Vorsitzender der Staatsduma, sozusagen der Bundestagspräsident auf russischer Seite, und mit Leonid Slutzky, Vorsitzender des Staatsduma-Ausschusses für internationale Angelegenheiten, der klassische Kontaktmann für ausländische Politiker auf ihrem Weg zum Kreml. Wladimir Schirinowski, das inzwischen verstorbene *enfant terrible* der russischen Politik, kam auch zu den Gesprächen hinzu, spielte dabei jedoch nur eine Nebenrolle. Aber weil er in Deutschland am bekanntesten war, deutete die deutsche Presse Petrys Besuch in diese Richtung um, als wäre es hauptsächlich um Gespräche mit Schirinowski gegangen.

Quelle: https://www.spiegel.de/politik/deutschland/afd-frauke-petry-traf-sich-mit-wladimir-schirinowski-a-1135503.html

Das AfD-Trio war damals noch gar nicht in Moskau gelandet, als ich Anrufe deutscher Journalisten erhielt, ob ich davon Kenntnis hätte. Das müsste um den 19. Februar 2017 herum gewesen sein, weil die Gespräche kurz darauf begannen. Über den Rückflug aus Moskau entspann sich später eine Kontroverse, weil dieser im Privatjet eines russischen Oligarchen stattfand, der diesen Flug bezahlte. Ich denke, dass es das Flugzeug von Konstantin Malofeew war. Erinnern Sie sich an das Jahr 2015, als ich mit Gauland, Frohnmaier & Co. im Oktober zu einem Kontaktbesuch in St. Petersburg war? Dieses Treffen wurde auch von Malofeew organisiert, der, wie auch Leonid Slutsky, für derartige Auslandskontakte zuständig ist.

Inzwischen war Mai und ich plante wieder einmal privat nach Moskau zu reisen, um meinen dort lebenden Stiefsohn und Freunde zu besuchen. Von 2004 bis 2011 hatte ich dort gelebt, als Geschäftsführer russischer Tochtergesellschaften westlicher Investoren und seitdem schaute ich alle paar Monate vorbei, um meine örtlichen Netzwerke weiter zu pflegen. Inzwischen war ich davon überzeugt, dass Frauke Petry „umgedreht“ worden war und gegen die eigene Partei arbeitete. Ihre Handlungen zeigten das. Durch den Konkurs ihrer früheren Firma PURinvent und die daraus folgende Privatinsolvenz war Petry in Geldnot geraten und damit eventuell in erheblichem Umfang erpressbar geworden. Ich erinnere wieder an den Economic-Hit-Man, nachzulesen in den Kapiteln zu den Jahren 2013 und 2016, mit welchen Methoden die westliche Scheindemokratie am liebsten ihre Politikermarionetten steuert.

Quelle: https://www.zeit.de/politik/deutschland/2014-06/privatinsolvenz-frauke-petry-afd

Ich beschloss, bei meinem bevorstehenden Privatbesuch in Moskau Leonid Slutzky in der Staatsduma aufzusuchen, um einerseits aus erster Hand zu erfahren, wie die Gespräche im Februar gelaufen waren und mit ihm darüber zu sprechen, dass wir der „falschen Fuffzigerin“ Frauke Petry nicht mehr vertrauen.

Am Empfang wurde ich von einer gut gekleideten jungen Dame abgeholt, die mich in Slutzkys Vorzimmer brachte, wo sein Referent Wladimir mich freundlich empfing. Wladimir und ich plauderten zwanglos über dieses und jenes, bis sein Chef erschien, den ich das erste Mal persönlich sah; bisher kannte ich ihn nur aus dem Fernsehen. Ja, Leonid Slutzky kam nicht einfach ins Büro, er „erschien“ im wahrsten Sinne des Wortes:

hochgewachsen und gut genährt, in einen sündhaft teuren Anzug gekleidet. Im Vorbeigehen rief Slutzky mir zu „komm in mein Büro“ und ich folgte ihm aus seinem Vorzimmer dorthin. Als ich sein riesengroßes Büro betrat, saß er bereits in seinem Arbeitssessel vor der holzgetäfelten Wand mit Fahne, Wappen, Putinporträt und rief mir von dort aus zu: „Du bist also der Freund von Frauke Petry.“ Ich nahm es hin, dass er mich von Anfang an duzte, obwohl wir uns noch nie persönlich gesehen hatten. Offensichtlich war Herr Slutzky auf meinen Besuch vorbereitet worden und wusste, dass er mit mir direkt auf Russisch kommunizieren konnte. Ich entgegnete ihm: „Aber ich bin doch gar kein Freund von Frauke Petry, sondern unter anderem gekommen, um ....“ Slutzky fuhr fort: „Bist Du dann gar nicht in der AfD?“ Ich antwortete: „Doch schon, aber ...“ Weiter kam ich nicht, weil Leonid Slutzky in diesem Moment zu einem Monolog ansetzte, der viele Minuten dauern sollte. Dazu kam er hinter seinem Schreibtisch hervor und setzte sich direkt mir gegenüber an den davorstehenden Besprechungstisch. In diesem Monolog erfuhr ich Details zu Themen, die ich mit ihm hatte besprechen wollen. Im Kern erzählte er mir Folgendes: Frauke Petry hätte die Aufgabe, die eigene Partei vor der Bundestagswahl 2017 klein zu halten, damit die AfD mit möglichst wenigen Abgeordneten in den Bundestag einzieht. Sie hätte aus ihrer Insolvenz mehrere Hunderttausend Euro Schulden, wovon sie nur einen kleinen Teil zurückzahlen müsste, den Rest würde man ihr erlassen. Der Schuldenerlass liefe über eine örtliche Bank und den Einfluss der dortigen CDU-Vertreter. Als Gegenleistung müsse Frau Petry alles daransetzen, damit die AfD zu einer formalen und einflusslosen Als-Ob-Opposition wird und damit in die Machtstruktur von Bundeskanzlerin Merkel eingegliedert werden kann. Diese Machtstruktur sei pro-transatlantisch und anti-russisch ausgerichtet, darum ginge es. Mir kippte die Kinnlade nach unten, als ich das hörte, was meine schlimmsten Erwartungen übertraf. Als Leonid Slutzky dann doch einmal Luft holen musste, konnte ich eine kurze Zwischenfrage stellen: „Woher wissen Sie das alles?“ Entsprechend der Etikette siezte ich ihn. Seine Antwort haute mich fast vom Hocker: „Wir haben hervorragende Geheimdienste.“ Dabei lehnte er sich im Stuhl zurück, hielt seinen Kopf in den Händen und seine Augen funkelten. Anschließend versuchte ich noch herauszubekommen, wie das Gespräch mit Petry, Pretzell und Flak im Februar von russischer Seite empfunden worden war, aber da gab sich Slutzky zugeknöpft. Er hatte mir gesagt, was er hatte mitteilen wollen. Einige Jahre später erfuhr ich von einem anderen russischen Teilnehmer des damaligen Petrybesuchs, dass die russische Seite über den destruktiven Einfluss von Marcus Pretzell auf Frauke Petry besorgt war: „Mit der Frauke hätten wir was machen können aber der Marcus hat sie zerstört", so sagte es mir ein anderer russischer Abgeordneter bei einem Abendessen im Herbst 2020.

Was wog nun schwerer? War es Pretzells negativer Einfluss auf Petry oder Petrys zu erwartende Abhängigkeit von ihren Schuldenerlassern in Deutschland? Auf jeden Fall stand eine erste Verliererin schon fest: Die Alternative für Deutschland, ferngesteuert von politischen Gegnern als zahnlose Scheinoppositionspartei. Die großen Verlierer sind aber unser Land und seine Bürger, die weiterhin von den „eigenen" Politikern auf die Schlachtbank geführt werden! Wie diese illoyalen Typen für die Finanzgangster arbeiten, beschrieb ich am Ende des vorherigen Kapitels zum Jahr 2016. Bei Drucklegung vorliegenden Buches, im Herbst 2022, wird gerade die deutsche Industrie zerstört, die Masse unseres Volkes in die Armut getrieben und der Dritte Weltkrieg provoziert. Was tun die geduldigen und naiven deutschen Schlafschafe dagegen? Nichts! Sie lassen sich das weiterhin gefallen, anstatt ihren Metzgern, d.h. den „eigenen" Politikern, endlich die Schlachtmesser aus der Hand zu nehmen.

Mai 2017 - Unmoralisches Angebot von David Bendels

David Bendels kommt vom konservativen Flügel der CDU/CSU und war Vorsitzender des „Vereins zur Erhaltung der Rechtsstaatlichkeit und bürgerlichen Freiheiten". Gleichzeitig ist er Chefredakteur der früheren Zeitung und des jetzigen Internetmediums „Deutschlandkurier", das mit dem Verein in Verbindung steht. Im Jahr 2016 hatte er erstmals Kontakt zu mir aufgenommen. Er bat damals um meine Unterstützung, für den

Hauptsponsor seines Vereins einen Termin in Moskau zu bekommen, der sich dort für die Völkerverständigung einsetzen wollte. Aus der Reise wurde dann nichts, weil ich darauf bestand, den Namen und die Hintergründe des Hauptsponsors zu erfahren; ich mache doch keine Türen für Leute auf, die ich nicht kenne. Den Namen nannte mir Bendels nicht, zog sein Ansinnen später zurück und vor den Russen stand ich ziemlich blöd da.

Im Mai 2017 besuchte mich David Bendels erneut und machte mir in meinem Wahlkreis ein anderes Angebot: Sein „Verein zur Erhaltung der Rechtsstaatlichkeit und bürgerlichen Freiheiten" würde ausgewählten AfD-Bundestagskandidaten die Plakatwerbung vor der Bundestagswahl bezahlen und fragte mich, ob ich das auch in Anspruch nehmen wolle. Blumig malte er mir aus, wie Riesenplakate mit meinem Konterfei an Straßenkreuzungen wirken würden. In diesem Augenblick gingen in meinem Kopf alle Sirenen und Warnleuchten an. Bendels bot mir verdeckte Parteispenden an, von dritter Seite intransparent finanzierte Plakate sind nichts anderes, damit forderte er mich zu einer ungesetzlichen Handlung auf. Im Beruf war ich in der korrupten Umgebung des Russlandgeschäfts auch als Chief Compliance Officer tätig gewesen, d.h. ich war darauf spezialisiert, Korruptionsschemen zu erkennen und trockenzulegen, die Täter aus der Firma zu werfen und für 100% transparente Finanzströme zu sorgen. Deshalb roch ich den Braten sofort. Ich redete mich heraus und ließ das Thema einschlafen.

Blättern Sie doch einfach ins dritte Kapitel vorliegenden Buches zurück, ins Jahr 2014. Welche Hintergrundfiguren nenne ich dort über die Parteispendenaffären von Alice Weidel und Jörg Meuthen, welche die AfD in den Jahren 2018 und 2019 erschüttern sollten? Genau, unter anderem die Namen Alexander Segert, Schweizer Goal AG, David Bendels, Deutschlandkurier und auch Baron v. Finck, von dem aus es wiederum eine mutmaßliche Verbindung zum Lobbyisten Tom Rohrböck gibt, dem ich das folgende Kapitel widme. Wenn ich damals auf Bendels unmoralisches Angebot eingegangen wäre, wäre ich gekauft worden, damit erpressbar und steuerbar geworden. In den Fällen der AfD-Spitzenpolitiker Alice Weidel und Jörg Meuthen wurde deren Fehlverhalten bei Spendenannahmen gerichtlich festgestellt.

Quelle: https://www.sueddeutsche.de/politik/afd-alice-weidel-spendenaffaere-1.5324331

Denken Sie wieder an den Economic-Hit-Man und wie Politiker in Parteiendemokratien gefügig und damit steuerbar gemacht werden. Auf der unteren Stufe der Instrumente, die zum Einsatz kommen, steht das Kaufen und erpressbar machen. Über Bendels hat man es bei mir vor meinem sicheren Bundestagseinzug 2017 wohl versucht und ich habe mich in meinem Leben nie bestechen lassen. Das sehe ich als weiteren Grund, warum ich aus dem neuen Bundestag 2021 herausgehalten wurde: Ein nicht erpressbarer und somit nicht steuerbarer Abgeordneter Hansjörg Müller, wo kommen wir denn da hin?

Sommer 2017 - Tom Rohrböck taucht in meinem Leben auf

Regelmäßig fuhr ich mit dem Zug von meinem Wohnsitz im Berchtesgadener Land nach Tschechien, um dort meinem Interim-Management-Projekt als Geschäftsführer eines Schwermaschinenbauunternehmens nachzugehen. Als mich meine Frau an einem Sonntagnachmittag wieder einmal zum Bahnhof fuhr, tauchte eine Whatsapp-Nachricht auf meinem Mobiltelefon auf, ob ich wüsste, dass mein Handy abgehört werde. Ich antwortete und fragte gleichzeitig: „Würde mich wundern, wenn nicht. Wer sind Sie denn?" Als Antwort auf meine Frage kam folgende Erklärung des Unbekannten, er gehöre zu FPÖ-nahen Sicherheitskreisen in Österreich. Ich schaute die Nummer des Absenders an, es war in der Tat eine österreichische Handynummer und zu unserer dortigen Schwesterpartei FPÖ hatten wir von der AfD immer gerne Kontakt. Neugierig geworden vereinbarte ich mit dem geheimnisvollen Herrn einen Termin für das folgende Wochenende, wenn ich aus Tschechien wieder zurück war. Ich weiß nicht mehr, ob es Juni oder Juli 2017 war, es war brütend heiß, als ich zu einem ersten persönlichen Treffen auf die

Terrasse des Schlosses Fuschl im Salzburger Land kommen sollte. Der Ort passte mir, weil er nicht weit weg von meinem bayerischen Wohnort lag und ich zuvor ein kühles Bad im Fuschlsee nehmen konnte. Schloss Fuschl kennt jeder, der die Sissi-Filme aus den 1950er Jahren kennt, weil es als Kulisse anstelle von Schloss Possenhofen diente. Heute ist dort ein Luxushotel. Der geheimnisvolle Herr nannte seinen Namen immer noch nicht. Er schrieb mir nur, ich solle auf die Terrasse gehen und dort würde ich ihn erkennen: blonde Haare, braun gebrannt mit einer schwarzen Sonnenbrille. So war es dann.

Bevor ich weitererzähle, wie dieses Erstgespräch ablief, ist es sinnvoll erst einmal zu erläutern, wer Herr Rohrböck ist und was er tut. Vier Jahre später, im Juni 2021, erschien eine Serie von Presseartikeln über ihn als sogenanntes „Phantom" bzw. „Schattenmann" der AfD und anderer politischer Parteien. Sogar in der ARD kam ein 30-minütiger Bericht über ihn

Quelle: https://www.ardmediathek.de/video/panorama-die-reporter/geheimes-netzwerk-das-rechte-phan-tom/ndr/Y3JpZDovL25kci5kZS83NWFkMTBmMC1hNmYzLTQyO-GQtODcxMS05YzllZGNkODZkZDI

Als diese Berichte vier Jahre später herauskamen, erreichte mich zeitgleich in meinem Berliner Abgeordnetenbüro ein verschlossener Umschlag ohne Absender. Ich öffnete den Umschlag, fand folgende 31 Din-A-4-Seiten und stellte mir die Frage, wer diese Seiten anonym geschickt haben könnte. Ich las sie durch und erkannte, dass es eine passende Zusammenfassung zu Tom Rohrböcks Arbeitsweise ist. Später fand ich heraus, dass diese Seiten dem Text entsprechen, der von einem Journalistenteam in der Wochenzeitung DIE ZEIT veröffentlicht worden war; mit Ausnahme der letzten halben Seite, die bei den mir zugespielten Seiten fehlte.

Quelle: https://www.zeit.de/2021/26/afd-politikberater-tom-rohrboeck-rechtspopulismus

Hier zum Einlesen die 31 Din-A-4-Seiten, wie sie per anonymer Post bei mir ankamen:

- 1 -

Am 17. November 2017, in jenem Herbst, in dem die Alternative für Deutschland erstmals in den Bundestag einzieht, betritt an einem abgelegenen Ort am Fuße der Alpen ein Mann die Lobby eines Luxushotels. Der Mann, 53 Jahre alt, groß und muskelbepackt, heißt Tom Rohrböck. Er ist Politikberater und reist in Begleitung einer blonden Frau. Das Hotel ist ein Fünf-Sterne-Haus mit Infinity-Pool und Blick auf die schneebedeckten Gipfel.

Rohrböck und seine Begleitung bleiben zwei Tage. Er zahlt für sie, übernimmt die Kosten für beide Zimmer, für Drinks und die Speisen im Spitzenrestaurant. Das zeigen Kreditkartenabrechnungen, die der ZEIT vorliegen.

Die blonde Frau an der Seite von Tom Rohrböck reist unter falschem Namen. Die Mitarbeiter des Hotels erkennen trotzdem, wer sie ist: Alice Weidel, die AfD-Politikerin, die damals gerade frisch ins Parlament gewählt worden ist. Die heutige Spitzenkandidatin der Alternative für Deutschland.

Was genau Tom Rohrböck und Alice Weidel während des Treffens besprechen, ist unklar. Fest steht: Rohrböck ist damals ein einflussreicher Mann im Umfeld der AfD. Ein Berater, der Politikern hilft, in Spitzenpositionen zu gelangen. Der daran arbeitet, Gegner aus dem Weg zu räumen. Und der seinen

– 2 –

Günstlingen Geld anbietet. Einer, von dem AfD-Insider sagen, dass er auch Alice Weidel beraten hat.

Politikstratege

Tom Rohrböck lädt damals regelmäßig Politiker zu teuren Abendessen und exklusiven Reisen ein. Immer wieder steigt er mit ihnen in Luxushotels ab. Allein in das Fünf-Sterne-Haus am Fuß der Alpen reist Rohrböck von 2010 bis 2018 insgesamt 38 Mal. Das Hotel führt ihn als Stammgast, die Mitarbeiter wissen sogar, dass er in seinem Essen keine Zwiebeln haben möchte.

Was ihn antreibt und welche konkreten politischen Ziele er verfolgt, dazu hat sich Tom Rohrböck nie wirklich geäußert. Auch Anfragen der ZEIT lässt er unbeantwortet. Betrachtet man sein Wirken über die Jahre hinweg, bleibt jedoch kaum ein Zweifel, was er will: eine starke politische Partei rechts von der CDU. Immer wieder versucht er, neu gegründete oder bereits bestehende Parteien und Bürgerbewegungen zu kapern. Vor allem aber nimmt er gezielt Einfluss auf einzelne Politiker. Er intrigiert, sticht Informationen durch, hilft mit Kontakten und Geld.

Tom Rohrböck ist ein Politstratege und Unternehmer. Zu seinen Geschäftspartnern zählen verurteilte Straftäter, darunter eine Betrügerin und ein Mann, der illegal Diplomatenpässe vermittelte.

Rohrböck verkehrt mit den Managern halbseidener Investmentfirmen und mit Leuten aus dem Neonazimilieu. Und er behauptet, im Auftrag eines einflussreichen Milliardärs zu agieren, der schon seit Jahren versucht, Rechtsaußen-Parteien zu stärken, und dessen Name regelmäßig im Zusammenhang mit illegalen Spenden an die AfD auftaucht.

Rohrböck ist eine der schillerndsten Figuren im Dunstkreis der AfD, einer, dessen Namen in der Partei viele kennen und einige fürchten – und der dennoch weitgehend unbemerkt von der Öffentlichkeit agiert. Rohrböck ist ein Phantom. Der Schattenmann der AfD.

In einer mehr als drei Jahre währenden Recherche ist unser Team aus Reporterinnen und Reportern von ZEIT, WDR und NDR dem Berater Tom Rohrböck auf die Spur gekommen. Die Suche führte uns in acht Länder, unter anderem nach Großbritannien, Liechtenstein und in die Schweiz. Wir haben unzählige E-Mails und Chatprotokolle ausgewertet, Handelsregister- und Kontoauszüge, Rechnungen und Firmenverträge. Mit mehreren Hundert Informanten haben wir über die Jahre hinweg gesprochen: mit Menschen, die Tom Rohrböck persönlich kennen oder mit ihm Geschäfte machten, mit Angestellten von Hotels, in denen er unterkam, mit Politikern, die er förderte oder gegen die er intrigierte. Vor allem mit Politikern aus der AfD.

Ratschläge und Geld

Einige von ihnen erzählen, Rohrböck habe auch sie immer wieder in Luxushotels eingeladen. Bei den Treffen sei es unter anderem darum gegangen, wie Rohrböck die politischen Karrieren seiner Gäste fördern könne. Er habe strategische Ratschläge erteilt und Geld angeboten. Angenommen hätten sie das Geld nicht, behaupten die Politiker, die mit uns gesprochen haben. Interne E-Mails und Überweisungen deuten jedoch darauf hin, dass einige sehr wohl zugelangt haben.

Mithilfe eines komplizierten Firmennetzwerks hat Rohrböck ihnen Jobs verschafft. Einige seiner Günstlinge hat er zu Geschäftsführern von Scheinfirmen gemacht, er zahlte ihnen ein Salär, für das sie keine nennenswerte Gegenleistung erbrachten. Ein Wettbewerbsvorteil: Wer nebenher nicht arbeiten muss, kann sich ganz auf seine Parteikarriere konzentrieren und innerhalb kurzer Zeit wichtige Posten und Listenplätze besetzen.

Manche AfD-Leute, die Rohrböck beraten oder regelmäßig getroffen hat, sitzen heute in Schlüsselpositionen der Partei: in Vorständen auf Bundes- und Landesebene und in Parlamenten. Bundestagsabgeordnete wie zum Beispiel Dirk Spaniel, Landtagsabgeordnete wie Damian Lohr aus

Rheinland-Pfalz und Andreas Winhart aus Bayern. Einige nennt Rohrböck "Schützlinge".

Zwei prominente Namen fallen besonders häufig, wenn man mit AfD-Funktionären über Tom Rohrböcks Fördernetzwerk spricht: Alice Weidel, Co-Vorsitzende der Bundestagsfraktion und eine von zwei Spitzenkandidaten im diesjährigen Bundestagswahlkampf. Und Corinna Miazga, Bundestagsabgeordnete und Landesvorsitzende der AfD in Bayern. Einen Tag nachdem die beiden Frauen 2017 ins Parlament einziehen, schickt Tom Rohrböck einem Bekannten über WhatsApp ein Foto: Alice Weidel und Corinna Miazga Arm in Arm im Fraktionssaal der Partei. Weidel im schwarzen Blazer, Miazga in Dirndl-Bluse. "Meine Mädels gestern im Bundestag!", schreibt er.

Von Beginn an war Tom Rohrböck bestens vernetzt in der AfD – und er ist es vermutlich bis heute. "Jeder Vierte bis Dritte" in der Bundestagsfraktion habe Kontakt zu Rohrböck gehabt, sagt ein Abgeordneter der AfD, der anonym bleiben möchte. "Er hat uns doch alle in der Hand." Ein Insider, der die Partei aus nächster Nähe kennt, bezeichnet Rohrböck als "Strippenzieher" und "Königsmacher". Ein weiterer Abgeordneter nennt ihn "das Gespenst der AfD". Carsten Hütter, Mitglied des Bundesvorstands und Schatzmeister der AfD, sagt gegenüber unserem Reporterteam, Tom Rohrböck habe versucht,

"Einfluss auf Entscheidungen von Mandatsträgern zu nehmen" - bei rund 30 Abgeordneten. "Die meisten im Bereich der Fraktion im Deutschen Bundestag und zehn auf Landesebene."

Der Aufstieg der AfD wird gern mit den politischen Krisen der vergangenen Jahre und den fundamentalen Verschiebungen in der deutschen Parteienlandschaft erklärt: mit der Erosion der Volksparteien, der umstrittenen Euro- und Flüchtlingspolitik der Kanzlerin, der Abkehr der CDU von Positionen, die einst zum Standardrepertoire der Konservativen gehörten. Nach dieser Lesart erscheint die AfD als bloße Reaktion auf die politische Großwetterlage, als Partei, die vor allem deshalb entstehen und erstarken konnte, weil es rechts der Mitte nun ein heimatlos gewordenes Bürgertum gab, das ein neues politisches Zuhause suchte. Doch das ist nur ein Teil der Wahrheit.

Die AfD bekam nicht nur Auftrieb durch allgemeine Stimmungslagen, sondern auch durch einzelne Personen. Sie haben den Aufstieg der Partei und ihrer Funktionäre strategisch geplant und unterstützt. Einer dieser Unterstützer ist Tom Rohrböck. Die von ihm protegierte Corinna Miazga, die Chefin des bayerischen Landesverbands, bezeichnete die AfD-Bundestagsfraktion einmal als Rohrböcks "Mutantenarmee".

Wer ist dieser Mann? Wie ist es ihm gelungen, unzählige Politiker zu beeinflussen, sie zu fördern und wenn nötig einzuschüchtern? Woher kommt das Geld, das er dafür braucht? Und in wessen Auftrag handelt er?

Eine Villa bei Salzburg

Tom Rohrböck ist ein passionierter Netzwerker. Er benutzt mehrere Handys und reist unentwegt umher, um neue Leute und alte Bekannte zu treffen. Seine Kontakte sind sein Kapital. Fotos zeigen ihn in teuren Hotels und schnellen Autos, beim Golfspielen, beim Cappuccinotrinken an der Adria, beim Hanteltraining im Fitnessstudio: ein Mann mit breitem Kreuz, blond und stets braun gebrannt. Sein Markenzeichen: eine große Sonnenbrille der Firma Oakley, Modell "Batwolf".

Rohrböck lebt unter anderem in Österreich, in einer Villa am Mattsee in der Nähe von Salzburg, ein blaues Haus mit Blick aufs Wasser und Zugang zum See. Die Rollläden sind meist heruntergezogen, Nachbarn sagen: selbst wenn Rohrböck zu Hause ist und sein silbergrauer Mercedes im Carport steht. Eine Nachbarin erzählt, sie laufe Rohrböck regelmäßig über den Weg, er wohne hier. Offiziell gemeldet ist er am Mattsee jedoch nicht. Glaubt man den Angaben auf seiner Facebook-Seite und in E-Mail-Signaturen, dann hält er sich auch anderswo regelmäßig auf: im Raum Amsterdam, im italienischen Triest, im britischen Steuerparadies Guernsey.

Entfremdet

Aufgewachsen ist Tom Rohrböck im hessischen Seligenstadt, einer beschaulichen Kleinstadt in der Nähe von Frankfurt. Sein Vater war Versicherungsvertreter und engagierte sich jahrzehntelang als Lokalpolitiker in der hessischen CDU. Auch Rohrböck begann seine politische Karriere bei den Christdemokraten. 1997 wurde er CDU-Vorsitzender in Seligenstadt. Als er jedoch versuchte, einen Putsch gegen den Landtagskandidaten zu organisieren, wurde er abgewählt. Später wechselte er zur FDP. Zu jener Partei, der auch sein Freund aus Kindertagen René Rock angehört. Rock ist heute Vorsitzender der FDP-Fraktion im Hessischen Landtag, die beiden Männer waren auch als Erwachsene lange eng befreundet.

Nach der Bundestagswahl 2009, da ist Rohrböck 42 Jahre alt, kommen die CDU und die FDP an die Macht, Angela Merkel wird zum zweiten Mal Kanzlerin. Eigentlich müsste die schwarz-gelbe Koalition Rohrböck gefallen. Tatsächlich aber beginnt in jenen Jahren eine Phase, in der er sich vom Kurs der beiden Parteien zu entfremden scheint. Er ist damit nicht allein.

Immer mehr Konservative glauben damals, die Christdemokraten drifteten zu stark nach links: Nach der Nuklearkatastrophe von Fukushima kündigt die Kanzlerin den Ausstieg aus der Atomkraft an, in derselben Legislaturperiode schafft die schwarz-gelbe Regierung die Wehrpflicht ab. Rechts neben der CDU entsteht eine Lücke, die immer größer zu werden scheint. Sie wieder zu füllen, trauen viele den Christdemokraten nicht mehr zu. Auch die Parteien am äußersten rechten Rand geraten damals in eine Krise: Die NPD scheitert bei wichtigen Landtagswahlen und muss wegen eines fehlerhaften Rechenschaftsberichts eine Millionenstrafe zahlen. Eine weitere rechtsextreme Partei, die DVU, löst sich auf.

Projekt

In jener Zeit beginnt Tom Rohrböck mit einem Projekt, das ihn fortan nicht mehr loslassen wird: dem Aufbau einer politischen Sammlungsbewegung, einer seriösen Partei rechts von der CDU. Als Vorbild dient ihm der 2008 verstorbene österreichische Rechtspopulist Jörg Haider. Zwei Jahre nach dessen Tod versucht Rohrböck erstmals, eine Rechtsaußen-Partei in Deutschland aufzubauen, gemeinsam mit einem ehemaligen Bundesvorstand der Republikaner. Die Partei soll nicht nur Radikale, sondern auch CDU- und FDP-Anhänger ansprechen.

"Aufbruch 21" soll sie heißen und strategisch bedacht agieren. In einer Art Manifest, das Rohrböck damals veröffentlicht, kritisiert er die Strategie bisheriger rechter Parteilenker in Deutschland: Republikaner, NPD, DVU - sie alle warteten vergeblich auf den großen Durchbruch, "weil kein Mensch in Deutschland solch platt gestrickte Politikangebote gebrauchen kann!", schreibt er. "Anders als in Österreich fehlt der deutschen Rechten ein durchschlagendes personelles wie ideelles Angebot."

Aus der Gründung von "Aufbruch 21" wird jedoch nichts. Rohrböck versucht fortan, verschiedene neu entstandene Parteien von rechts zu unterwandern, darunter die Piraten und die Partei der CSU-Renegatin Gabriele Pauli. Die jedoch lassen sich nicht auf ihn ein - er erscheint ihnen zu unseriös. Rohrböck vernetzt sich mit rechten Strategen aus Österreich und mischt in einer Vorgängergruppe der Alternative für Deutschland mit. Als die AfD im Jahr 2013 offiziell gegründet wird, ist Rohrböck einer der Ersten, die die junge Partei zu beeinflussen versuchen. Zwar hält er weiterhin Kontakt zu Mitgliedern anderer Parteien, vor allem rechts der Mitte. Doch keiner widmet er sich fortan so hartnäckig wie der AfD. Rohrböck hat Erfolg. Und er wendet bemerkenswerte Methoden an.

Beruflich tritt Rohrböck in jenen Jahren als Online-Journalist auf. Er gründet verschiedene Internet-Portale, bis heute sind es mehr als 30. Sie tragen Namen wie "Hessen-Depesche", "Sachsen-Depesche" und "Meraner Morgen". Auf den ersten Blick sehen sie wie seriöse Nachrichtenseiten aus, tatsächlich aber unterlaufen sie fast alle journalistischen Standards. Inhaltlich geht es häufig um die AfD, um deren Personal und deren liebste Themen: um die Euro-Krise, Einwanderung und kriminelle Ausländer. Im Impressum stehen oft Adressen, die ins Ausland führen, unter anderem nach Österreich, Neuseeland und Nigeria.

So eigenartig die Online-Portale bei genauerem Hinsehen wirken, so wichtig sind sie für Rohrböcks System der politischen Einflussnahme: Sie sind das Herz eines komplizierten Firmengeflechts, mit dem Rohrböck seine Machenschaften finanziert. Und sie sind ihm gleich in dreifacher Hinsicht nützlich.

Kontaktpflege

Erstens: Sie helfen ihm, Kontakte zu knüpfen. Vor allem in den Anfangsjahren nutzt Rohrböck die Portale, um sein Adressbuch zu erweitern und sich als Mann am Puls der Politik zu inszenieren: Er lädt zu Diskussionsrunden ein und führt als Online-Journalist unzählige Interviews. Dabei lernt er aufstrebende Politikerinnen und Politiker kennen.

Häufig lässt er sich mit ihnen fotografieren, die Bilder veröffentlicht er auf seinen Portalen. Rohrböck knüpft erste Kontakte zu AfD-Leuten wie Alexander Gauland und Björn Höcke und zu zahlreichen weiteren ultrakonservativen und rechtsextremen Politikern, etwa zum NPD-Chef Frank Franz und zum AfD-Sympathisanten Max Otte - jenem Christdemokraten, der kürzlich zum Chef der Werteunion gewählt wurde, eines Vereins, dem viele Unionsleute angehören, denen der Kurs ihrer Partei zu gemäßigt ist. Er lernt Thilo Sarrazin kennen, trifft CDU-Größen wie Norbert Blüm und Wolfgang Bosbach, außerdem Funktionäre der Grünen, der Piraten- und der Linkspartei.

Es geht ihm offenbar nicht nur um die politische Ausrichtung seiner Bekanntschaften, sondern vor allem darum, im Milieu der Mächtigen Fuß zu fassen und sich einen Namen zu machen. Sein Netzwerk nutzt er damals unter anderem, um Polit-Prominente als Konferenzredner zu vermitteln.

Zweitens dienen die Online-Portale als Werbefläche für jene Politiker, die Rohrböck protegiert oder schätzt: Der AfD-Außenpolitiker Petr Bystron wird dort als "der Mann, der Heiko Maas zum Männlein machte", dargestellt, Alexander Gauland als "Merkels Retter in höchster Not". Über die Fraktionschefin heißt es: "Dr. Alice Weidel (AfD) bringt Wirtschaftsexpertise in die deutsche Politik".

Zugleich fungieren die Portale als Pranger, um Gegner anzugreifen. Zwar erreichen die Texte, die dort veröffentlicht werden, keine breite Leserschaft. Innerhalb der AfD aber werden sie durchaus wahrgenommen und häufig auf den Facebook-Seiten der Partei geteilt.

Der von Rohrböck protegierte Petr Bystron zum Beispiel schwärzte in einem Artikel einmal einen Landesvorsitzenden und parteiinternen Konkurrenten an: Der sei ein schwacher Politiker und die Landtagswahl unter seiner Führung zum "Desaster" geraten. Bystron will sich dazu offiziell nicht äußern. Private WhatsApp-Nachrichten zeigen jedoch, dass er an dem Artikel arbeitete - und sich hinter dem Pseudonym "Felix Lautenschläger" versteckte.

Drittens schiebt Rohrböck über die Nachrichtenportale offenbar einigen Politikern, die ihm nahestehen, unbemerkt Geld zu. Rohrböck hat für diese Geldtransfers eine ausgeklügelte Methode entwickelt. Um sie zu verstehen, muss man sich die Unternehmen anschauen, von denen seine Online-Portale betrieben werden: ein kompliziertes Geflecht aus mehr als 25 Verlagen und Investmentfirmen. Einige der Unternehmen tragen Namen aus der Römerzeit, andere sind nach griechischen Göttinnen benannt: Artemis Invest, Magna Aurelia, Popularen Network.

In einem Punkt ähneln sie sich fast alle: Sie wirken extrem unseriös. Sie haben kaum Angestellte, ziehen immer wieder von einer Büroadresse zur nächsten, wechseln ständig ihren Namen oder den Geschäftsführer. Bei einigen handelt es sich nachweislich um bloße Briefkastenfirmen. Vieles deutet darauf hin, dass sie dazu dienen, Zahlungen an Rohrböcks Günstlinge zu verschleiern. Dass Rohrböck die Firmen nutzt, um Geldsummen zu überweisen, die nichts anderes sind als politisch motivierte Gefälligkeiten. Er selbst bleibt dabei - wie fast immer - im Hintergrund.

Unsichtbar und mächtig

In den Handelsregistereinträgen der Firmen taucht der Name Tom Rohrböck nirgendwo auf. Stattdessen werden als Geschäftsführer Verwandte von ihm aufgeführt: die Schwester, zwei Schwäger, eine Lebensgefährtin. Vor allem aber findet man dort die Namen von Politikern, mit denen Rohrböck verkehrte. Dettleff Schilde zum Beispiel, ein Mitgründer der AfD. Er ist zeitweise als Geschäftsführer zweier Verlage aufgeführt.

Schilde, ein vorbestrafter Betrüger, der während seiner Haft ein rechtsradikales Manifest verfasste, baute 2013 mehrere Landesverbände der Alternative für Deutschland mit auf. Er war damals

-15-

an der Seite des Parteigründers Bernd Lucke zu sehen. Später war Schilde offenbar auch in Österreich politisch aktiv, für das Bündnis Zukunft Österreich (BZÖ), eine Partei, die der Rechtspopulist Jörg Haider gegründet hatte. Schildes Engagement war nicht ehrenamtlich. Es war ein lukrativer Job, für den ihn Tom Rohrböck entlohnte: Aus internen E-Mails geht hervor, dass Schilde als Gegenleistung für seine politische Arbeit ein "monatliches Salär" von 7000 Euro verlangte. Rohrböck willigte ein.

Getarnt wurden die Zahlungen als Vergütung für Schildes Tätigkeit als Verlagsgeschäftsführer. Tatsächlich aber gab es kaum Geschäfte, die er hätte führen können. Unser Reporterteam konnte für die Zeit, in der Schilde den Verlag angeblich leitete, keine einzige Veröffentlichung ausfindig machen. Der Verlag legte auch keinen der gesetzlich vorgeschriebenen Jahresabschlüsse vor. Dennoch flossen allein von der Gründung im September 2012 bis Mitte 2013 rund 135.000 Euro in die Verlagskasse - aus dem Firmenkosmos von Tom Rohrböck. Das belegen Kontoauszüge, die unser Reporterteam einsehen konnte.

Man würde Dettleff Schilde gern zu diesem Deal befragen. Er starb jedoch 2014.

Ein weiterer AfD-Gründer, ein Mann namens Michael Heendorf, taucht als Geschäftsführer und Inhaber zweier Briefkastenfirmen auf, die zu Rohrböcks Unternehmensgeflecht gehörten. Heendorf, ein ehemaliger Polizist aus Sachsen-Anhalt, war einer jener 18 Männer, die sich im Februar 2013 im hessischen Oberursel versammelten, um die AfD aus der Taufe zu heben. Ein Urvater der Partei, der maßgeblich dazu beitrug, dass sie so schnell wachsen konnte. Er verwaltete Mitgliedsanträge, fuhr durch die Republik, baute Landes- und Kreisverbände auf, warb Mitstreiter an. Später trat er aus der AfD aus und versuchte sich an der Gründung einer weiteren rechtspopulistischen Partei.

Heendorfs politisches Engagement war ein unbezahlter Vollzeitjob; er lebte von seinem Ersparten. Als ein großer Teil des Geldes aufgebraucht war, machte Rohrböck ihn zum Geschäftsführer und Inhaber der beiden Briefkastenfirmen. Interne Unterlagen weisen darauf hin, dass auch Heendorf in seiner Rolle als Geschäftsführer und Firmeninhaber Geld von Rohrböck bezogen haben könnte.

Heendorf ist vor einigen Jahren ebenfalls gestorben, an den Nachwirkungen eines Herzinfarkts. Seine Kinder haben das Erbe ausgeschlagen, sie wussten nichts von den Briefkastenfirmen ihres Vaters, selbst enge AfD-Weggefährten hatten nie von seinen Geschäften mit Tom Rohrböck gehört.

In den Handelsregisterauszügen und Firmenprospekten, die unser Reporterteam einsehen konnte, finden sich nicht nur Politiker der AfD, sondern auch Lokalpolitiker von CDU und CSU sowie Funktionäre der NPD und FDP. Tom Rohrböcks Bekannter René Rock zum Beispiel, der Fraktionschef der hessischen Liberalen. Er ist als Beirat einer Holding ausgewiesen, die zu Rohrböcks Netzwerk gehörte. Der NPD-Chef Frank Franz taucht als Geschäftsführer einer Firma auf, an die bis 2015 mindestens 150.000 Euro geflossen sein sollen – aus Tom Rohrböcks Firmengeflecht. Über fingierte Rechnungen gelangte das Geld dann offenbar vom Firmenkonto in das private Umfeld von Frank Franz und Tom Rohrböck. Die Staatsanwaltschaft Saarbrücken ermittelt deshalb gegen die beiden, unter anderem wegen des Verdachts auf Geldwäsche.

Obwohl Tom Rohrböck in den offiziellen Dokumenten all dieser Firmen und Verlage nicht auftaucht, deuten interne E-Mails und vertrauliche Gespräche mit einstigen Geschäftsführern darauf hin, dass es in Wahrheit Rohrböck ist, der die Firmen und Verlage steuert: Er beauftragt Autoren und entscheidet, wer wie viel Honorar bekommt. Er bestimmt, welcher Verwendungszweck auf Überweisungen eingetragen wird und wann wie viel Geld von einer Firma des Netzwerks in die andere verschoben wird. Er ist unsichtbar und mächtig zugleich.

In der AfD hat Tom Rohrböck nie für ein Amt kandidiert. Er ist nicht einmal Mitglied der Partei, er hat auch keinen offiziellen Beratervertrag unterschrieben. Seinen Einfluss macht er auf andere Weise geltend. Auch durch Einschüchterung.

Rohrböcks Gegner wissen genau, dass er dank seiner Online-Portale und seiner unzähligen Kontakte in der Lage ist, ihren Ruf empfindlich zu schädigen. Und sie wissen, mit wem er verkehrt. Rohrböck selbst hat gegenüber Geschäftspartnern einmal gesagt, er sei ein Mann an der Schnittstelle von "braunen Horden, motorradfahrenden Jungs und ehemaligen Militärs". Einige Politiker sagen, sie hätten nach dem Ende der Zusammenarbeit mit Rohrböck ihren Wohnort und ihren Nachnamen gewechselt. Ein Spitzenfunktionär der AfD sagt über eine Begegnung mit Rohrböck: "Ich habe die Zähne des Tigers gesehen."

Wie man politische Karrieren zerstört, hat Rohrböck früh gelernt. Als er noch in der FDP war, hat er einmal gegen den damaligen saarländischen FDP-Fraktionschef Christian Schmitt intrigiert. Rohrböck lud Schmitt und einige andere FDP-Politiker zu sich nach Hause ein, zum Monopoly-Spielen. Was er den FDP-Leuten verschwieg: In seinem Wohnzimmer war an diesem Abend auch der Landesvorsitzende der NPD zu Gast – Rohrböcks Kumpel Frank Franz. Die Sache landete in der Presse: der Fraktionschef der Liberalen an einem Tisch mit einem Rechtsextremen, beim Würfeln um die Schlossallee. Für Christian Schmitt wurde der Abend zum Desaster. Im Zuge der "Monopoly-Affäre" trat er zurück; auch für andere FDP-Politiker war es das Ende ihrer politischen Karriere.

Einfluss

Ebenso gut weiß Tom Rohrböck, wie man politische Karrieren fördert. Das lässt sich beispielhaft am Aufstieg der bayerischen AfD-Abgeordneten Corinna Miazga zeigen. Die war zunächst eine klassische Hinterbänklerin, bis sie 2019 – für viele Parteimitglieder völlig überraschend – Landesvorsitzende der AfD in Bayern wurde. Hat sie ihren unerwarteten Erfolg Tom Rohrböck zu verdanken?

Der hatte vor der Wahl unter anderem versucht, einem von Miazgas Mitbewerbern die Kandidatur für den Landesvorsitz auszureden: "Ich denke nicht, dass du kandidieren solltest", schrieb Rohrböck dem Mitbewerber in einer Textnachricht. Und: "Du läufst in eine Falle. Mehr als 30 Prozent bekommst Du nicht. Wir haben weit das Stimmungsbild abgefragt." Die Zahl, so erzählt es der Konkurrent heute, war offenbar frei erfunden, die Nachricht eine gezielte Desinformation. Er zog seine Kandidatur zurück.

Auch andere AfD-Leute versuchte Rohrböck im Sinne Miazgas zu beeinflussen. Wie stark dieser Einfluss war, lässt sich nicht sicher sagen. Fest steht: Eine weitgehend unbekannte Frau wurde damals zur AfD-Vorsitzenden in Bayern gewählt, in einem der größten Landesverbände der Partei.

Rohrböck stützt Miazga – und nutzt sie für seine Zwecke. Einer von Miazgas damaligen Mitarbeitern, ein AfD-Mann namens Denis D., dient ihm als Verbündeter. Denis D. ist bestens vernetzt und treibt sich vor allem in den Facebook-Gruppen der AfD herum, eine Art parteiinterner Influencer. Er macht Stimmung, spricht sich vor wichtigen Personalentscheidungen für oder gegen bestimmte Kandidaten aus. Glaubt man Rohrböck, dann lässt sich Denis D. von ihm regelrecht steuern: "Denis wird abermals umgepolt", schreibt Rohrböck einmal an Corinna Miazga.

Der Name Denis D. taucht auch in den Handelsregisterauszügen auf, die unser Reporterteam gesichtet hat. Bis heute ist er Geschäftsführer einer Firma, die ein ehemaliger Geheimdienstchef aus Österreich gegründet hat, ein Geschäftspartner von Tom Rohrböck.

- 21 -

Fragt man die Abgeordnete Corinna Miazga, was es mit ihrer Verbindung zu Tom Rohrböck auf sich hat, gibt sie zu, dass sie von ihm mit Hintergrundinformationen versorgt worden sei und so "Vorteile aus der Bekanntschaft mit Herrn Rohrböck" gezogen habe. Der jahrelange Kontakt zu ihm habe sich für sie gelohnt. Rohrböck sei allerdings kein Berater, sondern lediglich ein Freund. Sämtliche Treffen und Reisen mit ihm seien privater Natur gewesen.

AfD-interne Chatprotokolle, die der ZEIT vorliegen, belegen jedoch, dass Miazga sehr wohl professionelle Ratschläge von Rohrböck in Anspruch nahm und ihn sogar weiterempfahl. Einigen Parteikollegen riet sie, sie sollten sich an "Tom" wenden, wenn eine wichtige Entscheidung bevorstehe – er könne helfen.

Schützling Alice Weidel

Auch bei der Wahl zum Landesvorsitz in Baden-Württemberg im Jahr 2020 mischt Tom Rohrböck mit. Das zumindest erzählen Politiker aus dem baden-württembergischen AfD-Verband. Die Gewinnerin gehört zu Rohrböcks "Schützlingen": Sie heißt Alice Weidel.

Weidel ist zunächst eine unerfahrene Politikerin in der zweiten Reihe der AfD. 2017 jedoch durchläuft sie eine bemerkenswerte Metamorphose: Sie wird zur Fraktionsvorsitzenden ihrer Partei, zur prominentesten Frau der AfD. Es ist das Jahr, in dem sie beginnt, sich mit Tom Rohrböck zu treffen.

Fragt man Weidel nach ihrer Verbindung zu Tom Rohrböck, sagt sie, er habe mit ihrem Aufstieg nichts zu tun. Aber sie gibt zu, von Frühsommer 2017 bis Herbst 2019 in "unregelmäßigen Abständen" mit ihm Kontakt gehabt zu haben. Eine erste Begegnung mit Rohrböck habe in Österreich stattgefunden, bei einem Treffen von Unternehmern und Politikern, zu dem sie von AfD-Kollegen eingeladen worden sei. Sie habe sich davon finanzielle Unterstützung für den Wahlkampf erhofft. Später habe Rohrböck ihr angeboten, sie zu beraten - und sich fortan immer wieder bei ihr gemeldet.

Weidel räumt ein, dass Rohrböck für die AfD eine besondere Rolle spielt. Mehr als die Hälfte ihrer Bundestagsfraktion stehe mit ihm in Kontakt oder habe in der Vergangenheit mit ihm zu tun gehabt, sagt sie. Er sei "kein normaler Politikberater". Sie selbst aber habe auf Rohrböcks Ratschläge nicht gehört und sogar gegen seine Empfehlungen gehandelt, behauptet Weidel. Hört man ihr zu, klingt es, als habe Rohrböck sich ihr aufgedrängt.

Spricht man jedoch mit Insidern aus Weidels Umfeld und liest interne Textnachrichten, ergibt sich ein anderes Bild: das einer engen Beziehung zwischen der Spitzenpolitikerin Alice Weidel und dem Strippenzieher Tom Rohrböck. Zwei Jahre lang, bis mindestens Ende 2018, habe Weidel "fast täglich" mit Rohrböck in Kontakt gestanden, sagt Friedel Opitz, ein Unternehmensberater, der Weidel damals unterstützte. Auch Tom Rohrböck selbst hat seinen Bekannten immer wieder erzählt, er habe einen guten Draht zur Fraktionsvorsitzenden und habe sie sogar bei sich zu Hause empfangen. In einem Chat mit einem Geschäftspartner schreibt er: "Alice Weidel war gestern mein Gast daheim in Salzburg." Weidel bestreitet das.

Wie gut Tom Rohrböck selbst über bestens gehütete Geheimnisse der Fraktionsvorsitzenden Bescheid wusste, lässt eine Episode aus dem November 2018 erahnen: Damals wurde bekannt, dass auf dem Konto von Weidels Kreisverband eine Zahlung von 132.000 Euro eingegangen war. Eine verbotene und selbst innerhalb der Partei verheimlichte Spende, die über ein verschlungenes Firmenkonstrukt in Weidels Hände geraten war. Weidel fürchtete um ihr politisches Überleben. Ein SMS-Verkehr, den unser Reporterteam einsehen konnte, zeigt: Nur eine Stunde nachdem sie die Nachricht bekommen hatte, dass die Sache auffliegen würde, erfuhr Tom Rohrböck davon – noch bevor Weidel den Parteichef Alexander Gauland informierte.

-24-

Der Spendenskandal scheucht damals die ganze Partei auf. Alle reden darüber, auch Tom Rohrböck und seine bayerische Vertraute Corinna Miazga. In einem WhatsApp-Chat erzählt Rohrböck ihr, wie aufgebracht Alice Weidel wegen der Affäre sei. Er gibt sich als Krisenmanager und warnt Miazga vor dem Ausmaß des Skandals.

Rohrböck: "Ich besänftige Alice. Läuft das aus dem Ruder, könntest Du täglich lesen, wer was wann bekam. Dann geht Meuthen rasch. (...)"

Miazga: "Willst du mir etwa sagen, dass da alle drinhängen?"

Rohrböck: "Nicht alle, aber arg viele. (...) Alle bedienen sich. Die AfD ist keine Partei, mehr eine Versorgungschance für gescheiterte Existenzen."

Seine Methoden hat Tom Rohrböck über die Jahre perfektioniert. Woher aber bekommt er das Geld? Wie finanziert er die exklusiven Hotels, in die er seine Günstlinge einzuladen pflegt, all die teuren Abendessen, die Honorare?

Umfangreiche Recherchen in Handelsregistern, Kontoauszügen, Rechnungen und Firmen-E-Mails zeigen, dass Rohrböck mindestens drei Finanzquellen regelmäßig angezapft hat. Eine davon ist eine Gruppe von Kleinanlegern – arglose Rentner und Familien, die ihr Erspartes gewinnbringend investieren wollten und nicht ahnten, wofür ihr Geld tatsächlich verwendet wurde.

Ab 2013, dem Gründungsjahr der AfD, ziehen im Allgäu und in Franken Finanzvertreter umher, um Kleinanleger anzuwerben. Sie klingeln an Bauernhöfen und Einfamilienhäusern und bieten Anlageprodukte mit traumhaften Zinssätzen an: Jahr für Jahr sieben Prozent, viel mehr, als eine gewöhnliche Geldanlage abwirft. Den interessierten Kunden erzählen sie, dass deren Geld in Immobilien und Gold investiert werde, in Kunstwerke und Software-Unternehmen.

Viele, die den Finanzvertretern die Tür öffnen, halten das für ein gutes Geschäft. Sie unterzeichnen mitunter gleich für mehrere Finanzprodukte. Einige investieren lediglich ein paar Hundert Euro, andere bis zu 50.000. Unser Reporterteam konnte einige dieser Verträge einsehen. Ingesamt investierten die Kleinanleger mindestens eine halbe Million Euro.

Was sie damals nicht ahnen: Sie haben sich Schrottanleihen andrehen lassen. Unbesicherte Darlehen, die nicht in erfolgversprechende Unternehmen oder gefragte Rohstoffe fließen, sondern in Tom Rohrböcks Firmennetzwerk. Unter anderem in jene Firmen und Verlage, mit denen

Rohrböck Politiker wie den AfD-Gründer Dettleff Schilde versorgte.

Mit elf dieser Anleger konnte unser Reporterteam sprechen. Sie sagen, sie wussten nicht, wofür ihr Geld tatsächlich verwendet wurde. Sie hatten keinen Schimmer, dass mit ihrem Ersparten Politiker am rechten Rand gefördert wurden. Nur einer einzigen dieser elf Anlegerinnen und Anleger ist es bislang gelungen, ihr gesamtes Geld zurückzubekommen: einer resoluten jungen Mutter aus Günzach, die insgesamt 2500 Euro investiert hatte.

Als wir sie im Rahmen unserer Recherche kontaktieren und ihr eröffnen, was mit dem Geld passiert ist, wendet sie sich an den Finanzvertreter, der damals an ihrer Tür geklingelt hat, um sich zu beschweren. Anderthalb Jahre lang macht sie ihm Druck, schickt WhatsApp-Nachrichten, ruft ihn an. Immer wieder vertröstet er sie. Zuletzt teilt er ihr mit, "die Leute in Österreich" würden darüber entscheiden, was mit ihrem Geld geschehe. Ende März 2021 schließlich erhält sie es zurück. Das Unternehmen, in das es einst geflossen war, heißt Sicura Soft. Es ist dieselbe Firma, mit deren Kreditkarte Tom Rohrböck in dem Luxushotel am Fuße der Alpen zu bezahlen pflegte. Dem Hotel, in das er im November 2017 mit Alice Weidel eincheckte.

Tom Rohrböcks zweite Geldquelle sind eine Reihe von dubiosen Investmentfirmen. Sie sitzen in

- 27 -

Dubai, London und dem Ruhrgebiet. Gegen einige ihrer Geschäftsführer wird ermittelt, unter anderem wegen des Verdachts auf Betrug. Unterlagen, die unser Reporterteam einsehen konnte, deuten darauf hin, dass Tom Rohrböck von manchen dieser Geschäftsführer eine Art Schutzgeld bekam: Er veröffentlichte Schmähartikel über ihre Firmen und hörte damit erst auf, als sie bereit waren zu zahlen – kleinere vierstellige Beträge, die fortan regelmäßig bei den von Rohrböck gesteuerten Firmen eingingen.

Die dritte Geldquelle ist die undurchsichtigste. Es handelt sich um eine Aktiengesellschaft mit Sitz in Liechtenstein. Sie heißt Batwolf – genau wie Tom Rohrböcks Sonnenbrille. Hat Rohrböck die Batwolf AG benutzt, um unbemerkt Geld von reichen Gönnern einzusammeln und es dann an die von ihm protegierten Politiker weiterzuleiten? Einiges deutet darauf hin. Im Herbst 2013 zum Beispiel flossen 30.000 Euro von der Batwolf AG an einen Verlag aus Tom Rohrböcks Firmengeflecht – genau an den Verlag, zu dessen Geschäftsführer kurz zuvor der AfD-Gründer Dettleff Schilde ernannt worden war. Das zeigen Kontoauszüge und Firmenunterlagen, die unser Reporterteam einsehen konnte.

Partei des großen Geldes

Als Gründer und Aktionär der Batwolf AG ist nicht Tom Rohrböck eingetragen, sondern eine Frau, die ihm jahrelang beim Aufbau seines

Firmennetzwerks half und die zu seinen wichtigsten Vertrauten zählte: Beata Baroth, eine aus Rumänien stammende Steuerberaterin, die in München ein Büro betreibt. Sie hat der AfD schon mehrmals Geld gespendet.

Baroth sorgte dafür, dass die Geldflüsse der Batwolf AG professionell verschleiert wurden: Sie setzte einen Treuhänder ein, eine Kanzlei in Liechtenstein. Nicht irgendeine, sondern genau jene, die in den Siebziger- und Achtzigerjahren die geheimen Zahlungen einfädelte, die zur CDU-Spendenaffäre führten. Mehrere Millionen Mark Schwarzgeld waren damals illegal in die Parteikassen der Union gelangt, die Spender blieben anonym. Pumpten nun, Jahrzehnte später, geheime Finanziers mit ähnlichen Methoden unerkannt Geld in die AfD?

Tom Rohrböck hat seinen Bekannten und Vertrauten immer wieder angedeutet, dass er nicht nur aus eigenem Antrieb handele, sondern im Auftrag schwerreicher Hintermänner. Er habe gute Kontakte zu einem Milliardär, erzählt er ihnen. Sich selbst nennt er einen "Söldner". Dass Rohrböck tatsächlich vermögende Auftraggeber hat, können unsere Recherchen bisher nicht vollständig beweisen. Aber eine Reihe von Indizien sprechen dafür.

Fünf Politiker und Geschäftsleute, mit denen unser Reporterteam über Tom Rohrböck gesprochen hat, erzählten unabhängig voneinander und zum Teil ungefragt, Rohrböck habe ihnen gegenüber behauptet, er bekomme Geld von dem Milliardär August von Finckjunior.

Von Finck, ein deutscher Investor, der in der Schweiz lebt, gilt als Bewunderer des österreichischen Rechtspopulisten Jörg Haider. Er soll schon lange den Wunsch hegen, in Deutschland eine rechtspopulistische Partei nach österreichischem Vorbild zu etablieren; in den vergangenen Jahren wurde er immer wieder in Verbindung mit verdeckten Spenden an die AfD gebracht. Bereits in den Neunzigerjahren spendete er mehr als vier Millionen Euro an eine Kleinstpartei namens "Bund freier Bürger". Sie gilt als Vorläuferin der AfD.

Ein Unternehmer behauptet, Tom Rohrböck habe ihm bereits 2012 bei einem Mittagessen erzählt, dass er viel Geld aus dem Hause August von Finck erhalten habe, um eine deutsche Haider-Partei aufzubauen. Im Münchner Orlando-Haus sei das gewesen, einem traditionsreichen Sterne-Restaurant, in dem sich ein Freundeskreis aus Unternehmern und Vertrauten des Milliardärs traf.

Vor einer AfD-Bundestagsabgeordneten deutet Tom Rohrböck sogar an, einen wichtigen Vertrauten des Milliardärs in der Hand zu haben: Ernst Knut Stahl, einen Mann, der mehrere Firmen aus dem Finck-Imperium leitet. "Knut Stahl gehört mir", schreibt Rohrböck 2018 in einer Textnachricht an die Abgeordnete. Was genau er damit meint, lässt er, wie so oft, im Vagen.

Auch mit seiner angeblichen Nähe zum österreichischen Red-Bull-Gründer und Milliardär Dietrich Mateschitz soll sich Rohrböck gebrüstet haben. Der Hauptsitz von Red Bull liegt nur eine halbe Stunde von der Villa am Mattsee entfernt, in der Rohrböck wohnt.

Auf Anfrage unseres Reporterteams sagt Mateschitz' Assistentin, ihr Chef sei mit Rohrböck nicht "bekannt oder befreundet". August von Finck lässt unsere Anfrage unbeantwortet.

Unsere Gesprächspartner sind nicht die Einzigen, die insinuieren, die AfD werde von Milliardären gesteuert. In der vergangenen Woche hat die einstige AfD-Vorsitzende Frauke Petry ein Buch veröffentlicht. Darin schreibt sie, reiche Spender wie August von Finck und der deutschschweizerische Immobilienmilliardär Henning Conle hätten Geld in die Partei gepumpt – und deren Mandatsträger maßgeblich beeinflusst. "Wie die AfD sich den Wählern präsentierte, bestimmten nicht mehr sie als

Politiker oder Abgeordnete, sondern diejenigen, die sie mit Geld korrumpierten."

Wie groß der Einfluss der mutmaßlichen Großspender ist, wie viel Geld sie der AfD tatsächlich gaben und ob sie in Verbindung mit Tom Rohrböcks Netzwerk stehen, all das ist bis heute nicht klar. Sicher ist, dass es geheime Spender gab. Erst am Mittwoch vergangener Woche entschied das Verwaltungsgericht Berlin, dass die AfD ein Strafgeld von knapp 400.000 Euro zahlen muss, wegen der bereits erwähnten Parteispende an Alice Weidel. Sie stammte von dem Milliardär Henning Conle.

Als die Alternative für Deutschland gegründet wurde, stellte sie sich als Partei der kleinen Leute dar. Tatsächlich war sie von Anfang an auch eine Partei des großen Geldes. Und der schmutzigen Geschäfte.

Bei der Begrüßung auf der Terrasse von Schloss Fuschl stellte sich der geheimnisvolle Herr als „Tom“ vor, wir sollten uns duzen, das würde die Kommunikation vereinfachen. Wir sprachen uns also als Tom und Hansjörg an. Seinen Nachnamen „Rohrböck“ hörte ich zufällig erst ein knappes Jahr später, als ich ihn erneut auf Schloss Fuschl aufsuchte und der Kellner mich zu seinem Tisch mit der Bemerkung geleitete: „Ja kommen Sie bitte mit, Herr Rohrböck erwartet sie schon.“ Beim Erstgespräch begannen wir unser Kennenlernen und ich fragte Tom, wer er denn wirklich sei. Er gab zu verstehen, dass er aus deutschen Sicherheitskreisen käme und für die Kontakte zu österreichischen Sicherheitskreisen zuständig sei. Ich glaube mich zu erinnern, die Bezeichnungen „Bundesnachrichtendienst“ und „BVT“ gehört zu haben. „BVT“ ist das „Bundesamt für Verfassungsschutz und Terrorismusbekämpfung“ der Republik Österreich. Durch seine verschiedenen Großeltern aus Deutschland und Österreich sei er für diese Aufgabe geradezu prädestiniert. Ich habe keine Ahnung, was stimmt, aber in der Tat spricht Tom hessischen Dialekt und hat einen österreichischen Nachnamen. Sein Wertesystem sei konservativ-freiheitlich und deshalb wäre er auf unserer Seite. Tom fuhr fort, dass man in westlichen Sicherheitskreisen meine Kontakte nach Russland beobachten würde, aber solange ich von dort kein Geld nähme und rein meine politische Überzeugung vertrete, dass Russland für Deutschland der bessere Partner im Vergleich zu den USA ist, sei das in Ordnung. Ach, wie nett, dachte ich mir. Anschließend wollte ich von Tom wissen, warum er mich treffen wollte. Ich stehe auf Platz 6 der bayerischen Landesliste, würde damit sicher in den nächsten Bundestag kommen und deshalb sei ich für ihn interessant, so Tom. Aha, dachte ich mir, da findet mich jemand interessant, welche Gründe mag es hierfür geben? Wir verabschiedeten uns freundlich voneinander und verabredeten, uns bei Gelegenheit wieder zu treffen. In den folgenden Tagen befragte ich meine FPÖ-nahen Kontakte nach Tom und bekam widersprüchliche Antworten. Die einen sagten: „Oh ja, der Tom, den kennen wir, der ist rechter als wir, sehr gut vernetzt und hilfreich.“ Die anderen sagten: „Oh je, was erzählt Tom denn da, die Funktion eines Beauftragten des Bundesnachrichtendienstes für den österreichischen Geheimdienst gibt es doch gar nicht, der macht sein eigenes Ding.“ Diese

Widersprüchlichkeit machte mich noch neugieriger, wer Tom denn nun wirklich sei, weshalb ich mich weiter mit ihm treffen wollte. Ein Fehler, wie mir zu spät bewusst wurde.

24. September 2017 - Einzug in den 19. Deutschen Bundestag

Die Monate bis zum Tag der Bundestagswahl verbrachte ich entweder auf der Arbeit in Tschechien oder in Bayern auf der Straße im Wahlkampf. Immer ein Hingucker war das auf meinem Autodach monierte Wahlkampfplakat.

(Wahlkampf in Ramsau)

Den Wahlabend verbrachte ich mit meiner Frau bei Freunden. Das Ergebnis in meinem Wahlkreis 225 Berchtesgaden/Traunstein lautete:

Zweitstimmen (für die Parteien)

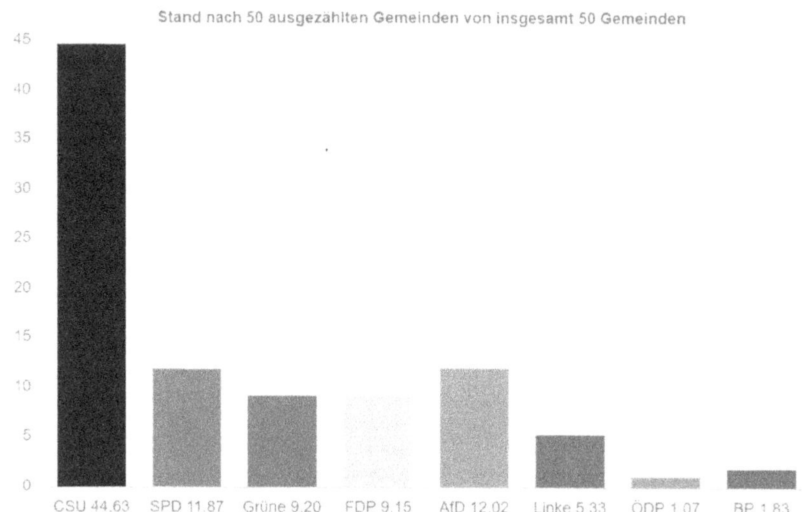

Erststimmen (für die Direktkandidaten)

Quelle: https://www.traunsteiner-tagblatt.de/startseite_artikel,-wahlkreis-225-alle-ergebnisse-der-auszaehlung-_arid,354505.html

Das AfD-Zweitstimmenergebnis in meinem Wahlkreis 225 Berchtesgaden/Traunstein war phänomenal; wir wurden zweitstärkste Partei nach der CSU noch vor der SPD! Mit meinem Erststimmenergebnis auf Platz 3 konnte ich im traditionellen Oberbayern als „Zuagroasta" (Hochdeutsch: Hinzugereister, d.h. kein Einheimischer) gut leben.

An diesem Abend war ich am Ziel meiner Jugendträume angekommen: Ich war MdB geworden, Mitglied des Deutschen Bundestages und ich konnte es sogar werden, ohne meine Seele zu verkaufen. Dieses Privileg wird fast niemandem in der Politik zuteil. Das Privileg war nur möglich, weil mit der AfD eine neue Kraft in den verkrusteten Bundestag einzog, deren Grundausrichtung zu meinen freiheitlichen Werten passte und deren Inhalte ich damals aktiv mitgestalten konnte. Der ursprüngliche Wesenskern der AfD ist freiheitlich, basisdemokratisch, marktwirtschaftlich und freundlich den eigenen Bürgern gegenüber, womit sie sich wohltuend vom bürgerfeindlichen Korruptionsklüngel der Systemparteien abhebt, der unser Land zerstört. Diese überaus positiven Werte machen die AfD für das System derart gefährlich, dass sie gegenüber den Bürgern als das genaue Gegenteil dargestellt wird; als angeblich diktatorisch, angeblich wirtschaftsfeindlich, angeblich menschenfeindlich, d.h. als rechtsextrem = böse: Staatspropaganda und Dauerberieselung über die Massenmedien machen möglich, dass die meisten Bürger diese Tatsachenverdrehung auch noch glauben. Bis zum Bundestagseinzug konnte ich nach dem Prinzip Politik betreiben, dass ich in der AfD meinen eigenen Ansichten umsetzen konnte, womit meine Seele im Einklang mit meinen politischen Überzeugungen stand. Wo sonst gab es derartige Freiheiten? In jeder anderen politischen Partei hätte ich mein Gewissen zuerst einmal an der Eingangstüre abgeben müssen, bevor ich hätte eintreten dürfen. 30 Jahre zuvor hatte ich das im Würzburger Kreisverband der Jungen Union als Lektion gelernt. In die AfD konnte ich mich bis dato voll einbringen, im Einklang mit den Werten und Ansichten der Mitglieder. Ich war einfach nur glücklich und genoss den Wahlabend.

28. September 2017 - Wahl zum Parlamentarischen Geschäftsführer der AfD-Bundestagsfraktion

Am Montag nach dem Wahlabend ging es gleich nach Berlin, wo sich am Folgetag die erste AfD-Bundestagsfraktion konstituierte. Alexander Gauland und Alice Weidel, die bisherigen Spitzenkandidaten, wurden unsere beiden Fraktionsvorsitzenden. Als Weidel gewählt wurde erhielt ich eine Whatsapp-Nachricht von Tom, ich solle loyal zu ihr sein. Tom kümmerte sich wirklich fürsorglich um sein bestes Pferd im Stall. Vier Parlamentarische Geschäftsführer und fünf stellvertretende Fraktionsvorsitzende wählten wir in den folgenden Fraktionssitzungen. Nächtelang wurden Gespräche geführt, um die notwendigen Mehrheiten für die jeweiligen Positionen zu organisieren. Hierarchisch kommen die vier Parlamentarischen Geschäftsführer (PGF) direkt nach den beiden Fraktionsvorsitzenden, noch vor den fünf stellvertretenden Fraktionsvorsitzenden, was in der Öffentlichkeit meist nicht bekannt ist. Gemeinsam bilden sie den Fraktionsvorstand. Entsprechend der Hierarchie wurden zuerst die vier PGF gewählt. Die Reihung eins bis vier entspricht einer Aufteilung der Aufgaben nach Fachgebieten und ist keine Abstufung, wobei der erste PGF die Fraktions- und Parlamentssitzungen vorbereitet sowie Anlaufstelle für den Bundestagspräsidenten ist, womit er eine gewisse Sonderstellung hat. Zu unserem ersten PGF wählten wir Bernd Baumann aus Hamburg.

Bei der Wahl zum vierten PGF trat ich gegen Marc Bernhard aus Baden-Württemberg an, einen Weidel-Vertrauten. Direkt vorher kam eine Whatsapp-Nachricht von Tom bei mir an, dass es mit dem vierten PGF klappen könnte. So ganz verstand ich das nicht, weil Tom doch hinter Alice Weidel stand und sie gerade einen Vertrauten gegen mich schickte, um mich als Parlamentarischen Geschäftsführer zu verhindern. Egal, ich gewann deutlich und die Fraktionskollegen gratulierten mir mit einer Ausnahme: Beatrix von Storch rannte wie von der Tarantel gestochen auf mich zu, drängte mich in die nächstgelegene Ecke und beschimpfte mich unter vier Augen, was es für eine Unverschämtheit von mir sei, als PGF zu kandidieren und dann auch noch zu gewinnen. Dabei sprang sie wie Rumpelstilzchen vor mir hin und her. In einem vorherigen Kapitel hatte ich schon erwähnt, dass mir Beatrix von Storch einige lustige Horrorerlebnisse bescheren sollte. Dieser Auftritt war einer davon und hatte zur Folge, dass sich ihr Repertoire an Spitznamen um einen erweiterte: Zu „Herzogin" – so wurde sie von Gauland genannt, wohl weil sie eine geborene Herzogin von Oldenburg ist – „Störchin" und „Trixi" kam der neue Spitzname „Rumpelstilzchen" hinzu.

Quelle: https://www.bgland24.de/bgland/rupertiwinkel/ainring-ort46431/ainringberlin-hans-joerg-mueller-hoher-funktion-afd-fraktion-8725412.html

Auch Alexander Gauland zeigte gegenüber Journalisten kurz seinen Unmut, dass ich zum vierten Parlamentarischen Geschäftsführer der ersten AfD-Bundestagsfraktion gewählt worden war. Mein unabhängiger Geist war gefürchtet und unsere Großkopferten (hochdeutsch: Führungskräfte) hätten so gerne nur Abnicker im Fraktionsvorstand gehabt. Als weiterer unabhängiger Geist sollte sich in der Zukunft PGF-Kollege Jürgen Braun erweisen, weshalb ich mit ihm freundschaftlich zusammenwuchs, ungeachtet aller ideologischen Differenzen. Alice Weidel tat in diesem Moment so, als ginge sie das alles nichts an. Hier das Foto, als sich unser neu gewählter Fraktionsvorstand – noch ohne die später zu wählenden Stellvertretenden Fraktionsvorsitzenden – das erste Mal der Presse stellte.

Parlamentarische Geschäftsführer für die BT-Fraktion gewählt: Jürgen Braun (BW), Bernd Baumann (HH), Michael Espendiller (NRW), HJ Müller (BY). Allen gewählten herzlichen Glückwunsch.

(Wahl in Fraktionsvorstand)

Bei der Wahl der fünf stellvertretenden Fraktionsvorsitzenden eine Woche später wurde vom Höcke'schen „Flügel“ ein gewisser Tino Chrupalla ins Spiel gebracht, Malermeister aus Görlitz, den ich das erste Mal wahrnahm. Heute ist er gemeinsam mit Alice Weidel das Führungsduo der AfD, aber damals brachte er kaum einen geraden Satz heraus. Tino war hochnervös, verhaspelte sich mehrmals bei seiner Bewerbungsrede und ich befürchtete schon, dass seine Wahl zu einem der fünf Stellvertreter scheitern könnte. Die Mehrheiten waren aber im Vorfeld so organisiert worden, dass nichts schief ging. Ein Jahr später bereute ich, dass ich ihm geholfen hatte, in den Fraktionsvorstand zu kommen, als er mir bei der sogenannten „Finanzaffäre“ in den Rücken fiel. Folgendes Foto mit ihm entstand anlässlich der konstituierenden Sitzung des 19. Deutschen Bundestages am 24. Oktober 2017

(Konstituierende Sitzung mit Chrupalla)

Insgesamt waren die letzten drei Monate des Jahres 2017 einfach nur schön. Alles im und um den Bundestag herum war neu und interessant. Ich tauchte in eine mir bisher unbekannte Welt ein. Für brutale Machtkämpfe war die Fraktion noch zu jung, der menschliche Umgang unter uns noch in Ordnung. Ein Journalistenduo von PHÖNIX wollte über die Legislaturperiode hinweg einen Mehrteiler mit dem Titel „Die Müllers im Bundestag“ drehen, in dem sie Abgeordnete aller Fraktionen mit diesem Allerweltsnamen porträtierten. Ich sagte zu. Die Sendereihe wurde von den Journalisten Seefeldt und Benthin wie geplant umgesetzt. Ich wurde hart aber fair befragt und finde mich realistisch dargestellt. Ausschnitte kamen immer wieder mal im ARD-ZDF-Morgenmagazin. Im Wahlkreis lief auch alles super. Regelmäßig nahm ich an den Stammtischen meiner beiden Kreisverbände Berchtesgadener Land und Traunstein teil. Die AfD-Mitglieder vor Ort freuten sich über ihren Bundestagsabgeordneten zum Anfassen. So eine heile Welt habe ich in der Politik nie mehr wieder erlebt.

25./26. November 2017 - AfD-Landesvorstandsneuwahlen in Bayern

Gemerkt habe ich mir, wie mich Katrin Ebner-Steiner – die ein Jahr später AfD-Fraktionsvorsitzende im Bayerischen Landtag werden sollte - am Vorabend der Landesvorstandsneuwahlen unter Tränen anrief: Sie würde so gerne kandidieren, aber fühle sich dem nicht gewachsen, sie sei nicht mehr sicher, ob die Politik überhaupt das Richtige für sie sei und so weiter und so fort. Ich richtete sie moralisch auf. Wieder einmal hatte Katrin um Hilfe gebeten und wieder einmal hatte ich ihr geholfen. Später verhielt sie sich trotzdem nicht loyal. Zum bayerischen AfD-Landesvorsitzenden 2017 wurde für zwei Jahre der Bundestagsabgeordnete Martin Sichert gewählt.

02./03. Dezember 2017 - AfD-Bundesparteitag in Hannover

Nach Frauke Petrys Austritt aus der AfD nach der Bundestagswahl war Jörg Meuthen als alleiniger Bundesparteichef übriggeblieben. Entweder sollte Meuthen allein weitermachen oder weiterer Parteichef sollte der Berliner Landesvorsitzende Georg Pazderski werden, so lauteten die Pläne der Parteiführung. Gleich zwei Warmduscher an der Parteispitze, na dann prost Mahlzeit. Entsprechend suchten wir Anhänger einer klaren Linie nach Alternativen und die Woche vor dem Parteitag rief ich Björn Höcke an, um ihn zu überreden, als zweiter Bundessprecher gegen Pazderski anzutreten. Er lehnte ab, die Zeit sei noch nicht reif. Fünf Jahre später sagt er das immer noch. Höckes Einstellung, Duellen um Führungspositionen aus dem Wege zu gehen, ist inzwischen legendär. Aber damit hat er es in der Partei weitergebracht als ich.

Bevor in Hannover der oder die Bundessprecher gewählt wurden, ging ich mit hinter die Bühne, wo eine gemischte Gruppe um Andreas Kalbitz (Landessprecher Brandenburg, Gauland-und-Höcke-Intimus, Strippenzieher des „Flügel"), Alexander Gauland (Fraktionsvorsitzender im Bundestag), Armin-Paul Hampel (Landessprecher Niedersachsen und auch im Bundestag) sowie Beatrix von Storch (bekannt) und Georg Pazderski (bekannt) die inoffizielle Parteitagsregie führte. Ohne zu fragen, machte ich einfach mit. Auf einmal tauchte auch Jörg Meuthen hinter der Bühne auf und flehte Gauland geradezu an, dieser möge dafür sorgen, dass er ohne Gegenkandidat als Bundessprecher kandidieren könne. Meuthen fügte hinzu, dass er den Stress nicht aushalten würde, gegen einen Mitwettbewerber als AfD-Bundessprecher kandidieren zu müssen. So hatte ich Meuthens Aussagen vernommen. Oh Mann, dachte ich mir, so ein Weichei, wenn der Typ schon Angst vor seiner eigenen Kandidatur hat, wie will er dann unsere Partei gegen die Angriffe politischer Gegner verteidigen? Ein paar Monate später hatte ich mit Jörg Meuthen ein ähnlich peinliches Erlebnis, als wir beide in getrennten Autos zu einem gemeinsamen Wahlkampfauftritt nach Eichstätt fuhren. Kurz bevor ich in Eichstätt eintraf, klingelte mein Telefon über die Freisprechanlage, meine Frau hörte mit, Meuthen war am Apparat: „Herr Müller, der

Eingang zum Veranstaltungsort ist von der Antifa blockiert, ich traue mich nicht, aus dem Auto auszusteigen. Tun Sie was, sonst reise ich wieder ab." Was sollte ich von der Landstraße aus tun? Ich rief den verantwortlichen Organisator aus dem örtlichen Kreisverband an, der mich beruhigte: „Alles halb so wild, Meuthen übertreibt, die Antifanten sind von der Polizei schon abgedrängt. Wo steht sein Auto? Dann eskortieren wir ihn rein." So wurde es dann auch gemacht. Beide persönlichen Erlebnisse zeigen, welch fatale Folgen es hat, wenn ein feiger Mensch an der Spitze einer Organisation steht, wo ein mutiger Mensch hingehört.

Zurück zum Parteitag. Gegen Jörg Meuthen kandidierte mit Matthias Vogler ein symbolischer Kandidat aus Nürnberg und Meuthen wurde quasi durchgewunken, um bis zur nächsten Bundesvorstandswahl in zwei Jahren die AfD weiter schädigen zu können. Dann wollte auch Georg Pazderski als zweiter Bundessprecher durchgewunken werden und auf einmal wurde es spannend. Vorher liefen ein paar von uns auf Anweisung von Andreas Kalbitz durch den Saal, um Parteikollegen von Format aufzufordern, gegen Pazderski zu kandidieren. Ich fragte Christina Baum, damalige Landtagsabgeordnete aus Baden-Württemberg und heute eine der wenigen aufrechten Bundestagsabgeordneten, aber Christina lehnte ab. Auf einmal kam eine Dame ins Visier, die ich noch nie zuvor gesehen hatte: Doris Fürstin v. Sayn-Wittgenstein, Landesvorsitzende aus Schleswig-Holstein. Sie kam, sah und siegte - leider nur fast! Später erfuhr ich von Doris, dass Christina ihr meine Aufforderung zur Kandidatur weitergegeben hatte.

Quelle: https://rp-online.de/politik/afd-parteitag-2017-in-hannover-so-lief-der-afd-wahlkrimi_aid-17712325

Doris Fürstin v. Sayn-Wittgenstein fehlte bei ihrer Überraschungskandidatur gegen Georg Pazderski nur eine einzige Stimme, um zur AfD-Bundessprecherin gewählt zu werden. Wenn ihre Kandidatur erfolgreich gewesen wäre, wie weit hätte sich die AfD in Richtung einer echten und nicht nur gespielten Oppositionspartei entwickeln können! Eine verpasste Riesenchance, ich weine heute noch. Auf wahrscheinliche Verstöße gegen Satzungsrecht, die bei dieser Abstimmung eine Rolle spielten, will ich hier nicht näher angehen. Tatsache ist, dass der Parteitag später angefochten wurde, weil ein Mitglied aus Nordrhein-Westfalen wohl nicht hätte mitstimmen dürfen. War das die entscheidende Stimme, die womöglich an Pazderski ging und damit v. Sayn-Wittgenstein fehlte? Aber was schert sich die AfD um Verstöße gegen ihre eigene Satzung, wenn knallharte Machtfragen entschieden werden. Werte Leser, erinnern Sie sich an das Einleitungskapitel des vorliegenden Buches? Wie der bayerische Landesvorstand vor der Kandidatenaufstellung für die Bundestagswahl 2021 Satzungsanforderungen zu einem Mitgliederparteitag ignorierte und stattdessen einen Delegiertenparteitag durchdrückte, um Folgendes zu erreichen: Corinna Miazga samt Entourage noch einmal in den Bundestag zu hieven und Hansjörg Müller aus demselben herauszuhalten. Inzwischen haben Sie das 31-DIN-A4-Seiten lange Zitat gelesen, wie nicht nur Alice Weidel, sondern auch Corinna Miazga von außerhalb der Partei offensichtlich ferngesteuert wird und wessen Interessen Tom Rohrböck mutmaßlich durchsetzt. Satzungen und Regeln stören da nur.

Nachdem v. Sayn–Wittgenstein und Pazderski zweimal in einer Pattsituation gelandet waren, kamen wir hinter der Bühne auf die Idee, dass Alexander Gauland als Ersatzkandidat im dritten Wahlgang für den verbliebenen Bundessprecherposten kandidieren sollte, um das Patt aufzulösen. Dazu mussten beide Kontrahenten ihre Kandidaturen zurückziehen. Ich weiß nicht mehr, wer zu Pazderski geschickt wurde; zu Sayn-Wittgenstein wurde ich entsandt und bat sie, ihre Kandidatur zurückzuziehen. Das tat sie auch. Der Teilerfolg bestand darin, dass zumindest Georg Pazderski kein Bundessprecher wurde und sich mit einem Stellvertreterposten zufriedengeben musste.

Nach dem Parteitag erkannten die Führungskräfte unserer Partei, die nach meinen Eindrücken von externen Strippenziehern unterwandert sind, die große Bedrohung für ihre Macht, die sich in Person der Fürstin v. Sayn-Wittgenstein manifestierte. Die Dame ist hoch gebildet, hat exzellente Umgangsformen und spricht den Menschen aus der Seele. Damit wurde sie den beschränkten Selbstdarstellern an unserer Spitze zu gefährlich. Alexander Gauland und Alice Weidel nehme ich vom Vorwurf der Beschränktheit aus, die beiden kalkulieren alles durch.

Wie bringt man jemanden, der stört, um die Ecke? Genau: Mit konstruierten Rechtsextremismusvorwürfen – sowas zieht immer! Im Endeffekt wurde v. Sayn-Wittgenstein durch ein schmutziges Spiel aus der Partei ausgeschlossen, wobei ich erst von Storch, Meuthen und Gauland als treibende Kräfte wahrnahm und sich anschließend auch noch Andreas Kalbitz und Björn Höcke dazu gesellten, wie mir Frau v. Sayn-Wittgenstein später berichtete: Das war schon eine eigenartige Koalition von „Parteifreunden", die sich sonst parteiintern spinnefeind waren, um gemeinsam eine Konkurrentin zu erledigen, die allen unheimlich geworden war. Viele Patrioten aus dem „Flügel" quittierten mit Unverständnis, wie Höcke und Kalbitz erst v. Sayn-Wittgenstein gegen Pazderski benutzten, um den sogenannten „Gemäßigten" um Storch und Meuthen eine reinzuwürgen und sie anschließend gnadenlos fallen ließen. Hier hat Björn Höcke meiner Meinung nach einen großen strategischen Fehler begangen. Natürlich hätte er seine Position als Partei-Messias zukünftig mit Doris v. Sayn-Wittgenstein teilen müssen. Im Gegenzug hätten beide ihre Kräfte zusammenführen können. Im Hintergrund war ich als Wortführer der Parteibasis auch noch da und zu dritt hätten wir die – von mir so eingeschätzten - Angsthasen, Ferngesteuerten und Oppositionsschauspieler, die in der Presse völlig falsch als angeblich „Gemäßigte" bezeichnet werden, endlich in den Griff bekommen. Aber Höcke ging den Weg des geringsten Widerstandes und suchte den Ausgleich mit ängstlichen und/oder ferngesteuerten Oppositionsschauspielern in den eigenen Reihen, womit er diese Leute erst richtig stark machte. Für die nächsten Jahre war die AfD ihnen ausgeliefert und wurde weiter als zahnlose Scheinoppositionspartei klein gehalten. Zumindest im Westen der Republik.

Wie ging das Parteiausschlussverfahren gegen Doris v. Sayn-Wittgenstein weiter? Das zuständige Landesschiedsgericht Schleswig-Holstein wies den Antrag auf Parteiausschluss erst einmal ab. Das Bundesschiedsgericht sprach den Parteiausschluss im August 2019 dann doch aus, unter Verstoß gegen die Satzung und weitere Rechtsstaatsprinzipien. Das kennen wir ja schon aus der selbsternannten „Rechtsstaatspartei" namens AfD. V. Sayn-Wittgenstein nahm daraufhin die staatlichen Gerichte in Anspruch und gewann am 15. April 2021 in erster Instanz gleich in der mündlichen Verhandlung vor dem Berliner Landgericht. Um diesen großen Prozesserfolg würdigen zu können, muss man wissen, dass die Rechtsprechung den Parteischiedsgerichten einen großen Ermessenspielraum einräumt. Staatliche Gerichte stellen sich nur dann gegen die Entscheidungen von Parteischiedsgerichten, wenn in der Tat schwerwiegende Rechtsverstöße vorliegen. Wenige Stunden nach ihrer Prozessniederlage gegen v. Sayn-Wittgenstein vor dem Berliner Landgericht kündigte die AfD Berufung gegen das Urteil an. Diese erfolgte im Mai 2021 und ist bis heute (es ist der Oktober 2022) beim Kammergericht Berlin anhängig; seit einem Jahr und fünf Monaten wird keine Entscheidung getroffen! Und so lange ist auch der Mitgliedsstatus von Doris v. Sayn-Wittgenstein wieder in der Schwebe und sie kann in der Partei nicht wirken. Wenn ich das politische System wäre, würde ich die Gerichtsentscheidung auch bis zum St.-Nimmerleinstag hinausschieben, um diese „gefährliche Frau" auf ewig aus der Oppositionspolitik herauszuhalten. Die offizielle Begründung des Kammergerichts für das bisherige Liegenlassen des Falles lautet „Überarbeitung".

2018

31. Januar 2018 - Klatschzwangverweigerung beim Holocaustgedenken

Kaum war ich im Bundestag, wurde die große Presse auf mich aufmerksam, weil ich einen Tabubruch begangen hatte: Beim Holocaustgedenktag 2018, der vier Tage nach dem historischen Gedenkdatum begangen wurde, stand ich lange nicht auf und klatschte nicht, nachdem die

Überlebende Anita Lasker-Wallfisch ihre Rede beendet hatte. In der Öffentlichkeit wurde ich niedergemacht, von den Zeitungen bis ins Fernsehen. Als Abgeordneter, der seinem Gewissen verpflichtet ist, empfand ich es als Zumutung, auf Anweisung klatschen zu müssen - wie ein Klatschhase in der Duracell-Batteriewerbung. Was war passiert?

Jahrzehntelang hatte ich als einfacher Bürger das wiederkehrende Ritual verfolgt, wenn im Bundestag der Holocaustopfer gedacht wird und die Abgeordneten sich bei der Klatschdauer gegenseitig überbieten, um ja nicht unangenehm aufzufallen. Kein Mensch kann mir weismachen, dass es angeblich um aufrichtiges Gedenken für die Opfer gehen würde, wenn teilnehmende Politiker nach völlig anderen Kriterien handeln: Kameras sind überall, bloß kein falsches Wort sagen und keine falsche Geste zeigen, um die eigene Karriere nicht zu ruinieren. Und am besten noch ein paar Selbstanklagen obendrauf packen, damit der Schuldkult nicht ins Wanken gerät; das befördert die politische Karriere im heutigen Deutschland. Ich fand die Art und Weise, wie das Holocaustgedenken begangen wird, schon immer heuchlerisch und menschenverachtend, weil das Leid der Toten von damals für das politische Geschäft von heute instrumentalisiert wird. Der jüdische Autor Norman G. Finkelstein, selbst Kind von Überlebenden, hat mit dieser Scheinheiligkeit in seinem im Jahr 2000 erschienen Buch „Die Holocaust-Industrie: Wie das Leiden der Juden ausgebeutet wird" gründlich abgerechnet.

Quelle: https://www.buecher.de/shop/buecher/die-holocaust-industrie/finkelstein-norman-g-/products_products/detail/prod_id/10218513/

Auf einmal war ich selbst Bundestagsabgeordneter und stand vor der Entscheidung, öffentlichkeitswirksam Betroffenheit zu heucheln, wie alle anderen auch, oder meinem Gewissen zu folgen und den Klatschzirkus nicht mitzumachen. Da gab es für mich nichts zu überlegen: Ich folge in meinem Leben immer meinem Gewissen und nur, weil ich auf einmal Abgeordneter geworden war, änderte ich doch nicht meine Überzeugungen! Inzwischen musste ich lernen, dass ich mit dieser geradlinigen Einstellung zu einer absoluten Minderheit unter den Mandatsträgern gehörte und beim Holocaustgedenktag im Deutschen Bundestag war ich damit ganz allein. Ich wusste vorher, welches hohe Risiko ich damit eingehe. Meine politische Karriere hätte sofort beendet sein können und noch heute tragen mir das Menschen nach, die meine Gründe nicht kennen oder nicht verstehen wollen. Aber das war mir in diesem Moment völlig egal und ist es auch heute noch: Dann ist es halt so, aber ich verbiege mich nicht!

Hier meine Originalzitate, mit denen ich mich auf der Anklagebank der folgenden Pressekonferenz vor Journalisten rechtfertigen musste:

Zitat 1: "Ich bin ganz am Schluss aufgestanden und habe lange sinniert und ganz am Schluss auch persönlich für Frau Lasker-Wallfisch geklatscht. Weil Frau Lasker-Wallfisch nichts dafür kann, dass sie hier instrumentalisiert wird in einer Art Gedenken, die ich als nicht aufrichtig empfinde."

Zitat 2: Gedenken habe für ihn mit „Würde, innerer Ruhe und Einkehr zu tun“ und nicht damit, „dass man ständig klatscht“, antwortete Müller, nachdem die Journalisten ungläubig nachgehakt hätten.

Zitat 3: Frau Lasker-Wallfisch habe „meinen ganz persönlichen Respekt als Opfer, aber den kann ich ihr anders zeigen, als wenn ich beobachtet werde, ob ich geklatscht habe“.

Zitat 4: Mit der Art und Weise, wie dieser Gedenktag seit Jahren oder auch Jahrzehnten als „öffentlichkeitsorientierte Veranstaltung zelebriert wird“, habe er als jemand, für den „menschliche Werte“ im Vordergrund stünden, ein Problem, wird Müller weiter zitiert.

Zitat 5: „Ich habe mit dieser Art Gedenken ein Problem, weil es nicht aufrichtig ist, weil es aufgesetzt ist und weil es heuchlerisch ist.“

Quellen: https://www.focus.de/politik/deutschland/bundestag-afd-mann-hansjoerg-mueller-verhaelt-sich-komisch-bei-holocaust-gedenken-und-gibt-absurde-erklaerung_id_8505152.html

https://www.spiegel.de/politik/deutschland/holocaust-afd-abgeordneter-hansjoerg-mueller-nennt-gedenken-im-bundestag-heuchlerisch-a-1194521.html

Beim Schreiben, viereinhalb Jahre später, stehe ich weiterhin hinter diesen fünf Zitaten, deren Wahrheitsgehalt sich nicht verändert hat.

Interessanterweise bekam ich danach Unterstützung aus jüdischen Kreisen. Die AfD hat eine bedeutende Anzahl jüdischer Mitglieder in ihren Reihen, von denen mir viele gratulierten, dass ich den Mut gefunden hatte, die Heuchelei um den Holocaustgedenktag anzusprechen. Ein Autor der „Jüdischen Rundschau" sagte mir das Gleiche in einem persönlichen Gespräch. Die „Jüdische Rundschau" ist das Gegengewicht in den freien Medien zur „Jüdischen Allgemeinen", welche zu den staatsnahen Medien gehört. Meine russische Frau, selbst zu einem Viertel jüdischer Abstammung, und deren Verwandte in Israel fanden mein Verhalten auch gut.

Frühjahr 2018 - Die Abläufe im Parlamentsbetrieb haben sich eingespielt

Zwischen dem Tag der Bundestagswahl Ende September 2017 und dem Zusammentreten des neuen Bundestages Ende Oktober 2017 waren AfD-intern die Claims abgesteckt worden. Es ging nicht nur um die Wahlen für den Fraktionsvorstand, sondern vor allem darum, welcher Abgeordnete in welchen Bundestagsausschuss kommt. Am begehrtesten waren der Auswärtige Ausschuss, in dem Außenpolitik betrieben wird und der Ausschuss für Wirtschaft und Energie. Aufgrund meiner Lebenserfahrungen war ich für beide Ausschüsse prädestiniert, aber ich musste einen Schwerpunkt setzen, um überhaupt in einen der beiden hineinzukommen. Ich entschied mich für den Wirtschaftsausschuss. Was machen die Ausschüsse? Sie leisten die parlamentarische Arbeit, aufgeteilt nach Themen. Wie setzen sich die Ausschüsse zusammen? Diese existieren nach der Geschäftsordnung des Bundestages oder parlamentarischer Beschlussfassung mit einer bestimmten Mitgliederzahl. Die Aufteilung hat dann nach dem sogenannten Spiegelbildlichkeitsprinzip zu erfolgen, d.h. die Ausschüsse müssen proportional die Zusammensetzung des Gesamtparlaments spiegeln und die Fraktionen ernennen jeweils ihre Mitglieder, es sei denn, es ist gesetzlich eine Wahl vorgeschrieben. Zu einem bestimmten Thema arbeiten dann in einem Ausschuss die Abgeordneten aus allen im Bundestag vertretenen Fraktionen zusammen oder sollten es zumindest tun.

Zu meiner Zeit waren das die sechs Bundestagsfraktionen der CDU/CSU, SPD, AfD, F.D.P., GRÜNE, LINKE. Wie kommt man in einen Ausschuss hinein? Indem man sich erst einmal fraktionsintern für den gleichnamigen Arbeitskreis wählen lässt. In jeder Bundestagsfraktion gibt es einen Arbeitskreis, der dem gleichnamigen Bundestagsausschuss entspricht. Wer also in den Ausschuss für Gesundheit oder in den Ausschuss für Sport kommen möchte, muss sich erst einmal fraktionsintern für den gleichnamigen Arbeitskreis für Gesundheit oder den Arbeitskreis für Sport durchsetzen. So war es auch im AfD-Arbeitskreis für Wirtschaft und Energie, in den ich erst einmal fraktionsintern gewählt werden musste, um dadurch in den entsprechenden Bundestagsausschuss hineinzukommen.

Es begann das übliche Geschachere um Mehrheiten. Tino Chrupalla (Sachsen), Steffen Kotre (Brandenburg), Leif-Erik Holm, Enrico Komning (beide Mecklenburg-Vorpommern), Heiko Hessenkemper (Sachsen) und ich (aus Bayern) taten uns zu diesem Zweck zusammen. Andere Interessenten hatten gegen diese Blockbildung keine Chance und wir sechs Abgeordnete teilten die Sitze im Arbeitskreis unter uns auf. Damit vertraten wir in dieser Legislaturperiode die AfD im Ausschuss für Wirtschaft und Energie des Deutschen Bundestages. Anhand des Abstimmungsergebnisses für den Arbeitskreis konnte ich nachvollziehen, wer sich nicht an unsere Absprache gehalten hatte: Leif-Erik Holm, der mir seine Stimme nicht gab, obwohl ich ihn vereinbarungsgemäß gewählt hatte. Das sollte nicht das letzte Mal gewesen sein, dass Leif mir das Messer hinten hinein rammte. Herr Holm ist nicht umsonst Teil des Teams um Beatrix von Storch, in dem so ein Verhalten anscheinend zum guten Ton gehört. Viele Bundestagsabgeordnete gehen noch in einen zweiten Bundestagsausschuss hinein, aber ich konnte mir das zeitlich nicht erlauben, weil ich als Parlamentarischer Geschäftsführer genug Arbeiten für die AfD-Bundestagsfraktion zu leisten hatte.

Weiter lernten wir Abgeordnetenneulinge in den ersten Wochen und Monaten, dass es auch jede Menge Komitees und Beiräte gibt, in die von allen Fraktionen Abgeordnete entsandt werden, die sich dazu ebenfalls erst fraktionsintern durchsetzen müssen. Das sind z.B. Entsandte in den Europarat, in Rundfunkräte usw. Das ließ ich dann sein, weil ich mit dem Parlamentarischen Geschäftsführer im Fraktionsvorstand und dem Bundestagsausschuss für Wirtschaft und Energie genug arbeitsintensive Aufgaben zu bewältigen hatte. Länderbezogene Parlamentariergruppen gibt es auch noch, in die man einfach hineinkommt. Ich entschied mich entsprechend meiner beruflichen und sprachlichen Kenntnisse für die drei Parlamentariergruppen Russland, Balkan und einen Teil Südamerikas mit Chile.

Wir mussten lernen, wie Ausschusssitzungen vorbereitet werden, was bei Abstimmungen zu beachten ist, nach welchen Regeln die Plenarsitzungen im Reichstagsgebäude ablaufen, wie Anträge bzw. Gesetzesvorhaben eingebracht werden und – nicht weniger wichtig – wo es im Bundestag was zu essen gibt. Es besteht die Auswahl zwischen mehreren Kantinen und Restaurants. Bundestagsnotebooks bekamen wir auch, man erläuterte uns, wie die Zugangsschleusen zu den Parlamentsgebäuden funktionieren, unter welchen Bedingungen der Fahrdienst genutzt werden kann usw. Insgesamt ist der Deutsche Bundestag das höchstregulierteste und ineffizienteste Bürokratiemonster, das ich je von innen gesehen habe.

Über die Wochen und Monate vom Herbst 2017 bis Frühjahr 2018 hatten wir uns die zahlreichen Abläufe so weit angeeignet, dass wir uns im neuen parlamentarischen Umfeld normal bewegen konnten.

Frühjahr 2018 - Die Abläufe im AfD-Fraktionsvorstand werden sich nie einspielen

Nach meiner Wahl zum Parlamentarischer Geschäftsführer hatte ich mich darauf gefreut, meine beruflichen Kenntnisse in den Fraktionsvorstand einbringen zu können; wie naiv! Ich bin stark im Schaffen effizienter Organisationsabläufe; sofern man es nicht torpediert! Beim Strukturaufbau von Fraktion und Fraktionsvorstand fühlte ich mich wie ein Fisch im Wasser; zumindest zu Beginn!

Zuerst gab es im Fraktionsvorstand ein gegenseitiges Abtasten und einen Versuch von Alice Weidel, ihren Einflussbereich auf Kosten von Alexander Gauland zu erweitern. Als wir den Erstentwurf eines Geschäftsverteilungsplanes fertig hatten, lud mich Gauland unerwartet in sein Stammlokal Habel am Reichstagsufer ein, um dort mit ihm zu Mittag zu essen und ein Gläschen Wein zu trinken. Das war das zweite und vorletzte Mal während unserer Zusammenarbeit in den Jahren 2014 bis 2021, dass er auf mich zuging. Das erste Mal war vor dem Kölner Parteitag 2017 gewesen, als er gegen Petry meine Unterstützung brauchte und mich anrief. Das dritte Mal sollte ein knappes Jahr später sein, bei der sogenannten „Finanzaffäre". Gauland kommt nur dann, wenn er unbedingt etwas braucht. Er fragte mich direkt, wer im neu gewählten Fraktionsvorstand auf „unserer" Seite sei, d.h. hinter ihm stand und wer eher Frau Weidel zuneigte. Diese Frage beantwortete ich ihm und er bat mich, dass „unsere" Leute dafür sorgen sollten, den Geschäftsverteilungsplan bei der folgenden Fraktionsvorstandssitzung in seinem Sinne abzustimmen.

Das machten wir auch, wir hatten unsere Schuldigkeit getan und ab da waren Alexander Gauland und Alice Weidel wieder ein Herz und eine Seele.

Bei den Kompetenzabgrenzungen zwischen uns vier Parlamentarischen Geschäftsführern dauerte es von Oktober 2017 bis März 2018, bis wir uns endgültig geeinigt hatten. Ich war seitens der Fraktion zuständig für

Haushalt- und Finanzen

Raum- und Bauangelegenheiten

Arbeitsordnung der Fraktion

Kontakte zu Verbänden und Unternehmen

Interparlamentarische Beziehungen inkl. zum EU-Parlament

Internationale Beziehungen

Auslandsreisen der Abgeordneten und Fraktionsmitarbeiter

Personal - Prozessablauf

Egal, was im Fraktionsvorstand beschlossen wurde, es lief immer äußerst zäh und niemals wurde eine Entscheidung nach dem Kriterium gefällt „was ist das Beste für die Fraktion“, sondern immer nach egoistischen Kriterien einzelner Mitglieder und dahinterstehenden Mehrheiten. Beispielsweise war ich für die Beziehungen der Fraktion zum EU-Parlament zuständig, was von Storch nicht akzeptierte, welche diesen Kontakt für sich reklamierte. Die Frau verschwendete sehr viel Energie dafür, meine Arbeit zu torpedieren, damit ich keine Ergebnisse liefern konnte. Es dauerte dann auch länger als geplant, Informationsflüsse zwischen Berlin und Brüssel zu organisieren sowie dort ein Büro einzurichten.

Nächstes Beispiel: Alice Weidel hat während meiner Zeit im Fraktionsvorstand keine einzige wirkliche Entscheidung als Vorsitzende getroffen, sondern immer nur abgewartet, wie sich etwas entwickelt, um sich dann an die Spitze zu stellen. Wenn es nicht möglich war, eine Entscheidung zu vermeiden, war sie wiederholt „krank“ und entzog sich damit der unangenehmen Entscheidungsfindung. Wie soll Alice mit derartigen Managementdefiziten vor der Politik angeblich eine große Unternehmensberaterin gewesen sein? Das ist völlig unmöglich. Alexander Gauland schwebte über den Dingen und interessierte sich nicht für die Detailarbeit, die er uns überließ. Er griff nur ein, wenn es ihm zu bunt wurde, was allerdings selten passierte.

Kurzum, ich hatte in meinem 23-jähren Managerleben vor der Politik gelernt, Entscheidungen zu treffen, diese Entscheidungen im Interesse des Unternehmens zu treffen und die Abläufe zur Zielerreichung möglichst effizient zu gestalten. Nach einem halben Jahr im Fraktionsvorstand war mir klar geworden, dass es in der Parteipolitik – zumindest in der AfD – genau andersherum läuft: Wichtige Entscheidungen werden gar nicht getroffen; es werden bewusst Fallen für Fehlentscheidungen gestellt, um innerparteiliche Konkurrenten aus dem Weg zu räumen; wenn dann doch etwas entschieden wird, nie im Sinne des Ganzen, d.h. des Fraktionsinteresses, sondern immer aus dem egoistischen Blickwinkel der eigenen Machposition. Dass unter diesen Bedingungen alles verworren laufen musste und effiziente Ablaufprozesse gar nicht eingerichtet werden konnten, ist logisch.

Natürlich hatte ich die Möglichkeit, mich diesen Bedingungen anzupassen und mit den Wölfen zu heulen, aber ich wollte das nicht. Wozu hatte ich mir in 23 Berufsjahren unter viel Einsatz angeeignet, Management effizient zu betreiben; um dann im Bundestag alle Kenntnisse über Bord zu werfen? Dazu war ich nicht bereit und das war ein Grund, warum ich im Fraktionsvorstand immer mehr in die Isolation geriet. Um in der Fußballersprache zu sprechen: Ich konnte in der Bundesliga spielen und hatte deshalb keine Lust, mit Landesligakickern auf deren Niveau herumzugrätschen. Jetzt wird vielleicht klarer, warum ich bei einem späteren Fernsehinterview im Frühjahr 2022 sagte, dass jeder Stadtparkkiosk professioneller geführt wird als die AfD-Bundestagsfraktion von ihrem Schlafwagenvorstand.

Quelle: https://www.ardmediathek.de/video/dokus-im-ersten/afd-leaks-die-geheimen-chats/das-erste/Y3JpZDovL2Rhc2Vyc3RlLmRlL3JlcG9ydGFnZSB-fIGRva3VtZW50YXRpb24gaW0gZXJzdGVuL2E3NzhhOTQyLWU0YjQtNDd-lMi05NmI4LTM3NDkxOTI1YmZhMQ

23. Februar 2018 - Meine erste Bundestagsrede, zu Mittelstand und Handwerk

Das erste Mal eine Rede im Deutschen Bundestag halten zu dürfen, ist etwas Besonderes. Die berühmte Jungfernrede! Bundestagspräsident Wolfgang Schäuble kündigte mich entsprechend freundlich an, wie er das bei jedem Erstling tut. Obwohl ich über die Jahre ein abgebrühter Redner geworden war und vor Tausenden von Menschen live gesprochen hatte, war ich zittrig, nervös und voller Lampenfieber: Die erste Bundestagsrede eben, die gibt es nur einmal im Leben. Der Titel klang sperrig: "Prüfung und Überarbeitung des Gesetzes zur Umsetzung der Verbraucherrichtlinie bezüglich des Handwerkerwiderrufs". Ich kritisierte zuerst, wie hirnrissige Bürokratieregeln dazu führen, dass Handwerksbetrieben das Leben schwer gemacht wird, ohne dabei die Verbraucher wirklich zu schützen, was das angebliche Ziel dieser Regeln war. Selbstverständlich bot ich am Ende meiner Rede Lösungen an und lud alle Abgeordneten ein, zum Wohle von Handwerk und Bürgern fraktionsübergreifend zusammenzuarbeiten, was von den anderen fünf Parteien im Bundestag selbstverständlich ignoriert wurde. Beim Schreiben dieser Zeilen habe ich mir meine Rede das erste Mal seit langem wieder angesehen und muss feststellen, dass ich wirtschaftskompetent und serös rüberkomme, wie man es eher der F.D.P. als der AfD zuschreibt. Die Rede kann sich jeder auf YouTube ansehen und das nachprüfen.

Quelle: https://www.youtube.com/watch?v=UQTKYshtAwQ

März 2018 - Mit Tom Rohrböck bei Björn Höcke in Erfurt

Nach unserem ersten Kennenlernen im Juni oder Juli 2017 hatte ich mich alle paar Wochen mit Tom Rohrböck getroffen, um herauszufinden, wo er nützlich sein könnte. Dabei horchte er mich cleverer aus als ich ihn, was mir damals aber noch nicht bewusst war. Anfang 2018 fragte er mich, ob ich ihm ein Treffen mit Björn Höcke organisieren könne, dazu würde er sogar nach Thüringen fahren. Das fand ich bemerkenswert, weil Tom sonst Wert darauf legte, dass man zu ihm ins Salzburger Land kam und er nur widerwillig ins benachbarte Oberbayern fuhr. Von der Entfernung her war es mir egal, da ich nur zwei Kilometer von der Grenze entfernt im Berchtesgadener Land lebte. Später sagte mir jemand, dass Tom angeblich befürchten musste, in Deutschland festgesetzt zu werden. Wie dem auch sei, es war ihm wichtig, sich mit Höcke zu treffen und dafür nahm er eventuell bestehende Risiken in Kauf.

Bei Gelegenheit fragte ich Björn, ob er Interesse an so einem Treffen hätte und fügte hinzu, dass ich selbst nicht genau wusste, wie Toms Hintergrund einzuschätzen war. Als ebenso offener und neugieriger Mensch wie ich sagte Björn Höcke zu. Es lief dann ab, wie in einem James-Bond-Film. Höcke nannte als Treffpunkt ein Restaurant am Rande von Erfurt, das über ein Hinterzimmer verfügte, was Rohrböcks Wunsch gewesen war, um möglichst nicht gesehen zu werden. Aus verschiedenen Richtungen reisten wir drei getrennt unter höchster Geheimhaltung an. Als erster war Tom vor Ort, dann ich, dann Björn. Die meiste Zeit redeten die beiden, tasteten sich gegenseitig ab und ich hörte zu. Ich erzähle hier vieles nicht, aber Tom wiederholte gegenüber Björn und mir ein- und dieselbe Aussage in verschiedenen verbalen Variationen, die – wie ich es auffasste - folgenden Kern beinhaltete: „Wir haben Alice ausgesucht, weil sie die gewünschten Ideen gut repräsentiert." Hörte sich das etwa nach einer Steuerung von Alice Weidel durch Kräfte von außerhalb der AfD an? Wer war „wir"? Reiche Leute, Geheimdienste, unsere politischen Gegner oder eine Mischung aus diesen dreien? Weitere Möglichkeiten fallen mir nicht ein. Steuern sie Frau Weidel auch heute noch über Herrn Rohrböck?

Das Gespräch verlief in einer freundlichen Atmosphäre und das Essen war auch gut. Wir verabschiedeten uns voneinander und danach hörte ich nichts mehr, ob die anderen beiden weiter einen persönlichen Kontakt pflegten oder nicht. Im Nachgang sagte mir Tom, dass er einen guten persönlichen Eindruck von Björn gewonnen hätte. Björn sagte mir im Nachgang, dass er Tom für einen Angeber hielte.

06. Juni 2018 – Die erste Kanzlerbefragung in der Geschichte der Bundesrepublik

Am 6. Juni 2018 fand die erste Kanzlerbefragung in der Geschichte der Bundesrepublik Deutschland statt und als Vertreter der damals größten Oppositionspartei durfte ich die erste Frage stellen. Für diesen historischen Augenblick hatte ich mich in einen feschen bayerischen

Trachtenanzug mit Weste geworfen und schoss meine – niveauvoll vorgetragene - Provokationssalve auf Kanzlerin Angela Merkel ab. Natürlich zum Thema Russland, damit es richtig schön weh tat. In der Onlineausgabe der ZEIT wurde ich, wie folgt, zitiert: „Bemerkenswert an der Auftaktfrage der AfD-Fraktion war, dass Fragesteller Müller versuchte, einen Keil zwischen Merkel und ihren strategischen Partner in Europafragen, Frankreichs Präsidenten Macron, zu treiben. Er konfrontierte sie damit, dass Macron in Russland zwei Dinge gemacht habe: Er habe sich für die Jahrzehnte der angeblichen "Nato-Aggression gegen Russland" entschuldigt. Und zugleich Investitionen für Frankreich "an Land gezogen". Warum schaffe das Merkel für Deutschland nicht, war der Subtext seiner Frage."

Quelle: https://www.zeit.de/politik/deutschland/2018-06/angela-merkel-regierungsbefragung-bundestag-live

Merkels Antwort an mich war ein Lehrstück, wie man eine Provokation gekonnt ins Leere laufen lässt, indem sie emotionslos mit vielen Worten rein gar nichts sagte. Gehen Sie auf meinen YouTube-Kanal und genießen Sie es

Quelle: https://www.youtube.com/watch?v=Rzm6e1DMoRg

Mit dieser allerersten Frage eines Bundestagsabgeordneten bei der allerersten Kanzlerbefragung in der deutschen Geschichte war es mir vergönnt, ein bisschen Geschichte zu schreiben. Dieses schöne Gefühl einer Welturaufführung kann mir niemand mehr wegnehmen.

August 2018 - Mit Wolfgang Kubicki (F.D.P.) in Washington

Als Parlamentarischer Geschäftsführer war ich unter anderem für die Bau- und Raumangelegenheiten der AfD-Bundestagsfraktion zuständig. Dazu gehörte nicht nur, dafür zu sorgen, dass jeder unserer Abgeordneten mit seinen Mitarbeitern ausreichend Bürofläche zur Verfügung hatte. Zusätzlich wurde ich in die Bau- und Raumkommission (BRK) des

Deutschen Bundestages berufen, die sich mit allen möglichen Bauangelegenheiten rund um den Deutschen Bundestag beschäftigt. Ein hochinteressantes Gremium, in dem ich gerne mitarbeitete. Von den größeren Fraktionen CDU/CSU und SPD waren je zwei Abgeordnete dabei, von den kleineren Fraktionen AfD, F.D.P., LINKE und GRÜNE je einer. Den Vorsitz hatte Bundestagsvizepräsident Wolfgang Kubicki (F.D.P.), für die SPD war u.a. Bärbel Bas dabei, die heutige Bundestagspräsidentin und für die GRÜNEN die heutige Bundesumweltministerin Steffi Lemke. Mit fast allen Kollegen war in der BRK eine vernünftige Zusammenarbeit möglich, weil es rein um bauliche Sachthemen ging, die schlecht ideologisch interpretiert werden konnten. Wenn keine Kamera lief, sprachen Angehörige anderer Fraktionen in der Regel normal mit uns Aussätzigen von der AfD, so war es auch in der BRK. Die einzige Ausnahme genehmigte sich Frau Lemke von den GRÜNEN.

Egal, zu welchem Bauthema ich mich in sachlicher Form und ruhigem Ton äußerte, als Standardantwort überschüttete sie mich regelmäßig mit einem Schwall Anti-AfD-Hasses. Als ob die technische Beschaffenheit eines Bauwerks vom Parteibuch abhängen würde. Mit der Zeit bekam ich schon Angst, dass die arme Frau an dem Geifer ersticken könnte, den sie dabei von sich gab. Irgendwann wurde es mir zu blöd und ich stauchte Frau Lemke vor dem Gremium zusammen. Vorsitzender Wolfgang Kubicki unterbrach mich dabei erst am Schluss, anscheinend war ihm Steffi Lemkes Verhalten auch schon auf die Nerven gegangen. Und so jemand ist heute Ministerin, unfassbar!

Ein wichtiges Thema in der BRK war das geplante Besucherzentrum für das Reichstagsgebäude. Seit dem Umzug des Bundestages von Bonn nach Berlin betreten Besucher den Reichstag durch behelfsmäßig aufgestellte Container. Dieses Provisorium dauert nun schon länger als 20 Jahre, weshalb ich Wolfgang Kubickis Ansinnen unterstützte, den Bau eines Besucherzentrums endlich in die Tat umzusetzen. In den Parlamentsferien im August 2018 erreichte uns BRK-Mitglieder eine Mail, dass unser Vorsitzender alle einlud, mit ihm Ende des Monats nach Washington zu fliegen, um das Besucherzentrum des US-Kapitols zu besichtigen. Es sollte uns als Inspiration für die folgenden Planungen in

Berlin dienen. Außer mir fanden keine anderen Abgeordneten Zeit und so kam ich quasi zu einer Art Privatreise mit Kubicki in die Vereinigten Staaten. Er wurde nur von seinem Referenten und einem Herrn Hickmann vom SPIEGEL begleitet, inzwischen stellvertretender Leiter des Hauptstadtbüros. Auf meine Frage, welche Beziehung er zur Bau- und Raumkommission des Deutschen Bundestages hätte, antwortete mir der ominöse Journalist, dass er Wolfgang Kubicki in anderer Eigenschaft begleiten würde, nämlich als Biograph. Und in der Tat erschien im Dezember 2018 eine lobhudelige Hofberichterstattung über Kubickis Wirken in der Politik unter dem Titel „Frauen, Weißwein, Kriegsfilme - Unterwegs mit Wolfgang Kubicki, dem Letzten seiner Art". Unsere gemeinsame Washingtonreise wird darin ebenfalls beschrieben.

Quelle: https://www.spiegel.de/politik/wolfgang-kubicki-macho-in-der-zeitkapsel-a-00000000-0002-0001-0000-000161350406

Gleich mal vorweg, gegen Wolfgang Kubicki habe ich nichts, der Mann ist Vollprofi. An der Hotelbar ist der genauso, wie im Bundestag oder im Fernsehen, also authentisch. Der Herr Hofberichterstatter verzerrte aber dreist unsere Washingtoner Erlebnisse und vermittelte seinen Lesern eine persönliche Märchenerzählung: Kubicki, der Mann von Welt, gegen den hilflosen Volltrottel Müller. Vielleicht hatte Herr Hickmann selbst zu viel von Kubickis Weißwein getrunken, bevor er meine Wortgefechte mit ihm aufschrieb. Werte Leser, Sie können gleich selbst an meinem Beispiel nachvollziehen, wie in der Mainstreampresse gearbeitet wird: Man erzeugt gewünschte Zerrbilder, indem Teile der Wahrheit einfach weggelassen werden.

Beim Abflug am Frankfurter Flughafen war noch eine lustige Geschichte passiert. Herr Kubicki und sein Referent hatten sich beeilt, vor mir einzuchecken. Wir hatten alle Tickets für die Businessklasse, damit die deutschen Steuerzahler mal wissen, wie ihre Abgeordneten so reisen. Als ich an die Reihe kam, waren alle Businessklasseplätze belegt und ich wurde kostenlos in die Erste Klasse umgebucht. Beim Einsteigen lächelte ich meinen beiden Mitreisenden huldvoll zu, als ich mich an ihnen vorbei in die Erste Klasse begab. Weinkennern kann ich nur empfehlen, hier mit der United Airlines zu fliegen. Der Steward entpuppte sich als

Sommelier, d.h. als Weinprobenexperte, der mir die ganze Flugdauer über zur Verfügung stand. Ich widmete mich voll und ganz der Degustation edelster Tropfen vergorenen Traubensaftes. Viel zu schnell landeten wir in Washington.

So, jetzt schreibe ich mal zu Herrn Hickmanns Zerrbildern diejenigen Teile der Wahrheit dazu, die er in seinem Pamphlet weggelassen hatte. Seine Aussagen finden Sie in dem oben zitierten SPIEGEL-Artikel. Auf geht's.

Zerrbild: Die Delegation besteht aus Kubicki, einem Mitarbeiter der Bundestagsverwaltung, einem Reporter und dem Parlamentarischen Geschäftsführer der AfD-Fraktion, Hansjörg Müller. Auf seiner Facebook-Seite schwadroniert Müller kurz nach der Reise vom "Genozid an uns Deutschen".

Fehlende Wahrheit: Die Geburtenraten von christlichen Einheimischen und islamischen Zuwanderern entwickeln sich gegenläufig. Damit werden wir einheimische Deutsche innerhalb weniger Jahrzehnte zur Minderheit im eigenen Land, wohingegen zugewanderte Moslems die Mehrheit stellen werden; das ist ein mathematischer Zusammenhang. Moslems verdrängen Christen in der Regel gewaltsam, wenn beide Bevölkerungsgruppen auf dem gleichen Territorium leben; das ist empirisch belegt und eine historische Tatsache. Im Ergebnis beider Entwicklungen lautet die korrekte Schlussfolgerung, dass uns Deutschen ein Genozid im eigenen Land droht. Die wissentlich nicht verhinderte Verdrängung unseres Volkes kann so bezeichnet werden. Das Nennen **unbequemer Fakten**, die seinem linksgrün verbogenen Weltbild widersprechen, bezeichnet Herr Hickmann als „schwadronieren".

Zerrbild: In Washington gibt er (Müller) sich freundlich, er sucht Kontakt zu Kubicki, er will dazugehören.

Fehlende Wahrheit: Ich gab mich nicht freundlich, sondern ich **bin** freundlich. Hätte ich mit Kubicki nicht reden dürfen? Oder ihm meinen Adapter im Hotel nicht ausleihen dürfen, damit er sein Handy aufladen konnte? Um Herrn Hickmanns schiefer Vorstellung einer AfD-

Dumpfbacke zu entsprechen, hätte ich wohl Springerstiefel anziehen, meine Mitmenschen anpöbeln und sonst schweigen sollen. Seine unzutreffende Beschreibung, ich hätte „dazugehören wollen", beleidigt mich wirklich: Zum scheindemokratischen Politiksystem dazugehören wollen? Niemals!

Zerrbild: Aber Kubicki lässt ihn (Müller) von der ersten Minute an auflaufen. Als eine Dolmetscherin zur Gruppe stößt, sagt Kubicki: „Ja wunderbar, wir werden Sie heute kräftig in Anspruch nehmen müssen. Herr Müller hier ist von der AfD, da muss man bei jedem Wort sorgfältig sein, sonst lösen wir hier den Dritten Weltkrieg aus."

Fehlende Wahrheit: Beide ließen sich **gegenseitig** von der ersten Minute an auflaufen. Das haben Wortgefechte so an sich. Dieser konkrete Sager von Kubicki war wirklich gut, sein nächster auch. Ich mag Humor und muss nicht auf jede Lästerei sofort antworten.

Zerrbild: Ein anderes Mal stehen die beiden im Kapitol, im Besucherkino läuft ein ziemlich pathetischer Film über den "Temple of Liberty", den Tempel der Freiheit. Müller sagt, man müsse schon sagen, dass das hier alles ziemlich gut gemacht sei. Kubicki sagt: "Ach, Freiheit, das ist doch nichts für Sie." Müller fragt: "Warum?" Aber da ist Kubicki schon weitergegangen.

Fehlende Wahrheit: Die Fortsetzung fand abends an der Hotelbar statt, als ich Kubicki mit EU-„Recht" konfrontierte, dass sich EU-Staatsorgane anmaßen können Menschen zu töten: z.B. bei Aufständen gegen die Staatsgewalt oder durch die Verhängung der Todesstrafe in Kriegszeiten bzw. bei Kriegsgefahr. Ob das **seine persönliche Vorstellung von Freiheit in Europa** sei? Eine überzeugende Antwort fand Kubicki nicht. Der Journalist saß daneben und schwieg. Glaubten mir beide diese Menschenverachtung im EU-Gewand etwa nicht? Lesen Sie selbst nach, dieses Regularium ist schon ein paar Jahre alt.

Quelle: https://unser-mitteleuropa.com/eu-kommission-bereitet-notstandsgesetze-samt-militaerischen-managementrechten-vor/

Zerrbild: Und einmal, nach einem Abendessen mit mehreren Repräsentantinnen deutscher Firmen, kommt Müller stolz mit einer Visitenkarte: Die Audi-Repräsentantin habe ihn nach Mexiko eingeladen. Kubicki sagt: "In Mexiko werden ja ziemlich viele Menschen erschossen, deshalb ist es ganz gut, wenn Sie da jetzt mal hinfahren."

Fehlende Wahrheit: Die **zeitliche Abfolge stimmt nicht und ein Nachsatz wurde ausgeblendet**. Beim Essen saßen wir alle zusammen an einem Tisch und die mexikanische Audi-Repräsentantin lud mich während des Abendessens direkt vor Kubickis Augen ein. Als Nachsatz meinte Herr Kubicki, dass es einen weniger von der AfD gäbe, sollte ich in Mexiko erschossen werden. Dieser Nachsatz Kubickis kam im Spiegelartikel aber nicht vor.

Für Wolfgang Kubickis Lästereien revanchierte ich mich, als wir einen US-Senator besuchten. Während unsere Gruppe im Vorzimmer wartete, erzählte Kubicki den Angestellten des Senators begeistert, wie toll er Golf spiele. Trocken merkte ich an: „Ich habe noch Sex, mein lieber Kollege Kubicki spielt nur noch Golf."

September 2018 - Tom bringt mich mit William Toel zusammen

Nach der Washingtonreise kam ich übermüdet zuhause an und dann wollte Tom mit mir reden. Wir trafen uns in Salzburg auf der Terrasse des Cafe Bazar mit schönem Blick auf den Fluss Salzach und die Altstadt. Wie gewöhnlich zu einem Treffen mit Tom, kam ich zu dritt mit Frau und Hund. Er wollte zuerst wissen, wie meine Reise mit Wolfgang Kubicki verlaufen war. Dann meinte er, als Politiker solle ich eigene Kontakte in die USA pflegen und gab mir die Kontaktdaten von William Toel. Tom wusste anscheinend nicht, dass ich in Washington nicht nur mit Kubicki unterwegs war, sondern die Reise um zwei Tage verlängert und eigene Gespräche mit Republikanern und Journalisten aus dem Trump-Lager geführt hatte. Er gab mir also die Kontaktdaten von William Toel, von dem ich nie zuvor etwas gehört hatte.

Wer ist William Toel? Ein älterer Herr, Professor der Bradley-Universität und seit Jahrzehnten Experte für Deutschlandfragen. Seit 2021 ist er unter Patrioten relativ gut bekannt, als er quer durch Deutschland reiste, sich mit ihnen traf und YouTube-Videos darüber machte. Er nennt sich „Fürsprecher der Deutschen"

Quelle: https://www.williamtoel.de/

An einem der nächsten Tage lernte ich William Toel per Skypegespräch kennen. Wir machten uns erst einmal bekannt und er sagte mir, dass er in der AfD bereits mit Beatrix von Storch in Verbindung stehe. Er sagte voraus, dass in den nächsten Jahren fundamentale Umwälzungen auf Deutschland zukommen würden. Um diese Umwälzungen meistern zu können, müsse Deutschland Frieden mit sich selbst und seiner Geschichte finden: Toel forderte das Ende des Schuldkultes und der Vergangenheitsbewältigung! Der erste deutsche Politiker, der damit aus der Deckung käme, würde im kommenden, neuen Deutschland eine wichtige Rolle spielen. Mir würde er zutrauen, diese Rolle zu spielen, so Toel. Dafür würde er mir extra eine Rede schreiben, die ich bei nächstbester Gelegenheit in der Öffentlichkeit halten solle. Obwohl Toel einigermaßen Deutsch spricht, sprachen wir Englisch, weil es ihm leichter fällt. Ich antwortete: „Ok William, schick mir mal Deinen Redeentwurf, damit ich verstehen kann, was ich Deiner Meinung nach sagen soll, anschließend melde ich mich wieder." Die Sprengkraft des Themas war mir klar, aber als neugieriger Mensch wollte ich erst einmal sehen, welche Inhalte er schickte. Absagen konnte ich immer noch. Ein paar Tage später erhielt ich seinen Redeentwurf in englischer Sprache, den ich am 29. September 2018 in der Öffentlichkeit auf Deutsch halten sollte, nur übersetzt und ohne jegliche inhaltliche Änderung. Sonst würde die Rede ihre Wirkung verlieren, das war Toel ganz wichtig. Was stand denn nun in seinem Redeentwurf für mich drin?

Per E-Mail kamen sieben Din-A-4-Seiten mit viel Platz zwischen den Zeilen. Der Inhalt war getragen vom Streicheln der geschundenen deutschen Volksseele. Hier drei Ausschnitte, erst im englischen Original, dann mit deutscher Übersetzung:

The mantras have replaced debate; and any attempt to have honest discussion with each other is dismissed with, "given our past, or given our history..." then the ice-water bucket douses any ember of enthusiasm. To outsiders, we excuse our lack of debate with, "you don't understand; we were responsible for World War Two..." the same cold-water bucket washes away hope.

In Stein gemeißelte Aussagen haben offene Gespräche ersetzt; und jeder Versuch, eine ehrliche Diskussion miteinander zu führen, wird mit „angesichts unserer Vergangenheit oder angesichts unserer Geschichte ..." abgetan, dann löscht der Eiswassereimer jede Glut der Begeisterung. Gegenüber Außenstehenden entschuldigen wir unseren Mangel an offenen Gesprächen mit: „Sie verstehen nicht; wir waren für den Zweiten Weltkrieg verantwortlich ..." derselbe Kaltwassereimer spült die Hoffnung weg.

In a world of blessing and curses—to be born a German is not a blessing... but a curse. We have that general uncomfortable feeling deep inside of not being liked or trusted, simply by an accident of birth. This is made worse by a Chancellor that subtly and cleverly divides us daily with the politics of fear; her spin-doctors working around the clock.

In einer Welt voller Segen und Fluch – als Deutscher geboren zu werden, ist kein Segen ... sondern ein Fluch. Wir tragen tief im Inneren dieses allgemein unangenehme Gefühl, nicht gemocht zu werden oder dass man uns nicht vertraut, einfach durch einen Geburtsfehler. Dies wird noch verschlimmert durch eine Kanzlerin, die uns täglich unterschwellig und geschickt mit einer Politik der Angst spaltet; ihre Einflüsterer arbeiten rund um die Uhr.

I'm sending it loud and clear so they can hear it from here. I declare World War Two at an end! A moratorium is issued. Every nation on earth of any substance has had a decade of horror that they wish they could forget – so they do, they forget it. It is dust. It is history. It is dead. And if we have to finally bury this character Hitler with a headstone to prove it, then be done with it. It is over, and we have to get on with our lives.

Ich spreche es laut und deutlich aus, damit man es von hier aus hören kann. Ich erkläre den Zweiten Weltkrieg für beendet! Es wird ein Moratorium erlassen. Jede Nation auf der Erde, egal welcher Herkunft, hat ein Jahrzehnt des Schreckens erlebt, das sie am liebsten vergessen möchte – also tun sie es, sie vergessen es. Es ist Staub; es ist Geschichte; es ist tot. Und wenn wir dazu diese Figur Hitler endgültig mit einem Grabstein begraben müssen, um es zu beweisen, lasst es uns tun. Es ist vorbei und wir müssen unser Leben weiterleben.

Wenn ich die von Toel formulierte Rede am 29. September 2018 in der Öffentlichkeit gehalten hätte, wäre ich in der Luft zerrissen worden. Dafür war die Zeit damals noch nicht reif gewesen. Insofern musste ich vermuten, dass mich William Toel für so naiv gehalten hat, dass ich in die gestellte Falle laufe und meine politische Karriere selbst beende. Die Rede hielt ich nicht. Beim nächsten Treffen mit Tom beschwerte ich mich darüber, dass Toel meines Erachtens ein Provokateur der US-Geheimdienste sei, der mich in den politischen Selbstmord schicken wollte. Zu welchem Zweck hatte er mir den Kontakt zu ihm hergestellt? Tom meinte daraufhin, ich solle das nicht so ernst nehmen, der ältere Herr – er meinte Toel – müsse halt regelmäßig Berichte an seine Vorgesetzten schreiben und dafür Aktivitäten vorweisen. „Berichte an wen, an seine Führungsoffiziere", fragte ich Tom? Er lächelte mich an und sagte nichts.

Herbst 2018 - Mit Olaf Scholz (SPD) und Wolfgang Schäuble (CDU) im Fahrstuhl

Im Laufe des Herbstes 2018 hatte ich im Bundestag zwei Erlebnisse im Fahrstuhl.

Das erste muss im September gewesen sein, als die AfD mit 18 % in den Umfragen zweitstärkste Partei nach der CDU/CSU war. Wir lagen damals ein bis zwei Prozent vor der SPD, die nur auf 16-17 % kam und Platz drei in den Umfragen belegte. In jeder Plenarwoche, d.h. wenn in Berlin Bundestagsbetrieb herrscht, finden am Dienstagnachmittag die Fraktionssitzungen statt. Dazu fahren die Abgeordneten aller Fraktionen mit dem

Fahrstuhl – vier davon gibt es – gemeinsam auf die Fraktionsebene im Reichstagsgebäude und verteilen sich dort auf die verschiedenen Fraktionssäle. Als ich mit einem AfD-Fraktionskollegen einen dieser Fahrstühle betrat, standen dort Olaf Scholz (heute Bundeskanzler), Bärbel Bas (heute Bundestagspräsidentin), andere Führungsfiguren der SPD und unterhielten sich. Kaum hatten Sie uns bemerkt, hörten sie auf zu reden und eisiges Schweigen erfüllte erst einmal den Raum. Während der Lift nach oben fuhr, vernahm ich aus der SPD-Gruppe eine spitze Bemerkung in unsere Richtung, worauf ich laut antwortete: „Es war als AfD'ler schon immer mein Traum, mit der drittenstärksten Partei Lift zu fahren." Sie glauben gar nicht, wie entgeistert Scholz, Bas & Co. mich anschauten, ein herrlicher Moment!

Das zweite Lifterlebnis hatte ich einige Wochen später, als ich aus dem Plenarsaal kam und mit dem Lift nach unten fahren wollte. Vom Keller des Reichstagsgebäudes aus verläuft ein unterirdischer Gang in Richtung der Bürogebäude. Ich hatte schon den Knopf gedrückt, aber die Türe war noch offen, als der damalige Bundestagspräsident Schäuble in seinem Rollstuhl hereinrollte. Schäuble wollte schon den Knopf drücken, um nach oben in sein Büro zu fahren, als er mich wahrnahm. „Wohin fahren Sie?" frage er mich. „Nach unten", antwortete ich. Daraufhin vernahm ich einen Nachsatz Schäubles, *dass es mit der AfD nur nach unten gehen könne*, bevor er rückwärts aus dem Fahrstuhl herausrollte.

Zweites Halbjahr 2018 - Sogenannte „Finanzaffäre" in der AfD-Bundestagsfraktion

In meinem Verantwortungsbereich als Parlamentarischer Geschäftsführer (PGF) waren im Dezember 2017 ein Finanzleiter und eine Personalleiterin eingestellt worden. Nachdem die AfD-Bundestagsfraktion ihren ersten und bis heute letzten Fraktionsgeschäftsführer, Hans-Joachim Berg, in seinen Kompetenzen stark eingeschränkt hatte, kündigte Herr Dr. Berg zu Jahresbeginn 2018 und übergab sein Kündigungsschreiben der Personalleiterin. Damit lastete die Arbeit des Fraktionsaufbaus zusätzlich auf den Schultern des Finanzleiters – sowie auf meinen, da er die meiste Unterstützung von mir bekam. Der Finanzleiter, Frank Kral, war damals Parteimitglied und kam über den Landesverband Baden-Württemberg. Die Personalleiterin, Frau XY, die anonym bleiben möchte, hatte keinerlei politische Verbindungen zur AfD, ich kannte sie von früher und holte sie aufgrund ihrer Kompetenzen. Mit beiden fand ich sofort eine Arbeitsebene und wir brachten gemeinsam den Strukturaufbau in den beiden Bereichen Finanzen und Personal voran. Einer meiner PGF-Kollegen, Michael Espendiller, war seit unserem Bundestagseinzug im Herbst 2017 für die IT zuständig gewesen, konnte aber nach einem Jahr immer noch keine nennenswerten Ergebnisse vorweisen, weshalb ich zur Monatswende August/September 2018 die Federführung für den IT-Aufbau freiwillig übernahm, damit es auch dort voran ging. Anschließend stellte ich mit Herrn Z einen professionellen IT-Interim-Manager ein, weil ein IT-Aufbau ohne personelle Ressourcen schlecht möglich war. Die Einstellungen aller drei Personen waren vom Fraktionsvorstand genehmigt worden. Herr Z bat ebenfalls um Anonymisierung seines Namens, damit er als Freiberufler nicht noch mehr Probleme bekommt, neue Kunden zu finden; immerhin hatte er ein paar Monate für die „böse" AfD gearbeitet. So geht man mit beruflichen Existenzen im angeblich freiesten Staat um, den der deutsche Boden je gesehen hat und in dem man angeblich seine politische Meinung äußern kann, ohne berufliche Nachteile zu erleiden.

Im September 2018, an das genaue Datum kann ich mich nicht erinnern, erhielt ich einen Anruf von meinem PGF-Kollegen Jürgen Braun, dass dem Finanzleiter Frank Kral wegen angeblicher Unregelmäßigkeiten gekündigt werden sollte. Wie ich in diesem Kapitel schon einmal schrieb, wurden während meiner Zeit im Fraktionsvorstand Entscheidungen nie im Fraktionsinteresse, sondern immer im egoistischen Interesse Einzelner getroffen. Frank Kral, ein qualifizierter Finanzer, war mit unserer Fraktionsvorsitzenden Alice Weidel und mit dem PGF-Kollegen Michael Espendiller über Kreuz geraten und sie wollten ihn loswerden. Herr Kral wollte unter anderem unterbinden, dass in der Buchhaltung eine Mitarbeiterin Buchungen weiter in Excel durchführte, weil die rückwirkend verändert werden können. Dafür intrigierte die Dame beim

Fraktionsvorstand gegen ihren Chef. Frank Krals Streben nach Professionalität und Transparenz haben irgendwie irgendwen gestört. Seine Zeit als Finanzleiter war abgelaufen und über den folgenden Arbeitsgerichtsprozess zwischen Kral und der Fraktion war ich bestens informiert. Auch bei der Gerichtsverhandlung war ich anwesend, in der sich Krals Anwalt unbeholfen anstellte. Der Anwalt ließ Frank Krals Hauptentlastungsargument unter den Tisch fallen, dass Frau Weidel selbst über Dritte seinem Mandanten hatte vorschlagen lassen, zu einer bestimmten Fraktionsveranstaltung anzureisen. Die Vorwürfe angeblicher Unregelmäßigkeiten bestanden schlussendlich nur noch aus den Reisekosten zu dieser Veranstaltung. Weitere, angeblich „schwerwiegende Verfehlungsgründe" waren derart konstruiert gewesen, dass sie noch vor der Gerichtsverhandlung kleinlaut zurückgenommen werden mussten. Als „Chefkonstrukteur" tat sich der stellvertretende Fraktionsvorsitzende Roland Hartwig hervor, dem diese Hexenjagd sichtlich Spaß machte. Im Mittelalter wäre Hartwig bestimmt ein hervorragender Großinquisitor geworden. Das Gericht lehnte die Zeugenbefragung der Mitglieder des Fraktionsvorstandes ab, weshalb die Wahrheit nicht ans Licht kommen konnte. Herr Kral verlor erstinstanzlich seine Klage, meiner Meinung nach ein krasses Fehlurteil.

Auch für mich hatte diese „Finanzaffäre" unangenehme Folgen, weil ich zwischen die Fronten geraten war.

Als PGF für Haushalt und Finanzen war ich ausschließlich dafür verantwortlich, dass die Ausgaben der Fraktion dem beschlossenen Haushaltsbudget entsprachen, wozu mein Referent und ich Bedarfsanforderungen auf Herz und Nieren prüften, d.h. wir führten eine umfassende Überwachung und Kostenkontrolle für Ausgaben durch. Nicht weniger, aber auch nicht mehr. Ich war als PGF **nicht** dafür verantwortlich, wie die Buchhaltung arbeitete, weil die Buchhaltung direkt dem Finanzleiter unterstand und ich war auch **nicht** Mitglied der Kassenkontrollkommission, einer Art fraktionsinterner Revisionsabteilung.

Die Intrige gegen Frank Kral wurde dahingehend erweitert, dass mir die anderen Vorstandsmitglieder auf einmal vorwarfen, ich hätte eine vermeintliche Aufsichtspflicht gegenüber Frank Kral verletzt und die Buchhaltung nicht geprüft. Schauen wir uns gerne meine damalige Stellenbeschreibung an, was den Verantwortungsbereich „Finanzen der Fraktion“ betraf.

Finanzen der Fraktion	Überwachung sämtlicher Finanzen der Fraktion wie z.B. bei: •Beschaffung, Ausstattung, Möbel etc. •Beschaffung IT •Budgetplan, Jahresabschluss, Stellenplan •Umfassende Kostenkontrolle •Bundesrechnungshof, Finanzämter •Einberufung der Finanzkommission

Ich war ausschließlich für die beschriebenen sechs Punkte zuständig. Die Formulierung „Überwachung sämtlicher Finanzen der Fraktion wie z.B.“ hätte zwar theoretisch bedeuten können, dass ich über die beschriebenen sechs Punkte hinaus auch für weitere Punkte verantwortlich gewesen wäre, aber praktisch ließen mich die „Vorstandskollegen“ keinen weiteren Punkt kontrollieren, um meinen Einfluss möglichst gering zu halten. Steht unter den sechs Punkten etwa, dass ich als Einzelperson Vorgesetzter des Finanzleiters gewesen wäre? Nein, das war der gesamte Fraktionsvorstand als Organ! Oder steht dort vielleicht, dass ich als Revisor die Buchhaltung hätte prüfen sollen? Nein, das durfte ich gar nicht, weil nach dem Prinzip der Aufgabentrennung derjenige, der Ausgaben genehmigt – also ich – sich nicht auch noch selbst überprüfen darf. Genau dafür gibt es Revisoren. Es wurde klar, dass „Vorstandskollegen“ ihre Intrige gegen Finanzleiter Kral nutzten, um mir an den Karren zu fahren.

Mitten in der Sommerpause, am 10. August 2018, hatte PGF-Kollege Michael Espendiller von den beiden Fraktionsvorsitzenden Alexander Gauland und Alice Weidel den Sonderauftrag erhalten, die

Buchhaltungsordner durchzusehen, welche in der Finanzabteilung standen. Diesen Sonderauftrag erteilten sie ohne Beschluss des zuständigen Fraktionsvorstandes! Es wurde ausgerechnet Herr Espendiller, der mit Herrn Kral im Clinch lag, damit beauftragt, dessen Arbeitsleistung zu überprüfen. Ein objektives Ergebnis war da wohl nicht zu erwarten. Wie mir Buchhaltungsmitarbeiter später berichteten, waren sie selbst bei dieser Überprüfung nicht anwesend und hatten Herrn Espendiller auch keinen Zugang zu den Ordnern gewährt. Das allein ist schon der Hammer: Im persönlichen Auftrag der beiden obersten Chefs – unter Umgehung des zuständigen Fraktionsvorstandes! – verschaffte sich Herr Espendiller Zugang zu vertraulichen Finanzdokumenten, machte dort irgendetwas und berichtete anschließend an die beiden. War Herr Espendiller für die Buchhaltung zuständig? War Herr Espeniller berechtigt, dort einfach so einzudringen? War Herr Espendiller Mitglied der Kassenkontrollkommission und damit einer der zuständigen Revisoren? Die Antwort auf alle drei Fragen lautet „nein!“ Ich selbst wurde von dieser Aktion erst post factum in Kenntnis gesetzt und als ich diese nachvollzog, berichteten mir Buchhaltungsmitarbeiter von verschwundenen Schlüsseln zu Aktenschränken im Schlüsselkasten ihrer Abteilung. Bereits jetzt bewegte sich diese Räuberpistole am Rande der Legalität, aber wie es weiterging, schlug dem Fass den Boden aus.

Anschließend war ein Herr Dipl.-Kfm. Oldenburg von Alice Weidel beauftragt worden, die bereits intern von Herrn Espendiller durch-gesehenen Buchhaltungsordner auch extern zu überprüfen. Vor dieser externen Überprüfung verschwanden mindestens 11 Belege aus den Ordnern, die nach dem Ende der Überprüfung in den Ordnern wieder auftauchten. Von wem waren die zwischendurch entwendet und anschließend wieder hergestellt worden, sei es als Kopie oder im Original? Die Zahl der 11 Belege konnte ich deshalb genau feststellen, weil sich in meinem PGF-Büro die Gegenbelege zu denjenigen Belegen befanden, die zeitweise aus den Buchhaltungsordnern verschwunden waren. Oberhalb einer bestimmten Wertgrenze gaben Buchhaltung und ich Ausgaben nach dem 4-Augen-Prinzip frei, weshalb diese Belege immer zweimal existierten: Das Original bei mir und die Kopie in der Buchhaltung oder umgekehrt. Bei einer ersten Überprüfung im September kam ich auf acht fehlende Belege in den Buchhaltungsordnern, bei einer zweiten Überprüfung im Oktober auf zusätzliche drei Belege, macht zusammen elf. In den Ordnern in meinem PGF-Büro waren diese Gegenbelege vorhanden und damit konnte ich nachvollziehen, dass in den Buchhaltungsordnern der Finanzabteilung diese Belege während des Prüfzeitraums zeitweise verschwunden waren.

In der AfD-Bundestagsfraktion hatte sich inzwischen Unmut über das intransparente Vorgehen der beiden Fraktionsvorsitzenden entwickelt und die Fraktionsversammlung beschloss, dass eine zweite externe Überprüfung der Buchhaltungsordner stattfinden müsse. Der stellvertretende Fraktionsvorsitzende Roland Hartwig beauftragte daraufhin einen Wirtschaftsprüfer namens von Rheinbaben, diese durchzuführen. Interessant, der oberste „Hexenjäger" gegen Kral beteiligte sich plötzlich an der Suche nach der objektiven Wahrheit; dafür hätte er den Comedy-Oscar kriegen müssen. Wie ich später feststellte, musste auch die zweite externe Überprüfung unter Fehlen der elf Belege stattgefunden haben, weil diese erst danach ihren geheimnisvollen Weg zurück in die Buchhaltungsordner in der Finanzabteilung gefunden hatten.

Die ganze Geschichte warf eine Reihe von Fragen auf: Warum wurden Frank Kral und ich daran gehindert, die Ablaufprozesse in der Fraktion weiter aufzubauen? Wir hatten von Null anfangen müssen. Natürlich konnte nach einem Jahr noch nicht alles perfekt laufen, aber wir waren gut unterwegs gewesen. Wem war daran gelegen, in diesem Moment ein derartiges Chaos zu erzeugen, das bis heute anhält? Wer hat ein Interesse daran, dass es nach so vielen Jahren immer noch keine effizienten Ablaufprozesse in der AfD-Bundestagsfraktion gibt? Wer ging so weit, Belege zeitweise verschwinden zu lassen? Besonders gnadenlos ging in dieser Zeit der stellvertretende Fraktionsvorsitzende Roland Hartwig gegen Frank Kral, weitere Mitarbeiter und gegen mich vor, woraus das Zerwürfnis zwischen Hartwig und mir entstand, wofür ich mich ein Jahr später gebührend revanchieren sollte: Über das sogenannte „Hartwig-Video", das es sogar bis in die ARD-Tagesthemen schaffte.

In dieser verworrenen Situation erinnerte ich mich an ein Zitat, das dem letzten Sachsenkönig bei seiner Abdankung 1918 in den Mund gelegt wurde: „Macht doch Euren Dreck alleene." Am 10. Oktober 2018 schrieb ich das sinngemäß an Gauland und Weidel, natürlich sehr höflich formuliert und zog mich aus dem Finanzbereich zurück, blieb aber PGF. Alexander Gauland lud mich über Mittag sogar zu einem Glas Sekt in sein Büro ein, um die Angelegenheit zu besprechen. Er wollte wohl herausfinden, was ich alles wusste. Den Finanzbereich übernahm ein paar Tage später der damalige stellvertretende Fraktionsvorsitzende Tino Chrupalla – heute Partei- und Fraktionschef – bei dem ich ein Jahr zuvor mitgeholfen hatte, damit er überhaupt in den Fraktionsvorstand kam. Obwohl mein Referent Herrn Chrupallas Referenten sehr gründlich in die Finanzen einarbeitete, damit dieser mit der neuen Aufgabe zurechtkommen konnte, schwenkte Chrupalla schlussendlich auf Hartwigs Linie ein, mich zum Schuldigen für alles inklusive des Wetters zu erklären. Lektion gelernt: „Tue niemandem etwas Gutes, dann widerfährt Dir auch nichts Böses."

Im Mai des Folgejahres interessierte mich dann doch noch, ob die beiden externen Prüfer, Herr Oldenburg und Herr von Rheinbaben, wussten, dass man ihnen seitens der AfD-Fraktionsführung unvollständige Buchhaltungsordner zur Prüfung vorgelegt hatte. Und ob sie wussten, dass ich immer noch die Gegenbelege hatte, verbunden mit der Frage, warum sie diese bei ihren Prüfungen von mir nie angefordert hatten. Die Prüfungen waren über das Büro Hartwig kontrolliert worden und auch Finanzleiter Kral als Hauptbeschuldigter wurde von den Prüfern nie befragt; alles sehr dubios. Am 23. Mai 2019 erhielten beide Prüfer von mir einen eingeschriebenen Brief, in dem ich sie zu Stellungnahmen aufforderte. Direkte Antworten erhielt ich nie, eine indirekte Antwort aber schon. Am 07. Juni 2019 schrieb mir Alexander Gauland einen zuckersüßen Brief, in dem er mich sehr höflich bat, meine Ordner mit den Gegenbelegen an die Finanzabteilung zu übergeben, womit ich meine Beweisstücke aus der Hand gegeben hätte. Am 13. Juni 2019 antwortete ich Gauland, ebenfalls zuckersüß, dass ich das nicht tun werde.

November 2018 - Meine Teilentmachtung als Parlamentarischer Geschäftsführer unter Ausnutzung einer Krankheit

Nach dem Rückzug aus dem Finanzbereich am 10. Oktober 2018 waren IT und Personal meine Schwerpunktprojekte geblieben. In der IT entwickelte ich gemeinsam mit dem interimistischen Leiter, Herrn Z, zügig eine neue Netzwerkarchitektur. Eine besondere Herausforderung war die Verbindung des neuen Fraktions-IT-Netzes mit dem Bundestagsnetzwerk. Nachdem der AfD-Fraktionsvorstand das problemlos genehmigt hatte, bestellten wir die Hardware und Mitarbeiter machten sich ans Verkabeln, als die Teile sukzessive eintrafen. Parallel beantragten Herr Z und ich im Fraktionsvorstand den Kauf eines Betriebssystems für den Server, was eine reine Formalie hätte sein sollen. Auf einmal meldeten sich die Bedenkenträger zu Wort und zogen die Entscheidung in die Länge. Hatten die nicht verstanden, dass Hardware ohne ein Betriebssystem nicht funktionieren kann? Das ging so weit, dass der Fraktionsvorstand vor Angst wie gelähmt war, überhaupt eine Entscheidung treffen zu wollen und das Thema in die Fraktionsversammlung abschob, damit alle AfD-Abgeordneten darüber entscheiden sollten.

In dieser Fraktionssitzung wurde Herr Z übel angegangen und es war kein Wille erkennbar, zu einer konstruktiven Lösung zu kommen. Anscheinend brauchte die AfD-Bundestagsfraktion keine funktionierende IT. Herr Z war nicht nur ein hervorragender IT-Experte, sondern insgesamt ein aufgeweckter Typ und wehrte sich geschickt gegen die Anfeindungen. Auf dem Höhepunkt zeigte Herr Z dem MdB Uwe Kamann aus Nordrhein-Westfalen – ein großer IT-Unternehmer – dass dieser von der Materie nicht unbedingt Ahnung hatte. Das regte Kamann derart auf, dass er Herrn Z provokante Fragen stellte, welche dieser auf Faktenbasis souverän parierte. Daraufhin mischte sich MdB Rüdiger Lucassen – Ex-Oberst der Bundeswehr und ebenfalls aus Nordrhein-Westfalen stammend – ein und brauste auf: „Herr Z, wie sprechen Sie überhaupt mit einem MdB!" Vor 89 Bundestagsabgeordneten antwortete Herr Z cool: "Wie es in den Wald hineinschalt, so kommt es heraus." Was für eine peinliche Arroganz eines MdB, welche im Übrigen bei einem Großteil der Fraktion auch keinen Anklang fand. Bei dieser Szene von Lucassen musste ich ans Altertum denken, als Könige und Grafen meinten, von Gott auserwählt worden zu sein. Ein heutiger MdB, also Bundestagsabgeordneter, auf einer Stufe mit früheren Königen stehend, hoch über dem Fußvolk schwebend? Nach dieser verkorksten Fraktionssitzung wurde es nicht besser und das Torpedieren des IT-Projektes ging anschließend im Fraktionsvorstand weiter. Das Wort führten dort die Bedenkenträger, was alles nicht gehen würde. Herrn Z und mich ließen sie auflaufen, sobald wir Lösungsvorschläge unterbreiteten. Sie waren sichtlich getrieben von der Angst Fehlentscheidungen zu treffen, weil sie sich nicht auskannten. Schon im Job hatten mich entscheidungsängstliche Manager aufgeregt, die in Problemen statt in Lösungen denken. Trotz aller Widrigkeiten brachte Herr Z das neue Fraktions-IT-Netzwerk zur Jahreswende 2018/2019 zum Laufen, unsere gemeinsamen Vorarbeiten hatten die Basis gelegt. Danach verabschiedete er sich aus dem Projekt, weil er sich nicht länger respektlos behandeln lassen wollte.

Im Personalbereich hatten wir vier Parlamentarische Geschäftsführer, die PGF's Bernd Baumann, Jürgen Braun, Michael Espendiller und Hansjörg Müller, die Aufgaben formal unter uns aufgeteilt. Aufgrund meines beruflichen Vorsprungs – in Unternehmen hatte ich Personalverantwortung für mehrere Hundert Mitarbeiter getragen – und aufgrund der Tatsache, dass die Personalleiterin über mich eingestellt worden war, hatte ich in der Personalabteilung den größten Einfluss. Wie schon im Finanzbereich und im IT-Projekt nahm ich auch im Personalbereich ab September 2018 wahr, dass das „Knüppel-zwischen-die-Beine-Werfen" immer mehr zunahm. Sobald ein neu aufgesetzter Prozess in der AfD-Bundestagsfraktion einigermaßen lief, begann das Unterlaufen und Torpedieren desselben. In der Personalabteilung wurde es besonders schlimm, dazu gleich mehr. Folgende Strategieänderung in der Presseberichterstattung hatten mein Referent und ich wahrgenommen: Seit unserem Bundestagseinzug im September 2017 bis zum September 2018 hatte die Mainstreampresse ein Jahr lang versucht, die AfD-Bundestagsfraktion als Idioten hinzustellen. Dazu musste die Mainstreampresse über unsere Aktionen aber regelmäßig berichten und weil wir immer öfter gute Arbeit ablieferten, bekamen die Bürger das zunehmend mit. In der Konsequenz nahmen unsere Umfragewerte beständig zu. Im September 2018 waren wir auf einmal mit 18 % zweitstärkste Partei nach der Union. Die ZEIT titelte: „Umfrage – AfD erstmals zweitstärkste Partei nach der Union."

Quelle: https://www.zeit.de/politik/deutschland/2018-09/deutschlandtrend-wahl-afd-spd-union-grosse-koalition-umfrage-horst-seehofer

Dann muss der Staatsmacht inkl. der Systemmedien der Geduldsfaden gerissen sein. Seit September 2018 konzentrierte sich die Mainstreampresse auf das Ausschlachten unserer Fehler und blendete uns aus der sonstigen Berichterstattung weitgehend aus: Damit wurden wir in der Öffentlichkeit seltener und schlechter dargestellt, was schon einmal unsere Außendarstellung nach unten zog. Zusätzlich wies wohl die Staatsmacht ihre informellen Mitarbeiter in Fraktion und Fraktionsvorstand an, möglichst viel Sand ins Getriebe der AfD-Bundestagsfraktion zu streuen. Das lähmt die internen Abläufe bis heute. Eine andere logische Erklärung habe ich nicht, was das seltsame zeitliche Zusammentreffen betrifft, wie der äußere Hebel (Bekämpfung von außen) und der innere Hebel (Zersetzung von innen) gleichzeitig gegen uns angesetzt wurden.

Übrigens haben die AfD-Bosse seit September 2018 bis heute, also über vier Jahre lang, nicht auf diese Strategieänderung in der Presseberichterstattung reagiert. Es trifft doch die Arbeitsfähigkeit im Kern, wenn eine Oppositionspartei beim Bürger nicht mehr durchkommt oder nur noch total verzerrt wahrgenommen wird. Ist diese Nichtreaktion der AfD-Führung Unfähigkeit, Vorsatz oder beides?

Mitte November 2018 fing ich mir eine Erkrankung ein. Am Sonntag meldete ich mich für die Fraktionsvorstandssitzung am folgenden Montag krank, auf der Folgendes passierte: Das IT-Projekt und die Personalverantwortung wurden mir in Abwesenheit weggenommen. Das IT-Projekt wurde dem stellvertretenden Fraktionsvorsitzenden Peter Felser zugeteilt; die Personalverantwortung riss sich Leif-Erik Holm, ebenfalls stellvertretender Fraktionsvorsitzender, unter den Nagel. Zu diesem Zeitpunkt war noch gar nicht klar, wie lange ich ausfallen würde. Die Schnelligkeit dieser Entscheidung im Fraktionsvorstand, der sonst monatelang Entscheidungen verschleppte, legte den Verdacht nahe, dass zwei Fliegen mit einer Klappe geschlagen wurden: Erstens lieferte mein Strukturaufbau in der IT und im Personal Ergebnisse, was natürlich nicht sein durfte, wenn Sand ins Getriebe der eigenen Organisation gestreut werden sollte. Im späteren Vergleich arbeitete Holm erkennbar schlechter; Felser ging zwar langsamer vor, aber er lieferte wenigstens Ergebnisse. Zweitens stellten mich die Oppositionsschauspieler kalt, jetzt hatte ich im AfD-Fraktionsvorstand nur noch meine Stimme und den PGF-Titel, aber keinen großen Einfluss auf die Organisation mehr. „Wenn ihr das so wollt", sagte ich mir, „dann könnte ihr das so haben." Anstatt Antibiotika zu nehmen und innerhalb weniger Tage künstlich geheilt zurückzukommen entschied ich mich für die Naturheilvariante. Ich kurierte mich in Ruhe aus und kam auf natürlichem Wege wieder zu Kräften, was im Endeffekt sechs Wochen dauerte. Jedem Manager, Politiker und überhaupt jedem Menschen kann ich nur empfehlen, in solchen Situationen so zu handeln. Hören Sie auf Ihre Seele und hören Sie auf Ihren Körper. Keine Position und kein Geld der Welt ist es wert, die eigene Gesundheit zu ruinieren, wir haben nur eine. Gedankt wird es Ihnen sowieso von niemandem. Die Parlamentsärztin war sehr verwundert, als ich sie um eine längere Krankschreibung bat. Sie gab mir zu verstehen, dass sie von Abgeordneten normalerweise bedrängt wird, möglichst viele Pillen zu verschreiben, um möglichst schnell wieder fit zu werden. Kaum ein Abgeordneter wäre ohne medikamentöse Unterstützung unterwegs. Das liege am mörderischen Druck im Bundestag, der nicht verzeihen würde, wenn man für längere Zeit ausfalle, das würden Gegner sofort für sich ausnutzen, so hörte ich die Parlamentsärztin weiter. Sie hatte Recht, meine Teilentmachtung hatte sogar nur einen Tag gedauert. An dieses Gespräch muss ich heute noch denken, wenn ich mir die hirnrissigen Entscheidungen von Bundestag und Bundesregierung vergegenwärtige. Wir werden offensichtlich von medikamentenabhängigen Junkies regiert.

Menschlich berührte mich sehr, dass mich während meiner Krankheit der damalige Vorsitzende des Bundestagsausschusses für Wirtschaft und Energie, der LINKE-Politiker Klaus Ernst, persönlich anrief, um mir gute Besserung zu wünschen. Des Weiteren brachten mir die sechs

Wochen Ausfall den zweifelhaften Ruhm ein, der Bundestagsabgeordnete mit der angeblich höchsten Fehlquote von 42,42 % bei namentlichen Abstimmungen zu sein, worauf sich natürlich Presse und innerparteiliche Gegner stürzten. Warum angeblich? Weil die Bundestagsstatistik maximal drei Kalendertage pro Monat als Krankheit anerkennt. Selbst wenn man länger krank ist, werden die 27 restlichen Kalendertage pro Monat inkorrekt als angebliche Fehlzeit ausgewiesen. Die sechs Wochen krankheitsbedingter Ausfall verzerrten die Statistik gewaltig, aber davon konnte ich mir nichts kaufen: Mein Image in der Öffentlichkeit war ramponiert und ich stand als angeblich fauler Abgeordneter da; Pech gehabt. In der Politik ist leider nie wichtig, was ist, sondern immer, wie es erscheint.

Quelle: https://www.rbb-online.de/kontraste/pressemeldungen-texte/abgeordnete-der-afd-fehlen-am-haeufigsten--fdp-fraktion-verdoppe.html

Ende 2018 - Desillusioniert nach einem Jahr im Deutschen Bundestag

Meine Desillusionierung fand sowohl fraktionsintern als auch bundestagsbezogen statt. Fangen wir mit den fraktionsinternen Gründen an.

Die Art und Weise, wie man in der AfD-Bundestagsfraktion zwar nicht mit allen aber mit zu vielen Mitarbeitern umging, war bodenlos. Erinnern Sie sich an den Umgang mit dem damaligen Finanzleiter Frank Kral? Er war einfach nur fachlich gut und selbstbewusst; in dieser Kombination reichte das schon aus, um rausgeworfen zu werden. Und so ging es weiter. Als der stellvertretende Fraktionsvorsitzende Peter Felser für das IT-Projekt verantwortlich wurde – worum er sich nicht gerissen hatte, Alice Weidel teilte es ihm zu, damit ich es wohl nicht mehr vorantreiben konnte – stellte er Herrn Z's letzte Rechnung in Frage, die aus der Zeit der Zusammenarbeit mit mir stammte. Ich bestätigte im Fraktionsvorstand, dass Herr Z die vereinbarten Leistungen vollständig und ordnungsgemäß erbracht hatte, aber das interessierte dort niemanden. Herr Z hatte die beiden gleichen „Fehler" wie Kral: Er war fachlich gut und selbstbewusst. Besonders niederträchtig behandelte der stellvertretende Fraktionsvorsitzende Leif-Erik Holm die damalige Personalchefin Frau XY, als er ihr Vorgesetzter wurde. Die honorige Dame musste derart viel einstecken, dass sie heute noch anonym bleiben möchte. Frau XY war Personalprofi und wusste, wie man eine Personalabteilung plant und führt. Das war Herrn Holm anscheinend schon zu viel, der nicht zugeben konnte oder wollte, dass er fachlich keine Ahnung hatte. Bei Bewerbungsgesprächen hatte sich Frau XY handschriftliche Notizen zu Bewerbern gemacht, was bei Stellenbesetzungen Teil der täglichen Arbeit ist. Es ging um den Auswahlprozess geeigneter Kandidaten für die AfD-Bundestagsfraktion. Somit konnte Frau XY den Fachabteilungen zu jeder Zeit fundiert berichten. Diese handschriftlichen Notizen fielen Leif-Erik Holm in die Hände – auf welchem Wege? Das konnte wohl nur illegal gehen! Holm stellte Frau XY erst einmal frei. Anschließend wurde während ihrer Abwesenheit von Unbekannten ihr Rollcontainer aufgebrochen und durchwühlt. Es wurden Unterlagen herausgenommen, darunter auch private und handschriftliche Notizen. Herr Holm behauptete in der nächsten Fraktionsvorstandssitzung allen Ernstes, Frau XY hätte über Bewerber Dossiers in Stasi-Manier angelegt. Das sagte nun wirklich der Richtige, wobei er mit Frau XY's handschriftlichen Notizen herumwedelte, die sich gar nicht in seinem Besitz hätten befinden dürfen. Als großer Unterstützer von Felsers und Holms Vorgehen tat sich wieder Roland Hartwig hervor, der schon bei Frank Krals Rauswurf eine zwielichtige Rolle gespielt hatte. Der ehemalige Chefsyndikus des Bayer-Konzerns kannte nur eines: Immer drauf, gnadenlos und hintenrum.

Frau XY, Herrn Z und Herrn Kral stand ich jeweils bei, damit sie in ihren Gerichtsprozessen gegen die Fraktion möglichst gut aus den verfahrenen Situationen herauskommen konnten. Das war für mich ein Gebot des menschlichen Anstandes. Werte Leser, denken Sie bloß nicht, dass der Fraktionsvorstand der AfD-Bundestagsfraktion nur mit angestellten Führungskräften so umgegangen wäre. Nein, so sprangen die leider mit viel zu vielen Mitarbeitern um. Mit welcher Begeisterung hatten sich alle möglichen Leute zu Beginn der Legislaturperiode noch darum gerissen, für die AfD-Bundestagsfraktion arbeiten zu dürfen und nach einem Jahr war es ein Jammer zu sehen, wie wenig von dieser Begeisterung übriggeblieben war: Das demotivierte die Mitarbeiter, zunehmend herrschte ein Klima der Angst. Der größte Verlierer wurde am Ende die AfD-Bundestagsfraktion selbst, die Probleme bekam, überhaupt noch qualifizierte Mitarbeiter zu finden. In der Wirtschaft würde man so ein Führungsverhalten der damaligen Verantwortlichen im AfD-Fraktionsvorstand als Managementversagen bezeichnen. Leif-Erik Holm gehört auch dem neuen Fraktionsvorstand seit 2021 wieder an und ist dort nach wie vor Personalverantwortlicher. Nach meiner persönlichen Erfahrung ist Holm also weiter damit beschäftigt, Humankapital zu vernichten. Auch im Arbeitskreis Wirtschaft und Energie, dem wir 2017 bis 2021 gemeinsam angehörten, war Herr Holm derjenige gewesen, der unsere besten Initiativen schon hier aus dem Verkehr zog, womit sie es gar nicht erst in die Fraktionssitzung und dann weiter in die Bundestagsdebatten schaffen konnten. Aus Unfähigkeit oder im Auftrag? Noch eine lustige Anekdote am Rande: Die eurokritische AfD-Bundestagsfraktion schloss für ihre Mitarbeiter eine betriebliche Altersversorgung in der Währung Euro ab, an deren Überleben sie selbst nicht glaubt. Wer schlug es dem Fraktionsvorstand vor? Leif-Erik Holm!

Bezüglich des Bundestages war ich nach einem Jahr auch desillusioniert. Meine schlimmsten Befürchtungen, dass wir Abgeordnete eher Schauspieler oder Marionetten seien, die nichts wirklich zu entscheiden haben, hatten sich bestätigt. In den Fraktionen der fünf Systemparteien CDU/CSU, SPD, F.D.P., GRÜNE, LINKE dürfen die Abgeordneten fast nur abnicken, was deren Fraktionsvorstände schon „entschieden“ haben; wobei diese Vorstände nichts „entscheiden“, sondern umsetzen, was ihnen von den globalen Entscheidungsträgern vorgegeben wird. Werte Leser, blättern Sie gerne in die letzten Seiten zum Jahr 2016 zurück und vergegenwärtigen Sie sich noch einmal das „10-Punkte-Geschäftsmodell der internationalen Finanzgangster“ und wie unser Land, Deutschland, von Repräsentanten der „Atlantikbrücke“, des „Aspen-Instituts“, der „Trilateralen Kommission“, des „European Council on Foreign Relations“, der „Bilderberger“ und weiterer US-Denkfabriken fremdverwaltet wird. Erinnern Sie sich auch an das WEF (World Economic Forum) von Klaus Schwab und seine „Young Global Leaders“, die in diesem finsteren Netzwerk eine wichtige Rolle spielen. In der AfD-Bundestagsfraktion

2017-2021, in der ich mitwirkte, war diese Gleichschaltung nicht ganz so schlimm, weil unser „gäriger Haufen" sich nicht alles sagen ließ und unsere Vorstände schwach waren. Aber auch im Kleinen der täglichen Arbeit fiel mir die Schauspieler- und Marionettenrolle auf, die wir als angeblich so einflussreiche Bundestagsabgeordnete zu erfüllen haben. Ich fragte mich zum Beispiel, warum der Bundestagsausschuss für Wirtschaft und Energie, dem ich angehörte, überhaupt noch tagt, wenn gefühlte 70 bis 80 % auf europäischer Ebene entschieden werden. Regelmäßig führten wir Aussprachen zu Themen durch, die dort schon lange entschieden waren, kein Witz! Oder Deutschland durfte die bitter benötigte Nord-Stream-2-Gaspipeline nicht in Betrieb nehmen, auf Anweisung der USA. Es hat hoffentlich jeder gesehen und gehört, wie US-Präsident Biden dem Kanzlerdarsteller Scholz vor der Weltöffentlichkeit verbot, das zu tun. Dabei kanzelte der US-Herrscher seinen deutschen Laufburschen entsprechend ab. Inzwischen wurden Löcher nicht nur in die Nord-Stream-2- sondern auch in die Nord-Stream-1-Röhren gesprengt, damit wir überhaupt kein Gas direkt aus Russland mehr erhalten können; unser Land hat fertig: **Diese wehrlos hingenommene Zerstörung unserer wirtschaftlichen Grundlagen ist für mich die vollendete Zur-Schau-Stellung der Nichtsouveränität Deutschlands!** Zu meiner Zeit hatte der Bundestagsausschuss für Wirtschaft und Energie noch mit großer Mehrheit „entschieden", die Gasleitung anzuschalten. Hat's was genutzt?

2019

Februar 2019 – Persönlicher Strategiewechsel

Das neue Jahr ging so weiter, wie das alte aufgehört hatte – mit Intrigen und Streit im Fraktionsvorstand. In einer Vorstandssitzung hingen Beatrix von Storch und Roland Hartwig buchstäblich über ihren Tischen und schrien mich mit zornesrot geschwollener Stirn an, dass ich aus dem Vorstand zurücktreten solle, man könne mit mir nicht arbeiten. Leif-Erik Holm schrie mit, aber leiser, er ist Norddeutscher mit entsprechend kühlerem Naturell. Das war wieder einer von diesen „lustigen Horrormomenten", die mir „Trixi" bzw. „die Störchin" im Bundestag bescheren sollte. Wie die Frau sich in diesem Moment benahm, kenne ich von meinen Kindern, als sie klein waren. Nach meiner persönlichen Erfahrung ist Beatrix von Storch nicht unbedingt die Gewinnerin bei Intelligenzwettbewerben, was sie durch besonders viel Intrigieren kompensiert. Dagegen hilft auch kein Adelstitel. Ich konnte nicht anders, als über ihren erneuten, peinlichen Auftritt innerlich zu schmunzeln. Sogar der ehemalige Chefsyndikus, d.h. oberste Jurist des weltweit tätigen Chemiekonzerns Bayer, Roland Hartwig, hatte in diesem Moment die Kontrolle über sich verloren und ging aus sich heraus. Einerseits genoss ich den Moment, dass meinen Lieblingsintriganten nichts anderes übriggeblieben war, als mich sinnlos anzuschreien, weil sie sonst keine Handhabe gegen mich hatten. Andererseits war ich erschüttert, was aus diesem AfD-Fraktionsvorstand geworden war, wie sollte man auf so einer zerrütteten Basis vernünftig zusammenarbeiten?

Was hatte ich eigentlich verbrochen? Im vorherigen Kapitel habe ich meine damaligen Aufgaben beschrieben und bin auch heute noch der Ansicht, dass ich sie professionell erfüllte. Wie beschrieben, drängte sich mir damals der Verdacht auf, dass die AfD-Bundestagsfraktion keine funktionierende Organisationsstruktur bekommen sollte und deshalb intern bewusst Sand ins Getriebe gestreut wurde. Als Aktivposten unter sonst eher passiven Vorstandsmitgliedern bekam ich natürlich das meiste davon ab. Nach dieser Vorstandssitzung analysierte ich die Situation mit meinen Mitarbeitern und wir kamen zu der Erkenntnis, dass der AfD-Fraktionsvorstand verloren sei. Ich solle zwar Mitglied in diesem Gremium bleiben, weil meine Stimme dort manches Unheil verhindern könne, aber insgesamt mein Engagement dort zurückfahren, weil es sowieso nichts brächte. Ich solle meinen Einsatz lieber auf andere Felder verlagern, auf denen ich wichtige Dinge für die AfD-Bundestagsfraktion voranbringen könne. So tat ich es ab Februar 2019. Alle Aktionen, die ich ab diesem Zeitpunkt neu begann, waren dem Umstand geschuldet, dass ich meine Energien anderweitig und sinnvoller einsetzte als im AfD-Fraktionsvorstand. Mein persönlicher Strategiewechsel blieb Alexander Gauland nicht verborgen, der mich am Rande einer Bundestagssitzung aufforderte, als PGF zurück- und aus dem Vorstand auszutreten. Diesen Gefallen tat ich ihm nicht und ich blieb bis zum Ende meiner gewählten, zweijährigen Amtszeit im September 2019 als Augen, Ohren und Stimme der einfachen Abgeordneten und Fraktionsmitarbeiter dabei.

Mai 2019 – Versuchte Betriebsratsgründung

Die im vorherigen Kapitel beschriebene unterirdische Art und Weise, wie mit Fraktionsmitarbeitern umgegangen wurde, führte zu zunehmenden Widerständen unter diesen. Einige taten sich zusammen, um einen Betriebsrat zu gründen, der ihre Rechte gegenüber dem Fraktionsvorstand durchsetzen sollte. Nachdem in der Fraktion jeder mitbekommen hatte, dass ich im Vorstand zum „Vertreter der einfachen Leute gegen die da oben" geworden war, nahmen die Betriebsratsinitiatoren mit mir heimlich Kontakt auf und fragten mich um Rat, bevor sie ihr Vorhaben in Angriff nahmen. Die Situation fand ich persönlich spannend, nachdem ich im Berufsleben immer auf der anderen Seite gesessen hatte – als Geschäftsführer auf der Seite der Arbeitgeber. „Nun denn", dachte ich mir, „dann coache ich Euch gerne, damit aus Eurem Betriebsrat was wird." Und ich will gar nicht verstecken, dass es für mich eine Genugtuung war, denjenigen Vorstandskollegen eins auszuwischen, welche im Vorjahr die Frechheit besessen hatten, ihre eigenen intriganten bis illegalen Aktionen im Zuge der sogenannten Finanzaffäre gegenüber der Presse als angebliches Versagen meinerseits hinzustellen. Wie üblich blieb der Presse auch dieses Mal nichts verborgen – sie hatte immer genug Durchstecher von Informationen in unseren Reihen – und meine Mail an die Fraktionsmitarbeiter, in der ich die Betriebsratsgründung unterstützte, konnte ich ein paar Tage später in der Süddeutschen Zeitung nachlesen.

Quelle: https://www.sueddeutsche.de/politik/afd-betriebsrat-bundestag-1.4431104

Die Reaktion der übrigen Vorstandsmitglieder auf die Betriebsratsinitiative war so hart, dass die meisten Initiatoren aus Angst vor einem Arbeitsplatzverlust kalte Füße bekamen: Wer kriegt denn auf dem Arbeitsmarkt je wieder einen Job, der das Kainsmal einer AfD-Beschäftigung auf der Stirn trägt? Die Mitarbeiter ließen sich mit einem viel schwächeren „Vertrauensgremium" anstatt eines starken Betriebsrates abspeisen. Damit verschwand das Thema erst einmal in der Versenkung. Offensichtlich wurde die „Hire-and-Fire-Mentalität" in der AfD-Bundestagsfraktion über die Jahre hinweg nicht besser, weil drei Jahre später, im Frühjahr 2022, dann doch noch ein Betriebsrat gegründet werden sollte.

Quelle: https://www.sueddeutsche.de/politik/afd-betriebsrat-1.5575484

01. Juni 2019 – Zweiter Anlauf zu einer Alternativen Sicherheitskonferenz

Wie viele andere friedliebende Deutsche auch war ich zunehmend erschüttert, dass die sogenannte Münchener Sicherheitskonferenz immer mehr zu einer NATO-Kriegsvorbereitungskonferenz gegen Russland mutiert war, wovor der russische Staatspräsident Putin schon im Jahr 2007 bei seiner klarsichtigen Rede vor diesem Gremium gewarnt hatte. Werte Leser, lesen Sie seine damalige Rede im Wortlaut nach und vergleichen Sie seine Prophezeiungen mit den Fakenews zu den Kriegsursachen, welche die Westpropaganda zum inzwischen begonnenen Krieg in der Ukraine verbreitet.

Quelle: http://www.ag-friedensforschung.de/themen/Sicherheitskonferenz/2007-putin-dt.html

Mitstreiter von innerhalb und außerhalb der AfD waren schon 2018 auf mich zugekommen, um Alexander Gauland dafür zu gewinnen, der faktischen Münchener Kriegstreiberkonferenz eine Alternative Münchener Sicherheitskonferenz entgegenzusetzen, in der die östlichen Interessen genauso gehört und akzeptiert werden, wie die westlichen. Nur so, durch einen fairen Interessenausgleich, ist echte Entspannung und

Sicherheit möglich, was im ureigensten deutschen Interesse liegt, da wir uns geographisch an der Nahtstelle zwischen West und Ost befinden! Doch leider wollte Gauland von all dem nichts wissen. Rufen Sie sich nur in Erinnerung, wie er persönlich 2016 beim Stuttgarter Programmparteitag verhinderte, dass der NATO-Austritt in unser Parteiprogramm aufgenommen wurde. Inzwischen bin ich mir nicht mehr sicher, ob Gauland wirklich für eine Neuauflage der erfolgreichen deutschen Entspannungspolitik aus den 1970er Jahren gegenüber Russland eintritt oder das nur vorgibt, um die AfD-Mitglieder bei der Stange zu halten. Egal, Gauland hatte unsere Idee als Spinnerei zurückgewiesen, als ich mit der Idee einer Alternativen Münchener Sicherheitskonferenz auf ihn zugekommen war, weshalb wir die erste Auflage im Juni 2018 selbst in die Hand nahmen und mit Willy Wimmer – Verteidigungs-staatssekretär unter Bundeskanzler Kohl und später Vizepräsident der Parlamentarischen Versammlung der OSZE – einen hochkarätigen Redner gewinnen konnten. Weitere Teilnehmer waren (von links nach rechts) der ehemalige österreichische Geheimdienstchef Gert-Rene Polli, Moderator Dr. Wolfgang Caspart aus Salzburg, ich, der einflussreiche deutsch-russische Journalist und Geopolitikspezialist Prof. Alexander Sosnowski, Ewald Stadler, freiheitliches Urgestein und ehemaliger österreichischer Abgeordneter zum Europaparlament, sowie Robert Stelzl, österreichischer Publizist und ehemaliger Mitarbeiter von Ewald Stadler.

Quelle: https://www.mangfall24.de/region/mangfalltal/kolbermoor-ort45141/kolbermoor-formuliert-alternative-muenchner-sicherheitskonferenz-10037294.html

Ein Jahr später, am 1. Juni 2019, unternahmen wir einen zweiten Anlauf und trafen uns wieder in Kolbermoor bei Rosenheim im Voralpenland. Willy Wimmer konnten wir wiederum für uns gewinnen und über ihn einen Vertrauensmann des ehemaligen jugoslawischen Außenministers Jovanovic, Prof. Slobodan Samardzic, der den völkerrechtswidrigen NATO-Angriffskrieg gegen sein Land 20 Jahre zuvor erdulden musste. Zeitweise war Samardzic Minister für das Kosovo in der serbischen Regierung gewesen. Weitere Teilnehmer waren wiederum, wie im Vorjahr, Prof. Alexander Sosnowski und neu in unserer Runde war Oberstleutnant der Bundeswehr a.D., Jochen Scholz, aufgrund eigener militärischer Erfahrungen inzwischen NATO-Kritiker. Scholz hatte keinerlei Verbindungen zur AfD; man sagte ihm eher Nähe zur LINKEN nach und Wimmer ist CDU-Mitglied, was den breiten gesellschaftlichen Rahmen unterstreicht, den wir mit unserer Alternativen Sicherheitskonferenz abdeckten.

2019 führten wir sie als geopolitische Diskussionsrunde durch, in der wir ebenfalls daran erinnerten, dass über die Versailler Konferenz 100 Jahre zuvor für Europa das Tor zur Hölle aufgestoßen worden war. Seitdem geht es mit unserem Kontinent bergab. Hier die Themen unserer zweiten Veranstaltung:

"1919-1999-2019: Frieden in Freiheit für die Heimat unserer Völker" GLIEDERUNG UND THEMENKREISE: – 100 Jahre Versailles – das Tor zur Hölle in Europa – 20 Jahre völkerrechtswidriger NATO-Angriff auf die Bundesrepublik Jugoslawien – Grundgesetzwidriger Einsatz der Bundeswehr durch SPD und GRÜNE – Südost-Europa weiter im Würgegriff der NATO? – Balkan wieder Auslöser für einen Krieg in Europa? – Serbien der Eckstein für Krieg oder der Schlüssel zum Frieden? – Frieden in Europa geht nur mit Russland!

Wer sich den Diskussionsverlauf unserer beiden Alternativen Sicherheitskonferenzen aus den Jahren 2018 und 2019 in Ruhe ansehen will, kann das über folgende Links tun. Über die „Seegespräche“ wurden sie aufgezeichnet.

Quelle: 2018 https://www.youtube.com/watch?v=u9Ahw6DLDKs

Quelle: 2019 https://www.youtube.com/watch?v=xD6bHDu54yw

Wenn ich mir vergegenwärtige, wie nahe wir heute, im Jahre 2022, am 3. Weltkrieg stehen – den die NATO so lange weiter provozieren wird, bis Russland am Boden liegt oder der NATO die Luft ausgeht – hatte sich unser Team auf beiden Konferenzen richtig positioniert: Für den Weltfrieden und gegen die irren Kriegstreiber. Russland verteidigt sich seit 30 Jahren gegen die NATO-Osterweiterung und tut das inzwischen offensiv auf dem Territorium der Ukraine, welche vom Westen als Aufmarschgebiet und Kanonenfutter gegen Russland verheizt wird. Die EU-Staaten verheizen sich selbst gleich mit, was wiederum darauf hinweist, dass kein einziges EU-Land und Deutschland auch nicht souverän sein können! Profiteure der europäischen Selbstverheizung sind die USA, was auch wiederum darauf hinweist, wo die Kolonialherren sitzen, die ihren ergebenen Dienern in den Regierungen der EU-Staaten, Deutschlands und der Ukraine den Befehl zum wirtschaftlichen bzw. militärischen Selbstmord ihrer Länder erteilt haben. Mit unseren beiden Alternativen Sicherheitskonferenzen 2018 und 2019 waren wir den geopolitischen Entwicklungen um Jahre voraus gewesen und gerne würde ich sie jetzt, 2022 und in den Folgejahren, wieder beleben. Dazu brauchen wir massive finanzielle und mediale Unterstützung, um wirklich ein Gegengewicht zur Münchener Kriegstreiberkonferenz setzen zu können. Wer hier mithelfen möchte, wende sich bitte an meinen Verlag, den Münchener Anderwelt-Verlag, der mir Ihre Angebote gerne weiterleiten wird, was die Mithilfe bei der Organisation einer echten, objektiven und unabhängigen Sicherheitskonferenz für die gesamte Welt betrifft. Bis dahin bedanke ich mich bei den unermüdlichen Mitstreitern um Willy Wimmer, den Seegesprächen, Wolfgang Caspart, Wolfgang M., Holger H., Karl H., dem verstorbenen Axel Z. und vielen anderen, dass die beiden Prototypen-Veranstaltungen einer neuen unabhängigen Alternativen Sicherheitskonferenz, als Gegenstück zur NATO-gesteuerten Münchener Kriegstreiberkonferenz, schon stattfinden konnten.

11.-15. Juni 2019 – Verhallte Warnungen auf dem Westbalkan

In dieser Woche war ich mit der parlamentarischen Balkangruppe in Albanien, Nordmazedonien und dem Kosovo gewesen. Eine geopolitisch hochinteressante Reise unter der Leitung des SPD-Parlamentariers Josip Juratovic, der im damaligen Jugoslawien geboren war und der sich in der Region wirklich gut auskennt. Bei Treffen mit örtlichen Politikern und gesellschaftlichen Aktivisten fragte ich immer, warum sie mit aller Gewalt der totalitären NATO und ihrem Anhängsel EU beitreten wollten, nachdem sie vor gar nicht allzu langer Zeit das Joch des totalitären Ostblocks abgeschüttelt hatten. „Kein Mensch sollte freiwillig in den Knast B gehen, wenn er es aus dem Knast A herausgeschafft hat und frei geworden ist". Diese Botschaft versuchte ich auf dem Balkan zu vermitteln. Delegationsleiter Juratovic und die anderen deutschen Teilnehmer schauten mich beim ersten Mal noch entsetzt an, als ich das örtlichen Spitzenpolitikern sagte. Aber beim zweiten Mal waren sie es schon gewohnt. Dass mich von den örtlichen Spitzenpolitikern niemand verstehen wollte, kann ich nachvollziehen, weil EU und NATO denen sehr viel (deutsches Steuerzahler-) Geld hinterherwerfen, um deren Länder in ihren Machtbereich zu ziehen. Meine Warnungen verhallten daher ungehört. Hier zwei Bilder aus der albanischen Hauptstadt Tirana, mit der früheren Verteidigungsministerin und Vorsitzenden des Auswärtigen Ausschusses, Mimi Kodheli und mit dem Ministerpräsidenten Edi Rama. Anschließend trafen wir uns in der kosovarischen Hauptstadt Pristina mit einem Minister, der mit uns perfektes Schweizerdeutsch sprach, weil er dort ein paar Jahre im Exil gelebt hatte. Der Name des Herrn ist mir leider entfallen.

(mit Mimi Kodheli)

(mit Edi Rama)

Sommer 2019 – Tom Rohrböck kündigt Tino Chrupalla als neuen AfD-Chef für ein halbes Jahr später an

Ende Juni oder im Juli 2019 hatte ich ein interessantes Gespräch mit Tom, in dem er mir ankündigte, dass Tino Chrupalla der Nachfolger von Alexander Gauland als AfD-Parteichef werden würde, was ein halbes Jahr später tatsächlich so passierte. Das exakte Datum dieses Treffens kann ich nicht mehr nachvollziehen, aber es muss kurz nach meiner o.g. Reise auf den Westbalkan gewesen sein, weil ich noch unter dem Eindruck dieser Reise stand und Tom davon erzählte. Den Ort des Treffens kann ich bestens nachvollziehen, es war das asiatische Restaurant Haikky in Obertrum am See, im Flachgau des österreichischen Bundeslandes Salzburg.

Interessant war, wie wir überhaupt auf das Thema der Gaulandnachfolge kamen. Eigentlich redete ich gegenüber Tom meinen ganzen Frust von der Seele, dass ich noch ein paar Wochen aushalten musste, bis im September der Vorstand der AfD-Bundestagsfraktion nach zweijährigem Turnus neu gewählt würde und ich mein PGF-Amt endlich loswerden könnte. Ein vorzeitiger Rücktritt wäre mir als Schwäche ausgelegt worden und kam deshalb nicht in Frage. Wir sprachen also über die Fraktionsspitze der AfD im Bundestag, aber in diesem Zusammenhang äußerte Tom bedeutungsschwanger, dass es demnächst auch an der Parteispitze der AfD eine bedeutende Änderung geben würde. Sie erinnern sich, werte Leser, Ende 2017 waren in Hannover Jörg Meuthen und Alexander Gauland als AfD-Sprecher gewählt worden, nachdem Doris Fürstin von Sayn-Wittgenstein mit einer Stimme zu wenig gescheitert war – später hatte sich dann herausgestellt, dass zumindest ein Parteimitglied nicht stimmberechtigt gewesen sein könnte. Auch die AfD-Partei wählt ihre Bundesspitze im Zweijahresturnus, weshalb die nächsten AfD-Bundesvorstandswahlen für Ende 2019 anstanden. In diesem Zusammenhang äußerte Tom mir gegenüber, dass Gauland nicht mehr antritt und deshalb ein Nachfolger aufgebaut werde. In diesem Zusammenhang verwendete er wieder das Wort „wir“: „Wir haben uns auf Gaulands Nachfolger geeinigt“, war der sinngemäße Tenor seiner

Aussage. Werte Leser, erinnern Sie sich, welche Kernidee Tom Rohrböck gegenüber Björn Höcke und mir ein Jahr zuvor sinngemäß geäußert hatte? „Wir haben Alice (Weidel) ausgesucht, weil sie die gewünschten Ideen gut repräsentiert." Wer war „wir"? Reiche Leute, Geheimdienste, unsere politischen Gegner oder eine Mischung aus diesen dreien? Weitere Möglichkeiten fielen mir damals nicht ein und tun es auch heute nicht. So, wie ich Alexander Gauland kennengelernt habe, hätte er niemals einen Nachfolger akzeptiert, den andere über seinen Kopf hinweg ausgesucht hätten. Insofern gehe ich davon aus, dass Gauland bei mutmaßlichen Vorgesprächen mit den geheimnisvollen „Wir-Leuten" dabei gewesen sein müsste. Es könnte aber auch andersherum gewesen sein, dass Gauland wirklich selbst seinen Nachfolger aussuchte und ihn sich dann von den „Wir-Leuten" absegnen ließ. Tom Rohrböck wusste davon als Außenstehender schon ein halbes Jahr, bevor das Ereignis in der Partei eintrat. Egal, wie herum es lief, diese erneute „Wir-Aussage" von Tom ist für mich ein weiteres Indiz für die Fernsteuerung der AfD von außen, durchgeführt über die höchsten Repräsentanten in den eigenen Reihen. Übrigens: Auf mein hartnäckiges Nachbohren hin nannte mir Tom in Obertrum am See den Namen desjenigen, der Gauland ein halbes Jahr später als AfD-Bundessprecher nachfolgen sollte: Tino Chrupalla. Erst verdrehte ich ungläubig die Augen, da ich Tino inzwischen sehr gut kannte, seine Stärken und vor allem seine Schwächen, dann antwortete ich: „Den Tino habt Ihr doch deswegen ausgesucht, weil er Wachs in Euren Händen ist." Anstelle einer Antwort grinste mich Tom derart stark an, dass sich seine Mundwinkel über dem Scheitel fast berührten.

Diese Antwort per Körpersprache kann jeder für sich so interpretieren, wie er will, aber folgende Fragen fand ich beunruhigend: Wie konnte ein externer Lobbyist, der kein AfD-Mitglied ist, ein halbes Jahr vor der nächsten Bundesvorstandswahl schon wissen, wie der neue AfD-Sprecher heißen wird? Angeblich wählen in einer politischen Partei Mitglieder bzw. Delegierte ihre Führung nach demokratischen Prinzipien, aber wurde hier jemand von außen bestimmt oder zumindest von außen akzeptiert und anschließend intern durchgesetzt? Diese so empfundene Fremdsteuerung von außen habe ich persönlich am Beispiel der AfD erlebt – logisch, weil ich in den anderen Parteien kein Mitglied bin – aber ist so eine Fremdsteuerung vielleicht ein Wesensmerkmal der parlamentarischen Demokratie insgesamt und betrifft alle politischen Parteien? Weiter unten sehen wir am Beispiel des „Ehernen Gesetzes der Oligarchie", 1911 von Robert Michels entdeckt, dass es auf alle politischen Parteien zutrifft. Erst wurde von Tom und seinen Hintermännern Alice Weidel auf ihren Platz an der AfD-Sonne gehievt und anschließend Tino Chrupalla. Wen steuern deren Auftraggeber denn noch in unserer Partei? Ein anderes Beispiel: Warum konnte Tom z.B. am Wochenende, bevor die Spendenaffäre gegen Alice Weidel überhaupt ins Rollen kam, mir schon sagen, dass dieses Thema die nächsten Tage in der Presse auftauchen würde? Wer sind seine Auftraggeber, wessen Interessen vertreten sie wirklich, nachdem sie meines Erachtens die AfD als Mittel für ihre persönlichen Zwecke missbrauchen und dazu Marionetten in unserer Führung installiert haben? Die meisten AfD-Mitglieder sind grundehrliche Menschen, die sich aufrichtig über die Partei für unser Land engagieren. Wissen die überhaupt, wie es an der Parteispitze zugeht und dass einige dort ganz andere Ziele verfolgen und fremde Interessen vertreten könnten?

Später, als Tino schon Parteichef war, sprach ich ihn nach einer Plenarsitzung unter vier Augen darauf an, wie er meine Beurteilung einschätzt, dass die AfD von außen gesteuert würde, ohne ihn dabei auf seinen eigenen Fall anzusprechen. Ich hielt meine Aussage bewusst allgemein. Er antwortete mir, dass wir hier alle nichts zu sagen hätten, die Entscheidungen würden woanders getroffen. Tino Chrupalla war sich in diesem Moment der Schauspielerrolle von uns Abgeordneten also voll bewusst. Offen bleibt nur, ob er seine Aussage auf die Bundestagsabgeordneten aller Fraktionen bezog oder nur auf diejenigen der AfD. Sollte Herr Chrupalla mich verklagen wollen, weil er heute von seiner damaligen Aussage nichts mehr wissen will, werde ich vor Gericht Tausende Eide darauf schwören, dass er es mir so gesagt hat.

Wie äußerte sich die damalige Nummer eins der AfD, Alexander Gauland, in der Öffentlichkeit selbst zu Tom Rohrböck? Er habe den Namen Rohrböck vorgestern das erste Mal gehört, gab Gauland bei

Markus Lanz in dessen Talkshow im Juni 2021 an: "Tom Rohrböck, oder wie der Vogel heißt, hat sich nie an mich gewandt."

Quelle: https://www.waz.de/kultur/fernsehen/markus-lanz-afd-gauland-subotic-id232623319.html

Könnte es aber sein, dass Gauland doch irgendwie zum Rohrböck-Netzwerk gehört? Gerne helfe ich dem Gedächtnis unseres Ehrenvorsitzenden auf die Sprünge. Auf Twitter fand ich ein Bild, das Alexander Gauland – offenbar bester Laune - und Tom Rohrböck, nebeneinandersitzend, in kleiner Runde an einer Tafel zeigt.

(Gauland und Rohrböck 2014)

Es kann schon sein, dass an dieser Veranstaltung einige Menschen teilnahmen und an den Tischen die Plätze getauscht wurden, womit man sich nicht mehr an jeden einzelnen Namen erinnern kann. Aber

Gaulands Behauptung bei Lanz, Rohrböck hätte sich nie an ihn gewandt, ist aufgrund o.g. Fotobeweises nicht wahr und seine Behauptung bleibt auch dann unwahr, sollte Alexander Gauland den Namen Tom Rohrböck später wieder vergessen haben. Aus meinen Treffen mit Tom nahm ich zudem das Verständnis mit, dass es zwischen beiden sehr wohl Kontakte gegeben haben könnte: Tom erwähnte Gaulands Namen in meinem Beisein zu oft in zu vielen Zusammenhängen.

Sommerpause 2019/I – Gespräch mit William Toel in München

Im Sinne von „Wie steuere ich eine Partei?" geht es munter weiter, was das nächste Treffen anbelangt. Im Kapitel zum Vorjahr 2018 hatte ich beschrieben, wie Tom Rohrböck mich mit dem US-Professor Willam Toel zusammengebracht hatte, der mir anschließend eine Rede schrieb, über die ich im politischen Selbstmord geendet wäre, wenn ich sie zu diesem verfrühten Zeitpunkt gehalten hätte. In der Folge hatte ich mit Herrn Toel noch ein Skype- und ein Telefongespräch, dann brach der Kontakt ab. Während der Parlamentsferien im Sommer 2019 meldete er sich auf einmal bei meiner Büroleiterin und wollte einen Termin mit mir vereinbaren. Er sei gerade in Berlin, hätte sich schon mit Beatrix von Storch getroffen und würde auch gerne mit mir persönlich sprechen. Zu diesem Zeitpunkt war ich intensiv in meinem Wahlkreis BGL beschäftigt, konnte nicht nach Berlin kommen und schlug Herrn Toel stattdessen vor, zu mir zu kommen. Er wollte schon ins benachbarte Salzburg fliegen, als ich in München zu tun hatte und wir trafen uns dort am Hauptbahnhof in der Pizzeria L'Osteria.

Das zweistündige Gespräch führten wir auf Englisch und nach einer sehr freundlichen Begrüßung begann William Toel seine historische Abhandlung, wobei er mit Bletchley Park begann. Auf diesem englischen Landsitz hatten die Alliierten während des Zweiten Weltkriegs den deutschen Enigma-Code geknackt und seit Kriegsende würde Deutschland von den Alliierten weiterhin gelenkt, so Toel. Seine Ausführungen gipfelten in den Worten: „No matter whether die CDU or the SPD win the elections, we always win." Auf deutsch: „Egal ob die CDU oder die SPD die Wahlen gewinnen, wir gewinnen immer." Klarer hätte er den bis heute andauernden Vasallenstatus der Bundesrepublik Deutschland gegenüber den Westmächten nicht auf den Punkt bringen können. Er schaute mich nach seinen historischen Ausführungen intensiv an, aber ich kommentierte sie belanglos, es hätte ja heimlich ein Aufnahmegerät mitlaufen können. Anschließend begann er mich über die AfD-Führungskräfte auszufragen und was ich von jeder einzelnen Person hielte. In diesem Zusammenhang schwenkte er auf das Thema ein, dass ich im Dauerkonflikt mit Beatrix von Storch lag und es besser sei, diesen Konflikt beizulegen. Da hörte ich das erste Mal seine Aussage: „Stay close to Storch. She is the upcoming person in AfD." Aufgrund seines amerikanischen Akzents hörte sich Storchs Nachname ziemlich lustig an: „Stortsch". Auf deutsch: „Halten sie sich an Storch. Sie ist die aufstrebende Person in der AfD." William Toel hatte mir in der Vergangenheit mehrmals kommuniziert gehabt, dass er den Kontakt mit Beatrix von Storch pflegte, aber warum betätigte er sich auf einmal als Friedensstifter zwischen ihr und mir? Ich antwortete ihm das Gleiche, was Sie in den vergangenen Kapiteln selbst lesen konnten, dass nach meinem Empfinden Frau von Storch mich von Anfang an politisch vernichten wollte und stellte ihm die Gegenfrage, wie man sie dazu bringen könnte, damit aufzuhören. Toel konnte keine nachhaltige Lösung vorschlagen, aber noch mehrere Male während unseres zweistündigen Gespräches hörte ich von ihm den Satz: „Stay close to Stortsch. She is the upcoming person in AfD." Dazwischen flocht er immer wieder Bemerkungen ein, dass es für meine politische Karriere förderlich wäre, mit Frau von Storch auszukommen. Als ich das letzte Mal seine Aufforderung hörte „Stay close to Stortsch" wurde es mir zu bunt und ich blaffte ihn an: „You work for the CIA, don't you?" Auf deutsch: „Du arbeitest für die CIA (den US-Geheimdienst), nicht wahr?" In diesem Moment durchbohrte ich William Toel mit meinen Blicken und wartete auf seine Reaktion. Sekundenlang geschah nichts, außer dass mich William weiterhin so freundlich anblickte, wie schon das ganze Gespräch über. Dann ging er zum nächsten Thema über, als ob nichts geschehen sei. „Ein Vollprofi“, dachte ich mir.

Dieses Gespräch und seine Vorgeschichte habe ich oft analysiert und komme immer wieder zum gleichen Ergebnis, dass zu viele Zufälle auf einmal unwahrscheinlich sind und auf ein dahinterstehendes Muster schließen lassen. Tom Rohrböck hatte wesentliche Leute im Auftrag Außenstehender an die Schaltstellen der AfD gebracht, wie man Presserecherchen entnehmen konnte. Wie er das gemacht hat, kann man im Kapitel zum Jahr 2017 nachlesen, inklusive der Quellenangaben. Regelmäßig kontaktierte er auch mich und hatte mich damit unter Kontrolle. Dann brachte mich Tom mit William Toel aus den USA zusammen, der mich zuerst über eine tabubrechende Rede ins Messer laufen lassen wollte. Als das nicht klappte, versuchte Toel in München per Strategieänderung, mich in das mysteriöse Machtgeflecht einzubinden. Dabei sprach er zu oft von Beatrix von Storch und von deren Einfluss in der AfD, weshalb bei mir der Eindruck entstand, als wäre Toel eine Art Führungsoffizier dieser Dame. Wenn ich mir in der Rückschau ansehe, wie viel von Storch in der AfD „erfolgreich zerstören“ konnte, verdichtet sich dieser Eindruck noch mehr. Ich ließ mich aber von William Toel nicht einbinden, weil ich kein Interesse daran hatte, als Schauspieler bzw. Marionette fremder politischer Entscheidungen zu enden. Entweder mache ich echte, selbstbestimmte Politik für die Menschen oder ich lasse es ganz sein. In München schlug ich womöglich ein von Herrn Toel vorgetragenes Angebot des politischen Systems aus, mitzumachen, wer weiß?

Wer nicht glauben will, wie der US-Geheimdienst den angeblich souveränen deutschen Staat fernsteuert und dabei auch Rechtsparteien unterwandert, lese bitte aufmerksam folgenden wissenschaftlichen Artikel des ehemaligen Redakteurs beim Deutschlandfunk, Bernd Kallina:

„Die Deutschen als Zielgruppe: Einflussnahme, Steuerung oder was? Das Einwirken westlicher Nachrichtendienste auf die Bundesrepublik.“

Dieser hochinteressante Artikel steht auf der Webseite https://links-enttarnt.de/ des maßgeblichen „Verfassungsschutz"-Kritikers RegDir. a.D. Josef Schüßlburner. Auf den Seiten 13 bis 15 ist dezidiert nachzulesen, wie die CIA den bekannten Völkerrechtler Prof. Alfred de Zayas anwerben wollte, in ihrem Auftrag die deutsche Rechtspartei „Die Republikaner" zu infiltrieren. Als de Zayas ablehnte, wurde er von der CIA erpresst.

Quelle: https://links-enttarnt.de/wp-content/uploads/2020/10/Die-Deutschen-als-Zielgruppe.pdf

Sommerpause 2019/II – Basisdemokratische Initiative „Mitgliederparteitag"

Über die Jahre hat sich mein persönlicher Eindruck verfestigt, dass die Führung der AfD als verlängerter Arm außenstehender, fremder Interessen fungiert und die AfD von innen zersetzt wird. Insofern begann ich mir Gedanken zu machen, wie die AfD-Führungsstrukturen kaltgestellt werden könnten, die der eigenen Partei derart schaden. Ganz zu schweigen von den Mitgliedern und Wählern der AfD, die immer noch an die Illusion glauben, über die Partei in diesem Stadium fundamentale Änderungen in Deutschland herbeiführen zu können. Hinzu kam, dass ich von eigenen Kollegen im Fraktionsvorstand selbst kaltgestellt worden war und meine PS nicht mehr auf die Straße bringen konnte; mir wurde es langweilig. Ich begann mein Dasein als Bundestagsabgeordneter zu hinterfragen und sah mich nach neuen Gelegenheiten um, etwas Sinnvolles zu bewegen und voranzubringen. Damit wir uns richtig verstehen: In die „normale" Bundestagsarbeit kann man sich so sehr vertiefen, dass immer etwas zu tun ist und auch eine 80-Stunden-Woche nicht ausreicht, um alles zu erledigen. Ich komme aus der Privatwirtschaft, genauer gesagt aus der internationalen Unternehmensführung und wenn man da erfolgreich sein will, muss man den Unterschied zwischen „effektiv" und „effizient" kennen. Effektiv bedeutet, die richtigen Dinge zu tun. Effizient bedeutet, die Dinge richtig zu tun. Gerne noch klarer: Effektiv sind wir dann, wenn wir uns auf diejenigen Dinge konzentrieren, die uns unserem Ziel näherbringen. Effizient sind unsere Handlungen, wenn wir dieses Ziel mit einem möglichst geringen Aufwand erreichen. Unter dieser Prämisse ist die Arbeit im Deutschen Bundestag die ineffektivste und ineffizienteste Tätigkeit, der ich je nachgegangen bin. Wir produzieren Berge an Papier und halten endlose Sitzungen ab, doch können wir wirklich etwas ändern? Fast nichts! Die meisten Abgeordnetenkollegen aller Fraktionen und leider auch in der AfD-Bundestagsfraktion gehen in dieser tagtäglichen Verschwendung ihrer Arbeitskraft auf. Das will ich nicht, weil ich ursprünglich in die Politik gegangen war, um etwas zum Guten zu ändern, anstatt einfach nur mitzuschwimmen! Meine parlamentarische Arbeit im Bundestagsausschuss für Wirtschaft und Energie versah ich gewissenhaft und arbeitete mich in die Außenwirtschaftspolitik detailliert ein. TTIP, CETA und weitere Kapitulationsabkommen unserer ehemaligen Marktwirtschaft vor der internationalen Konzerndiktatur wurden mein Spezialgebiet. Sie werden als Freihandelsabkommen bezeichnet, das sind sie aber im Kern nicht. CETA wurde leider durch die Hintertür in Kraft gesetzt. Das Scheitern von TTIP ist für mich ein wesentlicher Grund, warum die USA ihre Strategie geändert haben und über den Umweg des Ukraine-Kriegs – vor allem über die daraus folgenden, selbstmörderischen Wirtschaftssanktionen gegen Russland - die deutsche und europäische Wirtschaft systematisch zerstören. Wer die von den Finanzgangstern diktierte Außenpolitik der USA einmal verstanden hat, versteht auch, dass diese immer nach dem gleichen Prinzip handeln: Wir saugen aus und kontrollieren, was wir können und was wir nicht aussaugen oder kontrollieren können, zerstören wir! In diesen vier Jahren im Wirtschaftsausschuss musste ich mich bei jeder Sitzung auch mit dem „Green Deal" beschäftigen, d.h. mit dem Umbau unserer ehemaligen Sozialen Marktwirtschaft in eine grün angemalte sozialistische Kommando- und Mangelwirtschaft, wie wir sie aus der früheren DDR und Sowjetunion kennen. Dieser Umbau wird in neue Gesetze gekleidet. Jede Sitzungswoche kämpften wir sechs AfD-Abgeordnete im Wirtschaftsausschuss gegen diese totalitären Anmaßungen an, die unter gutmenschlichen Schlagworten wie „Nachhaltigkeit", „Klimaschutz" und „ESG: Environment,

Social, Governance (auf Deutsch Umwelt, Soziales, Grundsätze guten Regierens)" daherkommen. Das einzig wirklich „Nachhaltige" daran ist die Zerstörung der wirtschaftlichen Substanz Deutschlands, vor allem des Mittelstandes. Als Nebeneffekt dieses vier Jahre Dagegenhaltens gegen die ideologisch verblendete Zerstörung unserer Wirtschaft bin ich zum ESG-Experten geworden: Für über 100 Ausschusssitzungen las ich mich in Hunderte von Dokumenten mit Tausenden von Seiten ein. Wenn ein Unternehmer das jetzt liest und nach Lücken in diesen neuen „Gesetzen" sucht, um seine Verluste aus diesen Zumutungen erträglich zu gestalten, kann er sich gerne an mich wenden.

https://hjminterimmanagement.com

Zurück zur Ausgangslage. Der parlamentarischen Arbeit in Berlin und ebenso im Wahlkreis ging ich gewissenhaft nach, aber ich hielt es nicht für zielführend, einer darüberhinausgehenden Verschwendung meiner Arbeitskraft im bürokratischen Moloch Bundestag nachzukommen. Und – wie gesagt – ich wollte etwas Sinnvolles tun. Am sinnvollsten erschien mir der Ansatz, meine Partei, die Alternative für Deutschland, aus der wahrgenommenen Fernsteuerung von außen durch politische Gegner bzw. Lobbyisten zu befreien. Nur dann könnten wir echte Oppositionspolitik betreiben – wie damals Donald Trump in den USA oder Matteo Salvini in Italien – anstatt dieser wachsweichen Oppositionsschauspielerei, für die mir meine Zeit zu schade war. Voraussetzung dafür war, dass unsere internen Führungsstrukturen nicht länger als verlängerter Arm außenstehender Gegner handeln konnten. Und so kam ich auf die Idee des Mitgliederentscheids für einen Mitgliederparteitag!

Jede Organisation in jedem Land zu jeder Zeit unterliegt den Mechanismen der Oligarchisierung. Sie erinnern sich? Oligarchie ist die Herrschaft von wenigen! Diesen gesellschaftlichen Mechanismus entdeckte und beschrieb der Soziologe Robert Michels in seinem 1911 erschienenen Werk „Das eherne Gesetz der Oligarchie". Michels forschte damals am Beispiel der SPD. Durch mein eigenes Erleben in der AfD seit dem Jahre 2013 kam ich zu den gleichen Erkenntnissen, wie Michels damals, nur bezogen auf heute und auf die eigene Partei. Eine seiner

Kernaussagen lautet: „Die Organisation ist die Mutter der Herrschaft der Gewählten über die Wähler, der Beauftragten über die Auftraggeber, der Delegierten über die Delegierenden", so Robert Michels zur Soziologie des Parteiwesens in der modernen Demokratie (1911). Michels' ehernes Gesetz fußt auf drei Säulen:

1. Bürokratie ist unvermeidlich – Große Organisationen bilden inzwischen immer bürokratische Strukturen aus, wegen des Bedarfs an Effizienz, der eine hierarchische Arbeitsteilung erfordert.
2. Mit zunehmender Bürokratie nimmt die Macht zu. Diese konzentriert sich unter anderem wegen der „Inkompetenz" der Massen mit Wissen und Ressourcen in der professionellen Führung, einer Machtelite.
3. Mit zunehmender Machtkonzentration erfolgt die Korrumpierung der Macht. Sie wird nach ihrer Konzentration ihre Autorität auch gegen die Interessen ihrer Mitglieder verteidigen, nötigenfalls mit undemokratischen Methoden.[17]

Quelle: https://de.wikipedia.org/wiki/Ehernes_Gesetz_der_Oligarchie#Gegenbeispiele_zum_Ehernen_Gesetz

Und ich füge hier noch die vierte Säule hinzu:

4. Zur Festigung ihrer Macht gegenüber den eigenen Mitgliedern arbeitet die Machtelite der Organisation, d.h. die Oligarchen, mit gegnerischen Kräften außerhalb der Organisation zusammen. Das tun sie gewissenlos in rein persönlichem Interesse, zum Schaden der eigenen Organisation und ihrer Mitglieder.

Diese Erscheinungen hatte ich in den Führungsstrukturen der eigenen Partei zur Genüge kennengelernt. Was konnte dagegen getan werden, um zu verhindern, dass die AfD vom System genauso aufgesogen würde, wie es den GRÜNEN ergangen war? Die hatten 30 Jahre zuvor ebenfalls ehrenwerte Ansätze gehabt und sind heute die schlimmste aller Systemparteien geworden: Ein Paradebeispiel für das zeitlose

Wirken des „ehernen Gesetzes der Oligarchie." Dieses Schicksal wollte ich den aufopferungsvoll kämpfenden Mitgliedern meiner Partei ersparen, womit das Gegenmittel auf der Hand lag: Die Macht unserer Führungskräfte gegen die eigenen Mitglieder fußte auf dem Delegiertensystem. Also musste das Delegiertensystem eliminiert werden, womit die o.g. Säulen 2-3 von Michels plus die von mir formulierte Säule 4 ihren schädlichen Einfluss auf die AfD verloren hätten. An diesem Punkt setzte ich den Hebel an und forderte die Einberufung eines AfD-Bundesparteitags als Mitgliederparteitag, auf welchem die Mitglieder über die Abschaffung des Delegiertensystems in der AfD abstimmen sollten. Hier die wesentlichen Argumente, die ich auf einer Webseite – bestehend aus einer Startseite mit drei Unterseiten - zusammengefasst hatte. Dabei ging ich dialektisch im Sinne von 1) These, 2) Antithese, 3) Synthese vor: Ich stellte meinen Forderungen die Einwände gegenüber und argumentierte am Schluss, warum nach einer Abwägung von Pro und Contra meine Forderungen mehr Gewicht hatten als die Einwände.

(Anfang des Dokuments)

STARTSEITE

Problem: „AfD-Führungsgremien können über das Delegiertensystem die Mitgliederbasis entmachten."

Lösungsmöglichkeiten: Drei prinzipielle Möglichkeiten

1) Für Mitgliederparteitage spricht

„Die Mitglieder müssen wieder die Entscheidungsbefugnis über alle Weichenstellungen in der AfD erhalten – Alle Macht der Basis, das war es, wofür die AfD einst angetreten ist. Volkspartei vom Volk für das Volk. Wir brauchen kein internes Herrschaftssystem über Delegierte wie bei den Altparteien."

2) **Gegen Mitgliederparteitage spricht**

„Die Organisation von Mitgliederparteitagen und Unterkünften ist für alle Gliederungsebenen (Bund, Länder, Bezirke) eine große logistische und finanzielle Herausforderung – Rechtssicherheit ist ebenfalls notwendig.“

3) **Warum Mitgliederparteitage unverzichtbar sind**

„So vermeiden wir, dass AfD-Führungsgremien erst von außen beeinflusst werden & dann die Mitgliederbasis über das Delegiertensystem fremdsteuern – Die Entmachtung der Parteibasis über Delegierte wird verhindert, Vetternwirtschaft gehört der Vergangenheit an.“

Ergebnis: „Holen wir uns unsere Partei zurück!“

UNTERSEITE 1)

Für Mitgliederparteitage spricht

Nachteil von Delegiertenparteitagen

ALLE Altparteien werden von oben nach unten durchregiert. Die Führungsgremien auf jeder Gliederungsebene kungeln im Hinterzimmer Entscheidungen aus, die von den Mitgliedern nur noch abgenickt werden können. Das gilt für

- Vorstandsposten auf den Gliederungsebenen Kreis, Bezirk, Land, Bund
- Listenplätze für Wahlen auf allen Gliederungsebenen
- Strategische Ausrichtung der Partei

Die Instrumente, mit denen dieses demokratieferne Herrschaftssystem in ALLEN Altparteien durchgesetzt wird, sind

- Belohnung durch Ämterpatronage: d.h. für Wohlverhalten im Sinne der Führung bekommen Mitglieder Ämter bzw. aussichtsreiche Listenplätze
- Bestrafung durch Einnorden: d.h. wer nicht im Sinne der Führung spricht, handelt oder abstimmt, bekommt kein Amt und keinen aussichtsreichen Listenplatz oder wird parteiintern geächtet bzw. riskiert ein Parteiausschlussverfahren
- Vor allem das Delegiertensystem zementiert dieses demokratieferne Herrschaftssystem
- Für Führende ist es einfach, ein paar Hundert Delegierte mit den Instrumenten der Ämterpatronage bzw. des Einnordens auf ihren persönlichen Kurs zu bringen
- Für Führende ist es aber unmöglich, über diese Instrumente viele Tausend unabhängige, selbstständig denkende AfD-Mitglieder fremdzusteuern, die einfach nur das AfD-Programm umsetzen wollen.

Gemessen am Ziel, die Machtkonzentration in den Händen von ein paar Hundert Führungskräften zu verhindern, damit die Zehntausende an Mitgliedern weiterhin die Entwicklung der Partei bestimmen können, sind oben genannte Nachteile von Delegiertenparteitagen nicht akzeptabel. Schauen wir uns also an, wie Mitgliederparteitage anstelle von Delegiertenparteitagen diese gravierenden Nachteile verhindern können.

Vorteil von Mitgliederparteitagen

Wie sieht es mit der innerparteilichen Demokratie in unserer AfD aus?

- Ganz ehrlich: Auch wir haben uns von basisdemokratischen Grundsätzen schon zu weit entfernt. Somit hätten wir uns die Mühen einer Parteigründung sparen und gleich in eine Altpartei eintreten können.

Das einzig bekannte, demokratisch funktionierende Gegenmittel, die zunehmende Entmachtung der AfD-Mitgliederbasis durch die AfD-

Führungsgremien (= Oligarchisierung) aufzuhalten, ist die Abschaffung des Delegiertensystems und die fortwährende Verpflichtung zu Mitgliederparteitagen auf allen Gliederungsebenen (v.a. Bund, Länder, Bezirke).

Nur über Mitgliederparteitage auf Bundesebene können wir nachhaltig vermeiden, dass 600 Vorstände und Bundesdelegierte ca. 35.000 Mitgliedern ihren Willen aufzwingen!

Mitgliederparteitage haben auch ihre Schattenseiten, schauen wir uns diese nun näher an.

UNTERSEITE 2)

Gegen Mitgliederparteitage spricht

Gegen Mitgliederparteitage spricht auf den ersten Blick:	Nachhaltige Lösungsmaßnahmen, damit Mitgliederparteitage dennoch funktionieren:
Die einzige Lokalität, in der alle Mitglieder Platz finden, sind Fußballstadien. Aktuell hat die AfD ca. 35.000 Mitglieder	- Erfahrungsgemäß nehmen aber nur ca. 15 Prozent der Mitglieder aktiv an Parteitagen teil - Bei einem angenommenen Zuwachs auf 50.000 Mitglieder reicht eine Lokalität mit 7.500 Plätzen (plus 500 Plätze für Sicherheit, Presse usw.) = 8.000 Plätze
Ein Mitgliederparteitag kostet ab ca. 1 Mio. Euro aufwärts.	- Die Rettung der innerparteilichen Demokratie muss es uns Wert sein. - Deshalb sollten diese Ausgaben

Zum Vergleich: Ein Delegiertenparteitag kostet inkl. aller Nebenkosten ca. 400.000 Euro	Priorität vor allen anderen Ausgaben aus Parteimitteln haben.
Verteilung der Teilnehmer auf mehrere Hallen oder Orte ist aufgrund Rechtsunsicherheit nicht möglich.	Folgende Alternativlösungen sind möglich: - Eigenes Festzelt, ähnlich Oktoberfest. Der Aufbau auf öffentlichem Grund muss von den Behörden genehmigt werden. Technische Anschlüsse sind überall dort nutzbar, wo auch größere Zirkuszelte aufgestellt werden; dieses Festzelt ist lokal veränderbar innerhalb ganz Deutschlands aufstellbar - Miete von Fußballstadien (analog Kirchentag) - Erwerb und Umbau einer eigenen, stationären Halle im Bereich Kassel – Erfurt (in der Mitte Deutschlands). Außerhalb von Parteitagen Vermietung an Dritte zur Einnahmenerzielung
Arbeitsfähigkeit ist bisher nur bis 3.500 Teilnehmer erprobt (Parteitag Essen 2015, bei damals ca. 22.000 Mitgliedern). Erwartung erhöhter Disziplinlosigkeit bei größeren Teilnehmerzahlen hinsichtlich Anzahl der Antragssteller, Anträgen, Redezeiten	- Aufstellen einer neuen Geschäftsordnung, speziell abgestimmt auf Mitgliederparteitage mit großen Teilnehmerzahlen: effiziente und gerechte Regeln für Anträge, Redezeiten, Abstimmungen usw. - Einsatz moderner, manipulationsgeschützter Abstimmungselektronik und weiterhin Einsatz der optischen Abstimmkarten „Ja-Nein-Enthaltung“

usw. Schriftliche Abstimmungen sind organisatorisch nicht mehr bewältigbar.	
Keine Verzichtsspenden durch Schatzmeister für Mitglieder möglich, welche zu Mitgliederparteitagen reisen. (Das sind Spendenquittungen, die laut Gesetz nur für Delegierte ausgestellt werden dürfen, die damit ihre Reisekosten zu Parteitagen steuerlich geltend machen können.)	- Aus idealistischen Gründen nicht vermeidbar, die Rettung der innerparteilichen Demokratie überwiegt.
Veranstaltungsorte mit Halle oder Stadion bzw. mobilem Zelt müssen auch auf die Übernachtungszahlen der Teilnehmer ausgelegt sein	- Nur im Einzugsbereich von Messestädten möglich
Unterkunftsbetriebe könnten Unterbringung von AfD-Mitgliedern verhindern	- Keine Gruppenanmeldungen - Nur Einzelreservierungen ohne Angabe AfD-Veranstaltung
Einlasskontrollen: Zu wenig Zugänge produzieren endlose Schlangen.	- Es sind genug Ein- und Ausgangsmöglichkeiten zu schaffen. - Klare Ankündigung im Vorfeld, dass niemand eingelassen wird,

	der nicht Personalausweis (incl. Meldeadresse) und Mitgliederausweis vorzeigen kann.

Sie sehen, werte Leser, dass es gegen jeden Einwand gegen Mitgliederparteitage wiederum ein Gegenargument gibt, warum es doch funktioniert. Am Schluss besteht die endgültige Entscheidung darin, Für und Wider abzuwägen und auch zu wollen, dass die Vollendung des Aufsaugens der AfD durch das politische System verhindert wird. Begründung: Nur die AfD verteidigt noch das Grundgesetz, das von den Systemparteien de facto schon lange entwertet worden ist. Denken Sie an die Bücher des Parteienkritikers Hans-Herbert von Arnim. Wenn wir also die AfD aus den Klauen des Systems retten wollen, um damit die Demokratie in Deutschland wiederherstellen zu können, ergibt die Abwägung von Pro und Contra Mitgliederparteitagen folgendes Bild.

UNTERSEITE 3)

Warum Mitgliederparteitage unverzichtbar sind

Ja, es gibt logistische und finanzielle Gründe, die gegen verpflichtende Mitgliederparteitage auf Bundes- und Länderebene sprechen bzw. unterschiedliche Rechtsauffassungen dazu. „Verpflichtend" heißt nicht, dass jedes Mitglied gezwungen wird am Parteitag teilzunehmen, sondern „verpflichtend" bedeutet, dass es keine Delegiertenparteitage mehr geben darf, sondern jeder Parteitag verpflichtend als Mitgliederparteitag abzuhalten ist. Jedes Mitglied entscheidet dann für sich selbst, ob es daran teilnehmen möchte, oder nicht.

- Unter „gegen Mitgliederparteitage spricht" habe ich oben in der Tabelle Lösungen vorgestellt, um die logistischen und finanziellen Einwände gegen Mitgliederparteitag zu entkräften.

Aber aus Gründen der innerparteilichen, demokratischen Willensbildung spricht ALLES gegen Delegiertenparteitage, weil ein paar Hundert Delegierte über Belohnung (Ämterpatronage) und Bestrafung (Einnorden) von der Führung in Abhängigkeit gebracht und gefügig gemacht werden können.

- Gegenüber vielen Tausend selbstbewussten Mitgliedern funktioniert diese Fremdsteuerung durch Zuckerbrot und Peitsche zum Glück nicht. Die Zahl der selbstständig denkenden AfD-Mitglieder, die auch selbstständig sprechen, handeln und abstimmen wollen, ist einfach zu groß.

Angeblich funktionieren politische Parteien in demokratischen Staaten auf der Grundlage innerparteilicher Demokratie, was leider ein frommes Märchen ist. In Wirklichkeit unterliegen alle Parteien, mehr oder weniger schnell, dem Mechanismus der Verselbstständigung der Macht aufgrund der persönlichen Interessen der Mandatsträger (= Oligarchisierung).

Darüber hinaus werden alle wirklich oppositionellen Parteien von Geheimdiensten unterwandert und ferngesteuert, wie das Schicksal mehrerer Oppositionsparteien in der Bundesrepublik Deutschland deutlich gezeigt hat. Auch konkurrierende Parteien schicken ihre Leute in Neugründungen wie die AfD, um sie zu schwächen und zu falschen Aktionen zu verleiten. Man erkennt sogenannte „U-Boote" – egal ob sie von Geheimdiensten oder von konkurrierenden Parteien stammen, egal ob sie vorab eingeschleust oder nachträglich eingekauft wurden – an vier Vorgehensweisen:

1. Einzelne Funktionäre treten mit besonders radikalen Positionen auf, um die Partei in der Öffentlichkeit zu diskreditieren (= Agent Provocateurs).
2. Einzelne Funktionäre legen öffentlich Zeugnis darüber ab, dass die Extremismusvorwürfe der politischen Gegner angeblich berechtigt seien (= Feindzeugen).
3. Bestimmte Leute engagieren sich in den Führungsgremien

von Gliederungsebenen, um dort zu bremsen und möglichst viel zu zerreden bzw. den Aufbau effizienter Ablaufprozesse zu hintertreiben (= Handlungsunfähigkeit erzeugen).

4. Eingeschleuste bevorzugen die überhastete Koalition (= fast um jeden Preis) mit einer anderen Partei, bevor sich die AfD gefestigt hat, was das eigene Profil der AfD verschwommen und für Wähler unattraktiv macht.

Der ehemalige bayerische Ministerpräsident und frühere Bundesinnenminister Horst Seehofer (CSU) bestätigte die Entmachtung demokratischer Strukturen in der Fernsehsendung Pelzig am 20.05.2010: „Diejenigen, die entscheiden, sind nicht gewählt und diejenigen, die gewählt werden, haben nichts zu entscheiden."

Wir sollten verhindern, dass wir wie **alle** anderen Altparteien auf Linie gebracht werden.
Nach Abwägung der Pro- und Contra-Argumente, bezüglich Mitgliederparteitagen und Delegiertenparteitagen, lautet das Ergebnis, dass Mitgliederparteitage notwendig sind:

- Mitgliederparteitage vermeiden, dass Führungsgremien der AfD von außen ferngesteuert werden können und diese fremden Entscheidungen den Mitgliedern von eingeschleusten bzw. eingekauften U-Booten über das Delegiertensystem aufgezwungen werden.

- Mitgliederparteitage ermöglichen, dass wir die innerparteiliche Willensbildung in der AfD nach basisdemokratischen Grundsätzen selbstbestimmt von unten nach oben umsetzen und damit das Demokratieprinzip konsequent anwenden und es vor fremder Einflussnahme schützen.

P.S: Natürlich braucht auch die AfD Vorstände, um Mitgliederentscheidungen auszuführen. Aber die Vorstände auf allen Gliederungsebenen sollen auf die reine Ausführung des Mitgliederwillens beschränkt werden.

(Ende des Dokuments)

Selbstverständlich hatte die parteiinterne Oligarchie der AfD gegen einen drohenden Machtverlust durch Mitgliederentscheide vorgesorgt, wozu in der Satzung hohe Hürden vorhanden waren, um überhaupt einen Mitgliederentscheid durchführen zu können. Dazu kamen als zweite Hürde extrem komplizierte Ausführungsbestimmungen, wobei jeder kleinste Verstoß die Ungültigkeit des Mitgliederentscheids nach sich gezogen hätte. Hinter solchen Formalien versteckte sich die Parteiführung, aber beide Hürden konnten wir überwinden: Dank des unbändigen Willens unzähliger AfD-Mitglieder, uns die Macht über unsere Partei zurückzuholen, damit wir nicht als parteiinternes Stimmvieh für Vorstandswahlen enden und sonst nichts mehr zu sagen haben, wie es in allen anderen Parteien üblich ist.

Die logistischen Herausforderungen für einen formal korrekt durchgeführten Mitgliederentscheid waren also enorm und der ganze Ablauf zog sich von August 2019 bis Juni 2020 hin, wobei wir die genannten ersten zwei Hürden überwinden konnten. Über die Jahre hatte ich dazugelernt und war inzwischen im Regelwerk der AfD topfit, damit mir keine tödlichen formalen Fehler mehr unterliefen, wie 2014 bei der versuchten Gründung des AfD-Mittelstandsforums in Würzburg. Getragen wurde der Mitgliederentscheid zur Abschaffung des Delegiertensystems in der AfD durch eine phänomenale Gemeinschaftsleistung tausender Mitglieder über ganz Deutschland. Wir scheiterten erst an der dritten und letzten Hürde: Dem Auszählen, wobei einiges dubios ablief. Details folgen im nächsten Kapitel zum Jahr 2020, als die Auszählung stattfand.

September bis November 2019 - Verschiedenes

Am 24. September 2019 wurde der Vorstand der AfD-Bundestagsfraktion turnusmäßig neu gewählt. Ich dachte daran zurück, mit welcher Begeisterung ich die Tätigkeit als Parlamentarischer Geschäftsführer (PGF) 2 Jahre zuvor übernommen hatte und wie begeistert ich jetzt war, diesen Mühlstein endlich vom Hals zu haben. Vor lauter Intrigenabwehr war ich dort im zweiten Jahr kaum noch zum Arbeiten gekommen. Entsprechend locker und gelöst war ich vor der letzten Fraktionssitzung in meiner Eigenschaft als PGF.

Anschließend gab es eine neue Rundmail von Bundestagsvizepräsident Wolfgang Kubicki an die Mitglieder der Bau- und Raumkommission (BRK) des Deutschen Bundestages, der ich angehörte. Damit wir das geplante Besucherzentrum für den Bundestag endlich umsetzen könnten, müssten wir uns noch eine weitere Inspiration einholen und dazu im Oktober 2019 das kanadische Parlament in Ottawa besuchen. Sie erinnern sich, werte Leser? Ein Jahr zuvor, Ende August 2018, hatte die BRK zu diesem Zweck schon einmal das amerikanische Parlament in Washington besucht. Ganz ehrlich, der Trip nach Ottawa war eine Lustreise auf Steuerzahlerkosten. Was wir dort erfuhren, wie die Kanadier ihr im Bau befindliches Besucherzentrum organisieren wollten, brachte keine zusätzlichen Erkenntnisgewinne zu dem, was wir ein Jahr zuvor schon in Washington erfahren hatten. Hier eine Impression von der Reise: Kubicki und ich mit Helm auf dem Kopf vor dem Betreten der Baustelle.

(mit Kubicki)

Im Oktober 2019 gab es eine weitere Reise auf den Balkan, diesmal angeführt vom damaligen Bundeswirtschaftsminister Peter Altmaier, mit zahlreichen Unternehmern im Gefolge. Das war keine Lustreise, sondern ein sinnvolles Türöffnen für die deutsche Wirtschaft. Aufgrund des gedrängten Zeitplans und der zu besuchenden Länder – Kroatien, Montenegro, Serbien – griff Minister Altmaier auf die Flugbereitschaft der Bundeswehr zurück, die entsprechend unserem Terminplan startete und landete, ohne dass wir auf Linienflüge warten mussten. In jedem der drei Länder sprach unsere Delegation mit den Delegationen der

Gastgeberseite, die meist aus dem Ministerpräsidenten, dem Wirtschaftsminister, weiteren Politikern und auch aus Unternehmern bestand. Darüber hinaus wurden wir in Kroatien von der damaligen Staatspräsidentin Kolinda Grabar und in Serbien von Staatspräsident Alexandar Vucic empfangen, der es heute noch ist. Das war mein erster und letzter Flug mit einem Regierungsflugzeug der Bundesrepublik Deutschland. Im vorderen Flugzeugteil befinden sich zwei Vierertische, an denen sich die Passagiere gegenübersitzen. Dort reisen Regierungsmitglieder und Bundestagsabgeordnete. Davor gibt es eine Schlafkabine, in der sich der Delegationsleiter zur Ruhe legen kann, in der Regel ist das der Bundeskanzler, wenn er an Bord ist. Im hinteren Flugzeugteil, abgetrennt durch eine Wand, befinden sich normale Sitze für die übrigen Delegationsteilnehmer. Dort reisten mit uns die Unternehmer und begleitende Journalisten. Neben mir saß der Leiter des Bundestagsausschusses für Wirtschaft und Energie, Klaus Ernst (LINKE), schräg gegenüber Bundeswirtschaftsminister Peter Altmaier (CDU) und der Balkanexperte Josip Juratovic (SPD).

(im Regierungsflieger Peter Altmaier)

Bis zu diesem Flug dachte ich immer, dass die damalige Bundeskanzlerin Angela Merkel – oberste Erfüllungsgehilfin der deutschfeindlichen Finanzgangster gegen das eigene Land und das eigene Volk – nur schlechte Seiten hätte. Zumindest fiel mir bis dahin nichts Positives über die Dame ein. Der Flug im Regierungsflieger belehrte ich mich aber dahingehend, dass Frau Merkel zumindest einen positiven Punkt auf ihrer Habenseite hatte: Sie verstand etwas von Wein. Die Stewardess hatte mich drauf gebracht, als sie mich fragte, ob ich nicht den Lieblingswein der Kanzlerin kosten wolle, der sei an Bord. Neugierig tat ich das und probierte einen Pouilly-Fumé, einen französischen Weißwein. Köstlich!

Eine weitere Kurzreise hatte ich dann noch, im November 2019, nach Paris. Diese Reise ging ebenfalls vom Bundestagsausschuss für Wirtschaft und Energie aus. Wir führten einen Gedankenaustausch mit unseren französischen Kollegen durch, Wirtschaftspolitikern der französischen Nationalversammlung. Der war zwar interessant, aber ich erfuhr nichts bahnbrechend Neues, was diese Reise auf Steuerzahlerkosten gerechtfertigt hätte. Unterwegs kamen der CDU-Abgeordnete Klaus-Peter Willsch und ich uns etwas näher. Willsch ist ein Urgestein im Wirtschaftsausschuss, der die eigene Partei regelmäßig kritisiert, z.B. in Fragen des EURO oder gleichgeschlechtlicher Ehen. Zum Glück erringt er regelmäßig das Direktmandat in seinem hessischen Wahlkreis, weil Kollege Willsch auf der hessischen CDU-Liste für den Bundestag niemals einen aussichtsreichen Platz kriegen würde; dafür denkt er viel zu selbstständig und ist viel zu unabhängig. Klaus-Peter Willsch ist mir als einer der seltenen Bundestagsabgeordneten positiv in Erinnerung geblieben, die ich ausdrücklich von der Kritik ausnehme, Schauspieler in unserer Scheindemokratie zu sein.

Im Frühjahr 2018 hatte ich noch einen Abstecher ins EU-Parlament nach Brüssel und im Herbst 2020 eine offizielle Reise nach Moskau unternommen. In Brüssel kümmerte ich mich als PGF um den Informationsfluss zwischen der AfD-Bundestagsfraktion und unseren EU-Parlamentariern. In Moskau bearbeitete ich gemeinsam mit den Fraktionskollegen Robby Schlund und Waldemar Herdt folgende drei Punkte, wozu wir uns mit mehreren Ausschussvorsitzenden der russischen Staatsduma trafen:

1. Bundestagspräsident Schäuble hatte einen Brief russischer Dumaabgeordneter an den Deutschen Bundestag nicht weitergeleitet und somit unterschlagen, in denen diese eine gemeinsame und transparente deutsch-russische Untersuchung zum Fall des Kremlkritikers Alexey Nawalny vorgeschlagen hatten. Mehr dazu im Kapitel zum Jahr 2020.
2. Wir machten uns kundig, wie Russland mit der Covid-Plandemie umging, was teilweise anders als in Deutschland erfolgte.
3. Im Folgemonat wollten sich Parteichef Tino Chrupalla und unser damaliger außenpolitischer Sprecher, Armin-Paul Hampel, mit dem russischen Außenminister Sergey Lavrov treffen. Dieses Treffen bereitete ich mit Herdt und Schlund im Hintergrund mit vor, ohne dass Chrupalla bis heute davon weiß. Es sollte ja funktionieren und fand dann auch im Dezember 2020 statt.

Quelle: https://www.spiegel.de/ausland/afd-besuch-in-moskau-sergej-lawrow-empfaengt-tino-chrupalla-a-a2e17072-2dcf-4fa6-b6dd-de5b3100fe46

Diese beiden Auslandsreisen, die ich in meiner Zeit als Bundestagsabgeordneter absolvierte, habe ich noch mit aufgelistet. Damit haben Sie, werte Leser, einen vollständigen Überblick über meine Dienstreisen als Abgeordneter. Ich beschrieb sie so, wie ich sie empfand. Jeder Leser soll bitte selbst entscheiden, ob unsere Bundestagsabgeordneten zu viel reisen oder nicht. Eine Bundestagsreise nach China im Sommer 2019 hatte ich abgelehnt, weil sie nicht in den Terminplan meiner Verpflichtungen in Deutschland passte. Weitere Auslandreisen ab 2020, mit der Ausnahme zu Jahresende in Moskau, fanden nicht mehr statt, die Covid-Plandemie machte sie unmöglich.

Landesvorstandswahl Bayern 14./15. Sept 2019 – Bruch mit Tom

Tom Rohrböck hatte nicht nur bei mir, sondern auch bei zahlreichen anderen Bundestags- und Landtagsabgeordneten der AfD angedockt, nicht nur aus Bayern, sondern bundesweit. Wie hatte ich das mitbekommen? Einerseits sah ich die Kollegen vor Ort, wenn ich zu Tom alle paar Wochen nach Salzburg fuhr, und andererseits wurde er durch seine Umtriebigkeit immer mehr zum Gesprächsthema unter Fraktionskollegen: „Ah, Dich hat er also auch angesprochen?"

In der Fraktion war es mir nicht gelungen, die Funktion als Parlamentarischer Geschäftsführer als Sprungbrett für höhere Funktionen zu nutzen und auch in der Partei war mein weiterer Weg nach oben versperrt, nachdem Alexander Gauland Tino Chrupalla zu seinem Nachfolger gemacht hatte. Meine persönlichen Erlebnisse zur Fernsteuerung der AfD von außen über intern platzierte Führungskräfte hatten mir zusätzlich klar gemacht, dass an diesem Filz kaum ein Vorbeikommen ist. Damit stand ich vor der Frage, wie ich damit umgehen wollte. Von da an hätte ich mich auf die Rolle eines Hinterbänklers zurückziehen und die Oppositionsschauspielerei brav mitmachen können, aber dazu bin ich einfach nicht der Typ. Ich war nur deshalb in die Politik gegangen, weil ich meinem Vaterland Deutschland dienen wollte, und dazu hätten wir wiederum eine selbstbestimmte AfD gebraucht, die das fremdbestimmte BRD-Establishment frontal angreift, anstatt in dem Sandkasten ein bisschen mitzuspielen, den uns das Establishment als Spielplatz zugewiesen hatte. Nach zwei Jahren im Bundestag stand ich also vor der Frage, was ich jetzt noch tun könnte, um meine Ziele für mein Land doch noch zu erreichen.

Das eine war der Mitgliederentscheid zur Abschaffung des Delegiertensystems in der AfD, der in die richtige Richtung ging. Zusätzlich reifte in mir die Idee, in meinem Landesverband Bayern parallel zu versuchen, die Führungsstrukturen für uns Patrioten in den Griff zu bekommen. Mitte September 2019 fanden die Wahlen zum Bayerischen Landesvorstand statt und ich beschloss, als Landesvorsitzender zu kandidieren. In der Rückschau sollte sich das als größte Fehlentscheidung meiner AfD-Karriere erweisen. Im Endeffekt wurde ich 1. Stellvertretender Landesvorsitzender und was ich in den endlosen Streitereien im Landesvorstand an Energien verschliss, sollte mir in anderen Bereichen fehlen. Warum wurde ich nur 1. Stellvertretender Landesvorsitzender? Über die Vorgeschichte lässt sich der nächste James-Bond-Film drehen.

Die Vorwoche war Sitzungswoche in Berlin und mir war klar geworden, dass Tom Rohrböck die von ihm protegierte Corinna Miazga zur bayerischen Landesvorsitzenden machen wollte.

Ich nahm also Kontakt zu Corinna auf und schlug ihr vor, meine Stellvertreterin zu werden. Corinna ließ nicht mit sich reden und meinte im Gegenzug, ich könne ja ihr Stellvertreter werden, womit geklärt war, dass wir beide in eine Kampfkandidatur um den bayerischen Landesvorsitz gehen würden. Zur gleichen Zeit schrieb mich der bayerische AfD-Landtagsabgeordnete Andreas Winhart per Whatsapp an, Corinna, er und ich sollten ein Triumvirat der neuen bayerischen AfD-Führung bilden. Auf meine Rückfrage, woher die Idee käme, meinte Andreas Winhart: Von Tom. Davon war ich nun gar nicht begeistert. Ich kämpfte doch nicht gegen die Fernsteuerung der AfD von außen, um mich dann von außen selbst fernsteuern zu lassen. Außerdem hatte Andreas Winhart viel zu wenig Unterstützung im Landesverband, um es an die Spitze schaffen zu können und in meiner bevorstehenden Schlacht gegen Corinna musste Höckes „Flügel" geschlossen hinter mir stehen, weshalb ich mit den bayerischen „Flügel"-Strippenziehern Telefonate führte, wen die gerne an meiner Seite im Landesvorstand hätten. Katrin Ebner-Steiner, die bekannteste „Flügel"-Frontfrau in Bayern und damalige AfD-Fraktionsvorsitzende im bayerischen Landtag, versuchte ich mehrmals erfolglos telefonisch zu erreichen, um ihre Meinung einzuholen, aber sie schrieb mir wenigstens, dass sie selbst nicht antreten wollte. Ich antwortete Winhart, dass ich für Toms Vorschlag eines Triumvirats aus ihm, Corinna und mir nicht zur Verfügung stehe. Gleichzeitig fragte ich Tom per Whatsapp, wie er denn meine Chancen sehen würde, bayerischer Landesvorsitzender werden zu können. Werte Leser, erinnern Sie sich an die mir zugespielten 31 Seiten über Tom Rohrböcks

Arbeitsweise aus dem Kapitel zum Jahr 2017? Auf den Seiten 19 und 20 komme ich vor, ohne Nennung meines Namens, ich bin der ominöse „Mitbewerber“. Zitat:

> Ebenso gut weiß Tom Rohrböck, wie man politische Karrieren fördert. Das lässt sich beispielhaft am Aufstieg der bayerischen AfD-Abgeordneten Corinna Miazga zeigen. Die war zunächst eine klassische Hinterbänklerin, bis sie 2019 – für viele Parteimitglieder völlig überraschend – Landesvorsitzende der AfD in Bayern wurde. Hat sie ihren unerwarteten Erfolg Tom Rohrböck zu verdanken?
>
> Der hatte vor der Wahl unter anderem versucht, einem von Miazgas Mitbewerbern die Kandidatur für den Landesvorsitz auszureden: "Ich denke nicht, dass du kandidieren solltest", schrieb Rohrböck dem Mitbewerber in einer Textnachricht. Und: "Du läufst in eine Falle. Mehr als 30 Prozent bekommst Du nicht. Wir haben weit das Stimmungsbild abgefragt." Die Zahl, so erzählt es der Konkurrent heute, war offenbar frei erfunden, die Nachricht eine gezielte Desinformation. Er zog seine Kandidatur zurück.

Aufgrund meiner eigenen Informationseinholung im Vorfeld wusste ich, dass der damals amtierende bayerische Landesvorsitzende und Bundestagsabgeordnete Martin Sichert keine Chance auf eine Wiederwahl hatte und die Stimmenverhältnisse bei einer Kampfkandidatur Müller gegen Miazga 50:50 standen. Mit seiner Desinformation, ich würde angeblich nur 30 % der Stimmen erhalten, versuchte Tom eindeutig, mich von einer chancenreichen Kandidatur abzuhalten. Allerdings fehlt am Ende des oben genannten korrekt wiedergegebenen Zitats aus dem Rohrböckbericht die weitere Entwicklung, warum ich mich am Ende gezwungen sah, meine Kandidatur als Landesvorsitzender zurückzuziehen. Die Desinformation war es nicht, sondern was danach beim Landesparteitag – unerwartet?! – passierte. Fahren wir im James-Bond-Film fort.

Am Donnerstag, den 12. September 2019, zwei Tage vor Beginn des Landesparteitags, flog Andreas Winhart von München nach Berlin, um mit mir persönlich zu sprechen. Am Nachmittag in meinem Büro und dann noch einmal nachts in seinem Hotel redete Winhart unentwegt auf mich ein, ich solle Toms Triumvirats-Idee aufnehmen und das bei der Landesvorstandswahl so umsetzen. Corinna müsse Landesvorsitzende werden, ich selbst könne als ein Stellvertreter kandidieren und solle ihn als weiteren Stellvertreter in den Landesvorstand mitnehmen. Tom hätte ihm das diese Woche bei einem persönlichen Gespräch in Salzburg mit auf den Weg gegeben, Tom würde nur mein Bestes wollen und so weiter und so fort. Wer sprach da eigentlich mit mir, ein selbstbestimmter Landtagsabgeordneter oder die Sprechpuppe eines externen Lobbyisten? Ich lehnte ab.

Mit Vorfreude auf das bevorstehende Kräftemessen mit Corinna Miazga und mit dem einzigen Ziel Landesvorsitzender zu werden, fuhr ich nach Greding in Mittelfranken, wo die bayerischen AfD-Landesparteitage stattfinden. Ein paar Minuten, bevor der Wahlgang zum Landesvorsitzenden aufgerufen wurde, ging ich auf die Toilette, um mich frisch zu machen. In diesem Moment hörte ich die Stimme von Christoph Maier, Katrin Ebner-Steiners rechter Hand, durch die gekachelte Örtlichkeit schallen: „Hajot, bist Du da?" Sie erinnern sich, werte Leser? Hajot ist mein Spitzname und die Kurzform von **H**ans**j**örg. Ich wartete ein paar Sekunden und rief zurück: „Kann man hier nicht einmal in Ruhe ....?". Darauf wieder Maier: „Komm raus, Katrin möchte mit Dir reden!" Als ich rauskam standen Christoph Maier mit Katrin Ebner-Steiner vor mir, dahinter weitere „Flügel"-Repräsentanten. Maier geradeheraus: „Hansjörg, Du ziehst jetzt zurück, gegen Corinna wird Katrin antreten." Daraufhin ich: „Katrin hatte mir geschrieben, dass sie nicht antritt und das auch öffentlich verkündet." Daraufhin Maier: „Katrin hat sich anders entschieden!" Ebner-Steiner sagte dazu etwas im Sinne von, dass die Leute sie lieben würden und sie deshalb kandidieren müsse. Ich antwortete, dass Katrin gegen Corinna verlieren wird, und als ich meine Meinung begründen wollte, eskalierte die Diskussion zum Streit. Das Ganze lief vor dem Toiletteneingang ab, weshalb ich meinte, dass wir lieber in der Ecke der Galerie weiter diskutieren sollten, wo es nicht jeder mitkriegt. Dort hinauf gingen wir und jeder von uns nahm seine engsten Vertrauten mit.

Ich rechnete Karin vor, dass, wie bei jedem anderen bayerischen Landesparteitag damals auch, der „Flügel" nur 40 % der Stimmen hat und es auf die Mobilisierung der Unentschlossenen ankommt, um auf über 50 % zu kommen. Sie selbst würde nicht einmal alle „Flügel"-Stimmen bekommen, weil sie mit ihrem Dauerstreit in der Landtagsfraktion zu viel Porzellan zerschlagen hatte. Ich prophezeite ihr zwischen 35 % und 40 % der Stimmen, aber nicht mehr. Über meine wirtschaftlichen und geopolitischen Kompetenzen könnte ich bis zu weitere 15 % der Stimmen im Saal für mich mobilisieren, zusätzlich zu den 40 % des „Flügel", und ich hätte deshalb deutlich bessere Chancen als sie, gegen Corinna zu gewinnen. Als ich Ebner-Steiner das vorrechnete, rastete sie endgültig aus und überzog mich mit einer Mischung aus Drohungen und Versprechungen. Eine dieser Versprechungen lautete: „Hajot, wenn Du jetzt für mich zurückziehst, werden wir Dich alle unterstützen, wenn Du wieder für den Bundestag kandidierst." Meine unmittelbar danebenstehenden Berater hörten alle Katrins Versprechen, ihre weiter entfernt stehenden Berater hoffentlich auch. Naja, im Einhalten von Zusagen war Katrin schon immer schlecht gewesen, wie die Aufstellung der Bundestagsliste 2021 zeigen sollte.

Was sollte ich in dieser Situation tun? Mit den „Flügel"-Stimmen plus meinen eigenen hätte ich Corinna Miazga besiegen können, aber wenn Katrin Ebner-Steiner gleichzeitig antrat, würden sich die „Flügel"-Stimmen auf uns beide aufteilen und wir würden beide gegen Corinna Miazga als lachende Dritte verlieren. Aus dieser Sackgasse gab es leider nur einen Weg heraus: Gezwungenermaßen zog ich meine Kandidatur um den Landesvorsitz zurück, den Katrin mit den von mir prophezeiten ca. 38 % der Stimmen in der Stichwahl gegen Corinna verlor. Ich trat anschließend als 1. Stellvertretender Landesvorsitzender an und gewann das mit ca. 52 % gegen Corinna Miazgas rechte Hand Gerd Mannes. Das waren die Stimmenverhältnisse im Saal gewesen und ich bin heute noch überzeugt, dass ich mit den gleichen 52 % auch gegen Corinna gewonnen hätte, wenn Katrin meine Kandidatur nicht zerstört hätte. Im Ergebnis machte die „Oberpatriotin" Katrin Ebner-Steiner mit ihrer selbstsüchtigen Kandidatur die Patriotengegnerin Corinna Miazga zur bayerischen Landesvorsitzenden. Darüber sollten die bayerischen Hardcore-„Flügler" einmal nachdenken, die ihrer Katrin kritiklos die Stange halten, egal, welchen Unsinn sie gerade wieder macht.

Die Analyse ergab für mich folgendes Bild: Um Corinna Miazga als bayerische Landesvorsitzende durchzubringen, versuchte Tom Rohrböck erst mit Desinformationen über meine Chancen mich davon abzuhalten, meinen Hut in den Ring zu werfen. Als ich nicht spurte, hetzte er mir Andreas Winhart auf den Hals, um mir meine Ambitionen auszureden. Als ich immer noch nicht spurte, tauchte auf einmal Katrin Ebner-Steiner aus dem Nichts auf und zerstörte mit ihrer chancenlosen Kandidatur meine Chancen, bayerischer Landesvorsitzender der AfD zu werden. Ich werde wohl nie herausfinden, ob es Katrins Eigeninitiative war oder ob sie von jemandem dazu gedrängt wurde. Was ich aber weiß ist, dass Tom mir am 03. Februar 2019 am Rande einer Gesprächsrunde in Salzburg mitgeteilt hatte, dass er genug Material gegen Katrin Ebner-Steiner in der Hand hätte, um sie beim Bayerischen Rechnungshof wegen des Umgangs mit Fraktionsgeldern hochgehen zu lassen. Katrin und ihr Mann könnten dann nur noch nach Südamerika auswandern, so erinnere ich mich an Toms Worte mir gegenüber. Sollte solches Material wirklich vorhanden gewesen sein, hätte man es auch für Erpressungszwecke gegenüber Katrin Ebner-Steiner verwenden können. Bei o.g. Gesprächsrunde war übrigens Katrins Mann, Christian Ebner, anwesend, den andere Teilnehmer auch gesehen haben. Das Gespräch zwischen Tom und mir fand allerdings in der Pause unter vier Augen statt. 2021 hörte ich zufällig ein Telefonat mit, als ein Journalist einem Parteifreund über die Freisprechanlage seines Autos mitteilte, dass nach seinem Wissensstand Katrin Ebner-Steiner ebenfalls Kontakt zu Tom Rohrböck hatte und der Journalist bezüglich vermuteter Kostenübernahme für ein Seminar recherchierte. So viel zu den Fakten. Offen bleibt, ob Frau Ebner-Steiner bei der AfD-Landesvorstandwahl 2019 aus persönlicher Selbstüberschätzung oder auf Druck von dritter Seite handelte. Als dritte Seite kommen sowohl innerparteiliche Gegner von mir in Betracht als auch Strippenzieher von außerhalb der Partei bzw. eine Zusammenarbeit von beiden. Egal aus welcher Motivation heraus, als Ergebnis ihrer Handlung übereignete Ebner-Steiner den bayerischen Landesvorsitz an die Vertraute des damaligen AfD-Chefs Meuthen, die von Tom Rohrböck offensichtlich geförderte Oppositionsschauspielerin Corinna Miazga, eine Gegnerin der Patrioten in der AfD.

Meine persönliche Konsequenz aus dem Erlebten war, dass ich einige Zeit später meinen zweieinhalb Jahre andauernden „Flirt" mit Tom Rohrböck beendete. Ich hatte gehofft, über ihn Informationen zu erhalten, welche die Partei und mich hätten weiterbringen können. Im Gegenzug wurde ich von ihm ausgehorcht und manipuliert. Tom arbeitet hochprofessionell: Er ist gebildet, charmant im Umgang und vermittelt einem sofort das Gefühl, sein bester Freund zu sein. Gegenüber Dritten sprach Tom immer nur gut über mich, die das an mich weitertrugen. Tom ist ein Vollprofi in der Manipulierung von Menschen und auch ich fiel zu lange auf ihn rein.

30.11./01.12.2019 - Hartwig-Video zur Neuwahl des AfD-Bundesvorstandes in Braunschweig

Wie Roland Hartwig mit angestellten Abteilungsleitern der AfD-Bundestagsfraktion umging, konnten Sie im Kapitel zum Jahr 2018 lesen. Als ich diesen Mitarbeitern beigesprungen war, bekam ich von Hartwig ebenfalls mein Fett weg, was dazu führte, dass unser Verhältnis zerstört wurde. Davon mussten Björn Höcke und Andreas Kalbitz erfahren haben, als sie mich im Vorfeld der Braunschweiger Neuwahl des AfD-Bundesvorstandes nacheinander anriefen, ich solle bitte nichts gegen Roland Hartwig unternehmen. Er sei vom „Flügel" für den neuen Bundesvorstand als Kandidat gesetzt. Ein Kandidat, der gleichzeitig Vertrauter der ehemaligen „Flügel“-Gegnerin Alice Weidel und der ewigen „Flügel“-Gegnerin Beatrix von Storch war, wurde auf einmal vom „Flügel“ als Kandidat unterstützt? Eine interessante Konstellation. Aufgrund eigener Erfahrungen mit dem Herrn fand ich es zwar nicht gut, wenn der nächste Apparatschik in das höchste Führungsgremium unserer Partei aufrücken würde, wo Macher hingehören, aber ich hatte eigentlich nicht vorgehabt, gegen Hartwig zu mobilisieren.

Dann kam ein Zufall dazwischen. Roland Hartwig hatte sein Bewerbungsvideo für den Bundesvorstand dermaßen unbeholfen und hölzern aufgenommen, dass er zu einem satirischen Verriss geradezu einlud. „Wenn Roland mir schon den Ball auf den Elfmeterpunkt vor sein eigenes Tor gelegt hat“, dachte ich mir „dann mache ich ihn auch rein“. Fix lud ich einen professionellen Mediengestalter ein und kommentierte süffisant die einzelnen Passagen aus Hartwigs Bewerbungsvideo; so wie Oliver Welke in der Heute-Show die Nachrichten durch den Kakao zieht. Das Video ging eineinhalb Tage vor dem Bundesparteitag online, wurde innerhalb von Stunden der Hit in den Sozialen Medien und schaffte es sogar bis in die ARD-Tagesthemen. Der Erfolg war durchschlagend: Roland Hartwig war angezählt und verfehlte trotz „Flügel“-Unterstützung sein Ziel deutlich, in den neuen AfD-Bundesvorstand einzuziehen.

Das Ganze hatte ein Nachspiel. Bei der folgenden Fraktionssitzung wäre ich wegen des Videos um ein Haar aus der AfD-Bundestagsfraktion ausgeschlossen worden. In der Rückschau war es von mir nicht in Ordnung, Hartwig über die Öffentlichkeit das zurückzuzahlen, was er mir hinter verschlossenen Türen reingewürgt hatte. Das ist vielen sauer aufgestoßen, die sonst auf meiner Seite standen, womit ich im Endeffekt mir selbst mehr geschadet habe als Roland Hartwig. Wenn ich ihm ebenfalls hinter verschlossenen Türen eine geknallt hätte, wäre alles in Ordnung gewesen. Jetzt habe ich so viel über das Hartwig-Video geschrieben: Wer möchte, kann es auf meinem YouTube-Kanal ansehen.

Quelle: https://www.youtube.com/watch?v=DSFIPv00fpM

2020

Februar 2020 – Der Hype um das Coronavirus und Covid-19 beginnt

Keine Angst, werte Leser, ich werde hier nicht das 1001-ste Buch über die Hintergründe zum Coronavirus bzw. über Covid-19 schreiben, das haben schon genug andere getan. Seitdem das Coronavirus in Deutschland im Februar 2020 aufgetaucht ist, war ich einer der ersten, die sich mit der Thematik beschäftigten. Wenn Sie selbst in die Detailanalyse eintauchen wollen, empfehle ich Ihnen folgende Literatur.

Quellen:

Monika Donner: Mit Schwerpunkt auf den politischen Hintergründen.

https://www.suedwind-buchwelt.at/item/Corona-Diktatur/Monika_Donner/44630072

Dr. Karina Reiss, Dr. Sucharit Bhakdi: Mit Schwerpunkt auf den medizinischen Hintergründen.

https://www.amazon.com/Corona-Fehlalarm-Fakten-Hintergr%C3%BCnde-German-ebook/dp/B08BR14Y5L

Stiftung Corona Ausschuss im Internet: Bei inzwischen 125 Sitzungen bis zum 7. Oktober 2022 wurde das Thema von allen denkbaren Seiten komplett aufgearbeitet; medizinisch, juristisch, statistisch, gesellschaftlich, wirtschaftlich und politisch. Unabhängig davon, aus welcher Richtung der Coronaausschuss das komplexe Thema beleuchtet, laufen die Fäden immer wieder bei den globalen Finanzgangstern und ihren Marionetten in Politik und Medien zusammen; alles belegt! Eine umfassendere Aufarbeitung als in der Stiftung Corona Ausschuss ist kaum denkbar, wobei zu jeder Sitzung eine übersichtliche Inhaltsangabe angeboten wird. Die Faktenfülle belegt beeindruckend, dass es sich bei Corona um eine weltweit geplante und umgesetzte Aktion handelt: Um eine genial inszenierte Plandemie und bestimmt nicht um eine überraschend aufgetretene Pandemie. Diese Plandemie wurde von den üblichen

Verdächtigen losgetreten, um ihre Macht und ihren Reichtum zu mehren. Wie viele Menschen dabei wirtschaftlich, psychisch und physisch draufgehen, ist diesen Verbrechern völlig egal. Seitdem geimpft und geboostert wird, haben wir nicht nur einen Anstieg schrecklicher Krankheiten wie Blutgerinnsel, Herzmuskelentzündungen, Krebs, Multipler Sklerose usw. um mehrere hundert Prozent, sondern auch Unfruchtbarkeit und Übersterblichkeit liegen ca. 15 % über den Werten der Vorjahre. Eine Übersterblichkeit gab es noch nicht, als das angeblich so tödliche „Killervirus" angeblich „wütete." Die Übersterblichkeit gibt es erst seit den sogenannten Impfungen, die keine sind, sondern eher genverändernde Experimente an Menschen. Diese Genexperimente machen die Menschen für eine Coronaerkrankung sogar anfälliger, im Vergleich zu Ungeimpften. Fundierte klinische Tests, welche diesen Namen verdienen würden, gab es keine und die Notfallzulassungen für die sogenannten Impfstoffe strotzen nur so von Lug, Trug und Korruption. Wenige Vertreter der Pharmaindustrie, Finanzindustrie und Politik haben die Menschheit auf den Status von Laborratten reduziert, an denen gefährliche Experimente durchgeführt werden. Inzwischen ist auch bekannt, dass die sogenannten Impfstoffe schon fertig bzw. patentiert waren, bevor die erste Covid-19-Erkrankung überhaupt auftrat. Sitzen in der Pharmaindustrie lauter Hellseher, die in die Zukunft schauen konnten? Oder war es andersherum, dass erst die Giftspritzen entwickelt wurden und dann die Politik- und Medienmaschine angeworfen wurde, um die Menschen mit Drohungen und Fakenews zu deren Gebrauch zu zwingen? Lange vor Covid-19 gab es dazu Planspiele zwischen der Industrie, Politik, internationalen Organisationen und privaten Strippenziehern wie Bill Gates. Die sogenannte Corona-Impfung nützt nicht nur nichts, sondern kann bei ihren Opfern zu schweren Gesundheitsschäden oder gar zum Tod führen. Wer sie initiiert hat, protegiert oder daran verdient, ist ein Verbrecher gegen die Menschlichkeit und gehört vor Gericht. Unter der falschen Flagge einer angeblich tödlichen Bedrohung durch das Coronavirus wurden die Grundrechte des Grundgesetzes ausgehebelt und das de facto gesinnungsmäßig totalitäre politische System in der BRD weiter zementiert. Das ging nicht nur uns Deutschen so, sondern wurde von den meisten Regierungen weltweit so gehandhabt.

Aber vielleicht ist genau dies das eigentliche Ziel der Plandemie, um den Great Reset, die ID2020 und die Agenda2030 weiter voranzutreiben, mit denen die Weltbevölkerung zu einer total kontrollierten grauen Masse rechtloser Sklaven erniedrigt werden soll, die von ein paar Tausend Finanzgangstern und ihren willfährigen Vollstreckern geknechtet wird. Dafür würden Impfopfer schon in Kauf genommen, ohne mit der Wimper zu zucken – als sogenannte Kollateralschäden.

Quelle: https://corona-ausschuss.de/

Damit ist die Ausgangslage geklärt und ich kann mich im Folgenden darauf konzentrieren, wie ich als Politiker mit dieser Thematik umgegangen bin.

Bereits am 27. März 2020 veröffentlichte PI-News ein Interview mit mir, in dem ich als allererster klar Stellung gegen die Corona-Politik der Regierung bezog, als sich das noch kein anderer Bundestagsabgeordneter getraut hat. Selbst AfD-MdB Peter Boehringer aus Bayern, der inzwischen die Argumentation anführt, war damals noch in Deckung geblieben und schloss sich meiner Strategie erst einige Wochen später an. Als nächste kamen damals AfD-MdB Dirk Spaniel (Baden-Württemberg) und AfD-MdB Corinna Miazga (Bayern) aus der Deckung und sahen es wie ich. Gemeinsam starteten wir drei in der AfD-Bundestagsfraktion die Initiative, die schwankenden Fraktionskollegen auf einen klaren Anti-Corona-Kurs einzuschwören, wobei wir den erbitterten Widerstand unserer Fraktionsvorsitzenden Alice Weidel überwinden mussten. Es hat funktioniert. Hier das PI-News-Interview.

„Mit dem Corona-Hilfspaket entmachtete sich der Bundestag selbst"

27. März 2020

AfD-MdB Hans-Jörg Müller: „Ich halte es für völlig verantwortungslos, die deutsche Wirtschaft auch nur einen Tag herunterzufahren."

Am Dienstag stimmte der Deutsche Bundestag dem Corona-Hilfspaket über 750 Milliarden Euro zu. PI-NEWS sprach darüber mit dem außenwirtschaftspolitischen Sprecher der AfD-Bundestagsfraktion, Hansjörg Müller.

PI-NEWS: Herr Müller, was halten Sie von diesem Hilfspaket?

Müller: Unter den Bedingungen des Shutdowns, das heißt des kompletten Herunterfahrens der Wirtschaft, ist es unvermeidlich, vor allem Solo-Selbstständige und mittelständische Unternehmen durch kurzfristige Liquiditätshilfen am Leben zu erhalten, wenn man beim Wiederhochfahren noch einen Mittelstand haben möchte.

Heißt das, Sie bzw. die AfD-Bundestagsfraktion tragen das Hilfspaket in vollem Umfang mit?

Unsere Bundestagsfraktion enthielt sich bei den einzelnen Abstimmungen; bei der namentlichen Abstimmung über das Aussetzen der Schuldenbremse stimmten drei Kollegen dagegen. Wenn ich nicht aus dringenden familiären Gründen verhindert gewesen wäre, hätte ich als vierter dagegen gestimmt. Dem Abstimmverhalten unserer Fraktion ging ein intensives Ringen um den richtigen Kurs voraus: in der gesamten Bandbreite, von staatstragender Zustimmung zur Regierung bis hin zur konsequenten Ablehnung der Regierungsvorschläge als wirksame Opposition. Wobei der Kompromiss „Enthaltung" mit einem eigenen AfD-Entschließungsantrag verbunden war, alle Regierungsmaßnahmen nur vier Wochen wirken zu lassen und sie danach wieder auf den Prüfstand zu stellen. Diese wesentliche Bedingung ließen die Staatsmedien geflissentlich unter den Tisch fallen.

Wo stehen Sie in dieser AfD-internen Bandbreite?

Auf der Seite der Vernunft. Ich halte es für völlig verantwortungslos, die deutsche Wirtschaft auch nur einen Tag herunterzufahren. Damit wird eine seit Generationen gewachsene Wirtschaftsstruktur unwiederbringlich zerstört. Nach dem Ende des Shutdowns werden noch mehr Großkonzerne und noch weniger mittelständische Unternehmen übrigbleiben, die Mittelschicht wird weiter eliminiert, es wird noch mehr Kapital von unten nach oben verteilt – aber genau das scheint ja gewollt zu sein. Auf welcher Grundlage hat denn die Bundesregierung die selbstmörderische Entscheidung zum Shutdown getroffen? Auf der Grundlage von Hysterie, Panikmache und instrumentalisierten Bildern über bedauernswerte kranke und sterbende Menschen. Es wird immer klarer, dass die in der Öffentlichkeit präsentierten Statistiken bezüglich der Todesraten Corona-Infizierter x-fach überhöht und damit unseriös sind, keiner statistischen Überprüfung standhalten und somit nur dem Ziel dienen können, Angst zu verbreiten. Spätestens jetzt stellt sich die Frage: Cui bono? – Wem nützt es? Wer hat ein Interesse daran, unser gesamtes Volk in den Panikmodus zu versetzen, damit es sich nicht gegen die Zerstörung seiner wirtschaftlichen Grundlagen wehrt? Zur Schadensbegrenzung ist unbedingt erforderlich, das komplette Herunterfahren der deutschen Wirtschaft sofort zu beenden, wenn wir mit einem blauen Auge davonkommen wollen, heute noch! Und damit setzen wir dann auch die notwendigen Ressourcen frei, den wirklich vom Coronavirus betroffenen Risikogruppen – Schwerkranken und Älteren – zielgerichtet helfen zu können.

Was sind weitere, negative Folgen des Corona-Hilfspakets?

Die Abschaffung der Demokratie und die faktische Einführung eines sozialistisch-totalitären Regimes. Wesentliche Grund- und Bürgerrechte wurden unter dem Deckmäntelchen angeblichen Gesundheitsschutzes außer Kraft gesetzt: ein Teil unserer Menschwürde, indem wir zuhause eingesperrt werden, Eingriffe in das Eigentumsrecht, Aussetzung der Versammlungsfreiheit usw. Wenn die Regierung jetzt weiter Schritt für Schritt ihren de-facto-Staatsstreich vollendet, den sie 2015 durch die grundgesetzwidrige Nichtschließung der Grenzen begonnen hat, können die Menschen nicht einmal mehr dagegen demonstrieren. Mit dem Corona-Hilfspaket entmachtete sich der Bundestag am 25. März 2020 selbst und stimmte angeblich einmaligen Notstandgesetzen zu, die aber verlängert werden können. Aus historischen Gründen sträuben sich mir spätestens jetzt die Nackenhaare: Wir haben in Deutschland sehr schlechte Erfahrungen mit Notstandsgesetzen gemacht, die durch das Parlament gepeitscht wurden. Aus diesem Grunde schrieb ich Bundestagspräsident Schäuble vor den Bundestagsbeschlüssen wortwörtlich, dass ich bei der Abstimmung über das Corona-Hilfspaket „mit Sicherheit nicht Staffage spiele, wenn eine Art Notstandsgesetzgebung im Plenum abgestimmt werden sollte, welche dem bereits ausgehöhlten Grundgesetz den Rest geben könnte".

Quelle: https://www.pi-news.net/2020/03/mit-dem-corona-hilfspaket-entmachtete-sich-der-bundestag-selbst/

Parallel veröffentlichte ich auf meinem YouTube-Kanal eine fünfreihige Serie mit dem Namen „Was kostet uns Corona?", bestehend auf folgenden Teilen:

1. Interpretationen der Corona-Statistiken
2. Wirtschaftlicher Zusammenbruch in Deutschland
3. Was braucht der deutsche Mittelstand zum Überleben?
4. Helfen die Bundestagsbeschlüsse vom 25.03.2020?
5. Abschaffung von Marktwirtschaft und Bürgerrechten

Quelle: https://www.youtube.com/c/Hansj%C3%B6rgM%C3%BCllerMdB/search?query=Corona

Wenn ich mit meinem heutigen Wissensstand, also zweieinhalb Jahre später, diese fünf Teile nochmals ansehe, kann ich nur kritisieren, dass ich damals zu zaghaft argumentiert hatte. Es ist nämlich noch viel schlimmer gekommen und mit dem, was ich damals voraussagte, hätte ich den Propheten-Oscar bekommen sollen. Das Einzige, was ich bekam, war ein In-die-Pfanne-Hauen durch die Abendnachrichten des Bayerischen Fernsehens als angeblicher Verschwörungstheoretiker. Aber diesen Mechanismus kennen Sie ja schon: Wer zu nahe an der Wahrheit ist und diese sogar ausspricht, wird von den Staatsmedien gnadenlos diskreditiert und als Spinner hingestellt.

April bis August 2020 – Entwicklung einer „Aktivstrategie“ gegen den Verfassungsschutz zum Nutzen der AfD

Während des vom Staat durchgesetzten, grundgesetzwidrigen Freiheitsentzugs – wohl die richtigere Bezeichnung für den Hausarrest während der Corona-Lockdowns – war auch der Parlamentsbetrieb eingeschränkt. Ich saß also in meinen vier Wänden und überlegte, wie ich meine Zeit sinnvoll nutzen könnte. In der AfD war jedem klar, dass der sogenannte Verfassungsschutz nicht das Grundgesetz schützt, sondern die Macht der BRD-Parteienoligarchie gegen das eigene Volk und gegen die demokratische Opposition in Form der AfD. Natürlich auch noch gegen viele andere Bürgerinitiativen wie z.B. die Querdenker oder insgesamt gegen selbstständig denkende Menschen, welche den Unterschied zwischen Schein und Sein in unserem Staates kritisieren. In der Partei waren wir uns zumindest in der Analyse einig, was das Problem des „Verfassungsschutzes“ betraf. Die Frage, wie wir darauf reagieren sollten, offenbarte wieder den üblichen Graben zwischen ängstlichen und/oder ferngesteuerten Oppositionsschauspielern einerseits und mutig agierenden echten Oppositionellen andererseits. Weil in den AfD-Führungsstrukturen die Oppositionsschauspieler traditionell in der Mehrheit sind, sah die Reaktion entsprechend aus: Weinerlich wurde beklagt, wie ungerecht das alles sei und man wolle den Rechtsweg bis zum Letzten ausschöpfen. Die eigenen Mitglieder wurden angehalten, ja nichts zu tun und zu sagen, was der sogenannte Verfassungsschutz als Angriffsfläche missverstehen könnte, worauf Alexander Gauland zutreffend bemerkte, dass sich die AfD dann gleich selbst auflösen sollte. Das war es dann schon mit den Gegenmaßnahmen. Das Ausschöpfen des Rechtsweges ist in einem funktionierenden Rechtsstaat natürlich toll, aber wer steht in der BRD am Ende des Rechtsweges und trifft die letztendliche Entscheidung? Das Bundesverfassungsgericht! Von wem werden die Richter des Bundesverfassungsgerichts gewählt? Zur Hälfte vom Bundestag und zur Hälfte vom Bundesrat! Wer kontrolliert den Bundestag und den Bundesrat? Die Systemparteien, die den sogenannten Verfassungsschutz für ihren Machterhalt gegen die AfD instrumentalisieren! Mehr muss auch Lieschen Müller nicht wissen, um zu verstehen, dass dies eher einer Farce, als einem fairen Verfahren gleichkommt. Diese hilflosen Verteidigungsversuche im Umgang mit dem sogenannten Verfassungsschutz bezeichne ich als „Passivstrategie“, wobei das Wort „Strategie“ eigentlich fehl am Platze ist. Wenn von Anfang an klar ist, dass es nicht funktionieren kann, handelt es sich um eine Nicht-Strategie, aber sei's drum.

Als Gegenentwurf entwickelte ich im Frühjahr 2020 die „Aktivstrategie“, wie die AfD aus der Verfassungsschutzfalle herauskommen kann. Diese Entwicklung betrieb ich nicht allein, sondern hatte drei herausragende Mitstreiter im Boot, welche die Besten auf diesem Gebiet in Deutschland sind. Mitinitiator war der Philosoph Peter Feist.

- Prof. Dr. Karl Albrecht Schachtschneider, Staatsrechtler.
- Dr. Helmut Roewer, ehemaliger Präsident des Landesamtes für Verfassungsschutz in Thüringen.
- Regierungsdirektor a.D. Josef Schüßlburner, politisch gegängelter Beamter, der die Aushöhlung des Rechtsstaates am eigenen Leib erfuhr, Insiderkenntnisse mitbringt und zum „Verfassungsschutz“ publiziert hat.

Gemeinsam setzten wir uns zusammen; als erfahrener Projektmanager übernahm ich die Projektleitung und innerhalb eines Monats hatten wir den Gegenentwurf der „Aktivstrategie“ gegen den sogenannten Verfassungsschutz fertig. Wir wiesen nach, dass der sogenannte Verfassungsschutz selbst eine große Gefahr für unser Grundgesetz darstellt und fundamental verändert werden muss. Es muss ein alternatives Staatsschutzkonzept erarbeitet werden, das den Standards einer normalen liberalen Demokratie entspricht, wie dies in den Empfehlungen der sog. Venedig-Kommission des Europarats von 1999 zu Parteiverboten und analogen Maßnahmen zum Ausdruck kommt. Insofern ist die BRD keine normale, sondern eine illiberale Demokratie. Beim Staatsschutz ist zur Bestimmung einer Verfassungsgefährdung allein auf die Durchführung und Bereitschaft zur Gewalt abzustellen, weil diese objektiv gemessen werden kann. Jegliche Bindung der Verfassungsgefährdung an „Werte“, wie sie der sogenannte Verfassungsschutz betreibt, erfordert die subjektive Messung dieser „Werte“, welche anhand der persönlichen Interessen der Mächtigen erfolgt und somit prinzipiell nicht objektiv sein kann. Solange dieses Strukturproblem besteht, bleibt ist unvermeidlich, dass der angebliche Schutz unserer Verfassung zu einer staatlichen Ideologiebekämpfung degeneriert, in der die Meinungen Andersdenkender vom Staat kriminalisiert werden. Am 17. April 2020 stellten Schachtschneider, Roewer, Schüßlburner und ich unsere Aktivstrategie bei COMPACT-TV im Internet vor. Die Aufnahme ist lang und bei Herrn Schüßlburner ist die Tonqualität etwas schlecht, aber in dieser Sendung legten wir alle Argumente auf den Tisch. Deshalb eignet sie sich gut für Zuschauer, die sich die komplexe Thematik rundum erklären lassen möchten. Die Aufnahme ist auf meinem YouTube-Kanal abrufbar.

Quelle: https://www.youtube.com/watch?v=hlLcwiJJB0A

Unsere „Aktivstrategie“ reichte ich dem AfD-Bundesvorstand über den damaligen AfD-Sprecher Jörg Meuthen auf dem Silbertablett dar. Die AfD-Führung hätte unsere fertig ausgearbeitete Strategie nur umsetzen müssen und die AfD hätte aus der Verfassungsschutz-Falle herausgekommen können, aber was passierte? Sie ahnen es: Nichts! Unsere „Aktivstrategie“ wurde vom AfD-Bundesvorstand komplett ignoriert. Stattdessen terrorisierte die „Arbeitsgruppe Verfassungsschutz“ um den stellvertretenden Fraktionsvorsitzenden Roland Hartwig die eigenen Mitglieder: Die Vorgaben des Verfassungsschutzes – was angeblich sagbar sei und was nicht, was man angeblich tun darf und was nicht – wurden von der AfD-eigenen „Arbeitsgruppe Verfassungsschutz“ 1:1 übernommen und den AfD-Mitgliedern als Vorgaben übergestülpt. Das erfolgte in sogenannten „Handreichungen“, also in Dokumenten, welche die damit einhergehende Selbstkastration im Detail beschrieben. Wer sich nicht daran hielt, musste mit Parteiordnungsmaßnahmen bis hin zum Parteiausschluss rechnen. Nach meiner Einschätzung arbeitete die AfD-interne „Arbeitsgruppe Verfassungsschutz“ quasi wie ein verlängerter Arm des Inlandsgeheimdienstes gegen die eigenen Parteimitglieder. Das brachte Roland Hartwig den zweifelhaften Ruhm ein, als

„Sonderermittler“ einer AfD-internen „Stasi“ bezeichnet zu werden, wie der Blog „Abakus News“ bemerkte. Für die Jüngeren unter den Lesern: Die „Stasi“ war der Staatssicherheitsdienst in der damaligen DDR gewesen, welcher als Inlandsgeheimdienst das Volk im Auftrag der Staatsmacht unterdrückte. Die Analogie laut „Abakus News“ war, dass Hartwig das AfD-Parteivolk im Auftrag der AfD-Führung knechten würde.

Quelle: https://abakusnews.com/2019/11/25/geschmacklos-stasi-sonderermittler-roland-hartwig-soll-beim-bundesparteitag-in-den-afd-bundesvorstand-gewaehlt-werden/

In einem Chat müsste ich hier wieder hundert Mal das Symbol des Affen schreiben, der die Hände vor dem Gesicht zusammenschlägt, für so dämlich halte ich dieses Vorgehen. Der unterwürfige Umgang der AfD mit dem sogenannten Verfassungsschutz ist ein weiteres Indiz dafür, dass die AfD von den Systemparteien gegen ihre ureigensten Interessen über eingeschleuste Führungskräfte wahrscheinlich ferngesteuert wird. Später kam wenigstens Roland Hartwig zur Besinnung, als er gegen Jörg Meuthen opponierte und daraufhin den Vorsitz der „Arbeitsgruppe Verfassungsschutz“ verlor. Diese späte Einsicht rechne ich Roland Hartwig persönlich hoch an. Aber bis dahin hatte er unglaublich viel Porzellan zerschlagen.

Gemeinsam mit Josef Schüßlburner verfeinerte ich die „Aktivstrategie“ gegen den sogenannten Verfassungsschutz weiter, stellte diese auf meine Politikerwebseite:

Quelle: https://www.mueller-hansjoerg.bayern/verfassungsschutzbeobachtung-gegen-afd/

und publizierte sie im August 2020 über die sozialen Medien. Den Anfang machte folgender Artikel auf PI-News, einem der reichweitenstärksten Portale außerhalb der staatsnahen Presse. Wie bezeichnet die Staatspresse das freiheitliche PI-News-Portal? Sie erraten es bestimmt: Als angeblich fremdenfeindlich und rechtsextrem; in der heutigen Zeit der umgedrehten Begriffe ist so eine Falschbezeichnung eigentlich der Ritterschlag!

Hansjörg Müller fordert „Aktivstrategie" der AfD gegen Verfassungsschutz

14. August 2020

Der Bundestagsabgeordnete Hansjörg Müller will eine grundlegende Änderung der AfD-Strategie gegen das verfassungswidrige Vorgehen von (Verfassungsschutzpräsident) Haldenwang und (Bundesinnenminister) Seehofer (CSU).

In der AfD besteht Einigkeit darüber, dass der sogenannte Verfassungsschutz (VS) nicht das Grundgesetz vor wirklichen Gefährdungen schützt, sondern die Macht des herrschenden Altparteienkartells vor einer bürgerlichen Oppositionspartei.

Anstatt aktiv gegen das perfide Handeln des politischen Gegners zu agieren, belässt es die AfD bisher bei passivem Reagieren: Erst unterwirft sie sich selbst der Deutungshoheit des VS, beklagt sich dann über die daraus erwachsende Ungerechtigkeit und klagt schließlich vor Gericht. Wird sich deshalb etwas ändern? Sicher nicht! Es kann sich nichts ändern, solange der Inlandsgeheimdienst wie in George Orwells Roman „1984" politische Gedanken, Ideen oder Argumentationsmuster kontrolliert.

Bei diesem schiefen Ansatz der VS-Konzeption ist eine politische Neutralität des Staatsschutzes von vornherein nicht möglich, obwohl er von der Rechtsstaatskonzeption gefordert wird. Dieses Strukturproblem kann auch der Gang vor Gericht nicht lösen. Dringend notwendig ist deshalb eine offensive „Aktivstrategie" der AfD gegen den politischen Missbrauch des VS anstelle der gescheiterten Anbiederung durch passives Reagieren, die das Strukturproblem der schiefen VS-Konzeption bis heute nicht erkannt hat. Wie lässt sich die „Aktivstrategie" umsetzen?

Das Grundgesetz kann nur von der Exekutive oder von Parlamentsmehrheiten verletzt werden, die über Durchsetzungsmacht verfügen: Die Exekutive sind die Regierung und der Staatsapparat. Sich rechtstreu verhaltende Vereinigungen oder Bürger, wie etwa die AfD und ihre Mitglieder, sind denklogisch zu einer Verletzung des Grundgesetzes gar nicht in der Lage, solange sie nicht an den Schalthebeln sitzen und über keine Durchsetzungsmacht verfügen. Ähnliches gilt für machtlose Kleinstgruppierungen, die in den VS-Berichten sinnbefreit aufgeführt werden.

Als ersten Schritt auf dem Weg zur notwendigen „Aktivstrategie" sollte die AfD die Aufnahme von CDU/CSU, SPD, FDP und GRÜNEN in die VS-Berichte wegen deren fortgesetzten verfassungsfeindlichen Vorgehens gegen die AfD fordern. Dieses Vorgehen der etablierten Konkurrenzparteien ist nämlich gegen das Mehrparteienprinzip und den Meinungspluralismus gerichtet und zeigt auch eine antiparlamentarische Einstellung. Hierbei wird sofort klar, warum der VS die grundgesetzwidrige Ausrichtung des Altparteienkartells bis heute nicht „beobachtet": Weil es ihm die Innenministerien verbieten, geführt vom Kartell derselben Altparteien.

Das Einzige, was nicht nur der AfD, sondern der Demokratie insgesamt weiterhilft, sind echte Lösungen im Sinne der „Aktivstrategie", die das o.g. Strukturproblem der schiefen VS-Konzeption angehen: Abschaffung jeder Art von Gedankenpolizei, indem keine politischen Einstellungen, Gedanken oder Äußerungen mehr verfolgt werden. Der in der Rechtsgrundlage für den VS ohnehin nicht enthaltene und damit unbestimmte Begriff „Extremismus" ist zu löschen, weil seine Unbestimmtheit der ideologischen Unterdrückung Andersdenkender durch Staatsmacht und Massenmedien Tür und Tor geöffnet hat. Der viel zu weit gefasste Gummibegriff „Bestrebungen gegen die freiheitliche demokratische Grundordnung" ist dahingehend einzuschränken, dass diese Bestrebungen nur noch bei konkreter Bereitschaft zur Gewalt oder bei der Anwendung von Gewalt zur Durchsetzung politischer Ziele Gegenstand der Ermittlungen sein dürfen, also ausschließlich bei Vorliegen gewaltbezogener Straftatbestände.

Dementsprechend sind die Verfassungsschutzämter als eigenständige Ämter aufzulösen und in die Staatsschutzabteilungen der Polizei zu überführen. Verfassungsschutzberichte sollten überhaupt nicht mehr veröffentlicht werden, um grundgesetzwidrige Stigmatisierungen der politischen Opposition durch Staatsmacht und Massenmedien zu beenden. Zur Erfassung politisch motivierter Kriminalität genügt die Kriminalstatistik. Die Verfassungsschutzgesetze des Bundes und der Länder sowie weitere Gesetze sind entsprechend anzupassen. Möglicherweise ist auch eine Änderung des Grundgesetzes zur Sicherstellung einer liberalen Demokratie erforderlich.

Es gilt nämlich folgendes: In echten, das heißt in liberalen bzw. normalen Demokratien, ist es nicht üblich, Bürgerinnen und Bürger auf eine gesinnungsbezogene Verfassungstreue zu verpflichten und Oppositionsparteien – obgleich diese sich, wie die AfD, an die demokratischen Spielregeln des friedlichen Machtkampfes halten – als angeblich „extremistisch" abzustempeln und vom Geheimdienst unterdrücken zu lassen. In diesem Sinne argumentieren auch die liberalen und linken Vordenker Horst Meier und Claus Leggewie, womit jeglicher Vorwurf ins Leere geht, vorliegende Forderung einer grundlegenden VS-Reform durch den AfD-MdB Hansjörg Müller sei irgendwie „rechts".

Es wird Zeit, dass in der Bundesrepublik Deutschland endlich eine normale „liberale Demokratie des Westens" verwirklicht wird, anstelle des aktuell vorherrschenden illiberalen Demokratiedefizits. Mit ihrer massiven Freiheitsgefährdung durch einen im Kern ideologischen „Verfassungsschutz" stellt die Bundesrepublik anerkanntermaßen im internationalen Vergleich ein „Novum" und auch ein „Unikum" dar (so ein Grundgesetz-Kommentar). Dieser deutsche Sonderweg ist zu beenden, die vorherrschende illiberale Demokratie ist in eine liberale und damit normale Demokratie weiterzuentwickeln. Die Fehlkonstruktion Verfassungsschutz ist sofort und grundlegend zu reformieren, wie oben beschrieben.

Das Erreichen dieses Ziels muss oberste Aufgabe aller AfD-Leitungsgremien werden: Damit die AfD gemäß Demokratieprinzip nach Artikel 20 endlich diskriminierungsfrei nach Artikel 21 am politischen Wettbewerb teilnehmen kann. Das sind knallharte Grundgesetzanforderungen, welche die Systemparteien bisher ebenso knallhart unterlaufen. Das Ziel sollte so schnell wie möglich angegangen werden, bevor die Beamten unter den AfD-Mitgliedern durch behördliche Schikanen weiter aus der Partei gedrängt werden.

Quelle: https://www.pi-news.net/2020/08/hansjoerg-mueller-fordert-aktivstrategie-der-afd-gegen-verfassungsschutz/

Nachdem der AfD-Bundesvorstand nicht wollte – oder auf Befehl externer Führungsoffiziere vielleicht nicht durfte? – brachte ich den Antrag auf „Aktivstrategie" gegen den sogenannten Verfassungsschutz in die AfD-Bundestagsfraktion ein. Von 89 Abgeordneten stimmten immerhin knapp 15 dafür. Damit kennen sie jetzt das Verhältnis der Oppositionsmacher im Vergleich zu den Oppositionsschauspielern in den Reihen der AfD-Bundestagsabgeordneten 2017-2021. Dieses erbärmliche Verhältnis wundert nicht, wenn man sich die mutmaßliche Durchsetzung unserer Partei mit Verfassungsschutzagenten vergegenwärtigt. Folgendes Zitat eines hohen bayerischen AfD-Funktionsträgers, den ich für aufrecht halte, lief kürzlich durch einige Chats:

„In Niedersachsen sollen laut einem dortigen Eingeweihten 30 VS-Leute installiert sein. Das sagte er mir am Rande einer Sitzung des BFA1 schon 2020. Irgendwer muss das ja sein und dieser abgesägte MdL macht da eine tolle Figur! Hochgerechnet auf das größere Bayern könnten also ca. 40-50 Mitglieder, Amts- und Funktionsträger für den VS arbeiten – auch ohne offizielle Beobachtung schon. Das ist natürlich nur eine Schätzung, kann niemand beweisen... Schlussfolgerung: Immer Augen auf."

Zur Erläuterung: „VS" bedeutet Verfassungsschutz, „BFA" sind die durchnummerierten Bundesfachausschüsse der AfD, in denen programmatische Arbeit geleistet wird. „MdL" heißt Mitglied des Landtags, also Landtagsabgeordneter.

Josef Schüßlburner betreibt eine hervorragende Webseite, die ich nur weiter empfehlen kann: https://links-enttarnt.de/. Dort kann man alles nachlesen und er hat sogar Broschüren herausgegeben, was die AfD tun müsste, um aus der Verfassungsschutz-Falle herauszukommen und endlich eine selbstbestimmte Oppositionspolitik zu betreiben.

Josef Schüßlburner: Thesen zur empfohlenen politischen VS-Strategie der AfD Stand: 06.03.2021. Erstellt aufgrund der Veröffentlichungen „Verfassungsschutz“. Der Extremismus der politischen Mitte, 2016 und Scheitert die AfD? Die Illusion der Freiheitlichkeit und die politische Alternative, 2020

Quelle: https://links-enttarnt.de/wp-content/uploads/2021/03/AfDvsVSfin.pdf

Josef Schüßlburner: Gesichtspunkte eines gerichtlichen Vorgehens gegen den „Verfassungsschutz“ im Falle der AfD Stand: 13.06.2021. Erstellt aufgrund der Veröffentlichungen „Verfassungsschutz“. Der Extremismus der politischen Mitte, 2016 und Scheitert die AfD? Die Illusion der Freiheitlichkeit und die politische Alternative, 2020

Quelle: https://links-enttarnt.de/wp-content/uploads/2021/07/Gerichtsstrategie-AfD.pdf

Josef Schüßlburner: Thesen zu aus staatsideologischen Gründen disziplinarrechtlich verfolgten AfD-Mitgliedern im öffentlichen Dienst. Erstellt aufgrund der Veröffentlichungen „Verfassungsschutz“. Der Extremismus der politischen Mitte, 2016 und Scheitert die AfD? Die Illusion der Freiheitlichkeit und die politische Alternative, 2020. Stand: 19.05.2022

Quelle: https://links-enttarnt.de/wp-content/uploads/2022/05/Thesen-f.-disz-vfgt-AfD-Mtgl.pdf

Werte Leser, ich kann Ihnen diese Lektüre nur ans Herz legen. Insgesamt gebe mich keinen Illusionen hin, innerhalb der eigenen Partei diesbezüglich weiter gegen die Wand zu reden. Eine Lösung der Verfassungsschutz-Frage ist zwingend notwendig, damit die AfD endlich die Fesseln abwerfen kann, die ihr von der Oligarchie der Systemparteien angelegt wurden. Aber was macht meine Partei? Anstatt den Gordischen Knoten zu durchschlagen, indem sie dem sogenannten Verfassungsschutz – rechtsstaatlich argumentierend – das Existenzrecht abspricht und diese Söldnertruppe der politischen Gegner am besten ignoriert, wurstelt sie weiter mit gefesselten Händen herum. Wie will die AfD Deutschland retten, wenn sie sich nicht einmal selbst retten kann oder will? So kann das nichts werden. Nur Mut, liebe AfD, erkenne Deine historische Mission und handle!

Juni 2020 – Auszählung zur basisdemokratischen Initiative „Mitgliederparteitag"

2019 hatte ich diese Initiative ins Leben gerufen und mit unglaublicher Unterstützung der AfD-Mitglieder geschafft, dass dieser erste und bisher einzige Mitgliederentscheid in der Bundes-AfD durchgeführt werden musste. Dies erfolgte gegen den erbitterten Widerstand der AfD-Führungskräfte, die um ihre parteiinterne Macht fürchteten; wohlgemerkt in einer Partei, die angeblich die Basisdemokratie hochhält. Die Macht unserer Führungskräfte über die eigenen Mitglieder fußt auf dem Delegiertensystem. Damit wird die Mitgliederbasis zu einer Art Stimmvieh für Vorstandswahlen degradiert und hat sonst nicht mehr viel zu sagen, so wie es auch in den Systemparteien üblich ist, von denen sich die AfD angeblich unterscheiden will. Also musste das Delegiertensystem eliminiert werden. An diesem Punkt setzte ich den Hebel an und forderte die Einberufung eines AfD-Bundesparteitags als Mitgliederparteitag, auf welchem die Mitglieder über die Abschaffung des Delegiertensystems in der AfD abstimmen sollten. Die logistischen Herausforderungen für einen formal korrekt durchgeführten Mitgliederentscheid waren enorm und der ganze Ablauf zog sich von August 2019 bis Juni 2020 hin, wobei wir die ersten zwei Hürden überwinden konnten: Die erste Hürde gemäß Satzung war, dass 3 % aller AfD-Mitglieder den Mitgliederentscheid anstoßen mussten; das Einsammeln der Unterstützerstimmen war aufwendig, funktionierte jedoch. Des Weiteren durften wir gegen kein einziges Komma der hochkomplizierten Ausführungsbestimmungen verstoßen, um die Gültigkeit nicht zu gefährden, was schon schwerer zu erfüllen war, aber auch diese Hürde überwanden wir. Beide Hürden konnten die AfD-Mitgliederbasis und ich in einer tollen Gemeinschaftsleistung überspringen. Als dritte Hürde stand das sogenannte Quorum im Weg: Es mussten 20 % aller AfD-Mitglieder nicht nur beim Mitgliederentscheid teilnehmen, sondern 20 % aller AfD-

Mitglieder mussten für meinen Antrag stimmen. Das heißt, sollte jeder dritte Teilnehmer am Mitgliederentscheid gegen meinen Antrag stimmen, mussten deutschlandweit sogar 30 % aller AfD-Mitglieder teilnehmen, um die geforderten 20 % Ja-Stimmen zu erreichen. An dieser exorbitant hohen Hürde scheiterten wir knapp. Dabei kam mir einiges dubios vor.

Am Wochenende des 13./14. Juni 2020 fand die Auszählung der eingegangenen Stimmen in der AfD-Bundesgeschäftsstelle in Berlin statt, was zwischen den beiden deutschen Corona-Lockdowns war. Anfang Juni mussten meine Frau und ich aus familiären Gründen dringend nach Moskau reisen, um meinem Stiefsohn zu helfen. Dabei geriet ich mitten in den russischen Corona-Lockdown hinein, der zeitversetzt ablief und ich hing bis zum 14. Juni vormittags in Moskau fest, bevor ich wieder herauskam. Später wurden die Russen schlauer und haben keine wirkungslosen Lockdowns mehr verhängt, aber Mitte Juni 2020 war ich noch davon betroffen. Damit war schon einmal suboptimal, dass ich nur zum Ende der Auszählung ab Sonntag, den 14. Juni, abends diese vor Ort in Berlin persönlich überwachen konnte. Zum Glück waren genug Mitstreiter vor Ort und überwachten die Auszählung, solange ich nicht da war und blieben gemeinsam mit mir bis zum Ende. Ich möchte klarstellen, dass während der Auszählung weder Stimmzettel verschwanden noch auf den falschen Stapel gelegt wurden. In diesem Sinne verlief die Auszählung korrekt. Die von mir monierten Unregelmäßigkeiten fanden auf anderen Gebieten statt. Schauen wir uns dazu einige Dokumente an. Beginnen wir mit der Mitgliederrundmail, die vom Bundesvorstand über das Auszählungsergebnis an alle AfD-Mitglieder in Deutschland verschickt wurde. Hier die an mich gerichtete Mail, deren Inhalt auch auf der AfD-Webseite veröffentlicht wurde.

Von: AfD-Mitgliederentscheid | Pruefungsausschuss + Wahlvorstand + Beurkunder **Gesendet:** 16 Juni 2020 20:21 **Betreff:** Ergänzte Ergebnismitteilung des Mitgliederentscheids bzgl. Eines Mitgliederparteitags im Jahr 2020

Sehr geehrter Herr Müller,
liebe Mitglieder der Alternative für Deutschland,

mit dieser Nachricht erhalten Sie eine **Ergänzung** zu der am 15.06.2020 versendeten Ergebnismitteilung des Mitgliederentscheids.

Gemäß § 4 (21) Verfahrensordnung ist das Ergebnis eines Mitgliederentscheids *„unter Angabe der absoluten Stimmzahlen unverzüglich allen Mitgliedern in geeigneter Form zur Kenntnis zu geben. Das Protokoll der Auszählung ist allen Mitgliedern innerhalb von zwei Wochen zugänglich zu machen."*

Die Fragestellung des am vergangenen Wochenende ausgezählten Mitgliederentscheids war folgende gewesen:
Soll der Bundesvorstand im Jahr 2020 einen Bundesparteitag als Mitgliederparteitag einberufen?

Nachfolgende Zahlen sind der unterzeichneten Ergebnisurkunde entnommen:

- *Rechtzeitig eingegangene Wahlumschläge:* **12.239**
- *Vom Wahlvorstand zurückgewiesene Wahlumschläge in Ermangelung des Nachweises der Stimmberechtigung:* **2.102**

- *Angenommene Wahlumschläge nach Feststellung der Stimmberechtigung:* **10.137** *Feststellung bei Auszählung / Öffnung der Wahlumschläge:*

- *Nicht verschlossen: 20*
- *mit Namen versehen: 7*

- *ohne Stimmzettel: 1*
- *mit mehr als einem Stimmzettel: 1*
- *Gesamtzahl der zur Auszählung herangezogenen Stimmzettel:* **10.108**
- *Mit **JA** haben gestimmt:* **6.349**
- *Mit **NEIN** haben gestimmt:* **3.753**
- *Ungültige Stimmen:* 5
- *Zähldifferenz:* 1

Bei der Abstimmung wurden **mehr Ja**-Stimmen **als Nein**-Stimmen abgegeben.

- Der von der Bundesgeschäftsstelle mitgeteilte (vorläufige) Mitgliederstand per 12. Juni 2020 beträgt **34.023**.
- *Das **Quorum** gem. § 20 Abs. 1 S. 3 Bundessatzung liegt damit bei **6.805 Ja-Stimmen**.*
- *Das Quorum wurde **nicht** erreicht.*

Es wird somit festgestellt, dass durch den Mitgliederentscheid **kein Beschluß** gefasst worden ist.

Die häufigsten Gründe für eine Zurückweisung von Wahlvorschlägen durch den Wahlvorstand waren folgende gewesen (vergleiche hierzu auch § 4 (18) Verfahrensordnung):

- **fehlende** Anlage 2;
- Anlage 2 **unvollständig** *(z.B. Zeilen komplett ohne Angaben, Datum, Unterschrift, Ort fehlt)*;
- Anlage 2 mit **falschen** Daten *(z.B. Adresse, Eintrittsdatum, Kreisverband, Geburtsdatum, Mitgliedsnummer)*;
- sonstige Gründe *(z.B. falsches Kuvert, **offene** oder **personalisierte** Wahlumschläge)*.

Für die unterschiedlichen Prozess-Schritte des Mitgliederentscheids haben vor allem diese Gremien verantwortlich gezeichnet:

– zuerst der **Prüfungsausschuss** mit seinen fünf Mitgliedern, die gemäß § 3 Verfahrensordnung über die Zulässigkeit des Antrags entschieden haben;

– danach der **Wahlvorstand** mit seinen fünf Mitgliedern, welche gemäß § 4 (16) Verfahrensordnung von den zur Beurkundung berufenen Personen aus der Mitte aller Auszähler bestimmt worden sind und die unter anderem über die Gültigkeit von Wahlumschlägen bzw. Stimmzetteln entschieden haben;

– und schließlich die drei **Beurkunder** des Auszählungsergebnisses, die gemäß § 4 (20) Verfahrensordnung dem Präsidium des letzten Bundesparteitages angehört haben.

Ein großes Dankeschön geht einerseits an die vielen Dutzend *Auszähler* und *Beobachter* aus unterschiedlichen Landesverbänden unserer Partei sowie an den *Verwaltungsdirektor* und seine *Abteilung Verwaltung und Organisation* in der Bundesgeschäftsstelle für den reibungslosen und transparenten Ablauf der bis in die Nacht andauernden Ergebnisauszählung.

PS: Die Ergebnisinformationen sind auch auf der Webseite des AfD-Bundesverbandes unter folgender Adresse veröffentlicht: https://www.afd.de/mitgliederentscheid2-20/.

Mit freundlichen Grüßen

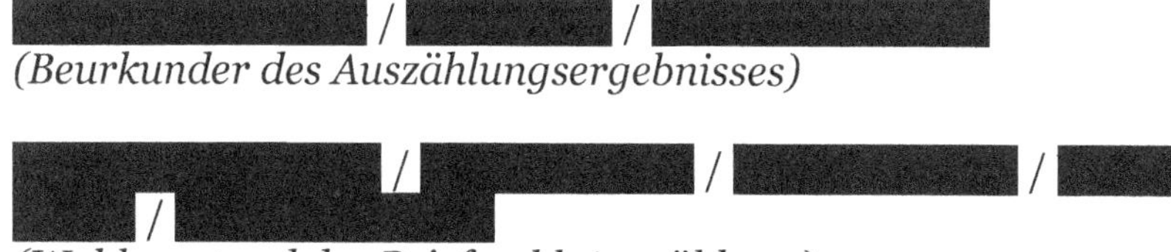

(Beurkunder des Auszählungsergebnisses)

(Wahlvorstand der Briefwahl-Auszählung)

[redacted] / [redacted] / [redacted] / [redacted] / [redacted]
(Prüfungsausschuss für die Zulässigkeitsprüfung des Antrags)

Alternative für Deutschland
Bundesgeschäftsstelle

Schillstraße 9 / 10785 Berlin
Telefon: 030 2 20 56 96 0
Telefax: 030 2 20 56 96 29
kontakt@afd.de
www.afd.de

Folgendes Ergebnis lässt sich feststellen:

- *Eingegangene Stimmen:* **12.239**
- *Ungültige Stimmen:* **2.102**
- *Gewertete Stimmen:* **10.108**
- *Mit **JA** haben gestimmt:* **6.349 (das Quorum lag bei *6.805 Stimmen), damit fehlten 456 Ja-Stimmen***
- *Mit **NEIN** haben gestimmt:* **3.753**

Zum Erfolg des Mitgliederentscheids zur Einberufung eines Mitgliederparteitags mit folgender Abschaffung des Delegiertensystems fehlten uns nach der Auszählung also 6.805 – 6.349 = 456 Ja-Stimmen. Mit 456 Ja-Stimmen mehr hätten wir das Quorum von 20 % Ja-Stimmen, bezogen auf alle existierenden Mitglieder der Alternative für Deutschland, erreicht gehabt.

Folgende Fragen stellte ich mir:

a. Bei Briefwahlen zum Deutschen Bundestag liegt der Anteil ungültiger Stimmen um die 3 %. Beim AfD-Mitgliederentscheid, ebenfalls in Form einer Briefwahl, lag der Anteil der ungültigen Stimmen bei exorbitant hohen 17 %, d.h. bei 2.102 von 12.239. Eine statistisch nicht erklärbare hohe Abweichung. Wo lagen die Gründe? Ging es hier mit rechten Dingen zu?

b. Wenn sich der AfD-Bundesvorstand sicher wäre, dass hier alles mit rechten Dingen zugegangen war, könnte er mich die angeblich 2.102 ungültigen Stimmen locker nachprüfen lassen. Dann würden wir sehen, ob sich unter den angeblich 2.102 ungültigen Stimmen mehr als 456 Ja-Stimmen befänden oder nicht: Wenn ja, wurden wir betrogen, wenn nein, hatten wir ehrlich verloren. Das wollte ich herausfinden.

Nach dieser Analyse trat ich erst einmal an die Bundesgeschäftsstelle heran, um auf dem kleinen Dienstweg eine Nachprüfung nur dieser 2.102 zweifelhaften Stimmen zu erreichen. Die verschlossenen Behälter mit den ausgezählten Stimmen befanden sich dort. Man ließ mich auflaufen und nötigte mich damit zu einer offiziellen Anfechtung, die ich nicht vorgehabt hatte. Also machte ich mir die Mühe einer Anfechtung und begleitete diese mit folgender Presseerklärung:

PRESSEMITTEILUNG
16.07.2020

Alternative für Deutschland

AfD-MdB Hansjörg Müller ficht Mitgliederentscheid an

Der Bundestagsabgeordnete und stellvertretende Landesvorsitzende der AfD Bayern, Hansjörg Müller, hat das Ergebnis des von ihm initiierten bundesweiten Mitgliederentscheids angefochten. Dabei ging es um die Frage, ob künftig Mitglieder- statt Delegiertenparteitage stattfinden sollten. Der umstrittene Entscheid ist an der Mindeststimmenzahl gescheitert – jedoch könnte es an Unregelmäßigkeiten bei der Auszählung liegen.

Letztes Jahr startete Müller eine Initiative für Mitgliederparteitage. Dabei ging es ihm vor allem darum, den basisdemokratischen Charakter der noch jungen AfD zu erhalten – und einer Oligarchisierung durch Funktionsträger entgegenzuwirken. Im Zeitraum Mitte Mai bis Mitte Juni diesen Jahres fand dann ein bundesweiter Mitgliederentscheid dazu statt. Das Ergebnis: Über 12.000 AfD-Mitglieder haben teilgenommen, davon haben sich 62 Prozent für Mitgliederentscheide ausgesprochen. Aber: Das notwendige Quorum wurde um 456 Stimmen verfehlt. Jedoch hat der Wahlvorstand 2.102 der abgegebenen Stimmen, d.h. 17 Prozent, für ungültig erklärt. Normalerweise liegt dieser Wert bei Briefwahlen zwischen zwei und drei Prozent.

„Für mich steht fest: Wenn bei der Auszählung der Stimmen alles regelkonform abgelaufen ist, dann akzeptiere ich das Ergebnis natürlich. Da die Quote von 17 Prozent ungültiger Stimmen ungewöhnlich hoch ist, bedarf dies aus meiner Sicht einer gesonderten Prüfung. Mir geht es hierbei ausschließlich darum sicherzustellen, dass bei der Auszählung nichts schief gegangen ist", bekundet Müller seine Beweggründe. Und weiter: „Es wurde mir nicht gestattet, die ungültigen Stimmen unbürokratisch zu überprüfen. Damit stand ich vor der Wahl, das doch etwas seltsame Ergebnis ungeprüft zu akzeptieren oder den Entscheid anzufechten, was ich gar nicht wollte, nur um nachzählen zu können."

Mit Schreiben vom 11. Juli hat Müller daher die Anfechtung des Mitgliederentscheids beantragt, was er mit zwölf Punkten begründet. So sollen Abstimmungsunterlagen teilweise zu spät verschickt worden und der Abgleich der Mitgliederdaten nicht immer objektiv erfolgt sein. Hauptkritikpunkt ist die aus rechtlicher Sicht überzogene Verfahrensordnung und deren Anwendung.

Mit der Anfechtung bezweckt Müller, dass die ungültigen Stimmen in seinem Beisein erneut ausgezählt werden und der Mitgliederentscheid eventuell wiederholt wird. „Als junge Partei ist es wichtig, dass wir uns Unregelmäßigkeiten transparent ansehen. Als Rechtsstaatspartei müssen wir gewährleisten, dass innerparteilich alles sauber abläuft. Daher mein Antrag auf Anfechtung des Mitgliederentscheids", so Müller abschließend.

Pressekontakt:
Dipl.-Volkswirt Hansjörg Müller
Außenwirtschaftspolitischer Sprecher der AfD-Bundestagsfraktion
Deutscher Bundestag, Platz der Republik 1, 11011 Berlin
Hansjoerg.Mueller@Bundestag.de
Telefon: +49 (0) 176 / 608 98 132

Welches waren nun die zwölf Punkte in meinem Antrag auf Anfechtung?

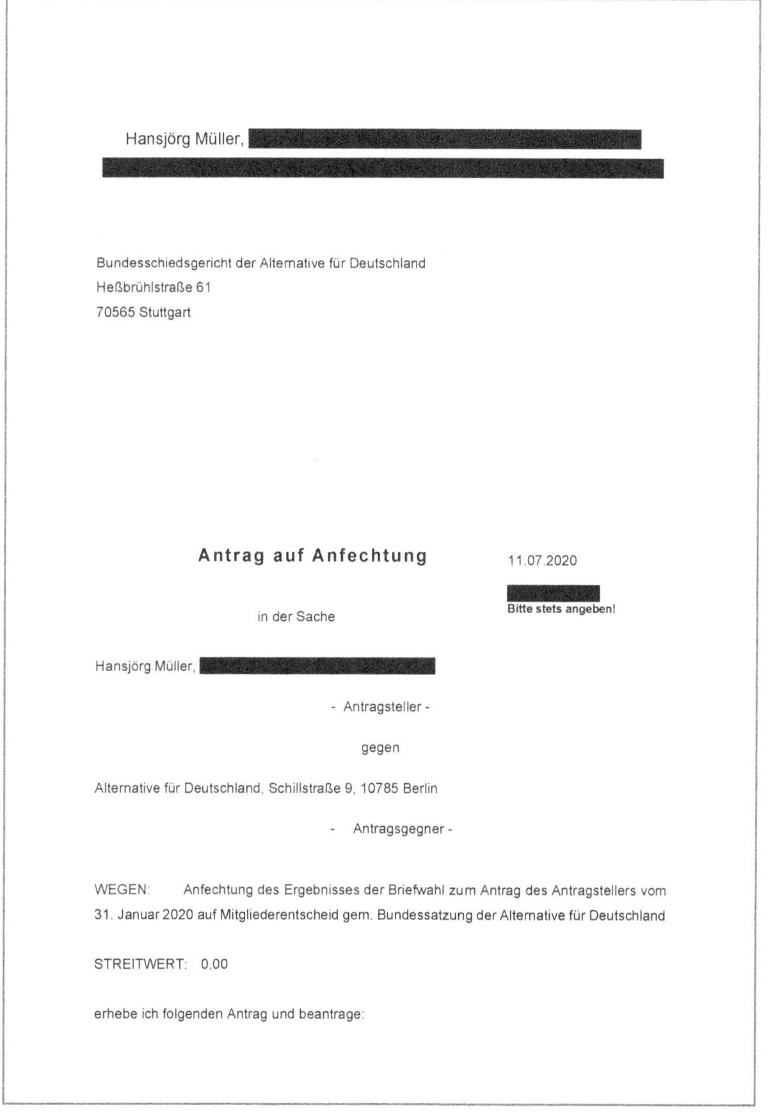

Hansjörg Müller, [geschwärzt]

Bundesschiedsgericht der Alternative für Deutschland
Heßbrühlstraße 61
70565 Stuttgart

Antrag auf Anfechtung

11.07.2020

Bitte stets angeben!

in der Sache

Hansjörg Müller,

- Antragsteller -

gegen

Alternative für Deutschland, Schillstraße 9, 10785 Berlin

- Antragsgegner -

WEGEN: Anfechtung des Ergebnisses der Briefwahl zum Antrag des Antragstellers vom 31. Januar 2020 auf Mitgliederentscheid gem. Bundessatzung der Alternative für Deutschland

STREITWERT: 0,00

erhebe ich folgenden Antrag und beantrage:

- Es müssen alle angeblich ungültigen 2.102 Stimmen (zurückgewiesen Wahlumschläge in Ermangelung des Nachweises der Stimmberechtigung, laut Ergebnisurkunde) im Beisein des Antragstellers und seiner Beobachter auf ihre mögliche Gültigkeit überprüft werden.

- Die Auszählung der Stimmen und die Wahl wird für ungültig erklärt.

- Der Antragsgegner wird verpflichtet einen neuen Mitgliederentscheid durchzuführen.

Anrufung gem. § 10 SGO
Das Bundesschiedsgericht der Alternative für Deutschland ist gem. § 9, 2. SGO zuständig, weil die Briefwahl zum Antrag des Antragstellers auf Mitgliederentscheid auf Ebene der Bundespartei erfolgte.

Antragsberechtigung gem. § 11 (1) d) SGO
Der Antragsteller ist antragsberechtigt, da er Initiator und Hauptantragsteller des Antrags auf Mitgliederentscheid vom 31. Januar 2020 ist, der in seinen Rechten unmittelbar verletzt ist.

Anfechtungsfrist gem. § 12 (1) SGO
Die Anfechtung von Wahlen ist binnen eines Monats zulässig, nachdem der Antragsteller vom Anfechtungsgrund Kenntnis erlangt hat. Kenntnis erlangte er frühestens am 15. Juni 2020 gegen 2 Uhr, mittels Aushändigung der Ergebnisurkunde durch den Wahlvorstand, womit er mindestens bis zum 14. Juli 2020 anfechten kann. Der eigentliche Anfechtungsgrund setzt sich jedoch eigentlich erst aus der Vielzahl der Beobachtungen und deren Mitteilung an den Antragsteller als Gesamtbild zusammen. Dieses Bild entstand erst mit der Zeit und verfestigte sich etwa eine Woche nach der Auszählung.

Antragsbegründung

Die Durchführung des Mitgliederentscheids entsprach nicht den Vorgaben unserer Satzung und des Parteiengesetzes. Gültige Stimmen wurden als ungültig bewertet, obwohl der Wählerwille klar erkennbar war.

1. Abstimmungszeitraum
   Laut Mitgliederrundbrief der Bundesgeschäftsstelle vom Do 07.05.2020 17:13 Uhr sollten gemäß § 4 Abs. 4 der Verfahrensordnung für Mitgliederentscheide und Mitgliederbefragungen die Briefwahlunterlagen am **15. Mai 2020**, an die stimmberechtigten Mitglieder versandt werden. Der Antragsteller zum Mitgliederentscheid, Hansjörg Müller, hatte die Frist zur Rücksendung der Stimmzettel, den Abstimmungszeitraum, auf vier Wochen gesetzt. Die Frist zur Rücksendung lief also bis zum **12. Juni 2020 (letzter Tag des Eingangs bei der Bundesgeschäftsstelle).** Der vom Antragsteller auf vier Wochen gesetzte Abstimmungszeitraum wurde seitens der Bundesgeschäftsstelle bereits bei Versendung der Briefwahlunterlagen an die stimmberechtigten Mitglieder nicht eingehalten. Die Versendung erfolgte nach eigenen Aussagen der Bundesgeschäftsstelle gegenüber dem Antragsteller ab dem **15. Mai 2020** in zeitversetzten Wellen, womit die Unterlagen bei zahlreichen Wahlberechtigten merklich später eintrafen, was den Abstimmungszeitraum unzulässig verkürzte.

So berichtete [geschwärzt], dass [geschwärzt] die Wahlunterlagen erst am 22.05.2020 erhalten hat.

Beweis: Zeugnis [geschwärzt]

2. Fehlende Beweiskraft der Eintragungen im Parteimanager

   Bei abweichenden Angaben zur selben Person im Formular zur Angabe persönlicher Daten (Anlage 2) von den Einträgen im Parteimanager wurde die Stimme für ungültig erklärt ohne vorher zu überprüfen, ob die Angaben im Parteimanager überhaupt korrekt und die Angaben im Formular vielleicht doch richtig sind. In der ergänzenden Ergebnismittelung an die Mitglieder vom 16.06.2020 schreibt die Bundesgeschäftsstelle, dass „falsche Daten" einer der häufigsten Gründe für die Zurückweisung von Wahlvorschlägen durch den Wahlvorstand waren.

> Die häufigsten Gründe für eine Zurückweisung von Wahlvorschlägen durch den Wahlvorstand waren folgende gewesen (vergleiche hierzu auch § 4 (18) Verfahrensordnung):
>
> - **fehlende** Anlage 2;
> - Anlage 2 **unvollständig** *(z.B. Zeilen komplett ohne Angaben, Datum, Unterschrift, Ort fehlt)*;
> - Anlage 2 mit **falschen** Daten *(z.B. Adresse, Eintrittsdatum, Kreisverband, Geburtsdatum, Mitgliedsnummer)*;
> - sonstige Gründe *(z.B. falsches Kuvert,* ***offene*** *oder* ***personalisierte*** *Wahlumschläge)*.

Die mangelnde Aktualität der Daten im Parteimanager sind ein bekanntes Problem der Mitgliederverwaltung, weshalb Prüfungen auf dieser Grundlage zwangsläufig zu falschen Ergebnissen führen. In unserer Satzung existiert keine den Prozessordnungen vergleichbare

Norm über die Beweiskraft von Protokollen. Insbesondere ist nicht geregelt, welchen Beweiswert „der Parteimanager" hat. Entsprechend kommt diesem nur eine indizielle Wirkung zu. Wo ein Mitglied seinen Wohnsitz hat, welchem Kreisverband es angehört, wird allein durch die Satzung bestimmt.

3. Protokollmängel

Am ersten Auszählungstag (13. Juni 2020) wurden Stimmen, deren Formular zur Angabe persönlicher Daten kleine formale Fehler enthielt, für gültig erklärt, am zweiten Auszählungstag (14. Juni 2020) für ungültig. Dieser willkürliche Wechsel in der Bewertung beeinflusste die Auszählung in unzulässiger Weise und wurde im Protokoll des Wahlvorstandes nicht vermerkt.

So berichtet [geschwärzt] folgendes:
Schwerpunkt war, dass viele in der Fußleiste (Datenblatt - Ort, Datum und Unterschrift) den Ort nicht angegeben haben. Die Wahlkommission hat am Sonnabend (13.06.20 ca. am Abend nach der Auszählung) beschlossen, wenn der Ort nicht angegeben ist, ist der Stimmzettel ungültig. Bei der Auszählung am Tage gingen sie noch durch.
Somit waren die Stimmen per 14.06.2020 ungültig, aber am 13.06.2020 noch gültig

Beweis: Zeugnis [geschwärzt]

4. Mögliche Manipulationen der Umschläge auf dem Weg zur Auszählung

Die blauen Umschläge wurden in unverschlossenen, unversiegelten Boxen von außerhalb in die Auszählungsräume verbracht und an die Auszähler verteilt. Zu klären ist, wie die blauen Umschläge erst in der Postaufbewahrung in der Bundesgeschäftsstelle in der Schillstraße verwahrt wurden und dann zur Auszählung in die Kurfürstenstraße gelangten, mutmaßlich ebenfalls in den gleichen unverschlossenen und unversiegelten Boxen. Beobachter waren weder bei der Postaufbewahrung noch beim Transport zugelassen.

So berichtet [geschwärzt] folgendes:
Zusätzlich fiel auf, dass die Umschläge vorsortiert nach Eingangsstempel aus einer anderen Etage in unverschlossenen, unversiegelten Boxen an die Auszähler verteilt wurden.
Ich wäre davon ausgegangen, dass die Umschläge direkt an der Empfängeradresse Schillstr. 9, spätestens jedoch am Auszählungsort Kurfürstenstr. 79, in eine versiegelte Urne eingeworfen wurden. Die Umschläge wurden somit allem Anschein nach ungesichert

teilweise über Wochen in unversiegelten Boxen gelagert und ungesichert von der Schillstr. 9 in die Kurfürstenstr. 79 transportiert.

Beweis: Zeugnis [geschwärzt]

5. Unzulässiger Ausschluss von Beobachtern bei sensiblen Zähl- bzw. Prüfvorgängen

Formulare zur Angabe persönlicher Daten mit unklarer Einordnung (gültig ja/nein) wurden, zusammen mit dem dazugehörigen roten verschlossenen Wahlumschlag, von einem Mitglied des Wahlvorstands in den Auszählungsräumen eingesammelt und vorübergehend zur Prüfung in den Raum des Wahlvorstands verbracht. Beobachtern war der Zutritt dorthin verwehrt. Womit folgende Aussage aus dem Protokoll des Wahlvorstandes unter Ziffer A.I.1. nicht stimmt: „Die Beobachter gem. § 4 Abs. 17 VO-MEMB konnten sämtlichen Prüf- und Auszählhandlungen beiwohnen."

So berichtet [geschwärzt] folgendes:
Schnell fiel auf, dass eine erhebliche Anzahl der beiliegenden Erklärungen aussortiert wurden. Auch kleinste Fehler und Ungenauigkeiten wurden aussortiert. So z.B. unvollständiges Beitrittsdatum (korrekter Monat und korrektes Jahr, aber fehlender Tag), falscher KV und vom PM abweichendes Geburtsdatum wurden aussortiert. Die Erklärungen wurden mit den Umschlägen (roter Umschlag verschlossen) zusammengetackert, von einem Mitglied des Wahlvorstands eingesammelt und in den Raum des Wahlvorstands verbracht. Zu diesem Raum hatten weder Auszähler noch Beobachter Zutritt.

Beweis: Zeugnis [geschwärzt]

Auch [geschwärzt] berichtet ähnliches:
Ich widerspreche der Aussage, die Beobachter hätten Prüfhandlungen beiwohnen können: Ich als Beobachter durfte weder prüfen, weil ich aggressiv mit Ausschluß bedroht wurde, geschweige denn durfte ich trotz Reklamation kontrollieren.

Beweis: Zeugnis [geschwärzt]

6. Lagerung der ausgezählten Stimmzettel

Dazu berichtet [geschwärzt] folgendes:

Die während der Auszählung getauschten Urnen (wegen Überfüllung) wurden ebenfalls im Raum des Wahlvorstands gelagert, ohne Kontrolle durch Auszähler oder Beobachter. Lediglich in der Nacht vom 13. auf den 14.6. wurden die Urnen auf mein Wirken hin in einen alarmgesicherten Raum verschlossen und versiegelt.

Beweis: Zeugnis [redacted]

7. Wahlberechtigte berichten, dass sie keine Wahlunterlagen erhielten

Mehrere Mitglieder schreiben, keine Wahlunterlagen erhalten zu haben.

Beweise:
[redacted] **im Auftrag** [redacted]
[redacted]
[redacted]
[redacted]

8. Ausschluss eigener Auszähler des Antragstellers

Auf Anforderung von [redacted] meldete der Antragssteller fristgerecht seine Auszähler und Beobachter bei der Bundesgeschäftsstelle. Beim Einreichen der Namen war sofort ersichtlich, dass diese auch Unterstützer seines Antrags auf Mitgliederentscheid sind. Auszähler des Antragsstellers erhielten eine Mailbestätigung mit folgenden Aussagen: „der Bundesvorstand hat Sie im Einvernehmen mit dem Prüfungsausschuss zum Auszähler für den noch bis Freitag, 12. Juni 2020, laufenden Mitgliederentscheid berufen" sowie „Mit Antragsteller sind nicht die seinerzeitigen Unterstützer des Antrages gemeint!" Dennoch ließ der Antragsgegner ca. 1,5 Wochen verstreichen, bis er unmittelbar am späten Abend vor dem ersten Auszählungstag die entgegengesetzte Entscheidung traf, dass Unterstützer des Antrags des Antragsstellers nun doch ebenfalls als Antragssteller gewertet werden, womit sie nicht mehr als Auszähler fungieren konnten. Durch dieses hinterlistige Manöver wurde dem Antragssteller die Möglichkeit genommen, eigene Auszähler zu stellen, auf die er laut Verfahrensordnung ein Anrecht hat. Sie konnten nur noch als Beobachter fungieren, die nicht überall Zugang bekamen (s.o.).

Beweis: Zeugnis [redacted]

9. Unklare Bezugsgröße des Quorums

Bei der Berechnung des Quorums ist noch zu klären, ob die gewerteten JA-Stimmen durch die kleinere Anzahl der Wahlberechtigten (korrekt) oder die größere Anzahl der Mitglieder (inkorrekt) geteilt wurden, was das Ergebnis beeinflusst.

10. Mögliche Manipulationen bei der Bestimmung der richtigen Kreisverbandszugehörigkeit der Wahlberechtigten

Im Formular zur Angabe persönlicher Daten führten Angaben zum Kreisverband zu ungültigen Stimmen, wenn sie im Parteimanager falsch hinterlegt sind. Der Parteimanager selbst wird von der Bundesgeschäftsstelle bzw. von Landesmitgliederverwaltungen nicht nach den Vorgaben unserer Satzung gepflegt. Dass man es da nicht so genau nimmt ist aus anderen Verfahren bekannt. So wurde die Einhaltung der eindeutigen Regelungen unserer Satzung von einem vom Bundesvorstand beauftragten Juristen als „bloße Förmelei" abgetan. Unter diesen Umständen konnte von den Auszählenden aufgrund der mangelhaften Vorgaben der Verfahrensordnung auf die Schnelle gar nicht bestimmt werden, ob gemachte Angaben falsch sind oder nicht. Dies gilt insbesondere für die Ungültigkeit aufgrund angeblich falscher Angaben zur Kreisverbandszugehörigkeit.

Denn die Bestimmung des Hauptwohnsitzes folgt nicht einfach dem Melderegister. Die melderechtliche Lage ist vielmehr so, dass die Meldebescheinigung nur ein Indiz für das Bestehen des Wohnsitzes schafft, welches insbesondere von staatlichen Stellen anerkannt wird. Diese stellen aber selbst auch von Amts wegen eigene Ermittlungen an, wenn es zu Zweifeln am Bestehen des Wohnsitzes kommt. Unter Umständen erfolgt auch eine Abmeldung von Amts wegen, wenn die Wohnung tatsächlich nicht bewohnt wird oder ein anderer dort wohnt.

Hat ein Einwohner mehrere Wohnungen im Inland, so ist eine dieser Wohnungen seine Hauptwohnung. Hauptwohnung ist die vorwiegend benutzte Wohnung des Einwohners (§ 22 BMG). Daran knüpft unsere Satzung an, wenn sie auf den Hauptwohnsitz abstellt:

„(1) Hauptwohnung eines verheirateten oder eine Lebenspartnerschaft führenden Einwohners, der nicht dauernd getrennt von seiner Familie oder seinem Lebenspartner lebt, ist die vorwiegend benutzte Wohnung der Familie oder der Lebenspartner.

(2) Hauptwohnung eines minderjährigen Einwohners ist die vorwiegend benutzte Wohnung der Personensorgeberechtigten; leben diese getrennt, ist Hauptwohnung die Wohnung des Sorgeberechtigten, die von dem minderjährigen Einwohner vorwiegend benutzt wird.

(3) In Zweifelsfällen ist die vorwiegend benutzte Wohnung dort, wo der Schwerpunkt der Lebensbeziehungen des Einwohners liegt."

Die Bundes- oder Landesgeschäftsstelle hat keine Möglichkeiten den Schwerpunkt der Lebensbeziehungen zu bestimmen. Es besteht deshalb auch keine Veranlassung, ihnen die Kompetenz zu übertragen, praktisch Fakten zu schaffen, die der betroffene Kreisverband nur noch abnicken kann. Vielmehr schafft das Einpflegen in den Parteimanager einen satzungswidrigen Rechtsschein, den auch Schiedsgerichte im Falle des Streites nur schwer beheben können, weil unsere Satzungsbestimmungen in dieser Hinsicht wenig regeln. Gerade aus diesem Grunde sind die wenigen klaren Bestimmungen peinlich genau einzuhalten, damit es nicht zu Folgeproblemen und Systembrüchen kommt, die eben nicht behoben werden können.

Insbesondere ist die in § 4 Abs. 5 Satz 2 normierte Pflicht der Meldung eine persönliche und unverzüglich vorzunehmende Obliegenheit des Mitgliedes gegenüber dem an- und abmeldenden Gebietsverband (in der Regel der Kreisverband). Die Übernahme dieser Obliegenheit durch die Mitgliederverwaltungen übergeordneter Gliederungen (Land, Bund) ist satzungswidrig, wird aber dennoch breit praktiziert, womit von erheblichen falschen Zuordnungen der Kreisverbandszugehörigkeit im Parteimanager auszugehen ist. Sinn der klaren Regelung nach § 4 Abs. 5 Satz 2 ist nämlich, die Hemmschwelle zur Abgabe von Falschmeldungen zu erhöhen, wenn diese auf persönliche Handlungen zurückverfolgt und dann ggfs. geahndet werden kann.

Weiter stellt sich die Frage, wieso eine Stimme ungültig sein soll, wenn das Mitglied stimmberechtigt ist. Es gibt schließlich keine Kreisverbände, deren Mitglieder nicht an dem Mitgliederentscheid hätten mitwirken dürfen.

11. <u>Verunmöglichung durch die Bundesgeschäftsstelle, nicht frankiert zugesandte Wahlunterlagen im Abstimmungszeitraum frankiert erneut zu senden</u>.

Beim Absenden der Briefwahlunterlagen warfen Wahlberechtigte den blauen Umschlag aus Gewohnheit unfrankiert ein, wie es bei öffentlichen Wahlen in der Bundesrepublik Deutschland üblich ist. Laut Verfahrensordnung handelte die Bundesgeschäftsstelle korrekt, wenn sie die Annahme verweigerte. Nicht korrekt handelte die Bundesgeschäftsstelle dahingehend, dass sie mit der Rücksendung bis nach Ablauf der Abstimmungsfrist wartete. Damit wurde diesen Absendern die Möglichkeit genommen, ihre Unterlagen ein zweites Mal frankiert und damit gültig innerhalb der Abstimmungsfrist an die Bundesgeschäftsstelle zu senden.

Beweise:

12. Willkürliche Erschwerung der Einhaltung der Formerfordernisse

Das Formular zur Angabe persönliche Daten prüft nach der Verfahrensordnung Daten ab, die überhaupt nicht notwendig sind, um einen Wahlberechtigten eindeutig identifizieren zu können, so insbesondere das Eintrittsdatum laut Mitgliedsausweis. In der Verfahrensordnung ist ebenfalls festgelegt, dass dieses Formular vollständig auszufüllen ist. Das sind mehr Daten als notwendig sind, um einen Wahlberechtigten eindeutig identifizieren zu können.

Im Rahmen vorliegenden Antrags auf Anfechtung beantragt der Antragsteller die Rechtswidrigkeit der Verfahrensordnung für diejenigen Anforderungen feststellen zu lassen, die darüber hinausgehen, Wahlberechtigte eindeutig identifizieren zu können. Um es klar zu sagen: die Angabe eines falschen Eintrittsdatums ändert nichts an der Gültigkeit der Stimme des wahlberechtigten Mitglieds.

Insgesamt drängt sich dem Antragsteller der Eindruck auf, dass der Antragsgegner durch überzogene formale Anforderungen alles getan hat, um eine exorbitant hohe Anzahl ungültiger Stimmen zu provozieren (über 17%), damit das Quorum nicht erreicht wird.

Im Vergleich zu den wesentlich geringeren Anforderungen bei öffentlichen Briefwahlen sieht der Antragsteller bei der parteiinternen Briefwahl zu seinem Antrag auf Mitgliederentscheid sowohl das Demokratieprinzip wie auch den Gleichheitsgrundsatz nach dem Grundgesetz verletzt.

Mit freundlichen Grüßen

Hansjörg Müller, MdB

(Anfechtung Mitgliederentscheid Endversion – geschwärzt)

Meinen Antrag auf Anfechtung reichte ich am 11. Juli 2020 beim Bundesschiedsgericht ein. Wie es dann weiterging, ist typisch für unsere Partei:

18. Juli 2020: Das Bundesschiedsgericht bestätigte per Beschluss die Eröffnung des Anfechtungsverfahrens.

04. September 2020: Die Bundesgeschäftsstelle meinte in ihrer Erwiderung auf meinen Antrag auf Anfechtung, dass meine Argumente nicht stichhaltig wären.

31. Oktober bis 27. Dezember 2020: Dreimal fragte ich beim Bundesschiedsgericht nach dem Sachstand des Verfahrens und wurde dreimal vertröstet.

29. Januar 2021: Ich reichte einen Vergleichsvorschlag ein, um das Verfahren abzukürzen. Mir war es hauptsächlich darum gegangen, die zweifelhaften 2.102 angeblich ungültigen Stimmen nachzuprüfen und wäre im Gegenzug bereit gewesen, 8 meiner 12 Anfechtungspunkte fallen zu lassen, die damit nicht in Verbindung standen.

11. Februar 2021: Ablehnung meines Vergleichsvorschlags durch den Bundesvorstand.

08. Januar 2021: Mit diesem Datum war zwischendurch ein Schreiben des Bundesschiedsgerichts eingelangt, in dem dieses nicht nur auf meinen Vergleichsvorschlag Bezug nahm, sondern unter Ziffer zwei verkündete: „Die Parteien erhalten Gelegenheit zur abschließenden Stellungnahme hierauf **bis zum 12.02.2021. Nach Ablauf der Frist** wird das Gericht **sodann** seine Entscheidung verkünden (Hervorhebungen durch den Verfasser)." Dieses „sodann" dauert seitdem an. Nichts ist passiert, bisher traf das Bundesschiedsgericht keine Entscheidung über meinen Antrag auf Anfechtung der Auszählung meines Antrags auf Mitgliederentscheid! Während ich diese Zeilen schreibe, ist es Mitte Oktober 2022 geworden. Bis heute hatte ich nicht gewusst, dass „sodann" eine Fristlänge von einem Jahr, acht Monaten und noch mehr bedeuten kann. Meines Erachtens steckt dahinter ein bewusstes Kalkül. Ein staatliches Gericht kann ich erst anrufen, wenn vorher die parteiinterne

Gerichtsbarkeit vollständig ausgeschöpft ist, so sind die Regeln. Solange das AfD-Bundesschiedsgericht als oberstes Parteigericht aber keine Entscheidung trifft, ist die parteiinterne Gerichtsbarkeit nicht vollständig ausgeschöpft und ich kann kein staatliches Gericht anrufen, um eine eventuelle Fehlentscheidung korrigieren zu lassen. Bis zum St.-Nimmerleinstag wollen sie mich durch ihre Nicht-Entscheidung verhungern lassen. Handeln die Parteischiedsrichter selbstständig oder im Auftrag? Wenn ja, von wem? Mit solchen Methoden werden parteiinterne Konkurrenten, vor denen sie Angst haben, ausgehungert.

Juni 2020 – Das „Netzwerk Erneuerung" gründet sich in Kerpen

Von Sommer bis Herbst 2020 tauchten in AfD-Chats Mitteilungen eines „Netzwerks Erneuerung" auf, mit denen versucht wurde, das weitere Abdriften unserer Partei in Richtung zahnloser Oppositionsschauspielerei zu verhindern. Es begann das Rätselraten, wer dahinter stecken könnte. Hier die erste und die letzte von insgesamt 21 Mitteilungen, die versandt wurden.

Zum Verhalten von Jörg Meuthen:

Ein Bundessprecher, der Mitglieder anlügt und über eine Viertelmillion Schaden anrichtet, muss weg!

(Netzwerk Erneuerung 1. Kampagne)

SH-Ministerpräsident Günther (CDU) sieht mehr Schnittmengen mit der Linken als mit der AfD:

„Koalitionsfähig“ wird nur eine völlig entkernte AfD sein. Inhaltsleer und austauschbar.

(Netzwerk Erneuerung 21. Kampagne)

Hiermit bekenne ich mich dazu, das „Netzwerk Erneuerung" ins Leben gerufen zu haben.

Am Wochenende des 27. Und 28. Juni 2020 traf ich mich mit ca. 15 eingeschworenen Mitstreitern unter größter Geheimhaltung in Kerpen im Rheinland. Diese Mitstreiter kamen aus den westlichen AfD-Landesverbänden und umfassten sowohl einfache Mitglieder als auch hohe Funktionsträger. Nachdem der „Flügel" nur in den östlichen AfD-Landesverbänden die Mehrheit hatte, wohingegen im Westen die Zauderer und/oder Gelenkten den Ton in der Partei angaben, bestand das Ziel darin, für den Westen eine neue Sammelbewegung zu schaffen. Diese Sammelbewegung musste wirklich neu sein und einen eigenen Markenkern aufweisen, weil der „Flügel" im Westen ein großes Imageproblem hatte. Bevor ich nach Kerpen fuhr, hatte ich meine Idee mit im Westen beheimateten Vertrauensleuten von Björn Höcke abgestimmt, damit nicht der falsche Eindruck entstand, dem „Flügel" im Osten Konkurrenz zu machen: Wir wollten ja ergänzen und nicht spalten. Im Westen hatte der „Flügel" keine große Chance auf Mehrheiten, weshalb das „Netzwerk Erneuerung" die Chance bot, ähnliche Inhalte als neue Marke auch hier mehrheitsfähig zu machen. Wir lehnten uns am organisatorischen – nicht inhaltlichen! – Zusammenspiel der Unionsparteien an, bei denen die CSU für Bayern und die CDU für den Rest der Republik zuständig ist. Analog sollte der „Flügel" die Aufrechten im Osten und das „Netzwerk Erneuerung" die Aufrechten im Westen bündeln und vereinen, unter gegenseitigem Gebietsschutz und unter engster Abstimmung zwischen den Entscheidern. Entsprechend waren in Kerpen mehrere „Flügel"-Obleute aus den westlichen Landesverbänden dabei, wobei diese „Flügel"-Obleute eher informell zu Gast waren, weil der „Flügel" keine wirkliche Organisationsstruktur hatte. Kurz vorher hatte Björn Höcke den „Flügel", der nach dem Weggang des Flügelmitbegründers und Zugpferdes André Poggenburg schon seit dem Jahr 2018 merkbare Zerfallserscheinungen zeigte, auf Druck der AfD-Spitze endgültig auflösen müssen. Deshalb bestand unter seinen westlichen Obleuten großes Interesse am „Netzwerk Erneuerung". Unsere ca. 15 Mitstreiter bestanden aber zur Hälfte aus Nicht-„Flüglern" und sogar Nicht-Parteimitgliedern, weshalb sich mitlesende Verfassungsschutzbeamte zu früh die Hände reiben, wenn sie mir eine Nachfolgebewegung zum aufgelösten „Flügel" unterstellen wollen. Ich sagte bereits: Ähnliche Inhalte aber als Eigenes und Neues, speziell auf die Mentalität Westdeutschlands zugeschnitten, wo der „Flügel" aufgrund seiner Ausrichtung auf die Mentalität Ostdeutschlands schwerlich punkten konnte (korrekter „Mitteldeutschlands": Die dortigen öffentlich-rechtlichen Rundfunkanstalten heißen auch „Mitteldeutscher Rundfunk").

Das ganze Wochenende über arbeiteten wir konzentriert unter der umsichtigen Moderation des Philosophen und bekannten Rhetoriklehrers Peter Feist, der im Vorfeld als geistiger Sparringspartner mitgeholfen hatte, die Idee des „Netzwerks Erneuerung" auf die Welt zu bringen.

Als weitere bekannte Mitstreiterin war Doris Fürstin von Sayn-Wittgenstein in Kerpen dabei. Sie erinnern sich? Wegen einer einzigen, fehlenden Stimme war sie 2017 nicht AfD-Bundessprecherin geworden und anschließend mit an den Haaren herbeigezogenen Rechtsextremismusvorwürfen aus der Partei geworfen worden. Ihr Sieg in der ersten Instanz vor dem staatlichen Gericht war ein klares Indiz, dass diese Vorwürfe nicht stimmen konnten und die Intentionen zu ihrem Ausschluss ganz andere sein mussten. Im Oktober 2022 interviewte ich von Sayn-Wittgenstein, wie sie die damaligen Ereignisse aus heutiger Sicht bewertet.

Interview mit der ehemaligen Landesvorsitzenden der AfD von Schleswig-Holstein, Doris v. Sayn-Wittgenstein

Müller: Sie haben sich auf dem Bundesparteitag der AfD im Dezember 2017 für den Bundesvorsitz beworben. Ihnen fehlte seinerzeit nur eine einzige Stimme. Was hat Sie zur Kandidatur bewogen?

v. Sayn-Wittgenstein: Ich bin sehr für Verständigung auf allen Ebenen. Auch mit Russland. Ich fand, dies müsse seinen Niederschlag in der politischen Ausrichtung der AfD finden. Deshalb habe ich u.a. kandidiert und mich besonders auf Bismarck berufen.

Ich hatte allerdings nicht mit einem derart guten Ergebnis gerechnet, gerade weil Mitglieder des eigenen Landesverbandes auf dem Parteitag offen gegen mich agierten. Wie sich später herausstellte, hatte zudem ein Mitglied aus Nordrhein-Westfalen mitgestimmt, obwohl es aufgrund seines Mandates seinen Wohnsitz noch in Hamburg hatte und deswegen nicht hätte mitstimmen dürfen. Es kam deswegen zur Anfechtung des Parteitages, die aber im Sande verlief.

Nachdem ich meine Kandidatur zurückgezogen hatte, wollte mich der damals wiedergewählte AfD-Bundesvorsitzende Meuthen noch auf dem Parteitag überreden, wenigstens als Beisitzerin zu kandidieren. Das habe ich abgelehnt.

Müller: Sie sind derzeit kein Mitglied der Partei. Wie kam es dazu?

v. Sayn-Wittgenstein: Dazu muss ich etwas ausholen.

Grund für meine Wahl zur Landesvorsitzenden im Juni 2017 war die Art und Weise, wie der vormalige AfD-Landesvorstand den Landesverband führte. Das hatte mit Basisarbeit und Demokratie wenig zu tun und führte zu Widerstand bei der Mehrheit der Mitglieder. Zudem war der Landtagswahlkampf 2017, der der AfD in Schleswig-Holstein mit nur 5,9 % den Einzug in den Landtag bescherte, von den beiden hierfür Verantwortlichen im Landesvorstand so geführt worden, dass sich der Verdacht der Sabotage aufdrängte. Der Umgang der beiden Herren mit anvertrauten Geldern war zudem fragwürdig, so dass später dem gesamten Landesvorstand die Entlastung verweigert wurde.

Unter meinem Vorsitz arbeitete der Vorstand verschwiegen und vertrauensvoll zusammen, er war straff organisiert und deswegen effizient. Die Finanzen wurden konsolidiert und z.B. eine IT aufgebaut, die diesen Namen auch verdiente. Die Kommunikation zur Basis wurde verstärkt, die Mitglieder stark eingebunden. Das brachte eine hohe Zufriedenheit und einen Mitgliederzuwachs von fast 20 % mit sich, als ich damals den

Vorsitz innehatte (2018 ca. 1200 Mitglieder; jetzt, Stand Oktober 2022, nur noch um die 700).

Meine Wahl zur Landesvorsitzenden traf die Protagonisten, darunter auch Mitglieder in der AfD-Fraktion im Kieler Landtag, vollkommen überraschend und machte mir keine Freunde. Meine Arbeit in der Fraktion wurde latent torpediert und auf kriminelle Weise, hinterhältig – so dass ich mich nicht wehren konnte – übelste Rufschädigung betrieben.

Die Berichterstattung zur AfD war in Schleswig-Holstein in dieser Zeit im Wesentlichen neutral bis freundlich zurückhaltend. Im Oktober 2018 berichtete die Schleswig-Holsteinische Zeitung, dass wir laut einer Forsa-Umfrage bei 11 % lägen.

Die Reaktion auf diese erfreuliche Nachricht ließ nicht lange auf sich warten: Im Dezember 2018 wurde aus der AfD-Fraktion im Kieler Landtag heraus mit fragwürdigen Vorwürfen ein Parteiausschlussverfahren gegen mich initiiert.

Im Juni 2019 wählten mich die Mitglieder in Schleswig-Holstein trotz und wegen des Parteiausschlussverfahrens allerdings ein zweites Mal zur Vorsitzenden, was Schnappatmung im AfD-Bundesvorstand ausgelöst haben soll.

Man bedenke, dass Demokratie die Anerkennung rechtsstaatlicher Regeln bedeutet. Meine Bestätigung durch die Parteibasis hätte sonach das Ende des Ausschlussverfahrens sein müssen. Den Bundesvorstand interessierte die Basis jedoch nicht, im Gegenteil: Herr Dr. Gauland äußerte sich sogar abfällig über die Mitglieder, die mich erneut gewählt hatten.

Und so kam es unter Verstoß gegen die eigene Satzung der Partei und andere fundamentale rechtsstaatliche Regeln im August 2019 zu einem schnellen Parteiausschluss, was einen bundesweiten Mitgliederschwund nach sich zog.

Dr. Gauland quittierte meinen Ausschluss mit dem Bemerken „Das Problem sei man los“; dass meine erfolgreiche Parteiarbeit für ihn offenbar ein Problem darstellte, dazu möge sich jeder selbst sein Bild machen.

Müller: Wir hatten uns ja im Juni 2020 mit vielen Parteimitgliedern in Kerpen getroffen, und das „Netzwerk Erneuerung“ gegründet. Was geschah hierauf in Schleswig-Holstein?

v. Sayn-Wittgenstein: Im März 2020 erreichte das allgemeine Kesseltreiben gegen den „Flügel“ seinen Höhepunkt und Björn Höcke löste ihn schließlich auf.

Von vielen Parteimitgliedern wurde dies mit Unverständnis, häufig auch Wehmut aufgenommen. Die stark konservativ geprägten Mitglieder des Flügels waren enttäuscht und fühlten sich im Stich gelassen.

Um dieser Stimmung entgegenzuwirken und neuen Schwung in die Partei zu bringen, wurde das o.g. Treffen organisiert. Ziel des Treffens war es auch, dem teilweise schädlichen Wirken von Protagonisten des „Flügels“ gerade im Westen entgegenzuwirken und die enttäuschten Mitglieder bei der Stange zu halten.

Nur wenige Tage nach dem Treffen in Kerpen wurde ich von einem schleswig-holsteinischen Parteimitglied um ein Gespräch gebeten. Hierbei erfuhr ich, dass Björn Höcke in Schleswig-Holstein angeblich Mitglieder rekrutieren wolle, um neue Strukturen in Schleswig-Holstein aufzubauen. So wurde es mir jedenfalls berichtet. Offenbar war mein Gesprächspartner nicht instruiert, denn auf meinen erstaunten Vorhalt, dass dies im Gegensatz zu der mit Ihnen getroffenen Absprache stehe, wonach sich Höcke nicht mehr im Westen betätige, schwieg mein Gesprächspartner betroffen.

Müller: War die Angelegenheit damit beendet?

v. Sayn-Wittgenstein: Nein.

Vorab: Man muss wissen, dass die Schleswig-Holsteiner ein sehr selbstbewusster Menschenschlag sind, der sich ungern Vorschriften machen lässt. In Schleswig-Holstein gab es innerhalb der AfD einen geschlossenen Kreis, der mich trotz des Verfahrens auf meinen Parteiausschluss unterstützte und in der AfD Schleswig-Holstein die Mehrheit bildete. Sonst wäre ich auch nicht ein zweites Mal gewählt worden. Das war ja das Problem des AfD-Bundesvorstandes und seiner Lakaien. Allerdings führten die Kontakte mit Björn Höcke in Schleswig-Holstein dazu, dass der Zusammenhalt zerstört wurde. Wir hatten auf einmal nicht zwei, sondern drei Gruppen in Schleswig-Holstein. Wie ich später erfuhr, soll ein Teilnehmer der neu entstandenen Runde geäußert haben, erstes Ziel in Schleswig-Holstein müsse es sein, mich zu verhindern.

Im Verfassungsschutzbericht 2020 wurde die AfD Schleswig-Holstein übrigens erstmals unter Bezugnahme auf Aktivitäten des „Flügels" erwähnt.

Müller: Wie ging es für die AfD Schleswig-Holstein dann weiter?

v. Sayn-Wittgenstein: Auf ausdrücklichen Wunsch von Mitgliedern der o.g. „Flügelrunde" kam es Anfang 2022, nur wenige Tage vor der Aufstellung der Landesliste für den Landtag in Schleswig-Holstein, zu einem Treffen in Neumünster. Unter uns: Ich erwartete von diesem Treffen nichts und ich wurde später auch nicht enttäuscht.

Mir wurde jedenfalls bei diesem Treffen die Unterstützung für die Landesliste zugesagt, sollte es zu einer Stichwahl kommen. Mit diesen Stimmen wäre ich sicher auf die Landtagsliste gewählt worden. Als es jedoch zum Schwur kam, brachen die vorgeblichen Patrioten offen ihr zuvor gegebenes Wort und wählten liberale bzw. AM-Mitglieder auf die Landtagsliste. (Erklärung: „AM" war die „Alternative Mitte", die sich als parteiinterne Gegenveranstaltung zum „Flügel" verstand)

Ergebnis bei der Landtagswahl am 08. Mai 2022: Satte 4,4 % und damit raus aus dem Landtag.

Müller: Wie geht es für Sie weiter?

v. Sayn-Wittgenstein: Deutschland benötigt keine gesteuerte Opposition und keine Einrichtung für gescheiterte Existenzen wie sie die AfD derzeit jedenfalls in weiten Teilen hat.

Ich engagiere mich anderweitig.

Davon abgesehen habe ich ja einen Beruf gelernt, den ich nach wie vor ausübe und der mich unabhängig macht.

Müller: Vielen Dank für das Gespräch.

Im Kapitel zum Jahr 2015 hatte ich bereits darauf hingewiesen, dass sich Björn Höcke an eine spätere Vereinbarung nicht halten würde. Auf dieses Ereignis im Jahr 2020 zielt Frau von Sayn-Wittgenstein am Ende des Interviews ab. Als unser verschworenes Team das „Netzwerk Erneuerung" in Kerpen aus der Taufe gehoben hatte, hatten wir auch beschlossen, unseren Vorschlag einer Aufgabenaufteilung „West-Ost" zwischen dem „Netzwerk Erneuerung" und dem ehemaligen „Flügel" Björn Höcke vorzulegen, weil wir das allein nicht entscheiden konnten. Zum Gesandten wurde ich auserkoren und für die Folgewoche vereinbarten Höcke und ich einen Telefontermin. Das Gespräch führte ich über die Freisprechanlage, wobei Peter Feist, wie Björn mitgeteilt, neben mir saß, der das „Netzwerk Erneuerung" mit aus der Taufe gehoben hatte.

Björn Höcke war mit unseren Vorschlägen einverstanden und sagte zu, dass sich der zukünftige Einfluss seines inzwischen offiziell aufgelösten „Flügels" auf den Osten beschränken würde und wir im Westen als „Netzwerk Erneuerung" ein willkommener Partner für ihn wären. Wir sagten uns gegenseitig unmissverständlich zu, sich nicht im Gebiet des jeweils anderen einzumischen. Diese Zusage war eindeutig und Peter Feist kann sie bezeugen. Aber offensichtlich hielt sich Höcke nicht daran und beteiligte sich an der innerparteilichen Demontage von Sayn-Wittgenstein in deren – westlichem! – Stammland Schleswig-Holstein. Nachdem ich die ganzen Jahre zu 100 % loyal hinter Björn gestanden hatte, war ich hier von seinem Verhalten enttäuscht. Was er hier tat, war aber nicht nur menschlich enttäuschend, sondern schadete den Patrioten in der West-AfD, weil durch sein Hineingrätschen aus dem Osten das „Netzwerk Erneuerung" im Westen nicht auf die Beine kommen konnte. Ich erinnere Björn Höcke an seine eigenen Worte, mit denen ihn seine

Anhänger landläufig zitieren: „Erst das Land, dann die Partei, dann die Person.“ Aber anscheinend war ihm sein ungeteilter persönlicher Einfluss wichtiger als die Sache. Höcke war weiterhin im Westen über seine „Vertrauensleute“ aktiv, entgegen unserer klaren Absprache und gegen die Aktivitäten unseres „Netzwerk Erneuerung“. Wir hingegen hielten uns strikt an die Abmachung, keinerlei Handlungen auf dem „Flügel“-Territorium im Osten vorzunehmen. Eine Erneuerung oder gar der Ausbau eines umfassenden Bündnisses zwischen den westlichen und östlichen Patrioten in der AfD war aber offensichtlich nicht gewollt. Dabei hätten wir den Westen mit den Patrioten vor Ort wesentlich erfolgreicher bearbeiten können, als dies per Fernanweisung aus Thüringen möglich ist. Im Oktober 2020 stellten wir unsere Aktivitäten resigniert ein.

Das ganze Jahr 2020 über – Demonstrationen gegen die faktische Abschaffung der Bürgerrechte unter der falschen Flagge „Corona“

Wie zu Beginn vorliegenden Kapitels erwähnt, hatte ich mich als allererster Bundestagsabgeordneter gegen die Corona-Plandemie positioniert. Die Arroganz staatlicher Politikdarsteller offenbart sich dadurch, dass sie den Bürgern „gnädigerweise“ ihre Grundrechte „zurückgeben“, wenn sie sich eine hochgefährliche Substanz in ihre Körper spritzen lassen oder ein Unterwerfungszeichen (Maske) aufsetzen, das nicht nur kaum wirkt, sondern sogar gesundheitsschädlich ist, wenn sie zu lange getragen wird. Erstens sind Grundrechte genau dazu da, dass sie der Staat nicht außer Kraft setzen kann. Zweitens ist der direkte Angriff auf die körperliche Unversehrtheit bzw. das Antlitz von Menschen für mich ein Angriff auf die Menschenwürde, umgesetzt durch staatliche Repression. Aber Sie wissen schon, werte Leser, warum die schlimmsten Repressionsausführer in der deutschen Politik und Medien nicht vom Verfassungsschutz beobachtet werden: Weil sie ihn lieber zur Kriminalisierung und Ausschaltung der demokratischen Oppositionspartei AfD missbrauchen, ergänzt durch den genialen Ansatz, die AfD mit

Führungskräften zu infiltrieren, diese von außen mutmaßlich fernzusteuern und damit die Partei von innen heraus zu zersetzen. Dieses Vorgehen unserer „Verfassungsschützer" ist ja auch im Umgang mit anderen Parteien hinlänglich bekannt.

Wann immer sich die Gelegenheit bot, unseren bedrängten und verängstigen Bürgern auf der Straße beizustehen, war ich dabei. Angefangen von Mini-Demos mit ein paar Leuten in der Provinz bis hin zu den riesigen Demonstrationen in Berlin mit mehreren hunderttausend Teilnehmern – von der staatsnahen Presse natürlich heruntergerechnet auf mehrere zehntausend Teilnehmer.

Nachdem die AfD auf meine Vorarbeiten eingeschwenkt war, einen knallharten Anti-Corona-Kurs gegen die Regierenden zu fahren, kam es deutschlandweit auf den Straßendemos endlich zu dem, was unsere Gesellschaft so dringend braucht: Zusammenarbeit statt Spaltung. Linke, Rechte, Esoteriker, AfD-Anhänger, Selbständige, Arbeiter, Arbeitslose und vor allem ganz normale Bürger spazierten Seite an Seite für unsere Grundrechte, deren Wegnahme durch den übergriffigen Staat uns alle gleichermaßen betraf, unabhängig von der politischen Ausrichtung. Wir spazierten im wahrsten Sinne des Wortes: Gemächlich und friedlich. Aber was machten die Propagandisten der Staatspresse daraus? Sie schwadronierten in ihren Postillen und Fernsehkanälchen von angeblichen „Märschen" angeblicher „Reichsbürger" und qualifizierten Querdenker zu bösen Aliens um. Klar, mit hirnlosen Mitläufern kann der Staat leichter umspringen als mit selbst denkenden Menschen. Irgendwie muss man ja rechtfertigen, wenn die Staatmacht friedliche Demonstranten mit Kampfeinheiten und Wasserwerfern angreift. Bei einer dieser Großdemonstrationen hielt ich die Friedensvertragsrede am Brandenburger Tor, die mich deutschlandweit ziemlich bekannt gemacht hat.

30. August 2020 – Friedensvertragsrede am Brandenburger Tor in Berlin

Eigentlich hatte ich nur über die grundgesetzwidrige Außerkraftsetzung der Grundrechte durch die Corona-Maßnahmen sprechen wollen, was das Thema der Großdemonstration war. Einen Tag zuvor hatte aber Chef-Querdenker Michael Ballweg auf der Rednerbühne darüber hinaus über die staatrechtliche Konzeption der Bundesrepublik sinniert, weshalb ich das Thema spontan aufgriff, damit diese Diskussion auf dem Boden der Fakten geführt wird. Mit dem Themenkomplex „Deutsche Souveränität-Grundgesetz-Verfassung-Friedensvertrag" hatte ich mich jahrelang beschäftigt und war in diesem Zusammenhang auf einen logischen Widerspruch gestoßen, den Staatsrechtler bisher – bewusst? – übersehen hatten. Nach der einen Argumentation soll die heutige Bundesrepublik Deutschland mit dem früheren Deutschen Reich identisch sein, das ist die sogenannte Identitätstheorie des Bundesverfassungsgerichts. Nach der anderen Argumentation, wie sie direkt im Grundgesetz steht, ist die heutige Bundesrepublik Deutschland Rechtsnachfolger des Vereinigten Wirtschaftsgebietes, also der der westlichen Besatzungszonen. Beides gleichzeitig schließt sich gegenseitig aus. Auf diesen logischen Widerspruch hatte mich ein guter Freund aus den Anfangstagen in der AfD aufmerksam gemacht, auf dessen fundierte Vorarbeiten ich zurückgreifen konnte. Des Weiteren ist der 2+4-Vertrag über die deutsche Wiedervereinigung **kein** Friedensvertrag, ungeachtet dessen, mit welcher Penetranz er als angeblicher Ersatzfriedensvertrag hingestellt wird.

Ex-Bundesaußenminister Hans-Dietrich Genscher verliert in seinen *Erinnerungen* mehr als nur ein Wort darüber, warum der 2+4-Vertrag auch gar kein Friedensvertrag werden durfte. Bekommt Genscher dafür posthum den „Reichsbürger"-Status verliehen?

Während meiner Rede nahm ich die Emotionen aus der Zuhörerschaft auf und baute sie spontan ein. Den leuchtenden Augen der Zuhörer – nach meinem Empfinden eher Linke als Rechte und überhaupt ein ganz normaler Querschnitt normaler Bürger unseres Landes – entnahm ich, dass ich ihnen aus der Seele gesprochen hatte. Und es ist doch klar, dass normale Menschen Sehnsucht nach Frieden haben und der Zustand, dass Deutschland über 75 Jahre nach Kriegsende immer noch keinen Friedensvertrag hat, von immer mehr Menschen als unhaltbar empfunden wird. Hier der Link auf meine live aufgenommene Rede.

Quelle: https://www.youtube.com/watch?v=cq4-DCRDzDs

Als Ergebnis bekam ich vor allem innerhalb der AfD jede Menge Prügel, natürlich von den Zauderern und/oder mutmaßlich gelenkten Oppositionsschauspielern, die mich in Richtung „Reichsbürger"-Ecke abschieben wollten. Mit kühlem Kopf betrachtet baut die Machtstruktur der BRD-Parteienoligarchie auf der bisherigen Abwesenheit eines Friedensvertrages auf und wenn der käme, wären die alle ihre Macht los. Hatte ich mich doch tatsächlich erdreistet, diese Urangst der heute Mächtigen anzusprechen. Da muss man dann schon seine Kettenhunde auf den Müller loslassen. Sechs Tage später nahm ich für das Internet eine Analyse zu meiner Brandenburger-Tor-Rede auf, in der ich die Fakten untermauerte und nichts zurücknahm. Diese Analyse kann man sich auf meinem YouTube-Kanal ansehen

Quelle: https://www.youtube.com/watch?v=xXGtiO9V0xY

oder hier in Textform nachlesen.

Textmanuskript Videoanalyse MdB Hansjörg Müller vom 5.9.2020

Werte Mitbürger,

meine Rede vor dem Brandenburger Tor am 30. August 2020 richtete sich hauptsächlich gegen die totalitären Tendenzen des Coronaregimes und fordert zur Wiederherstellung von Freiheit und Demokratie auf. Die Thematik „Friedensvertrag" war ein Zusatzpunkt, zu dem mir Fragen gestellt wurden, die ich im Folgenden gerne beantworte.

Bei der Berliner Anti-Corona-Demonstration am 29. August 2020 sprach der Organisator der Veranstaltung, Michael Ballweg, die Themen „Friedensvertrag" und „Verfassungsgebende Versammlung" an.

Diese Verknüpfung voneinander unabhängiger Themen – einerseits Anti-Corona-Proteste und andererseits Friedensvertrag / Verfassung – finde ich seltsam, weil beide Themenkomplexe nichts miteinander zu tun haben. Die Demonstranten waren doch deshalb auf die Straße gegangen, um für ihre Freiheit und die ihrer Kinder zu demonstrieren, gegen den sinnlosen Maskenzwang und die Aberkennung wesentlicher Bürgerrechte!

Herr Ballweg erklärte bei seiner Ansprache, dass irgendeine nicht näher definierte „Verfassungsgebende Versammlung" eine neue deutsche Verfassung ausarbeiten würde, wobei jeder Beleg fehlte, ob diese Leute überhaupt demokratisch legitimiert sind.

Die bisherigen Verdienste von Querdenken zur Wiederherstellung grundgesetzlich verbriefter Bürgerrechte sind unbestritten und mein Dank gilt allen Organisatoren und Mitstreitern für ihren unermüdlichen Einsatz. Gleichwohl ist bis heute undurchsichtig, wer die Querdenken-Bewegung in so kurzer Zeit von Null auf Hundert gebracht hat. Ohne massive logistische und finanzielle Unterstützung aus dem Hintergrund wäre das wohl nicht möglich gewesen. Solange dieser Hintergrund nicht transparent offengelegt wird, kann niemand wissen, was die wirklichen Absichten von Querdenken sind.

Als Herr Ballweg die Deutungshoheit über die Begriffe „Verfassungsgebende Versammlung" und „Friedensvertrag" für seine Querdenker-Bewegung reklamierte, wurde ich hellhörig. Beide Begriffe sind viel zu wichtig, um ihre Deutung einer Strömung alleine zu überlassen: Sie betreffen alle Bürger unseres Landes und damit v.a. die Nichtwähler, die Wähler anderer Parteien und auch die Wähler der Alternative für Deutschland. Um eine breite gesellschaftliche Diskussion zu ermöglichen, griff ich das Thema am Ende meiner Rede auf, nachdem es Herr Ballweg am Vortag angestoßen hatte.

Wie immer man zu Art. 146 GG stehen mag, der eine neue Verfassung vorsieht: Dieser Artikel atmet den Geist unseres Grundgesetzes, weil er die Volkssouveränität unterstreicht, die untrennbarer Teil des Demokratieprinzips ist. Ein erster Schritt zu einer eventuellen Umsetzung könnte ein Runder Tisch mit allen Beteiligten sein, wie wir es aus der DDR 1989 kennen. Ein Schnellschuss ist zu vermeiden, dafür ist das Thema zu komplex. Deshalb habe ich in meiner Rede weitergehende Fragen angesprochen, die möglicherweise vorher beantwortet werden sollten, ehe man die Anwendung von Art. 146 GG in Erwägung ziehen kann.

Mir ist selbstverständlich bekannt, dass die Bundesregierung und das Bundesverfassungsgericht bis heute die Auffassung des Bundesverfassungsgerichtsurteils von 1973 zum Grundlagenvertrag vertreten, demzufolge die Bundesrepublik Deutschland und das Deutsche Reich ein und dasselbe Völkerrechtssubjekt seien. Die Postulierung der völkerrechtlichen Subjektidentität der Bundesrepublik Deutschland mit dem Deutschen Reich wird in der staats- und völkerrechtlichen Literatur als „Identitätstheorie" bezeichnet. Dabei hat das Bundesverfassungsgericht festgestellt, dass das Deutsche Reich zwar fortexistiert – also nach wie vor Rechtsfähigkeit besitzt – es allerdings mangels institutionalisierter Organe selbst nicht handlungsfähig ist. Daraus ergibt sich ein faktischer Unterschied zwischen der handlungsfähigen Bundesrepublik Deutschland und dem nicht handlungsfähigen Deutschen Reich, ungeachtet der postulierten rechtlichen Identität.

Diese Erkenntnis wird durch folgende Erwägungen verstärkt: Spiegelt man die „Identitätstheorie" am Grundgesetz, ergibt sich augenscheinlich folgender Widerspruch zum Art. 133 GG:

> **Artikel 133**
>
> Der Bund tritt in die Rechte und Pflichten der Verwaltung des Vereinigten Wirtschaftsgebietes ein.

Artikel 133 GG, Quelle: Deutscher Bundestag

Es tritt ein logischer Widerspruch auf: Das Bundesverfassungsgericht sagt seit 1973, der Bund sei mit dem Reich identisch.

Gleichzeitig regelt Art. 133 GG, dass der Bund den Rechten und Pflichten des Vereinigten Wirtschaftsgebietes nachfolge. Das Vereinigte Wirtschaftsgebiet ist die Trizone, der gemeinsame Wirtschaftsraum aus amerikanischer, britischer und französischer Besatzungszone, der 1949 zur Bundesrepublik Deutschland weiterentwickelt wurde. Damit ist die Bunderepublik Deutschland einerseits – laut Bundesverfassungsgericht – mit dem Deutschen Reich identisch und ist andererseits – laut GG-Artikel 133 – Rechtsnachfolger des Vereinigten Wirtschaftsgebietes. Nach meinem logischen Verständnis schließen sich beide Standpunkte gegenseitig aus.

Des Weiteren unterscheidet das Grundgesetz in Artikel 134 Absatz 1 bis 3 zwischen dem Vermögen der beiden Rechtssubjekte „Reich“ und „Bund“, was ebenfalls darauf hindeutet, dass es zwischen beiden wohl einen Unterschied gibt, woraus weitere Zweifel an der „Identitätstheorie“ erwachsen. Selbstverständlich ist der Bund seit 1949 bis heute die legitime, oberste völkerrechtlich vertretungsberechtigte Regierungsebene der Bundesrepublik Deutschland, was nur von sogenannten Reichsbürgern bestritten wird.

Artikel 134

(1) Das Vermögen des Reiches wird grundsätzlich Bundesvermögen.

(2) Soweit es nach seiner ursprünglichen Zweckbestimmung überwiegend für Verwaltungsaufgaben bestimmt war, die nach diesem Grundgesetze nicht Verwaltungsaufgaben des Bundes sind, ist es unentgeltlich auf die nunmehr zuständigen Aufgabenträger und, soweit es nach seiner gegenwärtigen, nicht nur vorübergehenden Benutzung Verwaltungsaufgaben dient, die nach diesem Grundgesetze nunmehr von den Ländern zu erfüllen sind, auf die Länder zu übertragen. Der Bund kann auch sonstiges Vermögen den Ländern übertragen.

(3) Vermögen, das dem Reich von den Ländern und Gemeinden (Gemeindeverbänden) unentgeltlich zur Verfügung gestellt wurde, wird wiederum Vermögen der Länder und Gemeinden (Gemeindeverbände), soweit es nicht der Bund für eigene Verwaltungsaufgaben benötigt.

(4) Das Nähere regelt ein Bundesgesetz, das der Zustimmung des Bundesrates bedarf.

Artikel 134 GG, Quelle: Deutscher Bundestag

Auf Grundlage der oben genannten logischen Überlegungen stellt sich für mich folgende Frage:

Wie kann die Bundesrepublik Deutschland, die in der Rechtsnachfolge einer von den drei westalliierten Militärregierungen errichteten Wirtschaftsverwaltung steht, mit dem im Jahre 1871 von deutschen Souveränen gegründeten Staat identisch sein?

Wie kann das sein, wenn man diese „Identitätstheorie“ des Bundesverfassungsgerichts mit den Bestimmungen der GG-Artikel 133 und 134 vergleicht?

Im Spannungsfeld zwischen Grundgesetz und dessen Auslegung tritt möglicherweise der Widerspruch zutage, dass der Bund nicht Rechtsnachfolger der trizonalen Wirtschaftsverwaltung und gleichzeitig mit dem Reich identisch sein kann. Das besatzungsrechtlich erschaffene, derivative Völkerrechtssubjekt „Bundesrepublik Deutschland“ und das originäre Völkerrechtssubjekt „Deutsches Reich" können danach – d.h. auf Grundlage logisch-stringenter Überlegungen – nur **verschiedene** Völkerrechtssubjekte sein.

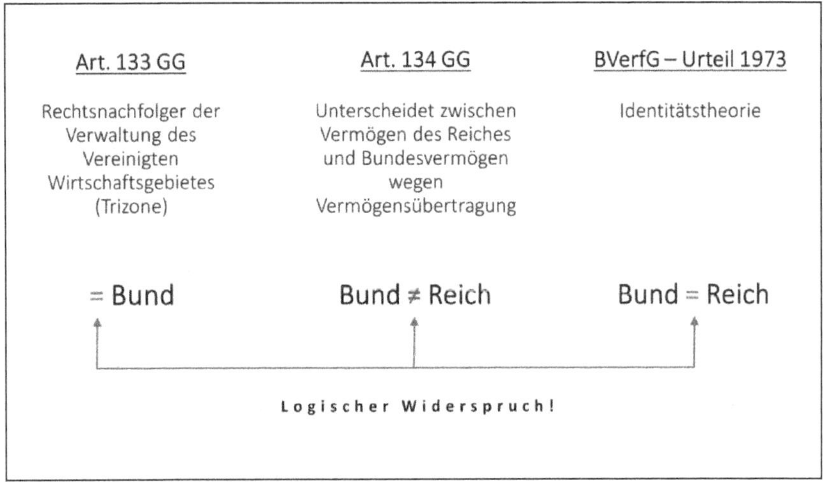

Graphische Darstellung des inhaltlichen Widerspruchs – selbst erstelltes Schaubild

Was sind die Konsequenzen aus diesen Überlegungen?

1. Herr Ballweg von Querdenken und alle anderen, die Worte wie „Friedensvertrag" oder „neue Verfassung" einfach schnell aussprechen, sollten sich erst einmal darüber klar werden, wie kompliziert die Materie ist. Es sind erst einmal grundlegende Fragen in der aktuellen deutschen Staatsrechtskonzeption zu beantworten, bevor weitergehende Ideen – wie etwa ein „Friedensvertrag für Deutschland" oder eine „Verfassung nach Art. 146 GG" – sinnvoll diskutiert werden können.

2. Je nachdem, mit welchem Ergebnis der oben festgestellte Widerspruch zwischen „Identitätstheorie" und „staatlicher Wirklichkeit" gelöst wird, könnte sich zeigen, wer zukünftig für sich in Anspruch nehmen würde, Deutschland völkerrechtlich zu vertreten oder wer dazu

womöglich nicht mehr in der Lage wäre. Auf eine eventuelle, hypothetische Konstellation wies ich zum Abschluss meiner Rede vor dem Brandenburger Tor am 30. August 2020 hin.

3. Als Bürger der Bundesrepublik Deutschland erlaube ich mir, die aktuelle Staatsrechtskonzeption auf logische Widersprüche zu überprüfen und Feststellungen zu treffen, welche Konsequenzen sich daraus ergeben könnten. Als Abgeordneter des Deutschen Bundestages sehe ich es sogar als meine Aufgabe an, den Status-Quo zu hinterfragen, wenn er Zweifel hervorruft (Erklärung: Als vorliegende Analyse entstand war ich noch MdB). Die Versuche von Kritikern, mir deshalb ein Verschwörungsetikett auf die Stirn kleben zu wollen, sind abwegig und schäbig. Vor dem Tugendterror der Politischen Korrektheit bin ich noch nie zurückgewichen und werde das auch zukünftig nicht tun!

Kurz noch Anmerkungen zu den Themen „Friedensvertrag" – im Vergleich zum 2+4-Vertrag – und den „UN-Feindstaatenklauseln":

Wer nicht glaubt, dass der 2+4-Vertrag kein Friedensvertrag ist, lese bitte das Gutachten des Wissenschaftlichen Dienstes des Bundestages von 2007. Beim 2+4-Vertrag handelt es sich um einen völkerrechtlichen Vertrag zwischen der Bundesrepublik Deutschland, der Deutschen Demokratischen Republik und den vier Besatzungsmächten, da das Deutsche Reich seit dem 08. Mai 1945 mangels institutionalisierter Staatsorgane nicht handlungsfähig sei. Im Gutachten des Wissenschaftlichen Dienstes des Bundestages heißt es wortwörtlich: „Es handle sich beim 2+4-Vertrag nicht um einen Friedensvertrag im herkömmlichen Sinne, er ersetze einen solchen jedoch". In normales Deutsch übersetzt heißt das: Der 2+4-Vertrag soll angeblich als Friedensvertrag funktionieren, ohne ein solcher zu sein. Halbschwanger? Funktioniert nicht!

Deutscher Bundestag ▪ Wissenschaftliche Dienste

Der Zwei-plus-Vier-Vertrag

Souveränität der Bundesrepublik Deutschland

- Dokumentation -

Wissenschaftliche Dienste des Deutschen Bundestages

Verfasser/in: [geschwärzt]

Zwei-plus-Vier-Vertrag

Souveränität der Bundesrepublik Deutschland

Dokumentation WD 2 - 3000 – 149/07

Abschluss der Arbeit: 04.10.2007

Fachbereich WD 2: Auswärtiges, Internationales Recht, Wirtschaftliche Zusammenarbeit und Entwicklung, Verteidigung, Menschenrechte und humanitäre Hilfe

Telefon: +49 [geschwärzt]

W

1. Einleitung

Der sogenannte Zwei-plus-Vier-Vertrag wurde am 12. September 1990 in Moskau unterschrieben und trägt den Titel „Vertrag über die abschließende Regelung in bezug auf Deutschland."[1] Vertragsparteien waren das vereinte Deutschland, die Sowjetunion, Frankreich, Großbritannien und die USA. Der Vertrag trat am 15. März 1991 in Kraft.

In Art. 7 Abs. 1 des Vertrages beenden die vier Siegermächte ihre Rechte und Verantwortlichkeiten in bezug auf Berlin und Deutschland als Ganzes. Das vereinte Deutschland – so Abs. 2 – habe demgemäß volle Souveränität über seine inneren und äußeren Angelegenheiten.

Im Folgenden werden Aufsätze und Gerichtsentscheidungen zusammengestellt, die sich mit der Frage beschäftigen, ob mit dem Zwei-plus-Vier-Vertrag die volle Souveränität der Bundesrepublik Deutschland wiederhergestellt worden ist oder ob ein „Friedensvertrag" im herkömmlichen Sinne dafür noch erforderlich wäre.

2. Zwei-plus-Vier-Vertrag kein Friedensvertrag

Die Literatur ist – soweit ersichtlich – der Ansicht, es handele sich bei dem Zwei-plus-Vier-Vertrag zwar nicht um einen Friedensvertrag im herkömmlichen Sinne, er ersetze einen solchen jedoch.

So ist nach **Raap** der Zwei-plus-Vier-Vertrag weder Friedensvertrag noch friedensvertragliche Regelung.

Auch nach Auffassung von **Blumenwitz** (Anlage 1) unterscheidet sich der Vertrag maßgeblich von dem allgemeinen Muster der nach 1945 geschlossenen Friedensverträge.

Gornig (Anlage 2) ist der Ansicht, es handele sich beim Zwei-plus-Vier-Vertrag nicht um einen Friedensvertrag, obwohl er der Bezeichnung und der Präambel nach die abschließende Regelung in bezug auf Deutschland darstellt. Der Vertrag unterscheide sich schon inhaltlich von einem Friedensvertrag, der in der Regel alle durch einen Krieg entstandenen Rechtsprobleme einer Regelung zuzuführen versucht.

Stern (Anlage 4) merkt an, der Vertrag sei zwar nicht als Friedensvertrag konzipiert, enthalte aber zugleich Bestandteile eines Friedensvertrages und wolle eine „Friedensordnung in Europa" sichern, wie die Präambel mehrfach betont.

---

[1] Der Vertrag ist im Sartorius II, Nr. 610 abgedruckt.

Erste drei Seiten des Gutachtens des Wissenschaftlichen Dienstes des Bundestages – Gesamtdokument unter:

https://www.bundestag.de/resource/blob/579362/47b6ac2d55fcb4c12dfcce3cedc0e7d0/WD-2-149-07-pdf-data.pdf

Wie man sieht, hat der Deutsche Bundestag das Dokument selbst schon in teilgeschwärzter Version veröffentlicht, worauf ich hier nur verlinke.

Die UN-Feindstaatenklauseln 53 und 107 gegen Deutschland und Japan sind – nach herrschender Meinung – angeblich nicht mehr wirksam.

Aufgrund dieser Klauseln könnten von den Siegermächten des Zweiten Weltkriegs - ohne besondere Ermächtigung durch den UN-Sicherheitsrat – jederzeit Maßnahmen gegen unser Land verhängt werden, falls eine Siegermacht der subjektiven Meinung sein sollte, Deutschland würde angeblich erneut eine aggressive Politik verfolgen.

Dann stelle ich die nächste logische Frage: Wenn die gegen unser Land gerichteten Feindstaatenklauseln unwirksam wären, warum wurden sie dann nicht schon lange aus der UN-Charta gestrichen?

Liebe Mitbürger,

Sie erkennen selbst, dass ich weder die Legitimität noch die Handlungsfähigkeit der Bundesrepublik Deutschland in Zweifel ziehe und die Existenz unseres Staatswesens selbstverständlich bejahe!

Gegenteiliges tun hingegen sogenannte Reichsbürger, die die Existenz der Bundesrepublik Deutschland an sich bestreiten. Das tue ich nicht und das tut die Alternative für Deutschland auch nicht.

Das Grundproblem liegt an einer anderen Stelle: Es gibt zwischen der seit 1973 geltenden Rechtsprechung des Bundesverfassungsgerichts und dem faktischen Entstehungsprozess der Bundesrepublik im Jahre 1949, wie er im Grundgesetz abgebildet ist, einen logischen Widerspruch, der meiner Ansicht nach bis heute ungelöst ist.

Als lösungsorientierter Mensch ist für mich klar, dass dieser angenommene Grundwiderspruch erst einmal durch Staatsrechtler, Parlamente und Bürgervereinigungen gelöst werden sollte, bevor Folgefragen gelöst werden können: wie z.B. ein „Friedensvertrag" oder eine neue „Verfassung". Beide Anliegen stehen auf dem Boden des Völkerrechtes bzw. des Grundgesetzes und das Aufwerfen dieser Themen bewegt sich im Rahmen der grundgesetzlichen Meinungsfreiheit laut Artikel 5. Deshalb sind sie legitim und dürfen nicht diskreditiert werden. Neuerungen und Paradigmenwechsel waren schon immer Bestandteil der gesellschaftspolitischen Entwicklung gewesen, ohne dass die Welt dabei untergegangen wäre.

Die Bitte, eine ergebnisoffene Diskussion zuzulassen, habe ich an alle: Seien Sie Mitglieder von Querdenken, Mitglieder der AfD, Repräsentanten der Bundesorgane oder ganz einfach Bürger unseres Landes.

MdB Hansjörg Müller, Berlin am 05.09.2020

Dipl.-Volksw. Hansjörg Müller, MdB Büro: Dorotheenstr. 101, Raum 5.514
Platz der Republik 1 Tel.: +4930227-78233
11011 Berlin E-Mail: Hansjoerg.mueller@bundestag.de

Jetzt kommen bestimmt gleich staatsnahe Verfassungsrechtler um die Ecke und werden sagen, der Wortlaut des Art. 133 GG habe nur „deklaratorischen Charakter" und sei völlig anders zu verstehen, als er wörtlich geschrieben ist. Ich erinnere an den dritten Punkt meiner vier Vorschläge aus dem Kapitel zum Jahr 2013, wie unser Grundgesetz auszulegen sei:

3. Kommentare zum Grundgesetz sind notwendig, weil der abstrakte Wortlaut des Gesetzes immer einer Auslegung bedarf. Das darf aber nicht so weit gehen, dass Kommentatoren das Grundgesetz im Machterhaltungsinteresse der Parteienoligarchie oder gar gegen seinen Wortlaut auslegen. Derartige Kommentare sollten als irrig bzw. irrelevant betrachtet werden.

Um eine derart vernünftige Grundgesetzauslegung durchsetzen zu können, sind Anstrengungen aus der Zivilgesellschaft notwendig, indem sich unabhängige Verfassungsrechtler in Bürgerinitiativen zusammenschließen. Diese verfassungsrechtlichen Bürgerinitiativen stellen dann den staatsnahen Grundgesetzauslegungen ihre unabhängigen Auslegungen gegenüber. Am besten werden mehrere Bürgerinitiativen mit verschiedenen Auslegungsvorschlägen gebildet, um eine echte Auswahl zwischen verschiedenen Alternativen zu haben. Alle Auslegungsvorschläge – der monopolisierte staatsnahe und die verschiedenen unabhängigen – treten dann in einen Wettbewerb ein, den derjenige gewinnen soll, der am überzeugendsten argumentiert. Am überzeugendsten im Sinne jedes einzelnen Bürgers und nicht mehr im Sinne der abgeschotteten Parteienoligarchie. Dies entspricht der These des bekannten Staatsrechtlers Peter Häberle von der „offenen Gesellschaft der Verfassungsinterpreten".

Quelle: https://www.jstor.org/stable/20811044

Abschließend wird über die herrschende Meinung zur Auslegung des Grundgesetzes per Volksabstimmung entschieden, die so lange gültig ist, bis ein besserer Vorschlag kommt und sich ebenfalls wieder per Volksabstimmung durchsetzt. Durch die Übertragung des Wettbewerbsgedankens aus der Wirtschaft auf das Staatrecht wird dessen Qualität sprunghaft ansteigen. Volksabstimmungen sind ohnehin das Non-Plus-Ultra der Demokratie. An diesem konkreten Beispiel sehen Sie, werte Leser, dass der Blick von außen auf die Staatrechtslage hilfreich ist, wenn die Fachexperten vor lauter Bäumen den Wald nicht mehr sehen oder ihn gar für eine Wiese halten. Soweit meine Vorschläge.

Kleine Anekdote am Rande: Selbst im staatsnahesten aller staatsnahen Grundgesetzkommentare, im Maunz-Dürig, sind sich die Kommentatoren nicht sicher, ob der Art. 133 GG lediglich deklaratorischen Charakter habe oder vielleicht doch nicht.

Das abgedroschene Gegenargument gegen einen Friedensvertrag, Deutschland müsse Reparationen bezahlen, wenn dieser abgeschlossen würde, sticht nicht mehr, seitdem Polen jetzt auch ohne Friedensvertrag Reparationen für die Kriegsfolgen fordert. Eine deutsche Regierung mit Rückgrat, die wirklich deutsche Interessen vertreten würde, müsste nur eine einfache Gegenrechnung aufmachen: Um wieviel höher ist der Wert der ehemaligen deutschen Ostgebiete, die sich Polen zweimal – den kleineren Teil 1919, den größeren Teil 1945 - völkerrechtswidrig unter den Nagel gerissen hat? Wie wäre zudem das Leid der Millionen deutscher Opfer zu bewerten, welche die polnische Rache nicht nur nach 1945 gefordert hat, sondern die bereits von 1919 bis 1939 polnischen Repressionen ausgeliefert waren? Sofort wäre Ruhe.

September bis Oktober 2020 – Bundestagspräsident Schäuble unterschlägt einen Brief der russischen Staatsduma im Fall des Regimekritikers Nawalny

Aufgrund meiner fließenden russischen Sprachkenntnisse gab ich verschiedenen russischen Fernsehsendern und Internetportalen alle paar Wochen Interviews, in denen ich Vorgänge in Deutschland aus meiner Sicht analysierte. Dabei achtete ich konsequent darauf, alle Bewertungen ausschließlich aus der Sicht deutscher Interessen vorzunehmen, womit mir niemand angebliche Kremlpropaganda oder sonstigen Käse unterstellen kann. Wenn ich nicht zufällig aus familiären Gründen in Moskau war und ins Fernsehstudio gehen konnte, fanden die Interviews in der Regel per Skype statt.

Eines dieser Skypeinterviews fand am Dienstag, den 29. September 2020, mit der bekannten Moderatorin Natalia Metlina vom Fernsehkanal „Svezda“ (deutsch: „Stern“) statt. Während des Interviews blendete Metlina einen Brief russischer Dumaabgeordneter an Bundestags-präsident Schäuble vom 24. September ein, verbunden mit der Frage, was ich davon hielte. Die russischen Kollegen hatten eine paritätisch besetzte deutsch-russische Kommission vorgeschlagen, um die Ermittlungen gemeinsam zu überwachen, wer denn nun den russischen Regimekritiker Alexey Nawalny wo vergiftet habe.

Ein fairer Vorschlag, wie ich finde. Hier der Brief in deutscher

Übersetzung:

Sprachendienst

1043-20

Übersetzung aus dem Russischen

Deutscher Bundestag

STAATSDUMA
DER FÖDERALEN VERSAMMLUNG DER RUSSISCHEN FÖDERATION
SIEBENTE LEGISLATUR
AUSSCHUSS FÜR SICHERHEIT UND KORRUPTIONSBEKÄMPFUNG
ul. Ochotny rjad, d. 1, Moskau, 103265 Tel. 8(495)692-89-32 Fax: 8(495)692-95-71
E-Mail: csecurity@duma.gov.ru

24. September 2020 Nr.: 3.15-36/1669

An den
Präsidenten des
Deutschen Bundestages
Herrn Dr. Wolfgang Schäuble

Sehr geehrter Herr Präsident,

der Ausschuss der Staatsduma der Föderalen Versammlung der Russischen Föderation für die Untersuchung von Fällen der Einmischung ausländischer Staaten in die inneren Angelegenheiten Russlands kommt im Ergebnis eines Monitorings zu dem Schluss, dass die von westlichen Medien und einer Reihe deutscher Politiker entfachte massive Kampagne im Zusammenhang mit der angeblich gezielten Vergiftung des Bloggers A. Nawalny durch Russland vorsätzlichen Charakter trägt, auf die Auslösung einer Konfrontation gerichtet ist und dem Ausbau der deutsch-russischen Beziehungen Schaden zufügt.

Mit Bedauern stellen wir fest, dass die im Zusammenhang mit der Erkrankung und dem Krankenhausaufenthalt A. Nawalnys u. a. seitens der deutschen Bundesregierung gegenüber Russland erhobenen haltlosen Anschuldigungen und gestellten Ultimaten nunmehr das von mehreren Generationen russischer und deutscher Politiker unter großem Einsatz errichtete solide Gerüst unserer Beziehungen zerstören. Besonders betrüblich ist, dass dies im Jahr des 65. Jubiläums der Aufnahme diplomatischer Beziehungen zwischen der UdSSR und der Bundesrepublik Deutschland (1955), des 50. Jahrestages des Abschlusses des Moskauer Vertrags (1970) und des 30. Jahrestages des Abschlusses des Vertrags über die abschließende Regelung in Bezug auf Deutschland („Zwei-plus-Vier-Vertrag“, 1990) geschieht, die nach dem Ende des Zweiten Weltkriegs im Kern zu Friedensverträgen zwischen unseren Ländern wurden. Das kluge Auftreten von Politikern beider Länder hat in der Vergangenheit wichtige Schritte zur Aussöhnung der Völker Russlands und Deutschlands möglich gemacht.

In der Vergangenheit haben wir uns oft mit Kollegen aus dem Bundestag auf bilateraler Ebene und in internationalem Rahmen getroffen und unsere Strafverfolgungsorgane haben in unterschiedlichen Fragen zusammengearbeitet. Wir sind zu einer solchen Zusammenarbeit auch in der Zukunft bereit. In diesem Sinne schlagen wir im Rahmen der Ausübung der parlamentarischen Kontrolle über den Fortgang der Ermittlungen im Fall Nawalny die Schaffung einer gemeinsamen Kommission oder Arbeitsgruppe unter Beteiligung von Abgeordneten des Bundestages und der Staatsduma vor.

Wir hoffen, dass die Abgeordneten des Bundestages alle erforderlichen Anstrengungen unternehmen, um die Bundesregierung zu unabhängigen Ermittlungen in ihrem Land und zur Zusammenarbeit mit Russland zu bewegen, das in dieser Frage maximale Transparenz offenbart.

Wir rufen Sie, werte Kolleginnen und Kollegen, auf, gemeinsam nach vernünftigen Lösungen zu suchen, auf deren Grundlage wir das heute bestehende Fundament unserer Zusammenarbeit erhalten und die politischen, wirtschaftlichen, kulturellen und humanitären Beziehungen im Interesse der Völker Russlands und Deutschlands ausbauen können.

Der Ausschussvorsitzende und
Abgeordnete der Staatsduma
von der Fraktion Einiges Russland
(gez. Unterschrift)
W. I. Piskarjow

Ausschussmitglieder:

Der stellvertretende Ausschussvorsitzende und
Abgeordnete der Staatsduma
von der Fraktion Einiges Russland
(gez. Unterschrift)
A. G. Alschewskich

Der stellvertretende Ausschussvorsitzende und
Abgeordnete der Staatsduma
von der Fraktion Gerechtes Russland
(gez. Unterschrift)
N. I. Ryschak

Der stellvertretende Ausschussvorsitzende und

Abgeordnete der Staatsduma
von der Fraktion Kommunistische Partei der Russischen Föderation
(gez. Unterschrift)
J. P. Sinelschtschikow

Die Abgeordnete der Staatsduma
von der Fraktion Einiges Russland
(gez. Unterschrift)
I. W. Belych

Der Abgeordnete der Staatsduma
von der Fraktion Einiges Russland
(gez. Unterschrift)
A. K. Issajew

Der Abgeordnete der Staatsduma
von der Fraktion Kommunistische Partei der Russischen Föderation
(gez. Unterschrift)
R. D. Kurbanow

Die Abgeordnete der Staatsduma
von der Fraktion Einiges Russland
(gez. Unterschrift)
N. W. Poklonskaja

Der Abgeordnete der Staatsduma
von der Fraktion Liberaldemokratische Partei Russlands
(gez. Unterschrift)
D. I. Saweljew

Der Abgeordnete der Staatsduma
von der Fraktion Gerechtes Russland
(gez. Unterschrift)
A. W. Tschepa

Der Abgeordnete der Staatsduma
von der Fraktion Einiges Russland
(gez. Unterschrift)
A. L. Schchagoschew

(Dumabrief an Schäuble_24.09.2020)

Den Brief im russischen Original sah ich während der Fernsehsendung das erste Mal, was mich neugierig machte, wo der Brief verblieben war. Anschließend wartete ich noch eine Woche – womit Bundestagspräsident Schäuble insgesamt zwei Wochen Zeit hatte, zu reagieren – und fragte dann den Vorsitzenden der deutsch-russischen Parlamentariergruppe, den AfD-Fraktionskollegen Robby Schlund, ob er als zuständiger Parlamentarier von Schäuble über den Brief informiert worden sei. Die Antwort lautete: „Nein." Auch dem ebenfalls zuständigen Auswärtigen Ausschuss hatte Schäuble den Brief nicht weitergeleitet. Parallel fragte ich bei russischen Dumaabgeordneten nach, ob sie eine Antwort von Schäuble erhalten hätten. Die Antwort lautete ebenfalls: „Nein." Entsprechend meiner Kontrollfunktion als Volksvertreter machte ich den Vorgang mit vorliegender Presseerklärung am 09. Oktober 2022 publik:

PRESSEMITTEILUNG
09.10.2020

Fall Nawalny

Bundestagspräsident Schäuble unterschlägt Kontaktinitiative der Duma!

Nachdem bekannt wurde, dass Bundestagspräsident Dr. Wolfgang Schäuble den Abgeordneten des Deutschen Bundestages gegenüber einen wichtigen Brief der russischen Staatsduma an diese unterschlagen hat, entschuldigten sich die Bundestagsabgeordneten Dr. Robby Schlund, Hansjörg Müller und Waldemar Herdt bei der russischen Staatsduma für diesen ungeheuerlichen Vorgang.

Am 24. September schrieben russische Duma-Abgeordnete einen fraktionsübergreifenden Brief an Bundestagspräsident Dr. Wolfgang Schäuble, in dem sie eine gemeinsame Arbeitsgruppe unter Beteiligung von Abgeordneten des Bundestages und der Staatsduma vorschlugen, um die parlamentarische Kontrolle der Ermittlungen im Fall Nawalny zu gewährleisten. Ziel des Schreibens sind unabhängige Ermittlungen in Deutschland in der Zusammenarbeit mit Russland.

Die Existenz dieses Briefes wurde zufällig publik, als der Bundestagsabgeordnete Hansjörg Müller in einem Interview mit dem Fernsehsender Telekanal Zvezda gebeten wurde, dessen Inhalt zu kommentieren. Müller kannte das Schreiben nicht und recherchierte, dass dessen Inhalt auch auf der Internetseite der Staatsduma veröffentlicht war.

Zum 08. Oktober lud der Vorsitzende der deutsch-russischen Parlamentariergruppe im Deutschen Bundestag, Dr. Robby Schlund, fraktionsübergreifend alle Mitglieder der Parlamentariergruppe zu einer gemeinsamen Videokonferenz mit den russischen Verfassern des Briefes ein, um Licht ins Dunkel zu bringen. Leider folgten nur AfD-Bundestagsabgeordnete der Einladung. Im Verlaufe der Videokonferenz stellte sich heraus, dass es bis dato keine Reaktion seitens des Bundestagspräsidenten gibt, wobei die russischen Abgeordneten davon ausgegangen waren, dass Herr Dr. Schäuble die Bundestagstagabgeordneten über dieses eminent wichtige Schreiben selbstverständlich informiert hätte. Der Ausschussvorsitzende für Sicherheit und Korruptionsbekämpfung der Staatsduma, Wasilij Piskarjow, merkte im weiteren Gesprächsverlauf an, dass mehrere Rechtshilfeersuchen der russischen Behörden zur Untersuchung des Falls Nawalny seitens der deutschen Sicherheitsbehörden bislang ignoriert werden.

Die Bundestagsabgeordneten Dr. Schlund, Müller und Herdt sind fassungslos, wie in der hochangespannten Lage der deutsch-russischen Beziehungen, die dringend des Dialogs bedarf, russische Gesprächsangebote und Hilfeersuchen von deutscher Seite derart brüsk abgebogen werden. Sie entschuldigten sich bei Herrn Piskarjow, so wörtlich, "für das Handeln von Bundestagspräsident Dr. Wolfgang Schäuble, dessen Verhalten gegen internationale diplomatische Gepflogenheiten verstößt, indem er einen Brief derart wichtigen Inhalts nicht beantwortet und den Mitgliedern des Deutschen Bundestags vorenthält".

Anlagen (Brief im russischen Original mit deutscher Übersetzung)

Pressekontakt:
Dipl.-Volkswirt Hansjörg Müller
Außenwirtschaftspolitischer Sprecher der AfD-Bundestagsfraktion
Deutscher Bundestag, Platz der Republik 1, 11011 Berlin
Hansjoerg.Mueller@Bundestag.de
Telefon: +49 (0) 176 / 608 98 132

Es gelang mir, eine Welle in den deutschen sozialen Medien zu erzeugen, die bis in die Mainstreammedien schwappte. Erst, als der Vorgang an die Öffentlichkeit gelangt war und nicht mehr unter den Teppich gekehrt werden konnte, veröffentlichte Schäuble mit großer Verspätung folgendes, halbherzige Zugeständnis, das erwartungsgemäß im Sande verlief:

Deutscher Bundestag
Der Präsident

Herrn
Dr. Robby Schlund, MdB

im Hause

Berlin, 14. Oktober 2020

Dr. Wolfgang Schäuble, MdB
Platz der Republik 1
11011 Berlin
Telefon: +49 30 227-72901
Fax: +49 30 227-70945
praesident@bundestag.de

Sehr geehrter Herr Kollege Dr. Schlund,

ich habe das Schreiben der Kommission der Duma vom 24. September 2020 zuständigkeitshalber an den Auswärtigen Ausschuss und an die von Ihnen geleitete Parlamentariergruppe weitergegeben. Wie auf die Anliegen der Duma-Kommission reagiert werden soll, ist eine fachpolitische Frage, über die im Auswärtigen Ausschuss zu entscheiden ist. Ich rege daher an, dass Sie Ihre Vorschläge über Ihre Fraktion in den Ausschuss einbringen.

Mit freundlichen Grüßen

Schäuble

(Schäuble antwortete spät_14.10.2020)

Quelle: https://robby-schlund.de/2020/11/03/deutschland-und-russland/?fbclid=I-wAR3RHvr_8VNlWkxpqjpJcy9uiTXZu4b2Ggh4xU85s1FEx8i4hMKNSuecMfY

Durch eine Verkettung von Zufällen war ich also auf den Brief der russischen Volksvertreter zum Fall Nawalny gestoßen, der wohl in Schäubles Schublade bis zum St.-Nimmerleinstag verschwunden wäre, wenn wir den Fall nicht publik gemacht hätten. Apropos Schublade: Bei der CDU-Parteispendenaffäre, die im Jahr 2000 publik wurde, ging es um eine 100.000 DM – Barspende des Waffenhändlers Schreiber, die der gleiche Schäuble damals in einem Briefumschlag entgegengenommen hatte, wie der Presse zu entnehmen war. Ließ er den Geldumschlag einfach auf seinem Schreibtisch liegen oder legte er ihn damals auch in seine Schublade? Seitdem ist er verschwunden. 22 Jahre später lag der Brief der russischen Volksvertreter nur drei Wochen in Wolfgang Schäubles Schublade, bevor er ihn aufgrund unseres Drucks herausrücken musste. An diesem Beispiel kann man gut nachvollziehen, wie an der westlichen Eskalationsschraube gegen Russland gedreht werden kann, indem man vernünftige russische Lösungsvorschläge verschweigt und ausblendet. Ich will gar nicht daran denken, zu welch katastrophalen Folgen solche Manipulationen führen könnten, wenn – wie beispielsweise dieser Tage im Herbst 2022 – deutsche Panzerhaubitzen an die Ostfront gegen Russland rollen. Offiziell werden solche deutsche Kriegsbeteiligungen gegen Russland als Waffenlieferungen für die Ukraine getarnt, um weiterhin den Anschein zu erwecken, keine Kriegspartei zu sein. Zur Rechtfertigung gegenüber der deutschen Öffentlichkeit müsste man dann wieder ausblenden, was die Gegenseite vielleicht an vernünftigen Kompromissvorschlägen vorgelegt haben könnte. Möglicherweise liegt ja hierin der wahre Grund, warum russischen Medien die Sendelizenzen in Deutschland entzogen wurden. Wo kämen wir denn da hin, wenn sich deutsche Bürger deutsche und russische Medien im Vergleich ansehen und selbst Schlüsse ziehen könnten, wer Recht hat?

18. November 2020 – Nächste Wikipedia-Falschinformation über mich, Kennenlernen mit Arne Schmitt und Alexander Ehrlich

Am 18. November 2020 hielt ich im Zuge der Corona-Demonstrationen wieder eine Rede vor dem Brandenburger Tor, diesmal auf dem Flügel des Pianisten Arne Schmitt. Für seine Zivilcourage im Einsatz für unsere Grundrechte wird Arne Schmitt vom politischen System übel gegängelt: Ein wahrhaft aufrechter Bürgerrechtler. Wir haben in Deutschland leider zu viele Duckmäuser und bräuchten viel mehr solcher wackerer Kämpfer aus der Zivilgesellschaft wie Arne Schmitt.

Quelle: https://www.youtube.com/watch?v=dwcXlp_UEfI

Anschließend soll ich einer der drei AfD-Bundestagsabgeordneten gewesen sein, der Störer in den Bundestag geholt hätte, „die Abgeordnete zum Teil bis in deren Abgeordnetenbüros bedrängt hatten" oder sogar Bundeswirtschaftsminister Altmaier am Aufzug zusetzten. Es stimmt nur, dass ich eine Journalistin der freien Medien an diesem Tag in den Bundestag eingeladen hatte, aber es stimmt nicht, dass sie Abgeordnete in deren Büros bedrängt hätte. Die von mir Eingeladene hatte den Büroleiter eines Abgeordneten um Eintritt gebeten und diesen auch gestattet bekommen, bevor sie hineinging: Von wegen „bedrängt". Wikipedia lügt hier wieder einmal und stützt sich dabei auf falsche Presseberichte. Hauptsache, mein Image in der Öffentlichkeit wird beschädigt, ungeachtet der Fakten. Die glaubwürdigste Bestätigung meiner Unschuld erhielt ich in der folgenden Sitzung der AfD-Bundestagsfraktion, in der die Abgeordneten Petr Bystron, Udo Hemmelgarn und ich von der Fraktionsversammlung für die Einladung von Störern bestraft werden sollten. Das Wort führte der stellvertretende Fraktionsvorsitzende Roland Hartwig, der mit mir, aufgrund meines Videos über ihn ein Jahr zuvor, noch eine Rechnung offen hatte. Trotz aller Anstrengungen gelang es ihm aber nicht, in meinem Falle eine Bestrafung zu erwirken, weil sich die von mir eingeladene alternative Journalistin anständig verhalten hatte.

In diesem Zusammenhang schauen wir uns einmal an, wie Wikipedia arbeitet. Wikipedia ist mitnichten ein neutrales Internetlexikon. Zu unpolitischen Themen ist die Qualität der Artikel einigermaßen in Ordnung aber im politischen Bereich erfüllt Wikipedia eine Funktion als linksextrem-globalistisches Kampforgan. Es stimmen schon Punkte, die auf Wikipedia über mich stehen, aber der gewünschte negative Eindruck wird durch Weglassen entscheidender Fakten und einseitige Interpretationen erzielt. Im Februar 2020 war ein Team von Wikipedia im Bundestag gewesen und alle Abgeordneten hatten die Möglichkeit, ihr Wikipedia-Profil berichtigen zu lassen. Das tat ich und fertigte umgehend einen Screenshot an, um den Stand der korrigierten Seite zu dokumentieren. Das erwies sich als gute Idee, weil die Korrekturen ein paar Tage später auf Wikipedia wieder gelöscht und durch die bisherigen Verdrehungen ersetzt worden waren. Vergleichen Sie einfach mein korrigiertes Profil vom 15. Februar 2020 mit den Punkten auf meiner Wikipedia-Seite bis zu diesem Zeitpunkt.

Hansjörg Müller

Hansjörg Gerhard Georg Müller (* 30. April 1968 in Treuchtlingen) ist ein deutscher Politiker (AfD) und seit der Bundestagswahl 2017 Mitglied des Deutschen Bundestages.

Hansjörg Müller (2015)

Inhaltsverzeichnis

Leben

Müller ist Diplom-Volkswirt. Er lebt in Ainring-Mitterfelden.[1][2]

Politischer Werdegang

Zusammen mit anderen AfD-Mitgliedern gründete Müller 2013 den Verein *AfD-Mittelstandsforum e.V.*

Er zog nach der Bundestagswahl 2017 über die Landesliste der AfD Bayern in den 19. Bundestag ein. Er stand auf Platz 6 der Landesliste und kandidierte im Wahlkreis Traunstein.[1] Innerhalb der AfD-Bundestagsfraktion war er von 2017 bis 2019 parlamentarischer Geschäftsführer der Fraktion. Seit 2018 ist er deren außenwirtschaftspolitischer Sprecher. Er ist für die AfD Mitglied im Ausschuss für Wirtschaft und Energie.[3]

2019 wurde er zum stellvertretenden Vorsitzenden der AfD Bayern gewählt.[4]

Positionen

Nachdem Bernd Lucke mit ALFA sich von der AfD abgespaltet hatte, positionierte sich Müller klar. Er sagte, unter Lucke sei die Ausrichtung der AfD „so schwammig" gewesen. Nun hingegen sei die Botschaft klar: „Deutsche Interessen zuerst."[5]

Nach der Bundestagswahl schrieb die Wochenzeitung *Die Zeit,* Müller sei „nationalkonservativ" innerhalb der AfD. Er gehörte neben Björn Höcke und André Poggenburg zu den Unterzeichnern der Erfurter Resolution und gilt als Unterstützer der rechtsnationalistischen innerparteilichen Vereinigung *Der Flügel.*[2][6]

Müller kritisiert nicht nur die aus seiner Sicht für die deutsche Wirtschaft negativen Folgen der Handelssanktionen gegen Russland, sondern ist der Ansicht, es gebe „Pläne der Kriegstreiber und Wirtschaftsvernichter aus Washington", eine Annäherung von Deutschland und Russland durch

Provokationen und einen angezettelten Krieg in der Ukraine zu zerstören. Belege dazu zitierte er aus „Freidenker-Seiten im Internet“. Ebenso vertritt er die Ansicht des ehemaligen Lufthansa-Kapitäns Peter Haisenko, der Abschuss von Malaysia-Airlines-Flug 17 sei von den ukrainischen Luftstreitkräften im Auftrag der USA vorgenommen worden, um ein Eingreifen westlicher Mächte zu provozieren. Dabei beruft sich Müller auch auf zwei YouTube-Videos.[7]

Als die Auschwitz-Überlebende Anita Lasker-Wallfisch am 31. Januar 2018 in der Gedenkstunde zum Tag des Gedenkens an die Opfer des Nationalsozialismus eine Rede im Bundestag hielt, applaudierte Müller erst ganz zum Schluss.[8] Das Fernsehmagazin *Kontraste* thematisierte dies in der Sendung vom 8. Februar 2018.[9] Er äußerte sich dazu mit folgendem Zitat:[10]

> „Ich bin ganz am Schluss aufgestanden und habe lange sinniert und ganz am Schluss auch persönlich für Frau Lasker-Wallfisch geklatscht. Weil Frau Lasker-Wallfisch nichts dafür kann, dass sie hier instrumentalisiert wird in einer Art Gedenken, die ich als nicht aufrichtig empfinde.“

Hansjörg Müller ist für Basisdemokratie und gegen eine „Oligarchisierung“, das heißt gegen eine Machtergreifung einiger weniger in der Partei. Oligarchisierung hält er für eine Gefahr, die in jeder politischen Partei bestehe. Um eine solche in der AfD zu verhindern, startete er im August 2019 die Initiative „Mitgliederparteitag“, die für die verpflichtende Abhaltung von Mitgliederparteitagen in der AfD auf Landes- und Bundesebene eintritt. Auf *YouTube* und einer eigens dafür eingerichteten Webseite wirbt er für diese Initiative.[11]

2019 plädierte er am *Tag der offenen Tür* des Bundestages für einen „Austausch illoyaler (=globalistisch-deutschfeindlicher) Führungskader in Wirtschaft und Politik", weil die „großen Topmanager" der deutschen Aktiengesellschaften mit einem „globalistischen Bazillus überinfiziert" seien.[4]

Weblinks

- Hansjörg Müller (https://www.bundestag.de/abgeordnete/biografien/M/-/522184) auf bundestag.de
- Homepage von Hansjörg Müller (https://www.mueller-hansjoerg.info/)

Fußnoten

1. *Profil von Diplom-Volkswirt Hansjörg Müller, AfD – Bundestag.* (https://www.abgeordnetenwatch.de/profile/hansjorg-muller) In: *abgeordnetenwatch.de.* Abgerufen am 30. September 2017.
2. Kai Biermann, Astrid Geisler, Christina Holzinger, Paul Middelhoff, Karsten Polke-Majewski & Tilman Steffen: *AfD-Fraktion: Rechts bis extrem im Bundestag.* (http://www.zeit.de/politik/deutschland/2017-09/afd-kandidaten-bundestagswahl-abgeordnete) In: *Zeit Online.* 26. September 2017, abgerufen am 17. September 2019.
3. *Liste der 49 ordentlichen Mitglieder (https://www.bundestag.de/wirtschaft).* In: *bundestag.de*
4. *„Kader austauschen": AfD-Nationalist greift deutsche Wirtschaft an – mit Stalin-Zitaten (https://www.focus.de/politik/deutschland/csu-verurteilt-verbalattacke-aus-bayern-als-nazi-jargon-kader-austauschen-afd-nationalist-greift-deutsche-wirtschaft-an-mit-stalin-zitaten_id_11146176.html).* In: *Focus Online.* 15. September 2019.

5. Caterina Lobenstein: *AfD: Den Hetzern treu ergeben (https://www.zeit.de/2015/48/afd-witschaft-hans-olaf-henkel-parteilinie-rechtsruck/komplettansicht).* In: *Die Zeit.* Nr. 48, 26. November 2015.
6. Thies Marsen: *Bayerische AfD-Politiker und der rechte „Flügel" (https://www.br.de/nachrichten/bayern/bayerische-afd-politiker-und-der-rechte-fluegel,RFEP97k).* In: *BR24.* 15. Januar 2019.
7. Justus Bender: *„Russlandkongress" der AfD: Alternatiwa dlja Germanii (http://www.faz.net/aktuell/politik/inland/afd-verteidigt-putin-auf-ihrem-russlandkongress-15149657).* In: *Frankfurter Allgemeine Zeitung.* 13. August 2017
8. Kordula Doerfler, Daniela Vates, Markus Decker: *Gedenkstunde mit Rechtsradikalen.* (http://www.fr.de/politik/afd-im-bundestag-gedenkstunde-mit-rechtsradikalen-a-1438357) In: *Frankfurter Rundschau.* 31. Januar 2018, abgerufen am 9. Februar 2018.
9. Severin Weiland: *Die AfD und das Gedenken an NS-Opfer: Hand-Werk.* (http://www.spiegel.de/politik/deutschland/holocaust-afd-abgeordneter-hansjoerg-moeller-nennt-gedenken-im-bundestag-heuchlerisch-a-1194521.html) In: *Spiegel Online.* 20. Februar 2018, abgerufen am 15. September 2018.
10. Hand-Werk (https://www.spiegel.de/politik/deutschland/holocaust-afd-abgeordneter-hansjoerg-mueller-nennt-gedenken-im-bundestag-heuchlerisch-a-1194521.html) im Spiegel
11. *„Demokratieferne" und „Vetternwirtschaft": Hoher AfD-Funktionär will Delegiertenprinzip abschaffen (https://www.rbb24.de/politik/beitrag/2019/08/afd-initiative-abschaffung-delegiertenprinzip.htm/).* In: *rbb24.* 8. August 2019.

Abgerufen von „https://de.wikipedia.org/w/index.php?title=Hansjörg_Müller&oldid=196805097"

Diese Seite wurde zuletzt am 14. Februar 2020 um 11:38 Uhr bearbeitet.

(Hansjörg Müller Wikipedia_Stand 15.02.2020)

Quelle: https://de.wikipedia.org/wiki/Hansj%C3%B6rg_M%C3%BCller

Zusätzliche Punkte, die mir nach dem Zeitpunkt des Screenshots auf meinem Wikipedia-Profil vorgeworfen wurden, wie z.B. der Vorwurf der Unterwanderung der Weltgesundheitsorganisation WHO durch die Bill-und-Melinda-Gates-Stiftung wie auch die Feststellung der verschwindend geringen Letalität des Coronavirus, stellten sich im Nachgang als berechtigt heraus. Als klassische Falschmeldung steht auf meinem Wikipedia-Profil, dass ich angeblich bei meiner Einreise nach Österreich zu einer Corona-Demonstration geltende Quarantänevorschriften missachtet hätte. Ich konnte mich auf eine gültige Ausnahmeregel berufen, von der die Wikipedia-Schreiberlinge offensichtlich nichts wissen. „Lügipedia" wäre die passende Bezeichnung für dieses Propagandaportal.

Die großen Demonstrationen am 18. November 2020 im Umfeld des Reichstages fanden anlässlich einer weiteren Verschärfung des Infektionsschutzgesetzes statt. Über mehrere Verschärfungen, genannt Bevölkerungsschutzgesetze, wurde das heutige Infektionsschutzgesetz der Bundesrepublik immer weiter in eine Richtung verbogen, die es dem historischen Ermächtigungsgesetz zum Ende der Weimarer Republik immer ähnlicher machte: Durchlöcherung der bürgerlichen Grundrechte und Sonderrechte für den immer übergriffigeren Staat. Was ist oberste Bürgerpflicht eines Demokraten? Wehret den Anfängen! Deshalb stimmten die AfD-Bundestagsfraktion und ich dagegen, weil sich uns die Ähnlichkeiten zwischen gestern und heute geradezu aufdrängten.

Liebe Mitleser des sogenannten Verfassungsschutzes,

die ihr Euch bestimmt wieder voreilig die Hände reibt, Ihr könntet mir endlich konstruieren, dass ich angeblich Unvergleichbares verglichen hätte, bitte lest richtig:

- *Habe ich festgestellt, dass mit der weiteren Verschärfung des Infektionsschutzgesetzes über Bevölkerungsschutzgesetze dieses Gesetz immer weiter in Richtung eines neuen Ermächtigungsgesetzes entwickelt wurde, mit dem die durchlöcherten Grundrechte noch weiter eingeschränkt wurden? Ja! Ich hatte damit ausdrücklich davor gewarnt, was die große Mehrheit der Bundestagsabgeordneten – gegen die Stimmen der AfD-Bundestagsfraktion inklusive meiner eigenen – in erschreckender Analogie zum historischen Ermächtigungsgesetz durchgesetzt hat.*
- *Versteht Ihr den Unterschied zwischen etwas durchsetzen, d.h. aktiv etwas tun und dem bloßen Feststellen eines Ergebnisses solchen Handelns, zumal es andere begangen haben? Ich hoffe ja!*
- *Oder geht ihr wie in Bananenrepubliken vor, in denen nicht der Verursacher bestraft wird, sondern der Überbringer der schlechten Nachricht? Ich hoffe nein!*
- *Ich glaube, ich verstehe Euren Ansatz: Da stellt jemand fest, dass es auffällige Parallelen zwischen dem historischen Ermächtigungsgesetz von 1933 und den heutigen Bevölkerungsschutzgesetzen von 2020 bis 2022 gibt. Wollt Ihr aus dieser Feststellung blanker Tatsachen wirklich hanebüchen konstruieren, da hätte jemand einen angeblich historisch unzulässigen Vergleich gezogen? Dann müsstet Ihr auch Mathematiker politisch verfolgen, die heute darauf bestehen, dass 1 + 1 = 2 ist, weil das in den Jahren 1933 bis 1945 an den Schulen ebenfalls gelehrt wurde, womit ein direkter Vergleich zwischen den Jahren 1933 und 2022 gezogen ist!*

- *Maßt Ihr Euch wirklich an, historische Vergleiche verbieten zu wollen, die sich durch das Handeln heutiger Politiker geradezu von selbst aufdrängen?*
- *Wirklich jetzt? Ihr spinnt wohl!*

Mit freundlichen Grüßen
Euer
Hansjörg Müller

Im Rahmen der Demonstration am 18. November 2020 lernte ich auf der Straße den österreichischen Mitstreiter Alexander Ehrlich kennen. Als Busunternehmer und Mitorganisator trug er eine große Last beim Zustandekommen vieler Demonstrationen für unsere Grundrechte in Deutschland und Österreich. In Österreich konnten Alexander und seine Mitstreiter sogar so viel Druck über die Straße entwickeln, dass die dortige Regierung die Impfpflicht gegen Corona kleinlaut zurücknehmen musste. Bravo, lieber Alexander, bravo liebe Mitstreiter!

Alexander und ich waren uns sofort gegenseitig sympathisch, obwohl wir beide aus unterschiedlichen Ecken kommen. Alexanders Herkunft würde man wohl als „links" bezeichnen, meine Herkunft eher als „rechts", obwohl ich mich selbst in der absoluten Mitte der Gesellschaft verorte. Aber diese unterschiedlichen Verortungen liegen am linksextrem-verbogenen politischen Koordinatensystem unserer Gesellschaft. Werte Leser, schauen Sie gerne noch einmal das Konzept der „Echten Mitte" an, das ich Ihnen im Kapitel zum Jahr 2013 vorstellte. Alexander und mich verbinden seitdem drei Dinge:

1) Unermüdlicher Kampf für die demokratischen Grundrechte unserer Bürger.
2) Daraus folgend absolut friedlicher, demokratischer Widerstand gegen die Marionetten fremder Interessen, welche unsere staatlichen Organe unterwandert haben und gegen die Bürger einsetzen.

3) Gegenseitiges Vertrauen. Alexander ist ein anständiger Mensch und dann ist mir völlig egal, was er politisch denkt. Außerhalb unserer riesengroßen Schnittmenge „für die Demokratie und die Bürgerrechte – Basisdemokratie statt Parteienoligarchie " hat jeder das Recht zu denken, was er will.

Mai und November 2020 – Zweimal „Liebesgrüße" von Jörg Meuthen über die Öffentlichkeit

Irgendwie hat mich unser damaliger Bundessprecher nicht gerngehabt. Erst zog er am 20. Mai 2020 vor einem Millionenpublikum in der Fernsehsendung „Maischberger" über mich her. Bezüglich Corona würde ich „völligen Stuss" reden und meine Einschätzung zu Covid-19 sei „meine singuläre Position, nicht die Position der Partei". Kurze Zeit später war meine angeblich „singuläre Position" die Linie der gesamten Partei geworden und Meuthen stand vor den Mitgliedern ziemlich blamiert da. Dann griff mich Meuthen, wiederum vor einem Millionenpublikum, am 28. November 2020 beim AfD-Bundesparteitag in seiner Eröffnungsrede an: „... die rumkrakelen und rumprollen und die sich in der Rolle des Provokateurs gefallen wie pubertierende Schuljungen." Damit meinte er mich, ohne meinen Namen zu nennen: „Das war unschwer erkennbar gegen den bayerischen Abgeordneten Hansjörg Müller gerichtet", so die ZEIT in ihrem Bericht.

Quelle: https://www.zeit.de/politik/deutschland/2020-11/afd-joerg-meuthen-corona-politik-sozialpolitik-parteitag-kalkar

Mit den Angriffen an sich hatte ich kein Problem, weil ich selbst genug ausgeteilt hatte und da muss man auch einstecken können. Beide Ausfälle verbuchte ich unter „kostenloser Werbung" für mein politisches Wirken, passte also auch. Bezeichnend ist nur das Selbstverständnis mit dem Jörg Meuthen vorging: Frontal auf die eigenen Leute einzuschlagen, ohne sie vorher angehört zu haben, in gebückter Haltung vor unseren politischen Gegnern.

Meine Bezeichnung „Oppositionsschauspieler" für solche Leute kommt nicht von ungefähr. Diese Illoyalität von AfD-Granden gegenüber ihnen anvertrauten Mitgliedern ist leider kein Einzelfall, sondern zieht sich durch die gesamte AfD-Parteigeschichte. Sie ist ein wesentlicher Grund für die miese Stimmung in unserem Laden, die so viele ursprünglich engagierte Mitglieder entmutigt hat.

Wenn sich Jörg Meuthen die Mühe gemacht hätte, den gesamten Vorgang zu erfassen und nicht nur einen kleinen Ausschnitt, auf den er sich mit seinen Kalkaer Aussagen bezog, hätte er folgendes verstanden: Bestimmte Schlägertruppen des Systems – ehrenwerte Polizisten verhalten sich anders – hatten Demonstranten am Berliner Alexanderplatz Stück für Stück zurückgedrängt, eingekesselt, einzelne rausgezogen, zu Boden geworfen und „bearbeitet". Ich war dort stehengeblieben, wo vorher die erste Reihe der Demonstranten gewesen war, und so kam es, dass ich der Polizei auf einmal im Wege stand. Die rempelten mich an, ich rempelte zurück, stellte mich schützend vor die Demonstranten und das war's. Als Angsthase, der wohl selbst als erster weggerannt wäre, konnte sich Meuthen natürlich nicht vorstellen, dass sich jemand schützend vor Andere stellt. Er empfand das anscheinend als „Rumprollen."

Ich möchte ich mich an die große Mehrheit ehrenwerter Polizisten und weiterer Sicherheitskräfte unseres Landes wenden. Es ist unheimlich schade, wie eine kleine Minderheit prügelnder Kollegen Ihr Image beschädigt hat und meine persönliche Einstellung ist, dass ich zwischen beiden Gruppen selbstverständlich differenziere. Wir müssen wieder dahin kommen, dass jeder Schutzmann von den Bürgern als Freund und Helfer gesehen wird, statt als Unterdrückungshand des übergriffigen Staates. Liebe Polizisten und Sicherheitskräfte, Sie sind dazu da, unser Grundgesetz zu schützen, aber nicht die Interessen einer deutschfeindlich agierenden Parteienoligarchie gegen das eigene Volk. Wenn Sie den Geist unseres Grundgesetzes vorleben wollen, machen Sie bitte von der Remonstrationspflicht regen Gebrauch, welche Ihnen das Rechtsstaatsprinzip an die Hand gegeben hat. Denken Sie bitte daran: Jeder einzelne Beamte haftet persönlich für die Folgen, wenn er rechtswidrige Befehle ausführt, sofern er nicht rechtzeitig remonstriert hat. Unter der Remonstrationspflicht wird die Pflicht des Beamten verstanden, Bedenken gegen die Rechtmäßigkeit dienstlicher Anordnungen unverzüglich bei dem unmittelbaren Vorgesetzten geltend zu machen. Für Bundesbeamtinnen und Bundesbeamte ist diese in § 63 BBG geregelt. Grundsätzlich trägt der Beamte die Verantwortung für die Rechtmäßigkeit seiner dienstlichen Handlung. Von dieser Verantwortung wird er freigestellt, wenn er seiner Remonstrationspflicht nachkommt und Bedenken zum Beispiel gegen die Rechtmäßigkeit dienstlicher Anordnungen geltend macht. Die Remonstrationspflicht besteht bereits dann, wenn der Beamte die Weisung als möglicherweise rechtswidrig ansieht. Die Remonstration verläuft in Stufen. Zunächst muss der Beamte Bedenken gegen die Rechtmäßigkeit einer amtlichen Weisung beim unmittelbaren Vorgesetzten erheben. Bleibt dieser bei seiner Anordnung, hat er sich an den nächsthöheren Vorgesetzten zu wenden. Wird die Weisung auch von diesem bestätigt, muss der Beamte diese ausführen. Etwas anderes gilt lediglich dann, wenn die dienstliche Anordnung auf ein erkennbar strafbares oder ordnungswidriges Verhalten abzielt, die Menschenwürde verletzt oder sonst die Grenzen des Weisungsrechts überschreitet. Die Remonstrationspflicht hat eine Doppelfunktion – einerseits dient sie der behördeninternen Selbstkontrolle, andererseits dient sie zugleich der haftungs- und disziplinarrechtlichen Entlastung des Beamten bei rechtswidrigen Weisungen.

Quelle: https://www.dbb.de/lexikon/themenartikel/r/remonstrationspflicht.html

Hierzu mit den Beamten ins Gespräch zu kommen und sie für unser Eintreten für den Rechtsstaat zu begeistern ist eine riesengroße Chance für die AfD. Das läuft auch gut, weil viele Beamte selbst beobachten, dass die mutmaßlich rechtswidrigen Befehle, mit denen sie sich im beruflichen Alltag herumschlagen müssen, von Vorgesetzten mit anderen Parteibüchern kommen. Diese unbedingte Loyalität zum Rechtsstaat und denjenigen seiner Repräsentanten, die sich gewissenhaft verhalten, ist ein wichtiges Alleinstellungsmerkmal der AfD auf dem politischen Markt.

Bereits nach seinem Ausfall bei Maischberger hatte ich vom AfD-Bundesvorstand Ordnungsmaßnahmen gegen seinen eigenen Bundessprecher gefordert, ohne jegliche Erwartung, dass etwas passieren würde und es passierte auch nichts. Mir ging es um den Grundsatz der Gleichbehandlung, weil einfache AfD-Mitglieder wegen Bagatellen sofort mit Ordnungsmaßnahmen überzogen werden und die AfD-Granden entsprechend gleichbehandelt werden sollten. Nach der Initiierung des „Netzwerks Erneuerung" in Kerpen war ich gemeinsam mit Peter Feist und anderen Mitstreitern am 28. Juni 2020 mit dem Zug nach Berlin zurückgefahren. In den langen Stunden im Zug war uns langweilig geworden und wir beschlossen, dem von uns so genannten „IM-Jörch" eine einzuschenken. „IM-Jörch" war Meuthens Spitzname. „Jörch" als Verballhornung von „Jörg", seinem Vornamen und „IM" stand für „Informeller Mitarbeiter". So wurden in der DDR die Zuträger des Staatssicherheitsdienstes „Stasi" bezeichnet, die im Auftrag der Staatsmacht das eigene Volk ans Messer lieferten. Damit ist klar, welche Meinung wir über unseren damaligen Bundessprecher hatten. Wir setzten uns also zusammen und entwarfen mit viel Spaß beim Schreiben folgenden Brief, den ich am 01. Juli 2020 an den AfD-Bundesvorstand absendete. Inzwischen ist Oktober 2022, über eine Antwort würde ich mich immer noch freuen.

Dipl.-Volkswirt Hansjörg Müller
Mitglied des Deutschen Bundestages

Dipl.-Volkswirt Hansjörg Müller, MdB, Platz der Republik 1, 11011 Berlin

Bundesvorstand
Alternative für Deutschland
Bundesgeschäftsstelle
Schillstraße 9
10785 Berlin

CC/Herrn Dr. A. Gauland

Berlin, 01.07.2020
Bezug:
Anlagen:

Dipl.-Volkswirt Hansjörg Müller, MdB
Platz der Republik 1
11011 Berlin
Büro: Dorotheenstraße 101
Raum: 5.514
Telefon: +49 30 227-78233
Fax: +49 30 227-70233
hansjoerg.mueller@bundestag.de

Wahlkreisbüro:
Salzburger Straße 35
83404 Ainring-Mitterfelden
Telefon: +49 08654-58 95 591
Fax: +49 08654-58 96 856
hansjoerg.mueller.wk@bundestag.de

Außenwirtschaftspolitischer Sprecher der AfD-Fraktion im Bundestag

Mitglied im Ausschuss für Wirtschaft und Energie

Ordnungsmaßnahmen gegen Herrn Prof. Meuthen

Sehr geehrter Herr Ehrenvorsitzender Dr. Gauland,
sehr geehrte Mitglieder des Bundesvorstands,

hiermit wende ich mich an Sie mit der Bitte um Unterstützung und Ahndung eines Verstoßes gegen den innerparteilichen Zusammenhalt durch Herrn Prof. Meuthen.

Am 20.05.2020 tätigte unser erster Bundessprecher Prof. Jörg Meuthen vor einem Millionenpublikum in der Fernsehsendung „Maischberger die Woche" Aussagen in Bezug auf meine politische Arbeit als AfD-Mandatsträger zur Corona-Krise, die so nicht hingenommen werden können. Zitate:

„Völliger Stuss!"

„Der [Hansjörg Müller] redet zu dem Thema überhaupt sehr viel Unsinn! Und dummerweise ist der dann immer derjenige, der in den Medien vorkommt, und alles, was „wir" Vernünftiges machen, kommt nicht vor!"

„Die Positionen, die Herr Müller hier vertritt [Covid-19], der hat damit eine singuläre Position, aber er kriegt die Kameras dafür, ist nicht die Position der Partei!"

Zitat Ende.
Diese Aussagen, bezogen auf meine Person, sind ehrabschneidend und beschädigen meine Arbeit und meinen guten Ruf als gewählter Mandatsträger der AfD. Als erster Bundessprecher verletzte Herr Prof. Meuthen seine Loyalitätspflicht mir gegenüber als Parteimitglied.

Herrn Prof. Meuthens despektierliche Aussagen sind gerade in der Krisenzeit völlig deplatziert und schädigen die inhaltliche Arbeit und den Erfolg der AfD-Fraktion im Bundestag und

Seite 2

infolgedessen die gesamte Partei zum Nutzen unserer politischen Gegner.

Meine Position zum Umgang mit den Folgen des Corona-Shutdowns ist seit der maßgeblich von mir mit herbeigeführten Sonder-Fraktionssitzung vom 07.04.2020 sehr wohl die Position der AfD-Bundestagsfraktion und keineswegs „singulär"!

Jedem anderen Parteimitglied, das sich so verhält, werden Ordnungsmaßnahmen angedroht oder werden vollzogen.
Es muss gleiches Recht für alle gelten! Daher bitte ich den AfD-Bundesvorstand, entsprechende Ordnungsmaßnahmen gegen den Ersten Bundessprecher Prof. Jörg Meuthen zu prüfen und sicherzustellen, dass in Zukunft derartige Entgleisungen unterbleiben!

Mit freundlichen Grüßen

Dipl.-Volkswirt Hansjörg Müller

Für das Berchtesgadener Land und Traunstein
im Deutschen Bundestag

(Schreiben an Bundesvorstand: Ordnungsmaßnahme gegen Meuthen wegen Auftritt bei Maischberger)

Herbst bis Winter 2020 – Eine weitere Front wird in meinem Wahlkreis eröffnet

Mein Wahlkreis 225 bestand aus den beiden AfD-Kreisverbänden Berchtesgadener Land (BGL), aus dem ich stammte, und aus dem größeren Traunstein. Ein Mitglied meines eigenen Kreisverbandes BGL wandte lehrbuchhaft zentrale „Richtlinien über Zersetzung" an, wie sie die Stasi der DDR im Jahr 1976 zu Papier gebracht hatte.

*Quelle:*https://www.stasi-unterlagen-archiv.de/assets/bstu/de/Downloads/schulausstellung_vertiefung-zum-poster_die-methoden-der-stasi.pdf

Im eigenen Kreisverband konnte ich diesen Herrn unter Kontrolle bringen, aber leider fielen zu viele Mitglieder des Kreisverbandes Traunstein auf ihn rein und Traunstein hatte mehr Mitglieder als wir in BGL. Das eskalierte so weit, dass ich bei der AfD-internen Wahl des Wahlkreis-Direktkandidaten 225 für die bevorstehende Bundestagswahl 2021, die Anfang Dezember 2020 stattfand, knapp gegen einen unbekannten lokalen Kandidaten unterlag. Die Strippen hatte der Herr Zersetzer gezogen. In wessen Auftrag? An seiner Geheimdienstverstricktheit hatte ich keine Zweifel mehr, so wie er sich die ganze Zeit über gemäß der Stasi-Richtlinien über Zersetzung verhielt. Als Kleinunternehmer hatte er zudem eine Pleite hingelegt, brauchte Geld und war damit für finanzielle Zuwendungen empfänglich. Wer weiß, wie der sogenannte Verfassungsschutz arbeitet, weiß auch, dass „Verfassungsschützer" ihren informellen Mitarbeitern Geld bezahlen, damit die dieses und jenes tun. Müssen informelle Mitarbeiter dieser BRD-Stasi ihren Agentenlohn eigentlich versteuern? Diese Frage kommt mir gerade in den Sinn. In der Lokalpresse hatte der Herr Zersetzer unseren AfD-Kreisverband mit einer angeblich rechtsextremen Aktion in der Öffentlichkeit hingehängt und intern dafür gesorgt, dass unsere Kandidatenliste für die bayerische Kommunalwahl 2020 wegen Formfehlern erst einmal ungültig war. Beide Vorgehensweisen passten auch wieder perfekt ins Schema eingeschleuster Provokateure. Einerseits war meine lokale Wahlniederlage, um den Direktkandidaten zu verwinden, weil ich ohnehin keine Chance hatte, das Direktmandat gegen das CSU-Urgestein Dr. Peter Ramsauer zu holen. In den Bundestag kommt man für die bayerische AfD über die

Landesliste oder gar nicht. Andererseits hatte ich aber symbolisch meinen Knacks innerhalb des AfD-Landesverbandes Bayern weg.

Der Herr Zersetzer war überdies Mitglied des Landesvorstandes der AfD-Bayern gewesen. Als ich gegenüber dem Landesvorstand dokumentarisch nachweisen konnte, dass er sich den Posten durch falsche Wohnsitzangaben bei seiner Wahl erschlichen hatte, musste er aus unserem Gremium zurücktreten. Was passierte dann? Die damalige Landesvorsitzende Corinna Miazga kooptierte ihn mit ihrer Stimmenmehrheit sofort wieder in unser Gremium zurück. Vorher hatte sie mich noch per Sprachnachricht aufgefordert, Tom zu fragen, was wir hier tun sollten. Genau Tom, den externen Lobbyisten Herrn Rohrböck, sollte ich im Auftrag von Corinna Miazga um Rat fragen, wie wir mit dem Fall des Herrn Zersetzers im Landesvorstand umgehen sollten. Das tat ich nicht und bin belustigt, wie Frau Miazga allen Ernstes meinen kann, sie sei von Herrn Rohrböck angeblich nicht ferngesteuert worden, wenn sie sogar dessen Rat einholen wollte, bevor sie eine Entscheidung in dieser wichtigen Angelegenheit traf.

Andersherum hatte es auch einen interessanten Beeinflussungsversuch von Rohrböck zugunsten Miazgas gegeben. Nachdem ich 2017 zum Parlamentarischen Geschäftsführer der AfD-Bundestagsfraktion gewählt worden war, bestimmte unsere Fraktion ihren Kandidaten für das Parlamentarische Kontrollgremium (PKGr). Auf Bitte von Tom sollte ich dafür sorgen, dass für die AfD-Bundestagsfraktion Corinna Miazga ins PKGr entsandt würde. Das PKGr ist für die Kontrolle der Nachrichtendienste zuständig und soll den Bundesnachrichtendienst (BND), den Militärischen Abschirmdienst (MAD) und den Verfassungsschutz, die exakte Bezeichnung lautet Bundesamt für Verfassungsschutz (BfV), überwachen. Seine Mitglieder werden aus den Reihen der Bundestagsabgeordneten gewählt. Miazga war aber fraktionsintern nicht mehrheitsfähig gewesen und schlussendlich einigte sich unsere Fraktion auf Roman Reusch – vor seiner Abgeordnetenzeit als leitender Oberstaatsanwalt in Berlin tief in staatliche Strukturen eingebunden – der im Bundestag „erstaunlicherweise" eine Mehrheit von den anderen Fraktionen bekam und für die AfD ins PKGr gewählt wurde. Daraufhin meinte Tom zu mir, dass die Personalie Reusch im PKGr eine ebenso gute Entscheidung war, wie es Miazga gewesen wäre. Im Lichte dieser Ereignisse stellt sich mir die Frage, ob das Parlamentarische Kontrollgremium vielleicht eine Farce sein könnte? „Kontrollieren" sich da die deutschen Geheimdienste über ihnen genehme Abgeordnete etwa „selbst"?

Nachdem ich an so vielen Fronten für mein Land und seine Bürger gegen das politische System der Parteienoligarchie gekämpft hatte, welches ich für moralisch verkommen und demokratiezersetzend halte, empfand ich die Brüskierung bei meiner AfD-internen Kandidatur für den Wahlkreis Traunstein/Berchtesgaden als klare Zurechtweisung durch das System, welches mir vor der eigenen Haustüre zu verstehen gab, wer der Herr im Hause ist. Kurz danach verstarb mein Vater, was für mich der Anlass war, die Zelte im Alpenland abzubrechen und mich wieder in Richtung meiner ursprünglichen Heimat Würzburg zu orientieren, wo meine Familie wohnt.

2021

11. Januar 2021 – „Staatsaffäre" in der bayerischen Landesgruppe wegen meines ersten Buches

Am 08. Januar 2021 gab es einen Bürgerdialog der bayerischen Landesgruppe der AfD-Bundestagsfraktion in Hof. Unsere Landesgruppe umfasste 14 Abgeordnete, wovon immer drei von uns in abwechselnder Reihenfolge auf den Bürgerdialogen sprachen, die regelmäßig in verschiedenen bayerischen Städten stattfanden. In Hof war ich einer von den dreien gewesen und stellte die wirtschaftlichen Kompetenzen der

AfD in den Vordergrund. Dabei verwies ich auf das kommende Wirtschaftsprofil der AfD-Bundestagsfraktion, das ich seit 2018 federführend erarbeitet hatte und das den gleichen Grundstock wie mein bereits mehrmals erwähntes erstes Buch zur „Sozialen Marktwirtschaft statt Globaler Finanzoligarchie“ umfasste. Weil in unserer Partei und Fraktion immer alles im Schneckentempo ablief und nichts voranging, wurde das Wirtschaftsprogramm der AfD-Bundestagsfraktion erst nach meinem Ausscheiden aus dem Bundestag gedruckt, übrigens unter Verschweigen meiner Urheberschaft. Wie zu erwarten, wurden dabei die zentralen Punkte entfernt und durch wachsweiches Politik-Bla-Bla ersetzt. Deshalb hatte ich mein Buch schon 2020 in Eigenregie fertiggestellt und beim Hofer Bürgerdialog während meines Vortrags kurz darauf hingewiesen, dass es den gleichen Kern hat wie das kommende Wirtschaftsprogramm der AfD-Bundestagsfraktion und dass man es nach dem Ende der Veranstaltung bei mir kaufen kann. Dabei hatte ich mir nichts Böses gedacht.

Am folgenden Montag, den 11. Januar 2021 war die nächste Landesgruppensitzung, auf der ich im übertragenen Sinne gleichzeitig erschossen, gelyncht und gevierteilt wurde. Der Satz während meines Vortrags, nach dem Ende der Veranstaltung mein Buch kaufen zu können, wurde zu einer regelrechten Staatsaffäre aufgeblasen. Als größte Ankläger taten sich genau diejenigen „Parteifreunde“ hervor, die selbst nichts Nennenswertes auf die Beine gestellt hatten. Mit „nennenswert“ meine ich echte Aktivitäten außerhalb der Parlamentsblase, die unseren Bürgern und unserem Land wirklich weiterhelfen, anstatt möglichst viel sinnloses Papier im Parlamentsbetrieb zu produzieren oder möglichst viele solcher Reden zu halten. Wer Menschenkenntnis hat, weiß auch, dass es meist die Nieten sind, die über andere herfallen, weil sie von Neid zerfressen sind. Oder um in meinem Sprachgebrauch zu bleiben: Die ängstlichen und/oder mutmaßlich ferngesteuerten Oppositionsschauspieler aus der bayerischen Landesgruppe der AfD-Bundestagsfraktion 2017 – 2021 fielen mit sadistischer Freue über mich her. Ja, ich hatte aus Unachtsamkeit einen Fehler begangen, aber was sie daraus gemacht haben, bewegte sich jenseits jeder Verhältnismäßigkeit. Um die bayerischen AfD-Mitglieder davor zu bewahren, solche Leute wieder in den Bundestag zu wählen, nenne ich deren Namen: Peter Felser, Rainer Kraft, Tobias Peterka, Wolfgang Wiehle und der inzwischen ausgetretene Johannes Huber. Corinna Miazga war krankheitsbedingt verhindert.

16. Jänner 2021 - Rede in Wien bei Alexander Ehrlich, 17. Januar 2021 - AfD-Strategietreffen der Meuthen-Gegner in Steinhöfel

Am 16. Jänner 2021 fuhr ich mit dem Zug aus meinem Wahlkreis nach Wien, um meinen Freund Alexander Ehrlich und weitere Mitstreiter bei einer Grundrechte-Demo zu unterstützen. Es war wieder einmal ein ergreifendes Gefühl, für das Gute zu kämpfen und im Stadtzentrum zu Tausenden von Gleichgesinnten sprechen zu dürfen. Das war diese Veranstaltung, zu der die österreichische Presse wie auch „Lügipedia" auf meinem Profil fälschlicherweise berichteten, ich hätte bei der Einreise gegen Quarantänebestimmungen verstoßen. Das ist nur ein Beispiel für das niedrige Niveau, auf dem AfD-Politiker, wo immer möglich, gegenüber den Wählern madig gemacht werden. Alexander, durch seinen charakteristischen Hut sofort zu erkennen, kündigte mich sehr nett an.

Quelle: https://www.youtube.com/watch?v=c26sPRRgkuk

Als alle Redner gesprochen hatten, darunter aus Deutschland auch Thorsten Schulte, begaben wir uns auf einen riesigen Demonstrationszug über die Ringstraße. Dort lief mir wieder einmal Heinz-Christian Strache über den Weg, ehemaliger Chef unserer österreichischen Schwesterpartei FPÖ. Thorsten Schulte wurde erst als kompetenter Finanzanalyst unter dem Namen „Silberjunge" bekannt und veröffentlichte danach im Jahr 2019 sein Buch „Fremdbestimmt", in dem er beschreibt, wie die Anglo-Amerikaner bzw. Angelsachsen seit 120 Jahren Krieg gegen unser Land führen und Deutschland fremdbestimmen. Wie diese Fremdbestimmung seit 1945 über sogenannte deutsche Politiker, Medienschaffende und Wirtschaftsführer abläuft, die sich als Erfüllungsgehilfen der Sieger gegen ihr eigenes Land und seine Menschen gebärden, hatte ich am Ende des Kapitels zum Jahr 2016 gezeigt. In meiner Bibliothek steht selbstverständlich auch das Werk „Fremdbestimmt" mit persönlicher Widmung des Autors Thorsten Schulte.

Quelle: https://www.amazon.de/Fremdbestimmt-120-Jahre-L%C3%BCgen-T%C3%A4uschung/dp/3982126509

Am Abend des 16. Jänner 2021 bestieg ich in Wien den Nachtzug nach Frankfurt/Oder, wo ich am Morgen des 17. Januar 2021 ankam. Somit konnte ich an diesem Tag im brandenburgischen Örtchen Steinhöfel an einem internen Treffen der innerparteilichen Gegner des damaligen AfD-Bundessprechers Jörg Meuthen teilnehmen. Mit Alexander Gauland, Tino Chrupalla, Björn Höcke, weiteren Landesvorsitzenden und Multiplikatoren aus der Mitgliederschaft war dort das Who-is-Who der patriotischen AfD-Kräfte aus Ost und West versammelt. Vertraulich blieb dieses Treffen natürlich nicht; dessen Inhalte und die Namen prominenter Teilnehmer wurden mit ein paar Tagen Verzögerung von der Presse detailliert veröffentlicht. Daran sieht man wieder einmal, wie wir von Zuträgern unterwandert sind.

Zum Treffen selbst sage ich nichts mit einer Ausnahme: Katrin-Ebner Steiner, die damalige Vorsitzende der bayerischen AfD-Landtagsfraktion, zog kurz vor der Mittagspause über mich her und schrie den ganzen Saal zusammen. Sie warf mir Verrat vor, weil ich mit ihrem Intimfeind Franz Bergmüller, ebenfalls bayerischer Landtagsabgeordneter, genauso sachlich zusammenarbeitete, wie mit ihr auch. Vor der Wahl des bayerischen Landesvorsitzenden 2019, als sie mit ihrer überraschenden Kandidatur meine Chancen zerstörte und unsere gemeinsame innerparteiliche Gegnerin Corinna Miazga zur Landesvorsitzenden machte, hatte ich Ebner-Steiner schon einmal vorgerechnet, dass der ehemalige „Flügel" in Bayern bei ca. 40 % der Stimmen auf Parteitagen festhängt und Verbündete braucht, um über 50 % zu kommen. Nachdem das Meuthen-Lager in Bayern damals ebenfalls ca. 40 % hatte, mussten wir schauen, aus den Reihen der ca. 20 % Unentschlossenen mindestens 11 % zu bekommen. Mathematisch blieb nur das Bergmüller-Lager als potentieller Verbündeter des ehemaligen „Flügel" und nach meinen Vorgesprächen mit Franz Bergmüller wie auch mit dem bayerischen Flügelobmann, Paul Traxl, war Bergmüller zu dieser Kooperation bereit gewesen. Aber aufgrund ihres glühenden Hasses gegen Bergmüller schlug Ebner-Steiner diese Möglichkeit brüsk aus, ohne überhaupt nachzurechnen. Auf diesen strategischen Fehler Katrin Ebner-Steiners hatte ich bei der Aussprache in Steinhöfel aufmerksam gemacht, worauf sie ihren Wutanfall bekam und ihren Hass gegen Bergmüller gleich auf mich übertrug. Spätestens seit diesem Zeitpunkt arbeitete sie ungeniert an meiner politischen Vernichtung innerhalb des patriotischen Lagers der bayerischen AfD, soweit ich es mitbekam. Und das nach all dem, was ich in den Vorjahren für sie getan hatte. Wie hatte Katrin Mitte September 2019 noch süß gesäuselt, als sie Landesvorsitzende werden wollte? „Hajot, wenn Du jetzt für mich zurückziehst, werden wir Dich alle unterstützen, wenn Du wieder für den Bundestag kandidierst". Eineinhalb Jahre später hatte sie das komplett vergessen: Ein erschreckender Befund an Gedächtnisschwund in so jungen Jahren.

27. März 2021 – Wahl zum Direktkandidaten des Kreisverbandes Würzburg für die Bundestagswahl

Nachdem man mich in meinem früheren Wahlkreis, bestehend aus den beiden AfD-Kreisverbänden BGL und Traunstein, nicht zum

Direktkandidaten für die nächste Bundestagswahl gewählt hatte, fragte ich in Würzburg nach, ob sie schon einen Kandidaten hätten. Ich plante ohnehin den Rückumzug in meine ursprüngliche Heimatstadt und da lag die Frage auf der Hand. Der AfD-Kreisverband Würzburg hatte sich noch auf keinen Kandidaten festgelegt und am 27. März 2021 trat ich zur Wahl an. Einige Tage zuvor hatte ich mitbekommen, dass ein örtliches Mitglied, welches bisher nicht sonderlich in Erscheinung getreten war, von vereinten Kräften als mein Gegenkandidat aufgebaut wurde. Unterstützt wurde dieses Mitglied von einer erstaunlichen Allianz der Rechtesten und der Linkesten, die unsere Partei zu bieten hat. Die Rechtesten waren von der AfD-Jugendorganisation „Junge Alternative", abgekürzt JA. Die Linkesten waren aus dem Meuthen-Lager, die auch in der CSU zum dortigen linken Flügel gehören würden. Laut meinen Informationen war auf dieser Seite der bekannte Parteijurist und Parteitagsleiter Christoph Basedow involviert, der ein dreiviertel Jahr später als Anklagevertreter das Parteiausschlussverfahren gegen mich führen sollte. Hier war er also auch schon gegen mich aktiv. Parallel versorgte er den bayerischen Landesvorstand um Corinna Miazga mit einseitigen Informationen, damit diese den Aufstellungsparteitag für die Kandidatenliste zur Bundestagswahl 2021 als Delegiertenparteitag durchdrücken konnte. Wie Sie sich aus dem Einleitungskapitel erinnern, werte Leser, hätte dieser Aufstellungsparteitag gemäß Satzung als Mitgliederparteitag durchgeführt werden müssen. Bei seiner einseitig beratenden Tätigkeit für Miazga & Co. widersprach ich Herrn Basedow regelmäßig, weshalb wir keine Freunde sein konnten.

Die Rechtesten wiederum wurden von Wolfgang Freiherr von Krauss gecoacht, der meiner Meinung nach eine Art bayerischer Zwilling von Tom Rohrböck ist. Ein früherer bayerischer AfD-Landesvorstand hatte dem ehemaligen Parteimitglied von Krauss seinen Mitgliederstatus aberkannt, weil er keine gültigen Personaldokumente vorlegen konnte oder wollte, die seine Identität hätten beweisen können. Von Krauss hat zwar keinen auffindbaren Wohnsitz aber immer genug Zeit und Geld, um Mitglieder der „Jungen Alternative" JA zu besonders deutsch-nationalen Aktionen zu animieren. Damit verhält er sich in meinen Augen wie ein klassischer Agent Provocateur der Geheimdienste, der Parteimitglieder zu jenen Aktionen anstiftet, die der AfD anschließend über die Presse als „rechtsextrem" um die Ohren gehauen werden. Auf seinem Profil im Business-Netzwerk Linkedin steht mit Stand 25. Oktober 2022, dass er angeblich General Manager bei einer WLT AG sei.

Quelle: https://www.linkedin.com/in/wolfgang-freiherr-v-krauss-b19802130/

Eine Firma dieses Namens mit dem Sitz München ist im Internet zu finden, aber weder im Team, noch als Vorstand oder im Aufsichtsrat ist dort ein Wolfgang Freiherr von Krauss zu finden. Das Dossier über ihn, das für den damaligen AfD-Landesvorstand erstellt wurde und zu dem ich Material beigesteuert hatte, liest sich sehr interessant. Geboren wurde er schon mal ohne Adelstitel. In der AfD ist es ein offenes Geheimnis, dass der angebliche Freiherr von Krauss wahrscheinlich als informeller Mitarbeiter für gewisse „Dienste" tätig ist. Wenn man sich die Fülle der genannten Indizien anschaut, kann man kaum zu einer anderen Einschätzung kommen. Von solchen „Diensten" haben wir in Deutschland mit dem Bundesnachrichtendienst (BND), dem Bundesamt für Verfassungsschutz (BfV) und dem Militärischen Abschirmdienst (MAD) gleich drei. Darüber hinaus wäre es auch interessant zu erfahren, welche deutschen Akteure von westlichen Geheimdiensten wie der amerikanischen CIA, dem britischen MI6 oder dem israelischen Mossad direkt geführt werden. Je höher die Wichtigkeit dieser Akteure in unserem Staat ist, desto mehr werden es wahrscheinlich sein. Vielleicht liest ein Aussteiger aus dieser Szene vorliegende Zeilen und nimmt seinen ganzen Mut zusammen, eine Liste mit Namen von Regierungsmitgliedern, Parteigrößen, Staatsbeamten, Konzernführern und Medienvertretern der BRD zu erstellen, die unser Land im Interesse der angelsächsischen Weltkriegssieger seit 1945 fremdbestimmen. Das wäre doch verdienstvoll derartige Spitzel zu enttarnen, um Deutschland seiner nationalen Souveränität näherzubringen, auf die unser Land im Interesse seiner Bürger ein Recht hat. Mir und auch einem anderen Bundestagsabgeordneten gegenüber hatte die andere dubiose Figur im Dunstkreis der AfD, Tom Rohrböck, ziemlich klar angedeutet, dass er mit einem britischen „Dienst" in Verbindung stehe. Zurück zu Wolfgang von Krauss: Als wir uns bei einer AfD-Veranstaltung am Auwaldsee in Ingolstadt näher kennenlernten, hatte er sich mir selbst als ehemaliger Mitarbeiter des Militärischen Abschirmdienstes MAD vorgestellt. Sein Spitzname in der AfD lautet „Wolf", ein durch mehrfache historische Verwendung verschieden belasteter Name. Wer brachte diesen historisch verdächtigen Spitznamen in die Welt? Von Krauss vielleicht sogar selbst?

Ich war belustigt, für wie gefährlich mich das politische System immer noch halten musste, dass es zu meinem zweiten Anlauf, als Direktkandidat nunmehr in Würzburg gewählt zu werden, eine derart surreale Koalition von Kräften aufbot, um mich zu verhindern. Die Kräfte, die hier gemeinsam gegen mich arbeiteten, sind sich sonst innerhalb der Partei spinnefeind. Mit dem vorgeblichen Wolfgang Freiherrn von Krauss war sogar ein bekennender Agent beim Strippenziehen dabei. Aber ich war gut vorbereitet, motiviert, konnte die Mehrheit der Kreisverbandsmitglieder überzeugen und gewann die Wahl trotzdem. Einige JA-ler sind aus dem gegen mich gebildeten Block ausgeschert und wählten mich absprachewidrig, danke dafür. Damit hätte ich als AfD-Direktkandidat für den Wahlkreis 251, Würzburg, bei der Bundestagswahl 2021 antreten sollen. Anschließend streute ein anderes Kreisverbandsmitglied, damals Mitglied des dreiköpfigen Würzburger Kreisvorstandes, derart viel Sand ins Getriebe, dass bei der Einreichung meiner Unterlagen beim Kreiswahlleiter ein nicht heilbarer Formfehler auftauchte, weshalb ich dann doch nicht an der Bundestagswahl teilnehmen durfte. So viele Zufälle auf einmal, um mich aus dem Rennen zu nehmen, kann es nicht geben; denken Sie an die Stasi-Richtlinien über Zersetzung.

Seit 2013 – Meine Familie im Fadenkreuz meiner politischen Tätigkeit

Wie wirkte sich meine politische Tätigkeit auf meine Familie aus? Wenn mein Großvater meine politische Karriere noch erlebt hätte, wäre er sicher wie ein Fels hinter mir gestanden. Mein Vater war F.D.P.-Wähler gewesen, einer meiner Brüder hat diese Partei auch manchmal gewählt und bezeichnet sich als liberal-konservativ; mein anderer Bruder ist eigentlich unpolitisch, aber vielleicht wählt er sogar heimlich grün. Sie sehen also, werte Leser, dass ich es im familiären Umfeld als AfD-Politiker nicht unbedingt leicht hatte. Zentrale Bedeutung kommt meiner Mutter zu, die sich aufrichtig bemühte, meine Beweggründe zu verstehen. Aber nachdem sie der staatlichen Medienbeeinflussung über Zeitung, Funk und Fernsehen täglich ausgesetzt ist, in der meine Partei und ihr eigener Sohn als leibhaftige Teufel dargestellt wurden, war es nicht einfach für sie. Meine Mutter musste als Kind noch die Bombardierung unserer gemeinsamen Geburtsstadt Treuchtlingen in Mittelfranken und die Hungerjahre nach dem Zweiten Weltkrieg erleben. Während ihrer ersten sechs Lebensjahre fehlte der Vater, bis dieser aus französischer Kriegsgefangenschaft zurückkehrte. Deshalb verstehe ich nur zu gut, dass meine Mutter heute vieles nicht hören will, was sie an die damalige, schreckliche Zeit erinnert. Dabei wurden die zunehmenden Ähnlichkeiten zwischen der heutigen und der damaligen Zeit weder von mir, noch von der AfD verursacht, sondern sind offenkundig das Ergebnis des Tuns globaler Akteure und deutscher Regierungspolitiker. Auch darüber lässt sich eine Diskussion nur schwer führen, weil meine Mutter keinen Internetanschluss hat und deshalb die Fakten zu diesem wichtigen Thema nicht kennen kann, die von den staatsnahen Medien natürlich ausgeblendet werden. Während ich das schreibe, schwillt mir der Kamm, mit welcher Bösartigkeit der Staat und seine Helfershelfer Spaltung und Streit in die deutschen Familien hineintragen: Sei es zu Flüchtlingen, Corona, Impfungen, dem aktuellen Krieg in der Ukraine, der

Ausbeutung der Leistungsträger, der zunehmenden Unbezahlbarkeit von Strom, Heizung, Nahrungsmitteln usw. Ich denke, dass keine einzige Familie vom Streit über diese Themen verschont bleibt. Am Ende haben wir uns immer zusammengerauft, liebe Mama, und so wird es auch bleiben. Unsere Familie lässt sich von denen nicht spalten! Froh bin ich, dass meine Kinder anscheinend meine Resilienz gegen Gehirnwäsche geerbt haben und selbstständig geradeaus denken. Was übrigens nicht heißt, dass sie immer meiner Meinung sind. Frei zu denken ist eben keine Einbahnstraße. Das ist als Vater hin und wieder anstrengend, weil vor allem meine Tochter nicht nur mein selbstständiges Denken, sondern auch meinen Dickkopf geerbt hat. Gleichzeitig genieße ich den Diskurs und bin stolz, dass meine Kinder erst selbst recherchieren und anschließend ihre Meinung vertreten.

2021 – Einschätzung meiner Frau nach fast vier Jahren im Bundestag – Meine spontane Schlussfolgerung

Auf meine Frau konnte ich mich immer zu 100 % verlassen, sowohl beim Einzug in als auch beim Auszug aus dem Deutschen Bundestag. Aufgrund der permanent laufenden Intrigen war ich, wie jeder andere Politiker jeder Partei auch, gezwungen täglich am Ball zu bleiben, wer gerade an meinem Stuhl sägte oder an wessen Stuhl ich sägen könnte. Dazu muss man auch noch spät nachts telefonieren, um ja nichts Wichtiges zu verpassen. Jeden Tag, sieben Tage die Woche, 365 Tage im Jahr, ohne ein Wochenende zum Ausspannen. Im Vergleich dazu empfinde ich Unternehmenssanierungen in der Wirtschaft als bezahlten Urlaub. Sie können sich vorstellen, wie sich dieser Dauerstress auf das Nervensystem von Politikern auswirkt. Irgendwann 2021 sagte meine Frau zu mir: „Jetzt reicht es aber, wegen jeder Kleinigkeit fährst Du aus der Haut. Du solltest Dir Beruhigungspillen verschreiben lassen und ein

Familienleben haben wir auch nicht mehr." Erinnern Sie sich daran, wie die Parlamentsärztin andeutete, den Abgeordnetenjunkies kofferweise Tabletten verschreiben zu müssen, damit die durchhalten zu können? Würde ich auch so enden?

Als mir meine Frau das sagte, lautete meine spontane Schlussfolgerung: „Das ist mir der ganze Affenzirkus nicht wert". Und ich handelte entsprechend.

Bis Juni 2021 – Letztes Aufbäumen nur noch aus sportlichen Gründen

Während meiner Arbeit im Bundestag gab es immer wieder Momente, in denen ich innerlich kündigte, wie in jedem anderen Job auch. Aber natürlich raffte ich mich immer wieder auf und machte weiter, das war ich meinen Wählern schuldig. Im Sommer 2019 wurde mir aufgrund der Ereignisse um Tom Rohrböck, William Toel und das servile „Sich-an-die-Kette-legen-lassen" der AfD klar, dass ich gegen zu starke Hintergrundkräfte ankämpfen musste. Seitdem hatte ich mich darauf vorbereitet, nach einer Legislaturperiode wieder aus der Politik auszusteigen. Ab Sommer 2019 konzentrierte ich mich auf diejenigen Aktivitäten, mit denen ich noch einmal richtig Wirkung für die Menschen in Deutschland erzielen konnte, bevor es vorbei sein würde. Freude hatte ich an meiner undankbaren Tätigkeit immer weniger. Insofern rannte meine Frau mit ihrer Bemerkung, dass es Wichtigeres als die Politik gäbe, bei mir offene Türen ein.

Die Frage war nur: Wie kam ich da gesichtswahrend raus?

Als ehemaliger Leistungssportler im Rennrudern kam für mich aufgeben nicht in Frage. Also suchte ich die Entscheidung in der Schlacht. Mein Antreten gegen Corinna Miazga um Platz 2 der bayerischen Landesliste für die Bundestagswahl 2021 wurde nicht nur als Harakiri empfunden, sondern war bewusst so angelegt. Mit einem starken Ergebnis konnte ich ehrenvoll abtreten. Mein zweites und drittes Antreten um die Plätze 7 und 15 bestätigte diesen Effekt. Nicht auszudenken, wenn ich gewonnen hätte, das hätte meine weitere Lebensplanung auf den Kopf gestellt. Das Allerwichtigste: Meine Frau ist wieder zufrieden. Alles gut!

Herbst 2021 – Parteiausschlussverfahren (PAV) gegen mich

Als letzte Amtshandlung vor seiner Abwahl am 17. Oktober 2021 beantragte der bayerische AfD-Landesvorstand um Corinna Miazga beim bayerischen Landesschiedsgericht meinen Parteiausschluss. Ein durchsichtiges Manöver, um mir den endgültigen Garaus zu verpassen. Die drei Anklagepunkte waren mehr oder weniger konstruiert, wobei der zentrale Vorwurf lautete, ich hätte beim Landeswahlleiter die in Greding gewählte Kandidatenliste für die Bundestagswahl 2021 angefochten. Das stimmt definitiv nicht! Ich hatte vielmehr den Landeswahlleiter gefragt, ob ihm bekannt sei, dass der Wahlparteitag gemäß gültiger AfD-Satzung als Mitgliederparteitag hätte stattfinden müssen, aber stattdessen satzungswidrig als Delegiertenparteitag durchgeführt worden war und welche Konsequenzen sich daraus ergeben würden. Als Bürger kann mir auch die Partei nicht verbieten, dem obersten Wahlbeamten meines Bundeslandes eine derartige Fachfrage zu stellen. Ich hatte also das Rechtsstaatsprinzip hochgehalten, auf das sich die AfD so gerne beruft und sollte deshalb aus der Partei geworfen werden! Überdies hatte ich den Landesvorstand über mein Vorgehen informiert und verbindlich hinzugefügt, dass ich selbst **nicht** noch einmal kandidieren würde, sollte der Wahlparteitag wiederholt werden müssen. Der Landeswahlleiter antwortete mir, dass eine derartige Klärung Angelegenheit der parteiinternen Schiedsgerichte sei, damit würde er sich gar nicht befassen. Er sei nur für den Wahlvorgang an sich zuständig und der sei rechtmäßig abgelaufen. Das war's: Ich hatte meine Antwort bekommen, ohne irgendeinen Schaden für die Partei!

Interessanterweise führte der neu gewählte, fast nur aus Patrioten bestehende bayerische Landesvorstand das vom Vorgremium initiierte Parteiausschlussverfahren (PAV) gegen mich weiter. Er hätte den entsprechenden Antrag zurücknehmen können. Da bin ich dann schon sauer, nachdem ich mich über Jahre hinweg schützend vor die neuen bayerischen Landesvorstandsmitglieder gestellt hatte, als diese noch nicht im Vorstand waren und aus der Meuthen-Ecke unter Druck gesetzt wurden.

In diesem Zusammenhang bat ich Björn Höcke um Hilfe, sich mit einer klaren Empfehlung nach Bayern zu wenden: Er rief dort zwar an, aber tat es nicht nachdrücklich. Ähnlich war es ein halbes Jahr zuvor gewesen, als Katrin Ebner-Steiner mir permanent an den Karren fuhr und ich einfach meine Ruhe vor dieser Frau haben wollte. Ich bat Björn damals, seinen informellen Einfluss zu nutzen, sie zurückzupfeifen: Ob er das tat? Ich habe es nicht mitbekommen; ein Effekt war jedenfalls nicht zu spüren.

Nun, ich nehme es, wie es kommt: Vielleicht geschieht ein Wunder und der bayerische Landesvorstand zieht sein PAV gegen mich doch noch kurzfristig zurück. Ich glaube, man sieht dort inzwischen ein, dass der Antrag auf PAV überzogen war. Wenn nicht, wird am 12. November 2022 das bayerische Landesschiedsgericht zusammenkommen, um über meinen Parteiausschluss zu entscheiden, wobei ich eine Ablehnung dieses Antrags aufgrund der an den Haaren herbeigezogenen Begründung erwarte. Aber in unserer Wundertütenpartei, in der Überraschungen immer möglich sind, kann man das nicht genau vorhersagen. Aktualisierung: Zeitgleich mit dem Erscheinen vorliegenden Buches und vor dem Druck der zweiten Auflage wurde parteiintern entschieden, das PAV gegen mich zurückzuziehen, womit ich weiter AfD-Mitglied bin.

Meine Pläne für die Zukunft

Insgesamt geht mein Beruf wieder vor, wie die 23 Jahre vor meiner Abgeordnetentätigkeit auch. Es ist eine schöne Herausforderung als selbstständig tätiger Interim Manager, Unternehmen in den Stürmen des internationalen Umfelds für die Zukunft fit zu machen.

Natürlich kann ich mein politisches Bewusstsein nicht per Knopfdruck abstellen, weshalb ich mich weiter ehrenamtlich engagiere, z.B. in bürgerrechtlichen Internet-Foren und auf der Straße. Sollte mich die AfD rauswerfen – wie sie schon immer ihre Aktivsten und Besten rausgeworfen hat – werde ich in der außerparlamentarischen zivilgesellschaftlichen demokratischen Opposition genug andere Betätigungsfelder finden. Auch im Bereich der Wirtschaft – vor allem im selbstständig tätigen Mittelstand – sehe ich ein enormes Potential, weil die Unternehmer zunehmend realisieren, dass sie von der eigenen Regierung ans Messer geliefert werden. Sollte mich die AfD behalten wollen, werde ich nicht nachtragend sein und mir vielleicht doch überlegen, ob oder wann ich zurückkomme. Aber definitiv nicht mehr als Juniorpartner in der zweiten Reihe! „Schau ma moi." ☺

Nach vier Jahren Dabeisein – Die Mentalität der Bundestagsabgeordneten in meiner Wahrnehmung

Es gibt natürlich Unterschiede zwischen den einzelnen Fraktionen und selbstverständlich zwischen jedem einzelnen Menschen. Die Tendenzen sind aber klar. Beispielsweise ist der glühende Selbsthass der deutschen Selbstvernichtung bei den GRÜNEN stärker ausgeprägt als in der CDU/CSU. Blinde Gefolgschaft zu den USA bis in den deutschen Untergang ist beispielsweise bei der CDU/CSU und F.D.P. stärker ausgeprägt als bei den LINKEN. In der SPD ist von allem etwas dabei. Damit wäre die Alternative für Deutschland wirklich die einzige im Deutschen Bundestag vertretene Partei, die sich kraftvoll für deutsche Interessen einsetzen könnte, wenn sie denn selbstbestimmt handeln könnte.

Für ihre loyale Haltung zum eigenen Land und seinen Bürgern werden AfD-Bundestagsabgeordnete beharrlich unter der Gürtellinie angegriffen. Daraus ergibt sich die Frage, wie es insgesamt bei den Bundestagsabgeordneten um die Loyalität zum eigenen Land und seinen Bürgern bestellt ist.

Bei den Bundestagsreden der anderen Fraktionen steht zumeist im Vordergrund, die ganze Welt um uns herum retten zu wollen. Dass dies nur um den Preis der deutschen Selbstaufgabe möglich ist, verstehen sie nicht einmal, so sehr sind sie von ihrer Weltrettungsideologie beseelt. Die Abgeordneten der anderen Bundestagsfraktionen zerstören die seelische und materielle Leistungskraft der Deutschen derart nachhaltig, dass von unserer weltweit traditionell hoch geschätzten Hilfsbereitschaft nicht mehr viel übrigen bleiben kann. Wer stattdessen das Wohl des eigenen Landes und seiner Bürger an die erste Stelle stellt, was nur die AfD tut, wird von den anderen als „Nazi" verunglimpft. Spätestens hier muss ich mir an den Kopf greifen: Ein deutscher Bundestagsabgeordneter ist ausschließlich dazu da, das Wohl seines eigenen Landes an die erste Stelle zu stellen, und wer das nicht tut, ist im deutschen Parlament fehl am Platz. So hat auch jeder französische, nigerianische oder Abgeordnete aus Timbuktu an erster Stelle dafür zu sorgen, dass es seinem eigenen Land gut geht. Erst dann, wenn diese Hauptaufgabe erfüllt ist, kann man sich mit Wohltätigkeiten für andere Nationen beschäftigen. Dieses Verständnis von Normalität ist bei den Bundestagsabgeordneten außerhalb der AfD völlig abhandengekommen. In ihrem Wahn, alle Bedrängten und Bedrückten dieser Welt nach Deutschland zu holen, zerstören sie unsere Wirtschaft und damit zugleich unseren Sozialstaat und im Endeffekt den gesamtgesellschaftlichen Zusammenhalt. Ebenso schädlich ist der immerwährende Schuldkult als alles umfassende BRD-Ersatzreligion, womit neben der materiellen auch die seelische Basis Deutschlands zerstört wird. Aus einer krank gemachten deutschen Seele heraus kann keine aufrichtige Hilfe für andere Völker erwachsen. Das funktioniert dann nur aufgesetzt und durch materiellen Zwang, unter politischer Veruntreuung deutscher Steuergelder für fremde Zwecke. Da ist sie wieder: Die abgrundtiefe Heuchelei als Staatsraison, worauf sich die Bundestagsabgeordneten der CDU/CSU, F.D.P., SPD, GRÜNEN und LINKEN spezialisiert haben. Die AfD müsste hier wesentlich stärker gegenhalten, wenn man sie denn von außen ließe. Zusätzlich müssten dies die AfD-Führungskräfte innerhalb der Partei auch wollen und können.

2022

2022: Lösungsansätze – Ausgangslage

Um uns herum brodelt die Welt. Das Weltfinanzsystem steht wieder einmal am Abgrund, zerbrechlicher als je zuvor. Die staatlichen Strukturen wenden sich zunehmend gegen die eigenen Bürger oder lösen sich auf. In Europa herrscht der erste große Krieg seit 1945.

Der sich abzeichnende wirtschaftliche und gesellschaftliche Kollaps Deutschlands wird das politische System womöglich in einer Schnelligkeit und mit Konsequenzen verändern, die sich noch wenige vorstellen können. Aktuell ist unser Land so wenig souverän wie das letzte Mal 1648 nach dem Dreißigjähren Krieg, als ebenfalls vom Ausland aus bestimmt wurde, wo es bei uns langgeht: Deutschland wieder einmal als machtlose Mitte Europas.

Es ist überfällig, konstruktive Lösungsansätze zu entwickeln, wie unser Land, seine Menschen und seine Wirtschaft aus dieser höchst bedrohlichen Lage mit möglichst wenig Verlusten herauskommen können. Die sogenannte deutsche Politik verweigert sich dem nicht nur, sondern wirkt an vorderster Front aktiv daran mit, ihr eigenes Land, seine Menschen und seine Wirtschaft kaputt zu machen. Wenn es die eigentlich dafür zuständigen Politiker nicht tun wollen, dann entwickle eben ich erste Lösungsansätze.

In vorliegendem Abschlusskapitel stelle ich solche Lösungsansätze vor. Sie sollen in die richtige Richtung weisen und zur Ausarbeitung im Detail anregen. Im Anschluss freue ich mich auf eine angeregte Diskussion und hoffe auf weitergehende Verbesserungsvorschläge mit dem Ziel, gemeinsam mit Ihnen, werte Leser und Vertreter der Zivilgesellschaft, den Anstoß zu geben, damit endlich umsetzungsreife Lösungen für Deutschland entstehen. Die Diskussion setzen wir dann über die sozialen Medien fort.

Meine Lösungsansätze sind nicht aus der Luft gegriffen, sondern entstanden auf der Basis meiner Erfahrungen in der Politik. So, wie ich es im Bundestag selbst beziehungsweise davor und danach erlebt habe. In diesem persönlichen Erlebnisstil ist, wie Sie gesehen haben, das vorliegende Buch insgesamt verfasst. In der Politik musste ich von Grund auf neu erlernen, wie meine Partei und unser Land von innen heraus funktionieren. Werte Leser, es ist mein Anliegen, Ihnen diese Innensicht aus erster Hand zu vermitteln. Weil es so, wie es an die Öffentlichkeit kommt, meistens nicht stimmt.

Jede Diskussion sollte nach klaren Regeln erfolgen. Ich wende die Regeln des „herrschaftsfreien Diskurses" an, welche der linke Philosoph Jürgen Habermas aufgestellt hat, ohne sich selbst – vor allem im Falle von als „rechts" empfundenen Gegenreden – daran zu halten. Aber die Regeln an sich sind sinnvoll, die wesentlichen habe ich hier zusammengefasst:

- Damit Argumente gelten, sind diese idealerweise verständlich, richtig, wahr und wahrhaftig.

- Es kann endlos darüber gestritten werden, was „wahr" ist. Deshalb ist „wahrhaftig" ein weiteres, wichtiges Kriterium. Wahrhaftigkeit zeichnet die innere Haltung des Argumentierenden aus, dass er nach der Wahrheit strebt. Wahrhaftigkeit ist also keine Eigenschaft einer Aussage, ob sie richtig oder falsch ist, sondern bringt das Streben des Argumentierenden zum Ausdruck, dass er nach der Wahrheit anstelle der Falschheit sucht.

- Die Teilnehmer nehmen am „herrschaftsfreien Diskurs" auf der Grundlage von Prinzipien teil, die für alle gleich gelten: Gleichheit der Teilnehmer, kein Ausschluss von Teilen des Publikums, authentische Gefühle und die Anerkennung, dass alle Themen und Meinungen diskussionswürdig sind.

Anwendung des „herrschaftsfreien Diskurses" auf den § 130 StGB

Vor allem der letzte Punkt wird in Deutschland von den Einschränkungen der „Politischen Korrektheit" massiv verletzt und immer enger ausgelegt, im Sinne von „... das darf man doch nicht sagen ...!" Im Einleitungskapitel hatte ich Ihnen versprochen, dass ich mich von den Zumutungen der „Politischen Korrektheit" nicht einschränken lasse. Also bringe ich als Erstes in den „herrschaftsfreien Diskurs" ein, wie mit dem § 130 StGB als der zentralen Verbotsvorschrift meiner Meinung nach umzugehen sei. Was ist das für ein Paragraph des Strafgesetzbuches und was steht in ihm drin? Der § 130 StGB ist die zentrale Verbotsvorschrift, welche die grundgesetzlich garantierte Meinungsfreiheit nach Artikel 5 Grundgesetz par excellence aushebelt.

Vor seiner neuesten Verschärfung im Oktober 2022 lautete der Gesetzestext, wie folgt:

Strafgesetzbuch (StGB)

§ 130 Volksverhetzung

(1) Wer in einer Weise, die geeignet ist, den öffentlichen Frieden zu stören,

1. gegen eine nationale, rassische, religiöse oder durch ihre ethnische Herkunft bestimmte Gruppe, gegen Teile der Bevölkerung oder gegen einen Einzelnen wegen seiner Zugehörigkeit zu einer vorbezeichneten Gruppe oder zu einem Teil der Bevölkerung zum Hass aufstachelt, zu Gewalt- oder Willkürmaßnahmen auffordert oder

2. die Menschenwürde anderer dadurch angreift, dass er eine vorbezeichnete Gruppe, Teile der Bevölkerung oder einen Einzelnen wegen seiner Zugehörigkeit zu einer vorbezeichneten Gruppe oder zu einem Teil der Bevölkerung beschimpft, böswillig verächtlich macht oder verleumdet,

wird mit Freiheitsstrafe von drei Monaten bis zu fünf Jahren bestraft.

(2) Mit Freiheitsstrafe bis zu drei Jahren oder mit Geldstrafe wird bestraft, wer

1. einen Inhalt (§ 11 Absatz 3) verbreitet oder der Öffentlichkeit zugänglich macht oder einer Person unter achtzehn Jahren einen Inhalt (§ 11 Absatz 3) anbietet, überlässt oder zugänglich macht, der

a) zum Hass gegen eine in Absatz 1 Nummer 1 bezeichnete Gruppe, gegen Teile der Bevölkerung oder gegen einen Einzelnen wegen seiner Zugehörigkeit zu einer in Absatz 1 Nummer 1 bezeichneten Gruppe oder zu einem Teil der Bevölkerung aufstachelt,

b) zu Gewalt- oder Willkürmaßnahmen gegen in Buchstabe a genannte Personen oder Personenmehrheiten auffordert oder

c) die Menschenwürde von in Buchstabe a genannten Personen oder Personenmehrheiten dadurch angreift, dass diese beschimpft, böswillig verächtlich gemacht oder verleumdet werden oder

2. einen in Nummer 1 Buchstabe a bis c bezeichneten Inhalt (§ 11 Absatz 3) herstellt, bezieht, liefert, vorrätig hält, anbietet, bewirbt oder es unternimmt, diesen ein- oder auszuführen, um ihn im Sinne der Nummer 1 zu verwenden oder einer anderen Person eine solche Verwendung zu ermöglichen.

(3) Mit Freiheitsstrafe bis zu fünf Jahren oder mit Geldstrafe wird bestraft, wer eine unter der Herrschaft des Nationalsozialismus begangene Handlung der in § 6 Abs. 1 des Völkerstrafgesetzbuches bezeichneten Art in einer Weise, die geeignet ist, den öffentlichen Frieden zu stören, öffentlich oder in einer Versammlung billigt, leugnet oder verharmlost.

(4) Mit Freiheitsstrafe bis zu drei Jahren oder mit Geldstrafe wird bestraft, wer öffentlich oder in einer Versammlung den öffentlichen Frieden in einer die Würde der Opfer verletzenden Weise dadurch stört, dass er die nationalsozialistische Gewalt- und Willkürherrschaft billigt, verherrlicht oder rechtfertigt.

(5) Absatz 2 gilt auch für einen in den Absätzen 3 oder 4 bezeichneten Inhalt (§ 11 Absatz 3).

(6) In den Fällen des Absatzes 2 Nummer 1, auch in Verbindung mit Absatz 5, ist der Versuch strafbar.

(7) In den Fällen des Absatzes 2, auch in Verbindung mit den Absätzen 5 und 6, sowie in den Fällen der Absätze 3 und 4 gilt § 86 Absatz 4 entsprechend.

Quelle: https://www.gesetze-im-internet.de/stgb/__130.html

Es handelt sich beim § 130 Strafgesetzbuch um den allseits bekannten „Volksverhetzungsparagraphen". Dessen Definitionen sind derart offen gehalten und derart schwammig, dass dem staatlichen Missbrauch Tür und Tor geöffnet ist, jegliche missliebige Meinungsäußerungen von Bürgern zu kriminalisieren und sie mit Geldstrafen zu belegen oder gar ins Gefängnis zu werfen. Vor allem aber ist eine generelle Einschüchterungswirkung festzustellen, die so viele Menschen davon abhält ihre wirkliche Meinung zu sagen; dies könnte ja strafrechtlich gefährlich sein! Derartige Einschüchterungswirkungen dürfte es in einer Demokratie eigentlich nicht geben oder die Demokratie funktioniert nicht.

Beispiele gefällig?

Nehmen wir § 130, Absatz (1), Punkt 2.: *die Menschenwürde anderer dadurch angreift, dass er eine vorbezeichnete Gruppe, Teile der Bevölkerung oder einen Einzelnen wegen seiner Zugehörigkeit zu einer vorbezeichneten Gruppe oder zu einem Teil der Bevölkerung beschimpft, böswillig verächtlich macht oder verleumdet,*

Wer also die statistisch festgestellte Tatsache öffentlich gutheißen würde, dass Algerier oder Kosovoalbaner wesentlich krimineller als Deutsche seien, stünde schon mit einem Bein im Gefängnis. Hier der Beleg dazu, eine Tabelle mit Erläuterungen aus dem Jahr 2017 „als man das wohl noch sagen durfte".

Tabelle 2: Vergleich von Ländern deren Kriminalrate 2016 höher bzw. niedriger war als der Durchschnitt der Nichtdeutschen. Der Anteil Einbürgerungen ist bzgl. der Bevölkerung am 31.12.2011.

Ländergruppe	Bevölkerung			Kriminalrate		Enbürgerungen		Asylanträge	
(aus Tabelle 1)	31.12.2011	31.12.2016	Zuwachs	2012	2016	2012-2016	Anteil	2012-2016	Anteil
1. **Höhere** Kriminalrate (Algerien bis Kosovo)	1,243,525	3,277,685	164%	11.7%	11.5%	179,131	14.4%	1,343,045	88.9%
· davon EU Länder (RO, BG, LV, LT)	299,125	876,045	192%	15.5%	10.0%	25,553	8.5%	270	0.0%
· davon Nicht-EU Länder	944,400	2,401,640	154%	10.4%	12.1%	153,578	16.3%	1,342,775	88.9%
2. **Niedrigere** Kriminalrate (Polen bis Japan)	3,647,934	4,238,570	16%	4.9%	4.2%	235,983	6.5%	57,355	3.8%
3. Alle übrigen Länder (nicht in Tabelle 2)	2,039,437	2,522,825	23.7%	5.0%	3.6%	135,709	6.7%	111,060	7.3%

Quellen: Importierte Kriminalität – neue Fakten zur Ausländerkriminalität in Deutschland, Von Jochen Renz, 5. August 2017. Damit zusammenhängende Publikation am 4. Juli 2017 über den Blog Tichys Einblick

https://www.tichyseinblick.de/gastbeitrag/wenig-bekannte-fakten-zur-auslaenderkriminalitaet-in-deutschland/

Erläuterungen zur o.g. Tabelle 2 laut Renz: Mitte Juni veröffentlichte ich einen Artikel zur Ausländerkriminalität in Deutschland, der die Polizeiliche Kriminalstatistik von 2016 in Bezug setzte zur aktuellen Bevölkerungsstatistik 2015. Der Artikel, der auch auf Tichys Einblick erschien, legte dar, wie hoch der Prozentsatz von Nichtdeutschen verschiedener Nationalitäten war, die im Jahr 2016 Tatverdächtige waren. Dieser Prozentsatz wurde als die "Kriminalrate" bezeichnet. Wenn sich also zum Beispiel 10.000 Staatsbürger eines bestimmten Landes am 31.12.2015 in Deutschland aufhielten und es im Jahr 2016 aus diesem Land 1.000 Tatverdächtige gab (ohne Verstöße gegen Einreise-, Aufenthalts-, und Asylgesetze), so ist die Kriminalrate dieses Landes 10%. Während 1.91% aller Deutschen im Jahr 2016 einer Straftat verdächtigt wurden, erstreckte sich die Kriminalrate bei Nichtdeutschen von weniger als 0.5% für Japaner bis über 50% bei Algeriern und Staatsangehörigen von Guinea-Bissau. Im Schnitt liegt die Kriminalrate Nichtdeutscher bei 6.77%.

Gehen wir im „herrschaftsfreien Diskurs" weiter voran. Wer also seinen Kopf nicht nur dazu benutzt einen Hut aufzusetzen, sondern selbst nachdenkt, erkennt wahrscheinlich von selbst Parallelen mit Diktaturen aus der Vergangenheit, die zeigen, wie in der heutigen BRD die freie Meinungsäußerung unterdrückt wird. Aber diese Parallelen darf man nicht immer äußern. Schauen wir uns den Absatz (3) des § 130 StGB an; Vergleiche mit einer bestimmten Diktatur sind verboten: *Mit Freiheitsstrafe bis zu fünf Jahren oder mit Geldstrafe wird bestraft, wer eine unter der Herrschaft des Nationalsozialismus begangene Handlung der in § 6 Abs. 1 des Völkerstrafgesetzbuches bezeichneten Art in einer Weise, die geeignet ist, den öffentlichen Frieden zu stören, öffentlich oder in einer Versammlung billigt, leugnet oder verharmlost.*

Wer also öffentlich behaupten würde, dass die Ungeimpften im heutigen Deutschland mit ähnlichen Mechanismen aus der Gesellschaft ausgegrenzt und diskriminiert würden, wie eine religiöse Minderheit im früheren Deutschland **zu Beginn** dieser Diktatur, würde auch wieder mit einem Bein im Gefängnis stehen. Deshalb steht so ein Szenario hier rein hypothetisch formuliert. 1933 hat aber noch niemand wissen können, wie furchtbar das später enden würde, was mit der Ausgrenzung und Diskriminierung einer Bevölkerungsgruppe begann. Heute kann auch noch niemand wissen, wie hoffentlich nicht furchtbar oder vielleicht doch furchtbar enden könnte, was mit der Ausgrenzung und Diskriminierung der Ungeimpften 2021 begann. „Wehret den Anfängen!" so hat man es mir in unserer Gesellschaft beigebracht, bezogen auf derartige Ereignisse. Ich tue genau das, was die BRD-Gesellschaft von mir erwartet und finde es auch persönlich richtig, heute den Anfängen zu wehren, damit sich später niemand herausreden kann, er „hätte von nichts gewusst."

Es erscheint unglaublich, aber läuft so ab, dass logische Schlussfolgerungen selbst denkender Bürger als „Leugnung" oder „Verharmlosung" geschichtlicher Ereignisse uminterpretiert werden, um diejenigen belangen zu können, welche ihr Recht auf Meinungsfreiheit ausüben. Es werden also nicht diejenigen Politiker angeklagt, die derartige Ähnlichkeiten mit damals durch ihre heutigen Handlungen selbst herbeigeführt haben, sondern Menschen, die das erkennen und sich darüber zu Recht beschweren. Anstelle der Verursacher werden also die Überbringer der schlechten Nachrichten bestraft. Dieses verquere Weltbild der Staatsmacht halte ich für schlimmer als in der letzten Bananenrepublik. Oder sind Vergleiche der BRD mit Bananenrepubliken auch schon verboten? Was bedeuten eigentlich die Buchstaben BR...?

Aber (noch) gibt es eine Möglichkeit, den „herrschaftsfreien Diskurs" in dieser Angelegenheit weiterzuführen, ohne in einem BRD-Knast zu landen. Es gab ja in Deutschlands Vergangenheit auch noch die andere Diktatur, diejenige in der DDR, und (noch) ist es nicht verboten, wenigstens mit dieser Diktatur Vergleiche zu ziehen. Schauen Sie sich den Art. 6 der ursprünglichen DDR-Verfassung an, den berüchtigten Artikel zur „Boykotthetze“:

Verfassung der DDR vom 07.10.1949, Artikel 6

Alle Bürger sind vor dem Gesetz gleichberechtigt. Boykotthetze gegen demokratische Einrichtungen und Organisationen, Mordhetze gegen demokratische Politiker, Bekundung von Glaubens-, Rassen-, Völkerhass, militaristische Propaganda sowie Kriegshetze und alle sonstigen Handlungen, die sich gegen die Gleichberechtigung richten, sind Verbrechen im Sinne des Strafgesetzbuches. Ausübung demokratischer Rechte im Sinne der Verfassung sind keine Boykotthetze. Wer wegen Begehung dieser Verbrechen bestraft ist, kann weder im öffentlichen Dienst noch in leitenden Stellen im wirtschaftlichen und kulturellen Leben tätig sein. Er verliert das Recht, zu wählen und gewählt zu werden.

Quelle: http://www.verfassungen.de/ddr/verf49.htm

Dieser Verfassungsartikel wurde später durch den § 106 im Strafgesetzbuch der DDR abgelöst, der dann auf einmal „Staatsfeindliche Hetze“ hieß; andere Form, ähnlicher Inhalt:

(1) Wer mit dem Ziel, die sozialistische Staats- oder Gesellschaftsordnung der Deutschen Demokratischen Republik zu schädigen oder gegen sie aufzuwiegeln,

1. Schriften, Gegenstände oder Symbole, die die staatlichen, politischen, ökonomischen oder anderen gesellschaftlichen Verhältnisse der Deutschen Demokratischen Republik diskriminieren, einführt, herstellt, verbreitet oder anbringt;
2. Verbrechen gegen den Staat androht oder dazu auffordert, Widerstand gegen die sozialistische Staats- oder Gesellschaftsordnung der Deutschen Demokratischen Republik zu leisten;

3. Repräsentanten oder andere Bürger der Deutschen Demokratischen Republik oder die Tätigkeit staatlicher oder gesellschaftlicher Organe und Einrichtungen diskriminiert;
4. den Faschismus oder Militarismus verherrlicht, wird mit Freiheitsstrafe von einem Jahr bis zu fünf Jahren bestraft.

(2) Wer zur Durchführung des Verbrechens Publikationsorgane oder Einrichtungen benutzt, die einen Kampf gegen die Deutsche Demokratische Republik führen, oder das Verbrechen im Auftrage derartiger Einrichtungen oder planmäßig durchführt, wird mit Freiheitsstrafe von zwei bis zu zehn Jahren bestraft.

(3) Im Fall des Absatzes 1 Ziffer 3 ist der Versuch, in allen anderen Fällen sind Vorbereitung und Versuch strafbar.

Quelle: http://www.verfassungen.de/ddr/strafgesetzbuch74.htm

Und jetzt, werte Leser, machen Sie sich den Spaß und lesen Sie sich oben noch einmal die Bestimmungen aus dem § 130 des Strafgesetzbuches der BRD mit dem Titel „Volksverhetzung" durch. Anschließend vergleichen Sie den Inhalt und vor allem die Schwammigkeit der Begriffe mit den ähnlichen Regeln der DDR-„Boykotthetze", bzw. DDR-„Staatsfeindlichen Hetze". Ist der Groschen schon gefallen? Als ob das noch nicht genug wäre, wurde im Oktober 2022 ein neuer Absatz 5 in den § 130 des Strafgesetzbuches der BRD eingefügt, gemäß dem zusätzlich bestraft wird, wer die öffentlichen Verlautbarungen zu Kriegsverbrechen bestreitet. Wenn also – rein hypothetisch – im russisch-ukrainischen Krieg die ukrainische Seite eventuell ein Kriegsverbrechen begangen oder inszeniert haben sollte, aber die deutsche Regierung und Medien die Verschwörungserzählung verbreiten würden, die Russen seien es angeblich gewesen, würden diejenigen Bürger als Verbrecher behandelt, die gegen eine solche Verdrehung der Wahrheit aufstehen. Herzlich willkommen in der DDR 2.0 oder zeigt der Gesetzgeber doch noch Einsicht und löscht den unsäglichen § 130 endlich aus dem deutschen Strafgesetzbuch?

Hat es jetzt endlich geklingelt? Die BRD bezeichnet die DDR zu Recht als Diktatur, aber sie leistet sich frappierend ähnliche Regeln zur Aushöhlung der Meinungsfreiheit und zum Einbuchten von Bürgern, welche die Klappe nicht halten, als politische Häftlinge. Worin besteht in dieser Hinsicht dann noch ein Unterschied zwischen dieser früheren Diktatur und unserer heutigen Demokratie?

Lösungsansätze für die AfD

Die Alternative für Deutschland wäre eigentlich dafür prädestiniert, als parlamentarische Speerspitze die überfällige Sanierung unseres Landes voranzutreiben, wozu sie stärkste Partei werden müsste. Um stärkste Partei werden zu können, sollte die AfD erst einmal zwei Arten von Fesseln abstreifen: Da sind einerseits die externen Fesseln des aktuellen politischen Systems, das von den politischen Gegnern kontrolliert wird. Andererseits und parallel dazu geht es darum, dass die AfD ihre intern selbst auferlegten Fesseln samt Oppositionsschauspielerei ablegt, um endlich ihr Potential zu entfalten. Zwischen beiden Arten der Fesselung sind Abhängigkeiten zu beobachten, die einer Fernsteuerung von außen durch intern platzierte informelle Mitarbeiter ähneln.

Über sinnbefreite Distanzierungen von Bürgerbewegungen, welche als außerparlamentarischer Arm der natürliche Verbündete der im Parlament agierenden AfD sind, engt die Partei ihren eigenen Wirkungskreis selbst ein. Aber wenn man einmal das Fernsteuerungsphänomen verstanden hat, erscheint das nicht mehr als dummer Fehler, sondern als cleverer Schachzug zum Kleinhalten der eigenen Möglichkeiten.

Die inzwischen fest zementierte AfD-Führungsstruktur, abgesichert über das Delegiertensystem, lässt eine derartige Neuausrichtung nicht zu, weshalb zu überlegen wäre, nochmals einen Antrag auf Mitgliederentscheid zur Abschaffung des Delegiertensystems durchzuführen. Diesmal sollte der Mitgliederentscheid die notwenigen 20% Ja-Stimmen erbringen, weil die Unzufriedenheit in der Mitgliedschaft darüber deutlich zugenommen hat, wie sich anscheinend immer mehr AfD-Abgeordnete in warmen Parlamentssesseln eingerichtet und mit dem politischen System arrangiert haben, das Deutschland gerade gegen die Wand fährt. Mit dem kompletten Austausch der AfD-Führungskader könnte dann auch die Partei neu ausgerichtet werden und endlich die dringend überfälligen Sanierungsarbeiten für Deutschland in die Hand nehmen.

Lösungsansätze für Deutschland - Innerhalb des bestehenden politischen Systems

Die politischen und medialen BRD-Strukturen sind nicht an sich das Problem. Ob Strukturen dem Guten oder dem Bösen dienen, hängt von den Menschen ab, welche diese Strukturen bedienen. Sie würden funktionieren, wenn sie von Menschen bedient würden, die ihr eigenes Land, seine Bürger und seine Geschichte mit allen Höhen und Tiefen lieben. Leider sind im weitesten die politischen und medialen BRD-Strukturen – zusätzlich die Führungspositionen von vielen Großunternehmen – nach 1945 von den angelsächsischen Weltkriegssiegern mit willfährigem Personal besetzt worden, das im Auftrag der Sieger dem eigenen Land, Deutschland, seinen Menschen und seiner Wirtschaft massiv schadet. Kontrolliert wird das über die moralische Erpressung aller nach dem Krieg geborenen Deutschen durch den immerwährenden Schuldkult, der vielen Menschen schon lange zum Halse heraushängt. Ein abschreckendes Beispiel lieferte der ehemalige Bundespräsident Joachim Gauck, der am 13. Juli 2022 in der ZDF-Sendung „Markus Lanz" wortwörtlich sagte:

„Ich schäme mich sozusagen ein Deutscher zu sein, obwohl ich nichts verbrochen hatte ... ich hasse und verachte das Land!"

Mit dieser Aussage bezog sich Gauck auf seine Erfahrungen als Jugendlicher im Nachkriegsdeutschland, obwohl er während des Interviews in der Gegenwartsform spricht. Er gibt hier also seine damalige jugendliche Einstellung wieder. Damit sei ihm der historische Kontext seiner Aussage wohlwollend zugestanden.

Quelle: https://www.juedische-allgemeine.de/politik/aus-dem-kontext-gerissen-joachim-gauck-und-sein-verhaeltnis-zu-deutschland/

Aus dem Kontext gerissen ist hier trotzdem nichts. Wer als 15- oder 20-Jähriger mit derart viel Selbsthass über sein eigenes Land herzog wie Gauck, änderte seine psychologische Grundhaltung höchstwahrscheinlich auch 50 Jahre später nicht mehr, als er Bundespräsident wurde. Dafür ist in diesen Lebensaltern der Charakter schon zu festgelegt. Dem ehemaligen Landesvorsitzenden der AfD-Brandenburg, Andreas Kalbitz, wurde auch Jahrzehnte später noch vorgeworfen, dass er ein vielleicht rechtsextremes Jugendlager besucht hatte, ohne dass man ihm die Gnade der Meinungswandlung zugestanden hätte. Dann tue ich das beim „Bundes-Gauckler" auch nicht: Gleiches Recht für alle!

Derart verächtlich spricht also der ehemalige Bundespräsident über sein eigenes Land in der Öffentlichkeit! Das sagt doch viel darüber aus, wie seelisch krank unser Land gemacht worden ist. Dann soll doch der Herr Gauck auf die üppige Pension verzichten, für die gehasste und verachtete deutsche Steuerzahler schuften müssen. Das wäre wenigstens konsequent.

Besonders fatal wirkt sich die totale Unterwanderung der politischen und medialen BRD-Strukturen durch die sogenannten 68er aus, welche positive menschliche Werte durch ihre Pervertierungen ersetzt haben. Wieder mal ein abschreckendes Beispiel gefällig?

- Mit Steuergeldern bezahlt betreibt das Bundesfamilienministerium ein „Regenbogenportal für Kinder in leichter Sprache", auf denen „Pubertätsblocker" angepriesen werden, mit denen Kinder per Tabletteneingriff ihre biologische Entwicklung aufhalten können, bis ihnen klar geworden sei, ob sie lieber Männlein oder Weiblein werden wollen. Hormone und Operationen zum „Geschlechts-Teile-verändern" werden ebenfalls beworben. Ich halte das für Anstiftung zu schwerster Körperverletzung inklusive irreparabler Auslöschung der Seelen Jugendlicher, denen das von staatlicher Seite geradezu eingeredet wird.

Quelle: https://www.regenbogenportal.de/leichte-sprache/jung-und-trans-geschlechtlich

Insgesamt läuft in den westlichen Gesellschaften weltweit spätestens seit 1968 ein Krieg gegen menschliche Werte, wobei positive Begriffe ins Negative und negative Begriffe ins Positive pervertiert werden. Die zersetzende Wirkung der sogenannten „Frankfurter Schule", d.h. von Kulturmarxisten, wurde von den angelsächsischen Kriegssiegern in der BRD bereits 1945 angelegt, kam aber erst nach 1968 richtig zum Ausbruch. Die furchtbaren Folgen für unsere Gesellschaft und auch Wirtschaft erreichen aktuell ihren Höhepunkt. In der Rückschau sollten wir Deutschen dankbar sein, dass wenigstens die DDR diesem Zersetzungswerk an Werten entzogen war und somit heute als Keimzelle für einen Neuaufbau unseres gesamten Landes nach menschlichen Idealen dienen kann. Aus dem gleichen Grund stehen heute alle Staaten Osteuropas – seien es Ungarn, Polen, die Slowakei und natürlich Russland – geschlossen hinter der Verteidigung traditioneller Werte, ungeachtet riesiger geopolitischer Differenzen untereinander. Hier ein paar Beispiele über bekannte Begriffsverdrehungen zwischen positiv und negativ, welche uns die Kulturmarxisten eingebrockt haben:

Demokraten oder Patrioten werden als Nazis verunglimpft und selbst denkende Menschen als Verfassungsfeinde, wogegen totalitär agierende Antifaschisten mit dem Heiligenschein angeblicher Superdemokraten versehen werden. Wer auf wissenschaftlicher Basis zu der

Erkenntnis kommt, dass sich das Klima schon immer gewandelt hat, bevor es Menschen gab, steht auf einmal als Hetzer da, der einen vorgeblich menschengemachten Klimawandel leugnen würde. Intoleranz und Ausgrenzung gehen von denjenigen aus, die das anderen vorwerfen.

Als Folge der seit Jahrzehnten in den westlichen Staaten ablaufenden Wertedekadenz werden Kinder gegen ihre Eltern aufgehetzt, die Kriegsleiden der Groß- und Urgroßeltern in den Schmutz gezogen, familiäre und religiöse Werte insgesamt verächtlich gemacht. Leistungsbereitschaft, der Motor jeder Entwicklung, ist ebenfalls zum Abschuss freigegeben. In der Folge wird jeder harmonische, gesellschaftliche Zusammenhalt zerstört, was wohl das Ziel ist. Erst wenn die traditionellen menschlichen Werte vernichtet sind, können die Kulturmarxisten ihren alten Traum verwirklichen, auf den Trümmern vernichteter menschlicher Werte ihre verabscheuungswürdige Diktatur zu vollenden. Weit davon entfernt sind wir nicht mehr und die demokratischen Regierungen des Westens sind üble Handlager dieses gesamtgesellschaftlichen Umsturzes geworden.

Sollten sich die die notwendigen gesellschaftlichen und politischen Bereinigungen, um die Werte des Lebens wieder vom Kopf auf die Füße zu stellen, im Rahmen des bestehenden politischen Systems durchführen lassen, wäre es natürlich am besten. Wenn das aber nicht funktioniert, muss es gemäß der Leitlinie des „herrschaftsfreien Diskurses" zulässig sein, ergebnisoffen darüber zu diskutieren, ob bzw. wie ein anderes neues politisches System diese Reparaturen besser bewerkstelligen könnte. Viel Zeit haben wir nicht mehr.

Lösungsansätze für Deutschland – Reformierung des politischen Systems: Grundlagen

Alle Lösungsansätze, die ab jetzt bis zum Ende dieses Kapitels und Buches als Denkbeispiele vorgeschlagen werden, erfolgen ausschließlich nach den Regeln des „herrschaftsfreien Diskurses", weshalb ich diese nochmals in Erinnerung rufe:

- Damit Argumente gelten, sind diese idealerweise verständlich, richtig, wahr und wahrhaftig.
- Es kann endlos darüber gestritten werden, was „wahr" ist. Deshalb ist „wahrhaftig" ein weiteres, wichtiges Kriterium. Wahrhaftigkeit zeichnet die innere Haltung des Argumentierenden aus, dass er nach der Wahrheit strebt. Wahrhaftigkeit ist also keine Eigenschaft einer Aussage, ob sie richtig oder falsch ist, sondern bringt das Streben des Argumentierenden zum Ausdruck, dass er nach der Wahrheit anstelle der Falschheit sucht.
- Die Teilnehmer nehmen am „herrschaftsfreien Diskurs" auf Grundlage von Prinzipien teil, die für alle gleich gelten: Gleichheit der Teilnehmer, kein Ausschluss von Teilen des Publikums, authentische Gefühle, Anerkennung, dass alle Themen und Meinungen diskussionswürdig sind.

Wichtige Schlussfolgerungen

- Alle Themen und Meinungen sind diskussionswürdig, **alle, d.h. ohne Denk- und Sprechverbote**
- Es handelt sich um **Denkbeispiele**, die ich zur Diskussion **vorschlage**. Ich fordere also nichts, sondern schlage lediglich vor, den Kopf nicht nur zum Hutaufsetzen, sondern auch zum Denken zu verwenden.

- Damit ist eindeutig geklärt, dass ich **nicht** zu einem wie auch immer gearteten Umsturz aufrufe.
- Zudem beziehe ich mich bei den Diskussionsregeln des „herrschaftsfreien Diskurses" auf den linken Philosophen Jürgen Habermas, der es damit an die Spitze aller Philosophen im BRD-System geschafft hat. **Ich argumentiere also nach den eigenen philosophischen Regeln des Systems**.
- **Sollte ich trotzdem verfolgt oder verhaftet werden,** würden das einige Leute mitbekommen, weil ich nicht ganz unbekannt bin, und erkennen, wie es um die Meinungsfreiheit in der vermeintlichen BRD-Demokratie steht.

Ein politisches System ist nie ein Selbstzweck an sich, sondern hat dem Zweck zu dienen, den ihm anvertrauten Menschen ein möglichst freies, auskömmliches und sicheres Leben zu ermöglichen. Diese Zweckbindung eines politischen Systems an seine Bürger funktioniert zumindest dann, wenn Werte der Humanität als Maßstab herangezogen werden. Humanität bedeutet „Menschlichkeit". Es ist eine Geisteshaltung, welche die Würde des Menschen achtet. Ein humaner Mensch strebt ein Leben ohne Gewalt an, in dem jeder seine Meinung frei äußern darf. Er ist traditionellen Werten verbunden und verhält sich loyal gegenüber seiner Familie, seinen Vorfahren, seinem Land, dessen Geschichte, Sprache, Kultur, Gesellschaft und Wirtschaft. Mit dieser Haltung wurde der humane Mensch zum Feindbild für die Kulturmarxisten, die genau diese Werte zerstören. Wenn nun ein politisches System seine eigenen Bürger ans Messer liefert, anstatt deren Freiheit, Wohlstand und Sicherheit zu verteidigen, muss es zulässig sein, das politische System durch Reformen so weit zu verändern, bis es diesen ursprünglichen Zweck wieder erfüllen kann.

Aktuell sehen wir in Deutschland, wie nicht nur die ehemals menschlichen Werte unserer Gesellschaft durch den Kulturmarxismus zerstört worden sind. Über die laufende Selbstzerstörung der deutschen Wirtschaft werden unseren Bürgern jetzt auch die materiellen Lebensgrundlagen entzogen: Arbeitsplätze verschwinden, Lebensmittel werden unglaublich teuer bzw. die Heizung unbezahlbar usw. Dieses Zerstörungswerk wird nun interessanterweise von sogenannten deutschen Politikern vollzogen – Sie erinnern sich, werte Leser, an deren Befehlsempfängerstatus für die globalen Finanzgangster – weshalb es vielleicht sogar notwendig werden könnte, insgesamt über ein neues politisches System nachzudenken, welches die drei Kernaufgaben Freiheit, Wohlstand, Sicherheit für die ihm anvertrauten Bürger wieder erfüllen kann: Streng ausgerichtet an den Prinzipien der Menschlichkeit.

Aktuell ist auch zu beobachten, wie sich die Repräsentanten des BRD-Systems nicht nur der offenen Diskussion über längst überfällige Reformen unseres Staatswesens verweigern, sondern sich mit aller Gewalt an ihre Macht klammern und ebenso rücksichtslos aufrechte Bürger politisch verfolgen, welche diese offene Diskussion einfordern. Die notwendigen tiefgreifenden Reformen könnten innerhalb des bestehenden politischen Systems durchgeführt werden. Beispielsweise könnten sogenannte Runde Tische zum Einsatz kommen, wie wir sie aus der Endphase der DDR kennen, in denen sich Bürgerrechtler und Politiker gegenübersitzen und die Machtverteilung zwischen Bürgern und Staatsorganen neu verhandeln. Derartige Reformen wären mir innerhalb des Systems deshalb am liebsten, weil hierbei kein Blut vergossen wird. Wenn aber die Repräsentanten des BRD-Systems unbelehrbar so weitermachen wie bisher, sehe ich Volkssaufstände, Bürgerkrieg und Blutvergießen auf uns zukommen. Das könnte in einen nicht mehr kontrollierbaren Prozess münden und dabei unberechenbar machen, welches neues politisches System am Ende herauskommt. Sicher ist dann nur, dass die heutigen BRD-Repräsentanten so einen revolutionären Prozess durch ihre Reformunfähigkeit selbst verursacht und im neuen System nichts mehr zu sagen hätten. Vielleicht motivieren diese Aussichten die etablierten deutschen Politiker ja doch noch, das Ruder sofort herumzureißen und jetzt und heute mit evolutionären politischen Reformen des BRD-Systems zu beginnen, bevor es zu spät ist. Michail Gorbatschow hat für die Sowjetunion vorgemacht, wie tiefgreifende Reformen aus dem Staatsapparat selbst kommen können, wenn er es endlich begriffen hat. Wo bleibt der deutsche Michail Gorbatschow?

Lösungsansätze für Deutschland – Erneute Reform des Staatsangehörigkeitsrechts

Das erste, was konkret zu reformieren wäre, ist das deutsche Staatsangehörigkeitsrecht und die darauf fußende Rechtsprechung, inklusive der verfehlten Auslegungen durch das Bundesverfassungsgericht. Warum ist das so wichtig? Weil mit der fundamentalen Änderung des Staatsangehörigkeitsrechtes im Jahre 2000 – nach dem Empfinden vieler Deutscher von einem Recht in ein Unrecht – eine unüberbrückbare Kluft zwischen dem historisch gewachsenen deutschen Staatsvolk und der aktuellen deutschen Staatsgewalt künstlich geschaffen wurde, die dringend wieder zu schließen ist.

Jeder Staat ist ein soziales Gebilde, das aus drei miteinander verbundenen Elementen besteht: Dem Staatsvolk (die einzelnen Menschen, die historisch zusammengehörig das Volk ergeben), dem Staatsgebiet (das Territorium, auf dem das Staatsvolk lebt) und der Staatsgewalt (welche auf dem Staatsgebiet über das Staatsvolk herrscht). Die Kernfrage lautet, welches dieser drei Elemente zuerst da war: Das Staatsvolk, das Staatsgebiet oder die Staatsgewalt? Entstand nach dem Untergang des Römischen Reiches – als wir Deutsche aus vorwiegend germanischen, aber auch aus keltischen und slawischen Stämmen zu einem Volk zusammenwuchsen – zuerst das deutsche Staatsvolk oder war die deutsche Staatsgewalt vorher schon da? Gab es also vor 1.500 Jahren schon eine Staatsgewalt namens Bundesrepublik Deutschland, welche unter ihrer Herrschaft das deutsche Staatsvolk zuerst einmal bilden musste?

Oder lief die Entwicklung andersherum, dass zuerst wir Deutsche als Volk da waren und sich erst anschließend, über 1.500 Jahre hinweg, auf unseren wechselnden Staatsgebieten wechselnde Staatsgewalten bildeten, von denen die Bundesrepublik Deutschland die aktuellste ist?

Die Antwort ist eindeutig und empirisch belegt: Von den drei miteinander verbundenen Elementen, welche einen Staat ausmachen, war immer das Staatsvolk zuerst da; Staatsgebiet und Staatsgewalt entstanden daraus in der Folge. Wichtig dabei: Die Volkszugehörigkeit ergibt sich primär aus der biologischen Abstammung von eigenen Vorfahren plus die ethnische Prägung durch diese eigenen Vorfahren, sekundär ergänzt durch die Integration vereinzelter Zuwanderer. Diese Rangfolge von primär und sekundär ist historisch gewachsen und stellt somit die Wirklichkeit dar.

Diese Erkenntnis gilt für alle durch das Abstammungsprinzip historisch gewachsenen Völker und damit für fast alle Völker dieser Erde, wie auch für uns, für uns Deutsche. Es gibt Ausnahmen von dieser Regel, aber diese betreffen nur Länder, die fast ausschließlich durch das Verschmelzen von Zuwanderern entstanden sind, wie beispielsweise die klassischen Einwanderungsländer USA, Australien, Brasilien oder Chile. Die hier genannten Staatsbildungen über Zuwanderung fanden alle auf dem Rücken der einheimischen Ursprungsbevölkerungen statt, die rücksichtslos verdrängt wurden. Entsprechend der völlig unterschiedlichen geschichtlichen Hintergründe und Entwicklungen gibt es also zu jedem Volk das passende Staatsangehörigkeitsrecht. Das zu uns Deutschen passende Staatsangehörigkeitsrecht über Abstammung und Ethnie wurde uns im Jahre 2000 durch einen realitätsverweigernden Bundestagsbeschluss weggenommen. Es wurde durch ein durch die Betroffenen nicht legitimiertes Staatsangehörigkeitsrecht ersetzt, welches auf dem Territorium Deutschlands die Schaffung eines neuen Volkes über Verschmelzungen vorantreibt, zu Lasten dieser Betroffenen, die schon länger hier leben.

Ausgehend von der Änderung des Staatsangehörigkeitsrechts im Jahre 2000, nach der nicht mehr die Abstammung bzw. Ethnie das maßgebliche Recht auf die deutsche Staatsangehörigkeit darstellt, definierte das Bundesverfassungsgericht den bis dahin positiv besetzten ethnischen Volksbegriff ins Negative um und stellte ihn dem Rassismus gleich. Seitdem werden ganz normale Deutsche, die sich für den Erhalt ihres historisch gewachsenen Volkes und damit auch für restriktive Einbürgerungen von Zuwanderern einsetzen, als böse „Verfassungsfeinde" bezeichnet und politisch verfolgt.

Wem das zu abstrakt klingt, stelle sich einfach vor, dass ein Kind eindeutig von seinen Eltern abstammt aber das Bundesverfassungsgericht auf einmal behauptet, es könnte auch von sonst wem abstammen. Zusätzlich befiehlt das Bundesverfassungsgericht dem Kind weitere unbekannte Kinder, die erkennbar nicht zur Familie gehören, wie leibliche Brüder und Schwestern lieben zu müssen und mit seinen Spielsachen spielen zu lassen. Wenn sich das Kind dagegen wehrt, wird es vom Bundesverfassungsgericht als Rassist bezeichnet und vom Verfassungsschutz politisch verfolgt. Ist so verständlicher geworden, wie das Bundesverfassungsgesetz die Wirklichkeit auf den Kopf gestellt hat? Nachzulesen im Leitsatz 9a und den Randnotizen 640, 635, 654, 763 im Urteil zum 2. NPD-Verbotsverfahren unter dem Aktenzeichen – 2 BvB 1/13 –

Quelle: https://www.bundesverfassungsgericht.de/SharedDocs/Entscheidungen/DE/2017/01/bs20170117_2bvb000113.html

Im Umkehrschluss soll kein „Verfassungsfeind" sein, wer für die unbegrenzte Einwanderung der Menschheit nach Deutschland mit anschließendem Einbürgerungsanspruch eintritt. Hier haben der Gesetzgeber und das Bundesverfassungsgericht meines Erachtens folgende rote Linien unentschuldbar überschritten:

1. Alle Bundesregierungen und Deutsche müssten dann von 1949 bis 2000 böse Rechtsextremisten und Verfassungsfeinde gewesen sein, weil sie sich nach der bis dahin gültigen

Rechtslage, dass Deutschland kein Einwanderungsland war, für den ethnischen Erhalt des deutschen Volkes eingesetzt hatten. Konrad Adenauer, Ludwig Erhard, Hans-Georg Kiesinger, Willy Brandt, Helmut Schmidt, Helmut Kohl und Gerhard Schröder – die Bundeskanzler in diesem Zeitabschnitt – wären nach dieser Unlogik 51 Jahre lang rechtsextreme Anführer eines 80 Millionen Menschen umfassenden, verfassungsfeindlichen Packs gewesen. Originalton Helmut Schmidt: „Weder aus Frankreich noch aus England, noch aus Deutschland dürfen Sie Einwanderungsländer machen. Das ertragen die Gesellschaften nicht. Dann entartet die Gesellschaft“ (Frankfurter Rundschau vom 12.09.1992)

Quelle: https://links-enttarnt.de/helmut-schmidt-auslaenderfeindlich

2. Als das Bundesverfassungsgericht die Wirklichkeit auf den Kopf stellte, orientierte es sich an Ideen von Staatsrechtslehrern, die besagten, dass real existierende Kriterien wie Abstammung und Ethnie nunmehr als Verstoß gegen die Menschenwürde einzustufen seien. Begreifen die gesetzgebenden Politiker und Verfassungsakrobaten eigentlich, gegen was sie sich hier legislativ und judikativ vergangen haben? Es wäre dann unter anderem die Frage zu stellen, ob nach den Grundsätzen dieser Entscheidung des Bundesverfassungsgerichts das Staatsangehörigkeitsrecht Israels auch als Verstoß gegen die Menschenwürde angesehen werden müsste, weil dessen Rückkehrgesetz ebenfalls abstammungsbezogen ist.

   Quelle: https://de.wikipedia.org/wiki/R%C3%BCckkehrgesetz

3. Das BRD-System zeigt tatsächlich die Chuzpe, sich selbst über das Volk zu stellen, aus dem es ursprünglich erwachsen ist, um dann in totalitärer Manier das ursprüngliche Volk unter sich durch Massenzuwanderung auszutauschen und neu zusammenzubasteln. Dies erinnert an die Aussage des

> Schriftstellers Bertold Brecht: „Das Volk hat das Vertrauen der Regierung verscherzt. Wäre es da nicht doch einfacher, die Regierung löste das Volk auf und wählte ein anderes?"

Das BRD-System handelt hier gegenüber seinem eigenen Volk wie Eltern, die ihre leiblichen und aufmüpfigen Kinder prügeln, auf den Strich schicken, dann verstoßen und letztendlich gegen Adoptivkinder austauschen, die sich vermeintlich leichter manipulieren lassen.

Die Lösung ist einfach und klar: Die Änderung des deutschen Staatsangehörigkeitsrechts im Jahre 2000 war ein fataler Irrweg. Die Rechtslage aus der Zeit davor ist wieder in Kraft zu setzen.

Lösungsansätze für Deutschland – Reformierung des politischen Systems: Mehrere Varianten

Sicherheitshalber erinnere ich daran, dass wir uns weiterhin im „herrschaftsfreien Diskurs" bewegen, in dem alle Meinungen und Themen offen diskutiert werden dürfen, ohne Denkverbote oder Strafen.

Ich stelle nun mehrere Varianten vor, welche Erweiterungen bzw. Änderungen unseres politischen Systems den demokratischen Gedanken der Volkssouveränität besser zur Geltung bringen könnten. Das sind keine fertig durchformulierten Lösungen, weil dann mein Buch mehrere Tausend Seiten umfassen müsste, die kein Mensch mehr liest. Ziel ist, über gedankliche Anregungen Diskussionen in der Zivilgesellschaft anzustoßen, die dann selbstständig diese Lösungsansätze zu detaillierten Lösungsvorschlägen weiterentwickelt.

Das Grundübel aller Regierungsformen besteht darin, dass sich Oligarchien bilden, die ihre egoistischen Interessen gegen die Interessen und auf Kosten der ihnen anvertrauten Bürger mehr oder weniger menschenverachtend durchsetzen. Die repräsentative Demokratie als Staatsform ist ein ehrenwerter Versuch gewesen, dieses Problem in den

Griff zu bekommen, der aber daran scheiterte / scheitern musste, dass politische Parteien als zentrale Akteure handeln, die wiederum selbst Oligarchien bilden. Über die Penetrierung der Parteienoligarchien durch demokratisch nicht legitimierte aber extrem mächtige Akteure, wie die globalen Finanzgangster, wurde die Wirkungsweise der repräsentativen Demokratie sogar gegen ihren ursprünglichen Zweck umgedreht, wonach die Volkssouveränität durch den politischen Prozess zu verwirklichen sei.

Im Lichte dieser Erkenntnisse muss jeder Reformvorschlag für ein besseres Regierungssystem – im Sinne der demokratischen Willensbildung durch das Volk von unten nach oben unter Einhaltung ethischer Standards – nach Lösungsmöglichkeiten suchen, die Bildung von Oligarchien möglichst zu erschweren und ihre Funktionsmöglichkeiten stark einzuschränken. Die Entstehung von Oligarchien ist nicht zu verhindern, da bin ich Realist genug, aber ihnen möglichst viele Schwierigkeiten bereiten kann man schon. Welche Varianten fallen mir ein, um Oligarchien möglichst einflusslos zu halten?

a. Rotationsprinzip zwischen verschiedenen Oligarchien: Regelmäßiger Austausch sich gegenseitig neutralisierender Oligarchien, damit sich keine dauerhaft festsetzen kann. Insofern war das Rotationsprinzip der GRÜNEN-Partei in ihrer Anfangszeit richtig gewesen, wurde aber nicht durchgehalten. Durch eine Grundgesetzänderung – falls das BRD-System reformiert werden und weiter bestehen kann – müsste das Rotationsprinzip für alle staatlichen Funktionen zwingend eingeführt und unter die Ewigkeitsgarantie des Grundgesetzes gemäß Art 79, Absatz 3 gestellt werden, damit es nicht von einer späteren, mächtigen Oligarchie wieder aufgehoben werden kann. Teil dieses regelmäßigen Austausches müsste auch sein, dass jedes politische Amt nur einmal im Leben für eine Legislaturperiode ausgeübt werden darf. Gegner werden argumentieren, dass damit alle vier Jahre erworbenes Wissen verloren gehen würde. Erstens wäre das der Preis für eine größere Sauberkeit des politischen Systems und zweitens könnte man darüber nachdenken, dass politische Ämter nur von denjenigen bekleidet werden dürfen, die in anderen Gesellschaftsbereichen eine vergleichbare Lebensleistung vorweisen können. Damit würde erworbenes Wissen nicht verloren gehen, sondern nur zwischen den verschiedenen Bereichen – wie Wirtschaft und Politik – hin- und herwandern. Z.B. kann dann auch kein Parteisoldat mehr, der in seinem Leben noch nie gearbeitet hat, Minister werden. Eine sehr sinnvolle Regel, wie ich finde, um die Qualität der politischen Entscheidungsfindung in Deutschland signifikant anzuheben. Analog sollte die Politikerhaftung eingeführt werden, wie auch Geschäftsführer in der Wirtschaft für die Folgen ihres Handelns persönlich haften müssen. Schwerpunktmäßig halten wir in Bezug auf Variante a fest: Verpflichtendes Rotationsprinzip zu allen politischen Ämtern unter Nutzung rivalisierender Oligarchien, die sich damit gegenseitig einigermaßen neutralisieren.

b. Mandatsträger und Delegierte per Losverfahren: Sollte das BRD-System reformiert werden können und weiter bestehen, würden auch die politischen Parteien weiter bestehen. Wie wir weiter oben gesehen haben, sind gerade die politischen Parteien in der parlamentarischen Demokratie das Einfallstor für Korruption und Fremdbestimmung, weil deren Repräsentanten massiven Beeinflussungen von außen unterliegen.

   Das ist ein Konstruktionsfehler des Systems. Diesen Konstruktionsfehler könnte man ziemlich gut ausgleichen, indem sehr viele Mandatsträger bzw. Delegierte für eine

Legislaturperiode gewählt werden, aber vor jeder einzelnen Abstimmung über jede konkrete Frage nur ein kleiner Teil davon per Zufallsgenerator sehr kurzfristig ausgewählt wird. Dann wissen die externen Einflussnehmer vorher nicht, wer bei der nächsten Entscheidung dabei sein wird und bei wem sie ansetzen können. Schon bei den alten Griechen war das Losverfahren nach Aristoteles das eigentliche demokratische Verfahren gewesen. Insofern würde ein Systemumbau in diese Richtung unsere Demokratie zu seinen demokratischen Urwurzeln zurückbringen.

c. Randomisierte Delegiertenparteitage als denkbare Variante der Basisdemokratie, aber immer noch innerhalb des Systems verschiedener politischer Parteien:

Demokratische Wahlverfahren müssen technisch folgende vier Anforderungen erfüllen:

- Repräsentativität der Wahlen
- Nachvollziehbarkeit, dass die eigene Stimme gezählt wurde
- Manipulationen werden ausgeschlossen
- Anonymität kann gewährleistet werden

Der Vorschlag der randomisierten Delegiertenparteitage besteht aus drei Hauptelementen, um die o.g. vier Anforderungen zu erfüllen:

- aus einer elektronischen Abstimmung durch alle Wähler, bei der die Abstimmungsgeräte und der Zentralrechner zwar direkt miteinander verbunden sind, nicht jedoch mit dem Internet, um Manipulationen durch externe Hacker zu verhindern.

- aus der Vorbereitung zufällig ausgewählter Stichproben für die analoge Kontrollabstimmung mit Stift und Papier, deren Teilnehmeranzahl groß genug sein muss, um repräsentativ zu sein
- aus einer analogen Abstimmung der Stichprobengruppe mit Papier und Stift als Kontrolle, direkt im Anschluss an die digitale Abstimmung. Wenn es keine signifikanten Abweichungen zur vorausgegangenen elektronischen Abstimmung gibt, gilt diese als manipulationsfrei durchgeführt.

Diese überlegenswerte Variante eines mir persönlich nicht bekannten Herrn Herbert Huber fand ich auf der Webseite der politischen Partei dieBASIS, die sich, wie ich auch, der Idee der Basisdemokratie verschrieben hat.

Quelle: https://diebasis-forum.de/thread-4127.html

d. Reine Basisdemokratie ohne politische Parteien: In o.g. Variante c. geht Herbert Huber davon aus, dass bei digitalen Abstimmungen über das Internet, von zuhause vom Computer oder unterwegs vom Smartphone aus, folgende Probleme nicht gelöst seien: Der Wähler könne nicht nachvollziehen, ob seine Stimme tatsächlich gezählt wurde, und das Wahlgeheimnis sei nicht gewährleistet; Nachvollziehbarkeit, Anonymität und Unmanipulierbarkeit gleichzeitig seien also bei digitalen Abstimmungen über das Internet noch nicht gelöst.

Herr Huber weiß noch nicht, dass ein Softwareentwickler ein Tool entwickelt hat, mit dem dieses Problem doch gelöst ist, an dem bisher alle anderen Experten gescheitert waren: Nachvollziehbare, trotzdem anonyme und unmanipulierbare digitale Abstimmungen über das Internet zu gewährleisten, das funktioniert! Im Jahr 2019 stellte mir der

Softwareentwickler sein Tool in einer Bildschirmpräsentation vor. Wir sprachen damals über die konkrete Anwendung auf Mitgliederparteitage in der AfD, aber es ist ebenso für Volksabstimmungen auf Länder- und Bundesebene skalierbar. Aus Angst vor Repressalien tritt der Softwareentwickler unter dem Pseudonym „Fritz Frost" auf. Schauen Sie es sich gerne an.

Quelle: https://www.youtube.com/watch?v=xSYxOIKcNE8

Technisch ist damit erstmals in der Geschichte machbar, dass jeder Bürger basisdemokratisch politische Entscheidungen direkt treffen kann, ohne den Umweg über manipulierbare Repräsentanten von politischen Parteien gehen zu müssen. Damit würden die politischen Parteien und ihre Einflüsterer aus dem Hintergrund überflüssig. Parlamente würden durch das Überflüssigwerden der politischen Parteien ebenfalls überflüssig, weil niemand mehr in ihnen sitzen würde. Allerdings erfüllen Parlamente weitere wichtige Funktionen über die Plenardebatten hinaus, wie z.B. die Erarbeitung und Formulierung abstimmungsreifer Gesetztestexte aus eingegangenen Gesetzesinitiativen, welche dann in anderer Form abgebildet werden müssten.

Warum ist denn eigentlich die parlamentarische Demokratie entstanden? Weil es früher aus Gründen der Entfernung technisch nicht möglich war, dass jeder Bürger direkt an politischen Entscheidungen teilnehmen konnte. Zumindest nicht in einem politischen Gebilde, das die geographische Größe einer antiken griechischen Stadt überschritt. Die Repräsentanten in der parlamentarischen Demokratie waren also nur eine Notlösung, solange direkte Abstimmungen per Internet technisch nicht möglich waren, weil der Bauer von seinem Dorf in den Bergen nicht zeitgleich an einer Abstimmung in der Hauptstadt teilnehmen konnte. Aus diesem Grund wurden

Repräsentanten, d.h. Abgeordnete, als Notlösung zwischengeschaltet und zum Abstimmen in die Hauptstadt entsandt. Das geht aber jetzt alles im digitalen Zeitalter und Abgeordnete werden insofern nicht mehr gebraucht, weil alle Bürger in Echtzeit direkt abstimmen können, zum ersten Mal in der Menschheitsgeschichte. Damit wäre es an der Zeit, die heilige Kuh der veralteten parlamentarischen, repräsentativen Demokratie auf den Prüfstand der Moderne zu stellen: Unter der verpflichtenden Bedingung, dass ein neues politisches System den demokratischen Gedanken durch Basisdemokratie weitaus besser zur Geltung bringen muss als das alte.

Wie oben schon erwähnt, müssen auch in einer Basisdemokratie ohne Parteien notwendige politische Prozesse abgebildet werden, damit diese funktionieren kann. Wie z.B. der genannte Prozess, aus Gesetzesinitiativen abstimmungsreife Vorlagen zu machen. An die Stelle althergebrachter Abgeordneter, Parteien und Parlamente tritt dann etwas Neues. Dieses Neue sollte von Null an entworfen und entwickelt werden, was die einmalige Chance bietet, von Anfang an knallharte Check-and-Balance-Systeme einzubauen, damit dieses Neue von Oligarchien nicht derart unterwandert werden kann, wie das, was wir jetzt haben.

Ich möchte anregen, nicht länger in Institutionen, wie z.B. einem Parlament zu denken, sondern in Funktionen. Nehmen wir wieder das Beispiel, dass aus vielen eingegangenen Gesetzesinitiativen wenige Gesetzesvorschläge formuliert werden müssen, über die mit Ja/Nein von den Bürgern direkt abgestimmt werden kann. Braucht man dazu ein Haus mit Wänden, das Parlament genannt wird? Oder kann diese Funktion vielleicht auch eine künstliche Intelligenz anhand von objektiven Algorithmen erfüllen, ganz ohne Wände und manipulierende Menschen?

Nächster Punkt. Bisher wurden solche Funktionen von staatlichen Institutionen übernommen, die ihre jeweilige Funktion exklusiv ausführten, kein anderer durfte das. Daraus erwuchsen die bekannten Phänomene wie Ineffizienz, Korruption und Fernsteuerung von außen. Wie wäre es damit, auf dem Markt eine Ausschreibung zu platzieren, welcher private Dienstleister aus dem Wust eingegangener Gesetzesinitiativen am besten abstimmungsreife Gesetzesvorschläge kreiert? Es entsteht ein Wettbewerb um die beste Leistung und wenn genug private Dienstleister an der Ausschreibung teilnehmen, werden Absprachen schwierig, womit wiederum Korruption und Fernsteuerung unter Kontrolle gehalten werden können.

Weitere Fragen zum Thema, wie die Funktionen des politischen Prozesses in einer Basisdemokratie ohne politische Parteien abbildbar wären, könnten lauten:

- Nach welchen Mechanismen kann jeder Bürger Gesetzesinitiativen einbringen?
- Nach welchen Algorithmen wird objektiv berechnet, dass die einen Gesetzesinitiativen zur Abstimmung gestellt werden und die anderen nicht?
- Wie werden die Fragen vor Abstimmungen so formuliert, dass sie offen und nicht manipulativ gestellt werden?
- usw.

Werte Leser. Ich habe auf diese Fragen auch noch keine fertigen Antworten, aber ich möchte Ihre Kreativität anregen, Gedankenfesseln der Vergangenheit abzustreifen und Demokratie völlig neu zu denken. Lassen Sie Ihrer Phantasie freien Lauf, welche Fragen noch gestellt werden müssen und wie sie beantwortet werden können, bis ein besseres, demokratischeres politisches System als das heutige ausgearbeitet ist: Als Basisdemokratie durch direkte Entscheidungen jedes einzelnen Bürgers, anstelle des von Fernsteuerung und Korruption zerfressenen Umwegs über Abgeordnete, politische Parteien oder Parlamente. Hiermit wollte ich einen Denkanstoß dazu geben, entsprechend der Regeln des „herrschaftsfreien Diskurses."

Die Frage der Souveränität Deutschlands

Um kein anderes Thema wird ein derartiger Eiertanz betrieben wie um die Frage, ob das heutige Deutschland ein souveräner Staat sei, oder nicht. Die Frage lässt sich sowohl auf der faktischen als auch auf der formalen Ebene leicht beantworten, wenn man den Mut dazu aufbringt.

Faktische Ebene

Können deutsche Politiker faktisch so handeln, dass sie deutsche Interessen gerade dann durchsetzen, wenn ausländische Interessen entgegenstehen? Die Antwort hängt davon ab, welche ausländischen Interessen entgegenstehen und wie viel Verhandlungsmacht hinter diesen ausländischen Interessen steht. Wenn der Zwergstaat Guinea-Bissau etwas gegen Deutschland durchsetzen möchte, wird er wahrscheinlich Schwierigkeiten haben, dies zu erreichen. In diesem Verhältnis würde ich die Souveränität Deutschlands bejahen. Wie sieht es dagegen aus, wenn Deutschland etwas gegen die Vereinigten Staaten von Amerika durchsetzen möchte? Erwecken deutsche Bundeskanzler seit 1949 etwa nicht den Anschein, über den Atlantik reisen zu müssen, um sich dort Befehle abzuholen? Den Zweiten Weltkrieg haben die Amerikaner gewonnen und wir verloren. Verloren haben den Krieg zwar auch die

Nazis, aber vor allem wir Deutsche, was man daran sieht, wie wir von den Amerikanern heute noch behandelt werden, nämlich wie Besiegte und nicht wie Befreite. Deutschland wurde damals von amerikanischen Truppen besetzt, die bis heute in unserem Land stehen. Vom besetzten Standort Ramstein in Rheinland-Pfalz aus koordinieren die USA militärisch ihre völkerrechtswidrigen Angriffskriege in Teilen der Welt, ohne dass irgendeine Bundesregierung dagegen etwas tun kann oder will. Oder haben Sie schon einmal die Forderung aus Berlin gehört, Washington wegen seiner permanenten Angriffskriege mit Wirtschaftssanktionen zu belegen und aus der Völkergemeinschaft auszuschließen? Der ehemalige US-Präsident Barack Obama gab in Ramstein im Juni 2009 seinen bekannten Spruch zum Besten „Germany is an occupied country and it will stay that way". Auf Deutsch: „Deutschland ist ein besetztes Land und das wird so bleiben." Ex-Bundesfinanzminister und Ex-Bundestagspräsident Wolfgang Schäuble sagte im November 2011 vor dem European Banking Congress „und wir in Deutschland sind seit dem 8. Mai 1945 zu keinem Zeitpunkt mehr voll souverän gewesen."

Quelle: Heiner Kappel, „Kapiert's endlich!", Geldkrieg statt Weltkrieg, Gerhard Hess Verlag, 1. Auflage 2012

Aber wir brauchen nicht einmal auf Aussagen bekannter Staatsgrößen zurückgreifen, es reicht doch schon, sich die faktischen Handlungen anzusehen. Bundeskanzler Scholz ließ sich von US-Präsident Biden vor den Kameras der Weltöffentlichkeit verbieten, die Nord-Stream-2-Gasleitung anzuschalten, zum riesigen wirtschaftlichen Schaden Deutschlands. Die Nord-Stream-1- und Nord-Stream-2-Gasleitungen wurden gesprengt, wobei die Bundesregierung gar keine echten Ermittlungen gegenüber den USA - inklusive deren Schoßhunden Großbritannien und Polen - unternimmt, welche die überzeugendsten Motive für diesen kriegerischen Akt gegenüber Deutschland und Russland haben. Die USA waren schon immer Meister darin, die Drecksarbeit von treuen Verbündeten ausführen zu lassen. Immerhin wurden ein amerikanisches Spionageflugzeug und ein amerikanischer Flottenverband in der Nähe der

Detonationsstelle gesichtet, kurz bevor vielleicht andere auf den Knopf drückten. Aber angeblich soll es Putin gewesen sein, wie immer. Die Russen investierten also erst astronomische Summen in die beiden Pipelines, um dann den Quell eigener Einnahmen selbst unbrauchbar zu machen? Welcher Unsinn wird dem gutgläubigen deutschen Michel hier schon wieder aufgetischt? Ist Putin dann auch daran schuld, dass es im Sommer warm und im Winter kalt ist?

Auf Geheiß der USA zerstört die Bundesregierung über die selbstmörderischen Russlandsanktionen die wirtschaftliche Basis des eigenen Landes. Auf Drängen der NATO, d.h. auch wieder auf Geheiß der USA, liefert die Bundesregierung Waffen an die Ukraine und die Bundeswehr bildet ukrainische Soldaten aus. Damit wird der russisch-ukrainische Krieg unnötig verlängert und täglich müssen hunderte Menschen sterben, Tag für Tag weitere hunderte Unschuldiger. Wer hat diesen Krieg eigentlich verursacht? Ich frage nicht, wer sich derart in die Enge getrieben sah, dass er meinte, den ersten Schuss abgeben zu müssen. Sondern ich frage, wer diesen Krieg verursacht hat, nicht wer ihn auslöste!

Quelle: Netzfund

Wie sehen eigentlich viele Deutsche unser Verhältnis zum „Großen Bruder" in Washington? Das Internet ist voll mit Aussagen zu diesem Thema.

Hier eine in Bildform:

Quelle: Netzfund

Damit ist die Antwort mehr als klar, ob die BRD im Verhältnis zu den USA ein souveräner Staat ist: Nein! Nein! Nein! Ein einziges „nein" reicht nicht aus, um dieses erbärmlich-unterwürfige Verhalten der Berliner Obervasallen gegenüber ihren Kolonialherren in Washington zu beschreiben.

Formale Ebene

Wer sich dafür interessiert, wie sich auf der Ebene völkerrechtlicher Verträge die Lage der deutschen Souveränität seit 1945 bis heute entwickelt hat, dem empfehle ich das Buch von Wolfang Schimank „Ist Deutschland ein souveräner Staat?" Es ist im gleichen Anderwelt-Verlag erscheinen, wie mein vorliegendes Buch „Scheindemokratie".

Quelle: https://www.buecher.de/shop/fachbuecher/ist-deutschland-ein-souveraener-staat/schimank-wolfgang/products_products/detail/prod_id/49240094/

Bezüglich der formalen Ebene der Souveränität Deutschlands hatte ich im Jahre 2019 als Bundestagsabgeordneter einen vielsagenden Schriftverkehr mit dem Wissenschaftlichen Dienst des Deutschen Bundestags (WD). Ich hatte gefragt, in welchen Bereichen auch heute noch in Deutschland Besatzungsrecht gilt. Als Antwort bekam ich, dass das Alliierte Kontrollratsgesetz Nr. 35 weiterhin gelten würde. Das hatte ich vorher schon gewusst, aber so hatte ich meine Frage nicht gestellt. Ich hatte nicht wissen wollen, welches Besatzungsrecht weiterhin unter dem Namen Besatzungsrecht Wirkung entfaltet. Ich hatte die Frage anders gestellt. Ich wollte wissen, wie viel Besatzungsrecht inzwischen in deutsches Recht überführt wurde, womit Siegerrecht unter der falschen Flagge deutschen Rechts weiterhin gegen uns Besiegte wirkt. Hier der Ausschnitt aus meiner Anfrage an den WD:

a) Empfiehlt der Wissenschaftliche Dienst, die deutsche Öffentlichkeit darüber zu informieren, dass nach dem 08. Mai 1945 unmittelbar geltendes, jedoch inzwischen aufgehobenes Besatzungsrecht gemäß **Artikel 4 Zweites Gesetz über die Bereinigung von Bundesrecht im**

Zuständigkeitsbereich des Bundesministeriums der Justiz (2. BMJBGG) vom 23. November 2007 (BGBl. I S. 2614) als in Bundes- oder Landesrecht übergeleitetes [15] Besatzungsrecht weiterhin gemäß der Rechtsordnung für die Bundesrepublik Deutschland rechtswirksam ist?

---

[15] Teile des **Vertrag[es] zur Regelung aus Krieg und Besatzung entstandener Fragen (Überleitungsvertrag) in der gemäß Liste IV zu dem am 23. Oktober 1954 in Paris unterzeichneten Protokoll über die Beendigung des Besatzungsregimes in der Bundesrepublik Deutschland geänderten Fassung (BGBl. II S. 405)** sind bis heute nicht aufgehoben.

b) Ich bitte den Wissenschaftlichen Dienst um Recherche sämtlicher, **früher direkt** wirkender Besatzungsrechtsnormen, die bis heute weiterhin **in Form von in Bundes- oder Landesrecht übergeleitetem Besatzungsrecht** für die Bundesrepublik Deutschland fortgelten und **somit indirekt weiterhin** Rechtswirkung für die Bundesrepublik Deutschland und ihre Staatsangehörigen und/oder Einwohner entfalten.

Die Antwort war vielsagend. Nach viel Bla-Bla folgte der entscheidende Satz: „Eine weitere Befassung ist deshalb nicht möglich." Aha, wohl vor lauter Angst, mir die wahrscheinlich lange Liste bis heute fortwirkenden Besatzungsrechts unter der falschen Flagge deutscher Gesetzte mitzuteilen, zog der WD den Schwanz ein. Liebe Bürger, als Ihr Bundestagsabgeordneter sah ich meine Aufgabe darin, für die Wiederherstellung der Souveränität unseres Landes zu kämpfen und Ihnen derartige Innensichten mitzuteilen. Ich halte es für ein Unding, wie unser Land, Deutschland, 77 Jahre nach Ende des Zweiten Weltkriegs immer noch unten gehalten wird und nicht souverän werden kann, solange Besatzungsrecht, in deutschem Recht versteckt, weiterhin seine Wirkung gegen uns Besetzte entfaltet. Die obersten sogenannten deutschen Politiker müssten es alle wissen, wenn ich schon als kleiner Abgeordneter darauf gestoßen bin, und sie tun nichts dagegen: Erbärmlich!

Geschichtliche Souveränität

Um die staatliche Souveränität wieder erlangen zu können, müssen wir auch die geschichtliche Souveränität wieder erlangen. Anstelle von Auslassungen, Verdrehungen und Lügen der Weltkriegssieger muss in unseren Geschichtsbüchern endlich die Wahrheit stehen. Gründlich recherchierte historische Bücher, wie ich sie Ihnen in einer langen Liste am Ende des Kapitels zum Jahr 2016 aufgelistet habe, müssen endlich zum offenen und ehrlichen Diskurs über die 1930er und 1940er Jahre gehören. Von wem genau stammte denn zum Beispiel das anglo-amerikanische Geld, mit dessen Hilfe Adolf Hitler in einem für Normalsterbliche undurchlässigen Klassenstaat vom Habenichts zum deutschen Kanzler aufsteigen konnte? Wer hatte eigentlich gegen wen als erster die Mobilmachung seiner Armee ausgerufen, bevor 1939 der Zweite Weltkrieg ausbrach: Deutschland gegen Polen oder doch Polen gegen Deutschland? Welche anglo-amerikanischen Strippenzieher brachten damals Polen in ähnlicher Weise gegen Deutschland in Stellung, wie sie es von 2014 bis 2022 wiederholten, als sie die Ukraine zum aggressiven Frontstaat gegen Russland aufbauten?

Wenn Sie daran interessiert sind, werte Leser, bisher geglaubte Märchen durch Fakten ersetzen zu wollen, fangen Sie mit Werken aus o.g. Liste an. Zusätzlich möchte ich Ihnen die Werke von Michael Grandt ans Herz legen. Diese sind hervorragend recherchiert und mit allen möglichen Quellen untermauert.

Reihe: "Adolf Hitler, eine Korrektur – Was Ihnen die Geschichtsbücher verschweigen"

Michael Grandt ist nicht nur geschichtlich bewandert, sondern genauso auf dem Laufenden, was die heutige Misere betrifft.

„Blackout – Mit Rot-Grün in den Energiekollaps"

Grandts Bücher sind über den Kopp-Verlag oder auch über Amazon zu beziehen.

Wirtschaftliche Souveränität

Ohne wirtschaftliche Souveränität kann es auch keine staatliche Souveränität geben. Wer nicht einmal mehr über seine eigenen Großunternehmen entscheiden kann, wird von denjenigen ökonomisch ausgeblutet, die dort entscheiden.

Im Zusammenhang mit einer Weiterentwicklung des politischen Systems, weg von den Zerstörungen des Kulturmarxismus und der Parteienoligarchie, hin zu einer humanen, besseren Demokratie könnte auch eine Weiterentwicklung der Marktwirtschaft in Richtung einer humanen Marktwirtschaft Sinn machen. Mein Verleger Peter Haisenko vom Anderwelt-Verlang hat hierzu interessante Ansätze entwickelt.

„Die Humane Marktwirtschaft" von Peter Haisenko

Das Werk von Peter Haisenko „Die Humane Marktwirtschaft" ist gegründet auf den Prinzipien der Menschlichkeit. Sie hat das Ziel, dass es allen Menschen auf Erden so gut wie möglich geht.

Um das zu erreichen, musste ein neues Konzept für die Wertaufbewahrung geschaffen werden, das verhindert, dass dem Geldumlauf Kapital entzogen wird. So ist es möglich ein System zu schaffen, das Inflation unmöglich macht ebenso wie irrsinnige Kapitalanhäufungen, mit denen Staaten erpresst werden können.

Das System der Humanen Marktwirtschaft kommt ohne Lohnsteuer aus und die Zinserträge aus Krediten gehen nicht mehr an Banken, sondern kommen direkt der Allgemeinheit zugute. So werden die Bürger sofort mehr Geld zur eigenen Verfügung haben. Weil es keine Inflation mehr geben wird, wird die andauernde Reibung durch Tarifverhandlungen überflüssig werden. Die Zukunft ist für jeden somit zuverlässig planbar, inklusive einer Altersvorsorge, über die jeder selbst bestimmen kann. So wird „Die Humane Marktwirtschaft" den Menschen Freiheit schenken in einem Ausmaß, das bislang unvorstellbar ist.

„Die Humane Marktwirtschaft" wird echte Marktwirtschaft wieder herstellen. Sie hat nichts zu tun mit Sozialismus oder ähnlichen Doktrinen. Sie ist ein von Grund auf neu konstruiertes Finanz- und Wirtschaftssystem, das es in seiner umfassenden Vollständigkeit so noch nicht gegeben hat. Weil es übergroße Kapitalmengen verhindert, die Einfluss auf Staatspolitik nehmen konnten, wird die Humane Marktwirtschaft den Demokratien wieder ermöglichen, zu ihren ursprünglichen Zielen und Funktionsweisen zurückzufinden. Sie wird den Gemeinsinn wieder herstellen, denn mit diesem Konzept arbeiten alle zusammen, für den gemeinsamen Wohlstand.

Sie können „Die Humane Marktwirtschaft" in Form eines Buchs erwerben und einsehen bei Ihrem Buchhandel oder direkt beim Verlag hier bestellen:

Quelle: https://anderweltverlag.com/epages/7ebd50b8-862e-4d44-b6b2-7afce366b691.sf/de_DE/?ObjectPath=/Shops/7ebd50b8-862e-4d44-b6b2-7afce366b691/Products/ISBN9783940321138

Ein ausführliches Interview mit dem Autor Peter Haisenko finden Sie unter dieser Adresse: https://odysee.com/@Zivilcourage:4/Plan-B--Die-Humane-Marktwirtschaft:7

Nach Peter Haisenko lasse ich einen weiteren wirtschaftlichen Vordenker zu Wort kommen, den Münchener Unternehmer Hans-Wolff Graf. Bereits zwischen 1978 und 1986 entwickelt Graf alternative Konzepte für die Kernbereiche eines modernen Staatswesens: Miteinander verzahnte Innovationen zu Demokratie, Recht, Steuern, Finanzen, Bildung, Gesundheit und Soziales; also aus einem Guss(!), damit sie in unserer komplexen Gesellschaft funktionieren können. 2012 kamen dann noch Lösungsvorschläge für die Euro- und die weltweite Verschuldungskrise hinzu. Grafs Ideen können auf dessen Webseite vertieft nachgelesen werden. Hier seine Zusammenfassung.

Quelle: http://www.d-perspektive.de/KONZEPTE/

„Alternatives Steuer-, Finanz-, Wirtschafts- und Sozialkonzept" nach Hans-Wolff Graf

Problembeschreibung

„Seit Jahrzehnten werden uns Jahrhundertreformen im Wirtschafts-, Steuer-, Finanz-, Sozial-, Renten-, Gesundheits- und Bildungssystem versprochen – von Politlakaien, die

- in das jeweilige Parteiensystem eingezwungen sind;
- vom Wohlwollen ihrer ideologischen Basis abhängen und
- fachlich wenig bis keine Ahnung haben, von Erfahrung und Wissen ganz zu schweigen.

Der auch in Deutschland herrschende Abklatsch einer sogenannten „Parlamentarischen Demokratie" hat mit dem echten Demokratiegedanken der alten Griechen - eines *Solon, Herakleitos* oder *Perikles* - nicht mehr das Geringste zu tun! Stattdessen werden die Bundestagsabgeordneten nicht per Urnengang vom Volk gewählt, sondern bereits vorher parteiintern ausgekungelt. Nur so erklärt sich die völlige Inkompetenz nahezu aller Politschranzen und Minister sowie deren verblüffende Austauschbarkeit. Es sind bedenken- und skrupellose Erfüllungsgehilfen des politischen Systems. Nicht das Volk regiert, sondern es wird regiert – von diesen Hofschranzen und Nutznießern, die sich wie Parasiten auf Kosten des Wirtes verhalten.

Ein *System* ist auf Wahrung und Bestand erpicht und deshalb beratungs- und veränderungsresistent. Verbissen, rücksichtslos und uneinsichtig für notwendige Veränderungen - und damit verbundene Chancen - kämpft es um Erhalt, Verteidigung und damit verbundene Privilegien seiner Eliten. Dabei läge es im fundamentalen Interesse der vertretenen Bürger - und wäre es oberste Pflicht der herrschenden politischen Klasse! – nach dem Grundprinzip sozialer Gerechtigkeit dafür zu sorgen, dass

- existentiell benötigte Güter jedem Bürger zur Verfügung stehen;
- ein verständliches, transparentes, sozial gerechtes, berechenbares und flexibles Steuersystem den finanziellen und rechtssicheren Rahmen bildet.

Stattdessen hängen wir in einem völlig veralteten, irreparabel verkrusteten und grotesk-widersprüchlichen Dschungel von Verordnungen, Gesetzen und Steuerabzocke fest. Behörden und Ämter, die mit diesem Dschungel fest verquickt sind, rauben unserer ehemals lebensbejahenden Gesellschaft tagtäglich den Atem. Sie ersticken eigene Initiative, Leistungsbereitschaft, persönliche Verantwortungsbereitschaft und freie Lebensgestaltung im Keim. Aber abhängige Bürger sind natürlich leichter zu gängeln, unter Kontrolle zu halten und einzuschränken. Das spielt dem System der parasitären Politeliten ideal in die Karten und sichert ihre Privilegien. Deshalb sind in unserer Parteiendemokratur nicht Fachkompetenz und Verantwortungsbewusstsein gefragt, sondern systemische Linientreue: Egal was es kostet und was dabei zerstört wird.

Lösungsvorschläge

Das gesamte Steuersystem wird radikal vereinfacht, womit nicht einmal mehr eine Steuererklärung abgegeben werden muss, weil es sich von selbst regelt – wie jedes intelligent aufgebaute, sich selbst regulierende System. Alle vorhandenen Steuerarten, Steuervergünstigungen,

Subventionen und Abschreibungsmodelle fallen weg. Vor allem wird nicht mehr die Leistungserbringung kontraproduktiv besteuert – wie aktuell im Fall der Einkommen- und Lohnsteuer, die komplett wegfallen werden – sondern nur noch der Verbrauch. Das reformierte Steueraufkommen besteht nur noch aus zwei Steuern, nämlich aus

A. **einer fünfstufigen Konsumsteuer**:

- Grundnahrungsmittel und Maßnahmen der Alters- und Daseinsvorsorge werden mit 0% besteuert

- Normalgüter des täglichen Lebens (Haushalt, Textilien, Bücher, etc.) mit 20%

- Gehobene Wirtschaftsgüter (Normalgüter in gehobener Ausstattung) mit 40%

- Luxusgüter (Luxuswagen, Luxus- und Zweitwohnungen, Schmuck, Edelmetalle etc.) mit 60%.

- Ergänzend wird eine Sonder-Regulierungs-Steuer (für Güter, die ökologisch und/oder gesundheitsschädlich in Produktion, Verbrauch, Entsorgung sind) mit 100 % eingeführt.

B. **einer vorübergehenden *Besitzsteuer***. Diese dient – übergangsweise – der Bewertung und Besteuerung von Besitztümern (Ländereien, großen Vermögenswerten, Immobilien, Pachten, Patenten, etc.), die sich derzeit in Privatbesitz befinden und nicht durch die *Konsumsteuer* erfasst würden.

Diese *Besitzsteuer* müsste lediglich 1% pro Jahr – mit sinkender Tendenz – betragen, wobei im Gegenzug alle Freibeträge entfielen. Sie soll der Einbindung der bestehenden Besitzverhältnisse in das gesamte Sozialwesen dienen und gewährleisten, dass Kapital oder große Besitzstände nicht über Jahr(zehnt)e hinweg dem Wirtschaftskreislauf entzogen werden. Diese Besitzstände werden durch Verkauf, Schenkung,

Übertragung oder Vererbung nach und nach durch die *Konsumsteuer* erfasst. Folglich kann die Besitzsteuer im Laufe von etwa 30 Jahren sukzessive auf null abgesenkt werden.

Das 1919 von *Matthias Erzberger,* dem damaligen Finanzminister der Weimarer Republik, entwickelte und (mit leichten Varianten) heute in mehr als 150 Staaten grundlegende Steuersystem der Leistungsbesteuerung – durch Einkommen- bzw. Lohnsteuer - war für die Zeit nach dem *‚Ersten Weltkrieg'* für den Staat modern und überlebenswichtig, mussten doch Renten, Kriegsfolgeschäden, Reparationen und die staatliche Fürsorge für Kranke, Alte und sozial Schwache gewährleistet werden. Es fußte auf der *potentiellen Leistungsfähigkeit* der Arbeiter, Angestellten, Beamten und Selbstständigen/Freiberufler. Dieser damals vernünftige Grundgedanke hielt jedoch mit den sich dramatisch verändernden Arbeits- und Einkommensverhältnissen sowie mit der sich verändernden Verteilung der Einzelaggregate des Bruttoinlandsproduktes nicht Schritt. Vielmehr pervertierten Zehntausende von Ergänzungen, Änderungen und Differenzierungen des Steuerrechts jegliche Transparenz und senkten damit die Akzeptanz durch die Bevölkerung. In keinem Land der OECD gibt es (prozentual) so viele öffentlich Bedienstete, so wenige Selbstständige/Freiberufliche und so viel Steuer- und Rechtsvorschriften (und Steuer- sowie Rechtsberater) wie hierzulande. Durch die Abschaffung der Steuern und Sozialabgaben würden aber genau die Produktions- und Dienstleistungskosten inklusive aller Zusatzkosten drastisch gesenkt.

Hierzu zwei Beispiele:

1) *Grundgüter* (Brot, Butter, Milch, Käse, etc.) werden zwar von allen Bürgern in etwa gleicher Menge (wenngleich unterschiedlicher Qualität) konsumiert, sie belasten aber einen Mindererwerbshaushalt prozentual bedeutend mehr als einen Besser- oder Gutverdiener. Eine Null-Besteuerung derartiger Grundgüter wäre also die sozialste Funktion, die ein Steuersystem

aufweisen könnte, wohingegen der Erwerb eines *Luxusgutes* denjenigen mehr belasten sollte, der die gesamte Volkswirtschaft mehr in Anspruch nimmt als der Minderverdiener, der sich den Luxuswagen, das Boot oder andere teure Waren ohnehin nie leisten könnte.

2) Eine Edelkarosse aus deutscher Produktion kostet z.B. € 100.000. Darauf sind z.Z. 19% Mehrwertsteuer zu entrichten. Der Endverkaufspreis beträgt also € 119.000. Die originären Produktionskosten liegen jedoch (Angabe der Werke von Mercedes in Sindelfingen und von BMW in München) nur bei etwa € 50.000. Alles andere sind Zusatzkosten, die durch vorgelagerte Steuern im Produktionsprozess, Gebühren, Kosten für Steuer- und Rechtsberatung, Bürokratie und Arbeitnehmerzusatzleistungen usw. entstehen. Dieser Wagen würde nun – trotz Einstufung als *Luxusgut*! – nur noch € 80.000 (€ 50.000 plus 60%) kosten. Der allgemeine Wohlstand stiege also schlagartig.

Kurzum: Die positiven Folgen dieser fünfstufigen Konsumsteuer wären u.a.:

• Die Nettolöhne stiegen durchschnittlich um 35-40%, während gleichzeitig Waren und Dienstleistungen im Schnitt um 30-50% billiger würden.

• Die soziale Gerechtigkeit wüchse, da primäre Existenzbedürfnisse nicht besteuert werden, was eine Entlastung von Familien und sozial Schwächeren bedeutete.

• Ein „gehobener" Lebensstandard fördert die Sozialgemeinschaft.

• Soziale Ungleichgewichte würden automatisch abgebaut. Die etwa 300 verschiedenen Subventionsprogramme auf staatlicher und kommunaler Ebene könnten wohl weitestgehend entsorgt werden.

• Die Eigenverantwortung und Verantwortungsübernahme für die eigene Familie, den persönlichen Bildungskanon, die eigene Lebensgestaltung (mehr Freiheit durch mehr Selbstständigkeit), die Vorsorge fürs Alter und alle Bereiche der sozialen Gesellschaft wüchsen schlagartig.

• Jeglicher Verwaltungsaufwand wird durch den Abbau nunmehr völlig sinnloser Behörden und Ämter sowie des Beamtenapparats erheblich reduziert.

• Fürderhin bestünde kein Anreiz für die Verlagerung von Produktionsstätten und den Transfer von Gewinnen ins Ausland, für Steuerflucht und -hinterziehung, Schwarzarbeit usw.

Was dies für die steigende internationale Wettbewerbsfähigkeit desjenigen Staates bedeutete, der ein derartiges Steuer-, Wirtschafts- und Sozialkonzept einführte, muss nicht lange überlegt oder diskutiert werden. Was dies für einen Wohlstandszuwachs für jeden Bürger dieses Staates bedeuten würde, ist auch klar. Lasst uns mit der Umsetzung in Deutschland beginnen." Soweit Hans-Wolff Graf.

Der damalige Reichsfinanzminister Matthias Erzberger entwickelte die Leistungsbesteuerung - über Einkommen- bzw. Lohnsteuer - nur aus der damaligen Not heraus, nach dem Ersten Weltkrieg irrsinnig hohe Reparationszahlungen zu leisten und gleichzeitig den Zusammenbruch der Staatsfinanzen zu verhindern. Das war 1919, vor über hundert Jahren, unter völlig anderen Rahmenbedingungen als heute. Dieses hoffnungslos veraltete Abzocker-Steuersystem gehört schon lange auf den Müllhaufen der Finanzgeschichte.

Peter Haisenko, Hans-Wolff Graf oder auch Dr. Markus Krall stehen stellvertretend für viele schlaue Köpfe in unserem Land, die schon lange innovative Wirtschafts- und Politikkonzepte entwickelt haben, welche aber von der herrschenden politischen Klasse seit Jahrzehnten ignoriert werden. Das ist auch wiederum klar, weil bei einer Umsetzung die heutigen Politiker und Finanzgangster ihre Pfründe und ihre Macht verlieren würden. Dabei belassen sie es nicht beim Ignorieren, sondern wenden hohe kriminelle Energien auf, alle und jeden, die unser Land sanieren wollen, als angebliche Demokratiefeinde, Rassisten, Nazis oder Schlimmeres zu verfolgen. Selbst umgeben sie sich dabei mit dem Heiligenschein ihrer unsäglichen Scheindemokratie. Markus Krall steht aufgrund seines Buches „Die Bürgerliche Revolution" unter Beschuss, weil er doch tatsächlich notwendige fundamentale Änderungen am politischen System Deutschlands fordert, damit Gesellschaft und Wirtschaft endlich gesunden können.

Quelle: https://www.lesejury.de/markus-krall/buecher/die-buergerliche-revolution/9783784435503

Allein diese Reaktion der Scheindemokraten unterstreicht, dass sie hinterlistig handeln und auch von Wirtschaft nichts verstehen. Lassen Sie uns den Staat mit einer Aktiengesellschaft (AG) vergleichen. Eigentümer einer AG sind die Aktionäre und **nicht** der Vorstand, der nur angestellt ist. Ebenso gehört Deutschland, unser Land, uns Bürgern und die Politiker sind nur unsere Angestellten. Das bleibt auch dann richtig, wenn sich Politiker als unsere Herren oder Erzieher aufspielen, die sie nicht sind. Wenn ein Vorstand schlecht arbeitet, wird er von der Aktionärsversammlung zurecht entlassen. Aber uns Bürgern verweigert die herrschende politische Klasse unser Recht, sie zu entlassen und nach einer neuen Staatsform für Deutschland zu suchen, weil die aktuelle Staatsform vorwiegend Zerstörung hervorbringt: Zerstörung menschlicher Werte, Zerstörung des Zusammenhalts der deutschen Gesellschaft, Zerstörung unseres Bildungssystems, Zerstörung unserer Wirtschaft und des Wohlstands der Bevölkerung, Zerstörung internationaler Beziehungen auf Basis des Völkerrechts usw. Für Unternehmen ist es ganz normal bessere Produkte anzubieten, um die Bedürfnisse ihrer Kunden besser zu befriedigen als die Konkurrenz. Dazu wird permanent an der Verbesserung der Produkte gearbeitet. Dieses Prinzip gilt aber nicht nur für Unternehmen, sondern es beschreibt die Wirklichkeit des menschlichen Lebens, wie es zu allen Zeiten war, ist und sein wird: Jeder Mensch strebt nach Verbesserungen und Erleichterungen für sein Dasein. Wenn etwas schlecht funktioniert, sucht der Mensch nach besseren Alternativen und wenn er eine gefunden hat, tauscht er das alte Schlechte gegen das neue Bessere aus. Aber die herrschende politische Klasse besitzt die Dreistigkeit, dieses universell gültige menschliche Prinzip zu verbieten bzw. zu kriminalisieren, wenn es um Diskussionen zur überfälligen Reform des politischen Systems in Deutschland geht. Jämmerlich scheitern werden diese Realitätsverweigerer.

Es ist nicht mit dem Austausch einer politischen Partei durch eine andere getan, z.B. durch Wahlen, weil die herrschende politische Klasse mit ihrem politischen System insgesamt zum Problem geworden ist, unabhängig davon, auf welche politischen Parteien sie sich gerade aufspaltet. In vorliegendem Buch habe ich zahlreiche Punkte aufgeführt, wie Repräsentanten und Organe des BRD-Systems unsere staatliche Ordnung unterlaufen und somit selbst die schlimmsten Delegitimierer des Staates sind. Aber anstatt innezuhalten, Reue zu zeigen und kompetente Bürger endlich unser Land sanieren zu lassen, verdrehen diese Repräsentanten und Organe des BRD-Systems die Bezeichnung „Delegitimierer des Staates" schamlos gegen uns. Dazu fällt mir folgendes Zitat des sowjetischen Dissidenten Alexander Solschenitsyn ein: „Ein kommunistisches System erkennt man daran, dass es die Kriminellen verschont und den politischen Gegner kriminalisiert." Ersetzen sie „kommunistisch" durch „scheindemokratisch" und Solschenitsyns Zitat beschreibt perfekt die heutige innenpolitische Situation in Deutschland.

Quelle: https://beruhmte-zitate.de/zitate/1981665-alexander-issajewitsch-solschenizyn-ein-kommunistisches-system-erkennt-man-daran-dass/

Zur Souveränität Deutschlands im internationalen Kontext

Als loyaler Mensch und deutscher Patriot ist dieses Ziel für mich nicht verhandelbar. Es muss verwirklicht werden. Werte Leser, blättern Sie bitte zu den letzten Seiten des Kapitels zum Jahr 2016 zurück. Vergegenwärtigen Sie sich noch einmal das 10-Punkte-Geschäftsmodell der internationalen Finanzgangster und wie diese es über ihre Erfüllungsgehilfen in der deutschen Politik, Medien und Wirtschaft umsetzen. Diese fast totale Eingebundenheit in die Fremdbestimmung macht es natürlich nicht leichter, dieses hehre und hochstehende Ziel zu erreichen.

Andererseits haben es die Finanzgangster mit dem Punkt 10 aus ihrem Geschäftsmodell übertrieben: Totale digitale Kontrolle und Entrechtung der Erdbevölkerung über Zwangsimpfungen, gläserne Menschen, anvisierte Bargeldabschaffung und ein Sozial-Kredit-System nach chinesischem Muster; George Orwells Horrorstaat „1984" lässt grüßen. Dies hat zur Folge, dass weltweit Millionen an Menschen gegen dieses unmenschliche System aufbegehren, vor allem in der westlichen Welt. Insofern bin ich zuversichtlich, dass wir es gemeinsam mit Millionen an Mitstreitern schaffen können. Dazu ist eine wesentliche größere Vernetzung deutscher Bürgerrechtler mit Bürgerrechtlern in diesen Staaten notwendig, allen voran in den USA. Nicht „die USA" sind unser Feind, sondern die verbrecherische Clique der Finanzgangster, welche „ihr eigenes" Land genauso steuert, ausbeutet und für seine Zwecke missbraucht, wie sie es mit unserem Land und über hundert anderen Ländern auf dem Planeten auch tut. Die amerikanischen Bürgerrechtler sind hingegen unsere Verbündeten und ich halte sie durch ihr forsches Vorgehen für Vorbilder, von denen wir zaghaften Deutschen viel lernen können. Auch die Bürgerrechtler in den unterschätzen Ländern auf der Südhalbkugel sind wichtig, allen voran in Afrika und Südamerika. Hier hat Russland durch seinen Freiheitskampf gegen die Dominanz der US-Finanzgangster viel Vorarbeit geleistet und wird deshalb aus diesen Staaten stark unterstützt. Von wegen Russland sei international isoliert. Um es in diesem Zusammenhang glasklar zu sagen: Ich verurteile den

Krieg in der Ukraine auf das Schärfste! Er ist ein Stellvertreterkrieg, mit dem die US-Finanzgangster Russland als Machtfaktor ausschalten und sich am liebsten dessen Bodenschätze aneignen wollen. So, wie sie damals Deutschland als Machtfaktor ausschalteten und sich die Kontrolle über unser Land aneigneten. Das bedauernswerte ukrainische Volk wird dabei als Kanonenfutter missbraucht und militärisch gegen die Russen verheizt. Es geht in diesem Krieg null Komma null um Freiheit und Demokratie, das ist typisches Gelaber, es geht hier um knallharte Geopolitik und wirtschaftliche Interessen. Auch wir Deutsche werden in diesem Stellvertreterkrieg von unseren amerikanischen „Freunden" verheizt, bisher nur wirtschaftlich, hoffentlich bleibt es dabei. Selbstverständlich sind auch die ukrainischen Bürgerrechtler unsere Verbündete. Also, mutig voran, **Bürgerrechtler aller Länder, vereinigt Euch!**

Kampf um das neue Weltfinanzsystem – Auswirkungen auf die Souveränität Deutschlands

Der militärische Ukrainekrieg ist nur Teil eines größeren Krieges, der mit wirtschaftlichen Waffen weltweit geführt wird. Dahinter steht die Frage, welches Land zukünftig die Weltleitwährung stellen wird. Noch dominieren die Vereinigten Staaten von Amerika über den Dollar das Weltfinanzsystem. Das US-Dollar-System – mit dem daran angebundenen EURO-System – ist aber im Untergang begriffen und wird seinen Platz an wen, ja an wen abtreten müssen? Wird es China mit seinem Renminbi/Yuan sein? China wird auf alle Fälle dabei sein! Wird China alleine den USA nachfolgen oder ein Konsortium aus den BRICS-Staaten Brasilien, Russland, Indien, China, Südafrika? Das wäre die bessere Lösung, damit nicht einfach nur der alte Hegemon USA vom neuen Hegemon China abgelöst wird, sondern an die Stelle der veralteten unipolaren Welt – auf der nur einer befiehlt und alle anderen folgen müssen - eine moderne multipolare Welt treten kann – auf der alle gleichberechtigt zusammenarbeiten. In diesem Falle wäre auch der russische Rubel

Teil der neuen Weltleitwährung anstelle des US-Dollars, gemeinsam mit den Währungen der anderen BRICS-Staaten! Wie viel Einfluss verbleibt den USA, die zumindest den westlichen Teil der Welt weiterhin finanziell dominieren wollen, wenn ihre Kraft für die ganze Welt nicht mehr ausreicht?

Genau darüber werden aktuell erbitterte Verteilungskämpfe in der globalen Finanzwelt geführt, die vieles von dem erklären, was gerade auf der Welt passiert. An vorderster Front sind natürlich die internationalen Finanzgangster dabei, weshalb ich gleich zu Beginn vorliegenden Buches vor diesen Leuten warnen musste. Das Ergebnis dieser Verteilungskämpfe wird über die Spielräume entscheiden, die Deutschland zukünftig haben wird oder auch nicht. Ich sehe zwei Szenarien. Sollten die USA es schaffen, den Westen weiterhin finanziell zu dominieren, bleiben wir eine rechtlose Kolonie, die von den USA – gemeinsam mit unseren europäischen Nachbarn – immer weiter ausgeplündert wird. Sollte es Deutschland aber schaffen, wieder eine D-Mark unter eigener Kontrolle zu etablieren und mit dem Währungsbereich der BRICS-Staaten auf Augenhöhe zusammenzuarbeiten, ergäben sich für uns Deutsche ungeahnte neue Chancen. Auch darüber, welches beider Szenarien sich durchsetzt, wird auf den ukrainischen Schlachtfeldern aktuell Krieg geführt. Somit liegt welcher Ausgang des Krieges im echten deutschen Interesse?

Der Schlüssel zum Verständnis der Politik liegt im Verständnis, wie das Weltfinanzsystem funktioniert!

Ernst Wolff, Eberhard und Eike Hamer und viele andere kompetente Experten erklären diese Zusammenhänge in ihren Büchern und Beiträgen. Zum Einstieg ein kompakter Internetbeitrag von Ernst Wolff darüber, dass wir uns in einem Finanzwirtschaftskrieg befinden.

Quelle: https://www.youtube.com/watch?v=LhGxfidXaKQ

Fazit

Deutschland ist heute weit davon entfernt, ein souveräner Staat zu sein. Souveränität ist weit mehr als nur politische Souveränität. Ein Staat kann nur dann souverän sein, wenn er auch seine Wirtschaft und den Umgang mit seiner eigenen Geschichte selbst gestalten kann. Ein Staat ohne eigene Währung ist ebenfalls nicht souverän.

Es ist die Aufgabe eines jeden deutschen Bürgers, sich für diese verschiedenen Formen der Souveränität seines Landes einzusetzen. Frage nicht, was Dein Land für Dich tun kann, sondern frage Dich, was Du für Dein Land tun kannst. Ich selbst gehe hier mit gutem Beispiel voran. Im Ergebnis wird ein souverän gewordenes Deutschland weit mehr für seine Bürger tun können als die heutige Kolonie unter US-Verwaltung.

Ausblick

Werte Leser, wie Sie im Verlaufe der bisherigen Lektüre bestimmt schon festgestellt haben, lassen sich die Bezeichnungen „Angelsachsen" und „Anglo-Amerikaner" als Synonyme für die global agierenden Finanzgangster verwenden, die zurzeit ihren Hauptsitz in den USA haben und historisch auch aus England kommen. Wer bringt denn eigentlich immer wieder Pamphlete über eine vermutete jüdische Weltverschwörung in Umlauf. Könnten dahinter vielleicht sogar die Finanzgangster stecken, um ihr eigenes Streben nach Weltherrschaft anderen Leuten in die Schuhe zu schieben? Nach dem Motto: „Haltet den Dieb!"

Der russische Historiker, Sozialphilosoph, Sozialwissenschaftler und Publizist Andrej Fursow bringt in seinem Video zum psychohistorischen Krieg in gerade einmal zwei Minuten und achtzehn Sekunden auf den Punkt, was die anglo-amerikanischen Finanzgangster bzw. Angelsachsen uns Deutschen und den Russen seit vielen Jahrzehnten antun.

Vorher möchte ich noch anmerken, dass die von Fursow unten genannten 70 Jahre nur den Zeitraum der antideutschen Umerziehung von uns Deutschen nach dem Kriege betreffen. Die angelsächsische Aggression gegen unser Land läuft schon viel länger, seit über 120 Jahren, inklusive der beiden Weltkriege, in die sie uns Deutsche hineingetrieben haben. So, wie sie in den letzten Jahren die Russen in den Krieg gegen die Ukraine hineingetrieben haben. Ebenso hängen die Russen auch schon deutlich länger am Haken der US-Finanzgangster bzw. Angelsachsen, nicht erst seit dem Zusammenbruch der Sowjetunion 1991. Schon 1921 wurde unter Lenin ein Vertrag unterzeichnet, mit dem die Russen die Ausbeutung der Ölvorkommen Sibiriens für 60 Jahre den Engländern überließen. Dieser Vertrag wurde Anfang der 1980er Jahre noch einmal verlängert. Russland wird meines Erachtens vor allem deshalb militärisch und über die Westmedien in die Zange genommen, weil der heutige russische Präsident Putin diesen Vertrag und weitere einseitige antirussische Knebelungsverträge aus der Zeit des früheren russischen Präsidenten Jelzin annulliert hat, an denen sich die Finanzgangster auf Kosten des russischen Volkes dumm und dämlich verdient hatten. So wie Putin handelt ein echter Staatsmann im Interesse seines Landes.

Schauen wir uns Fursows Erkenntnisse doch einfach an. Kurze Ergänzungen, damit Fursows Erkenntnisse leichter verstanden werden können, stehen in Klammern seines Zitates:

„Der psycho-historische Krieg ist eine systematische langfristige Einwirkung auf die psychische Sphäre. Die Zielgruppe ist normalerweise die intellektuelle und machthabende Elite (eines anderen Landes). Im psycho-historischen Krieg gibt es mehrere Ebenen. Die einfachste Ebene ist die Ebene der Information. Das ist, wenn Fakten gefälscht werden. Die nächste Ebene ist die Ebene der Betrachtungsweise. Da geht es darum, wie die Fakten verpackt werden, und die letzte und höchste Ebene ist die metaphysische oder die weltanschauliche Ebene. Das ist, als wenn einem ganz andere Sinnzusammenhänge eingepflanzt werden ...

Das Hauptziel eines psycho-historischen Krieges ist der vollständige Austausch des Denk- und Handlungsrahmens der Gesellschaft im anvisierten (anderen) Land, also deren psycho-soziale Sphäre unter die eigene Kontrolle zu bringen. Das ist das, was der Westen ständig in Bezug auf Russland zu tun versucht. Das ist das, was die Angelsachsen mit den Deutschen nach 1945 gemacht haben: Sie haben sie dazu gebracht, sich zu schämen, und das ist, was der Westen, oder besser gesagt die fünfte Kolonne der Kollaborateure in der postsowjetischen Zeit, seit 1991 mit den Russen zu machen versucht. Zum Glück hat das bis jetzt noch nicht so gefruchtet. ...

Und überhaupt, wenn Sie über Deutschland reden, über die BRD, dann ist es ein absolut erstaunliches Projekt von Sozio-Engineering bzw. Psychohistorik, worüber wir gerade gesprochen haben. Innerhalb von 70 Jahren ist es den Angelsachsen gelungen, (in Deutschland) eine schlicht kastrierte Nation hervorzubringen. Sie haben das vollbracht, worüber Churchill 1940 sprach. Er sagte, „wir, Großbritannien, führen nicht gegen Hitler Krieg, auch nicht gegen den Nationalsozialismus, sondern gegen den Geist Schillers, damit dieser nie wiedergeboren werde“, und im Laufe von siebzig Jahren haben die Angelsachsen ein Programm umgesetzt, welches die Deutschen in ein Volk verwandeln sollte, das sich seiner Vergangenheit schämt. Sie haben die (deutsche) Wissenschaft zerstört, sie haben ihre Gesellschaftsstruktur zerstört, die heute einem anglo-amerikanischen Abklatsch gleicht. Die Deutschen haben zum Beispiel Angst, ein gutes Wort über Bismarck zu verlieren, weil sobald ein Deutscher ein gutes Wort über seine Geschichte verliert, bekommt er sofort ein Etikett aufgestanzt: Nazi, und selbstverständlich sind die das Land führenden Kräfte in Deutschland das Resultat einer siebzigjährigen, drei Generationen andauernden Selektion (gegen das eigene Land).“

Quelle: https://www.youtube.com/watch?v=fDwPa7CqREc

Damit ist klar, warum Deutsche und Russen inzwischen in einem Boot sitzen, was unsere nationale Selbstbestimmung angeht. Damit ist auch klar, warum Millionen Deutsche heute – zumindest diejenigen, die noch nicht komplett gehirngewaschen sind – die russische Position in der heutigen geopolitischen Situation gegen die offizielle deutsche Regierungslinie unterstützen, die doch nur ein Abklatsch der US-Regierungslinie ist. Damit ist auch klar, warum ich, Hansjörg Müller, seit Jahren für ein deutsch-russisches Bündnis anstelle der NATO eintrete: Weil es schlichtweg im deutschen Interesse liegt! Da können der Verfassungsschutz und die deutschen Massenmedien noch so sehr herumlügen, wir seien z.B. vom Kreml bezahlt und würden angeblich Putinpropaganda verbreiten. Nein, das tun wir nicht, wir handeln ausschließlich unbezahlt und aus Überzeugung im **echten** Interesse unseres deutschen Vaterlandes. Echte deutsche und russische Interessen haben inzwischen eine Schnittmenge von über 90 % erreicht; das ist der Grund, warum wir zusammenhalten! Können die BRD-Repräsentanten diesen einfach zu verstehenden Grund denn nicht einfach begreifen?

Der laufende Kampf auf der geopolitischen Bühne zwischen Ost und West ist ein Kampf um Werte, insofern haben die Politiker und Medien des Westens schon Recht. Nach der Lektüre dieses Buches sollte klar geworden sein, welche beider Seiten heute für gute und welche für schlechte Werte kämpft. Vor 30 Jahren hätte ich mir niemals träumen lassen, dass Russland einmal der Anführer einer neuen freien Welt werden könnte, wirklich niemals! Die Wiedergeburt des Christentums in Russland – das in der Sowjetunion noch verfolgt worden war – als inzwischen wichtigste Grundlage der russischen Gesellschaft hat hierzu den Grundstein gelegt. Das weist auch uns Deutschen den Weg.

Schließen möchte ich mit der Weiterverbreitung eines Aufrufs, den deutsche Bürgerrechtler im Jahre 2022 verfasst haben, die schon einmal im Jahre 1989 die DDR-Diktatur auf den verdienten Müllhaufen der Geschichte verfrachtet hatten. Wir können auf anerkannte Helden einer friedlichen und erfolgreichen deutschen Demokratiebewegung verweisen, die auch heute wieder dabei sind.

Erklärung zum "Aufbruch 22"

In unserem Land ist die Kommunikation zwischen den Menschen gestört.

Dies waren die einleitenden Worte des "Aufbruch 89" vom neuen Forum und nach 33 Jahren haben diese Worte nichts an ihrer Aktualität verloren.

Deswegen wollen wir die Symbolkraft eines "gemeinsamen Aufrufes" nutzen und wieder **konkrete Forderungen** stellen, um die Zukunft unseres Landes zurück in die Hände der Menschen und der Menschlichkeit zu legen!

Bereits im Februar 2022 fanden sich aus verschiedenen Initiativen und damaligen Mitstreitern vom neuen Forum "Aufbruch 89", 29 Aktivisten aus Links, Mitte, Rechts zusammen, um in einem Intensivwochenende den "Aufbruch 22" zu formulierten.

Wir möchten damit aufzuzeigen, dass ein **Wille zur Veränderung** aus allen Lagern von Parteien, Gruppierungen, Initiativen und Menschen aus den verschiedenen gesellschaftlichen Schichten, es schaffen konnten sich auf ein gemeinsames Papier zu einigen.
Hierzu wurden Arbeitsgruppen zu den jeweiligen Themenkomplexen gebildet und solange diskutiert, gestritten und debattiert, bis ein **gemeinsamer Konsens** gefunden wurde, welcher die breite Mitte unserer Gesellschaft wieder spiegelt.

Ziel des "Aufrufes 22" ist es, die in Deutschland und über die Welt erstreckende Notsituation aufzuzeigen und darüber hinaus diese Krise als Chance zu sehen und zu nutzen, zur Schaffung einer friedlichen, solidarischen der Freiheit und Menschlichkeit verpflichtenden Gesellschaft.

Es ist Zeit, zu handeln - jeder an seinem Ort, jeder in seiner Stadt, gemeinsam für unser Land.

Die Gruppe der 29

- zur Veröffentlichung und zum Druck freigegeben -

Aufbruch 22

In unserem Land ist die Kommunikation zwischen den Menschen gestört. Wir erleben eine gespaltene Gesellschaft. Wir müssen den Angstszenarien eines zunehmend übergriffigen Staates etwas entgegensetzen.

- **Menschenrechte sind nicht verhandelbar.**
- **Alle Menschen sind gleichwertig.**
- **Jeder Mensch hat das Recht auf ein würdevolles Leben.**

Die Spaltung geht bis in die Familien hinein. Die Entfremdung zwischen den Generationen und die soziale Ausgrenzung Andersdenkender lassen sich nicht länger ignorieren. Die Menschen werden immer größeren Belastungen ausgesetzt; die Grenze des Erträglichen ist vielfach überschritten. Körperliche und seelische Krankheiten nehmen stark zu. Profit und Privatisierung beherrschen mittlerweile unser Gesundheitssystem. Doch Gesunderhaltung und Heilung sind wichtiger als Gewinnmaximierung.

Wir brauchen ein **wertschätzendes Miteinander** zwischen den Generationen - Würde und Lebensfreude in jedem Alter. Die zunehmende Verarmung und Existenzgefährdung der Bevölkerung durch steigende Abgaben, Mieten, Energiekosten, Lebensmittelpreise und andere Lebenshaltungskosten muss gestoppt werden.

Die Wirtschaft funktioniert nicht mehr im Sinne des Gemeinwohls. Sie ist auf Ausbeutung von Natur und Mensch ausgerichtet. Wenige maximieren ihre Gewinne zu Lasten der Mehrheit und der Menschlichkeit. **Wir alle haben das zugelassen.**

Alle Bereiche der Daseinsvorsorge (Gesundheitswesen, Bildung, Infrastruktur, Landwirtschaft usw.) haben dem Wohl der Allgemeinheit zu dienen. Arbeit und Wirtschaft müssen gemeinsam neu gestaltet und gesamtgesellschaftlich getragen werden. Wir brauchen eine **faire und soziale Marktwirtschaft** mit starken **regionalen Wirtschaftskreisläufen**, die ein friedliches und menschenwürdiges Zusammenleben und den Erhalt der Natur für uns und unsere Nachkommen sichert.

Wir brauchen ein **Recht auf Bildung statt die Pflicht zum Schulbesuch.** Kinder sollen ihre ersten Lebensjahre in einem behüteten und sicheren von der Familie bestimmten und gesellschaftlich unterstützen Umfeld verbringen können.Das staatliche Bildungsmonopol ist nicht mehr zeitgemäß. Bildung muss für jeden in allen Lebensphasen frei zugänglich und unideologisch sein. Wir wollen und brauchen freie, selbstbewusste und kritikfähige Menschen - Menschen mit starkem Charakter, großem Herz und wachem Verstand.

Das Wohl der Allgemeinheit hängt vom Beitrag jedes Einzelnen ab. Wir müssen das Vertrauen zwischen **Wissenschaft und Gesellschaft** wieder herstellen. Eine konstruktive Streitkultur erfordert Gedankenvielfalt und Meinungsfreiheit. Dafür braucht es einen gesamtgesellschaftlich offenen und ehrlichen Diskurs - wo dieser endet, ist der Frieden bedroht!

Wir erleben die Zerstörung unserer kulturellen Landschaft. Damit schwindet, was uns Menschen verbindet. Unser Miteinander gedeiht erst auf dem Boden von Kunst, Sprache und einem Leben in Gemeinschaft, zwischen Tradition und neuen Ideen.

Die grundgesetzlich **verbrieften Freiheitsrechte** werden seit März 2020 massiv eingeschränkt. Die Unabhängigkeit der Staatsgewalten - gesetzgebende, ausführende und rechtsprechende Organe - ist nicht mehr gegeben. In einer funktionierenden Demokratie kontrollieren die Bürger als Souverän den Staat, nicht umgekehrt. Wiederherzustellen sind somit die drei Staatsgewalten als eigenständige tragende Säulen dieser Ordnung. Unabdingbar dafür ist die Unabhängigkeit der Gerichte und Staatsanwaltschaften, die Machtbegrenzung der Regierungen sowie die Verpflichtung der Parlamente auf den Volkswillen. Volksentscheide und Bürgerbegehren müssen unbürokratisch auf allen Ebenen möglich sein.

Die Medien als sogenannte vierte Gewalt haben in ihrer Funktion versagt. Ihre eigentliche Aufgabe besteht darin, sachlich, unzensiert und wahrheitsgetreu zu berichten. Sie sollen die Politik kontrollieren statt sie zu hofieren.

Das Fundament unseres Grundgesetzes und einer künftigen Verfassung sind die **universellen Menschenrechte.** Sie stehen nicht zur Verhandlung. Der Wert eines Menschen hängt z.B. nicht von seinem Impfstatus ab; der Wert einer Gesellschaft nicht von der Existenz einer Impfpflicht. Das ist der Punkt, der unsere Gesellschaft spaltet.

Deshalb ruft die „Gruppe der 29" alle Menschen in diesem Land auf, alles Trennende hinter sich zu lassen und aufeinander zuzugehen. Wir alle stehen für eine friedvolle und solidarische, der Freiheit verpflichteten Gesellschaft. Denn nur eigene und gemeinsam gelebte Werte können uns vor Kriegen im Inneren und Äußeren schützen.

Es ist Zeit, zu handeln - jeder an seinem Ort, jeder in seiner Stadt,gemeinsam für unser Land.

Die Zeit ist reif.

Quelle: Netzfund

Nachwort

Epilog

Gern bin ich der Einladung meines ehemaligen Parteifreundes und Mitstreiters, Hansjörg Müller, gefolgt, sein Werk mit einem Nachwort abzurunden. „Parteifreund" in diesem Fall im wahrhaftigen, also nicht dem leider real praktizierten, Sinn gemeint. Uns verbindet nicht nur ein gemeinsamer Weg in derselben Partei, die ein oder andere als Redner gemeinsam bestrittene Veranstaltung, nein, es ist auch die teils ernüchternde Erfahrung hinsichtlich erlebter Parteiarbeit, mangelhafter Kameradschaft oder Kollegialität und dem immerwährenden Gefühl, dass dort irgendwas oder irgendwer ständig und recht raffiniert dabei ist, zu bremsen, zu sabotieren, gegeneinander aufzuwiegeln. Leider mit beachtlichem und zerstörerischem Erfolg.

Vieles von dem, was in diesem Buch dargelegt und aufgezeigt wird, habe ich persönlich genau so oder ganz ähnlich erlebt oder eben am Rande meines Weges in der Partei deutlich wahrgenommen, kann diesbezüglich die Eindrücke und Wiedergaben des Autors also nur unterstreichen. Um kurz noch direkt bei der AfD und meinen Erfahrungen zu bleiben: Die AfD könnte längst und problemlos eine Partei mit weit über 100.000 Mitgliedern und unangefochtener Wahlsieger in zwei, drei Bundesländern sein – mit der entsprechenden Wirkmacht auf ganz Deutschland -, aber das schien und scheint einfach nicht gewollt zu sein. Dazu hätten couragierte Leistungsträger der Partei gefördert und unterstützt, nicht aber beharrlich attackiert und kleingehalten werden sollen. Warum das so geschah, warum die AfD sich leider immer wieder in einer „Mittelmäßigkeit" einrichtet und auf Erreichtem ausruht, statt beherzt und mutig nach fundamentaler Opposition, politischer Massenbewegung und somit realem politischem Einfluss zu streben, sollte eine der zentralen Fragen innerhalb der AfD-Basis sein, der bis heute meine große Sympathie gilt.

Das aktuell überall zu erblickende Bannermotto der AfD – „Unser Land zuerst" – versinnbildlicht im Grunde das Problem hervorragend. Der Gedanke ist gut, aber es fehlt der Mut! Vielleicht wird die Partei „Alternative für Deutschland", eines deren Urmotti die Aussage „Mut zu Deutschland" war, es eines Tages doch noch wagen, ihr aktuelles Motto in „Deutschland zuerst" zu konkretisieren?

Klartext, liebe Leute!

Hansjörg Müller benennt in diesem Buch eine imaginäre Gruppe von globalen Lenkern dieser Welt als „Finanzgangster" und in seinem Buch „Warum die AfD im Westen scheitern wird" spricht Eisenheim von globalen „Designern". Selbst bin ich mir mit einer treffenden Begrifflichkeit noch uneins, würde diese schwer zu definierende, aber spürbar vorhandene, oberste Riege maßgeblicher Akteure wohl als eine Clique des obersten Finanz- und Wirtschaftskapitals umschreiben, deren Ansinnen es ist, die Vielfalt der Völker und Kulturen dieser Welt in eine homogene „Weltbevölkerung", und damit eine stark vereinheitlichte Masse an Arbeitskräften und Konsumenten, zu transformatieren. Fest steht für mich, dass großteils nicht mehr allein die Regierungen von Staaten die Lenkung derselben vollziehen, sondern globale Kräfte hinter den Kulissen zumindest elementaren Einfluss darauf nehmen.

Dabei bedienen sich diese Globalakteure extrem pragmatisch der vorhandenen Gegebenheiten vor Ort, vermutlich ohne eigenen ethischen Anspruch, nur dem Gelingen des Plans verpflichtet. So wird zeit- und gebietsweise einmal der Islamismus unterstützt und gefördert, dann wieder bekämpft. So werden die Spaltung und Aufteilung von Staaten einmal vorangetrieben, ein anderes Mal aber die absolute Unverletzlichkeit des souveränen Staates beschworen und mit Waffengewalt verteidigt. So wird die sogenannte „westliche Demokratie" als humanitärer Exportschlager angepriesen und sogar mit aggressivem Nachdruck

„verschenkt", bildet in Wirklichkeit aber nur eine Voraussetzung für das Funktionieren des beschriebenen globalen Anliegens. Und so werden auch anarchistische Ideologien wie der Linksextremismus oder am Kommunismus angelehnte Philosophien der globalen Gleichschaltung geschickt genutzt, um in einem bestimmten Teil der Welt für die Zerstörungen des nationalen Bewusstseins und der nationalen Identität zu sorgen und die jeweils vorhandene „Volksgemeinschaft[1]" pro Land zugunsten einer bloßen „Bevölkerung" aufzubrechen. Deutschland ist wohl das Paradebeispiel für solche Prozesse, die hier zentriert nach- und sogar nebeneinander ablaufen.

Genauso fantastisch wie auch erschreckend ist nur, dass so viele Menschen und Parteien diesem offensichtlichen Treiben desinteressiert gegenüberstehen oder es sogar willfährig unterstützen, immer nur in der Hoffnung, die eigenen kleinen Ziele zu erreichen. Das drohende Endresultat aber wird ausgeblendet.

Im vorliegenden Buch spricht sich der Autor klar für die „soziale Marktwirtschaft" als stabile, gerechte und trotzdem leistungsorientierte Wirtschafts- und Gesellschaftsform aus. Dies kann ich erst einmal unterstreichen, gehe aber noch einen Schritt weiter:

Die „öko-soziale Marktwirtschaft" ist nach meinem Dafürhalten die erstrebenswerteste Form des wirtschaftlichen und gesellschaftlichen Miteinanders. Hier werden die genannten positiven Aspekte noch durch einen weiteren Grundpfeiler, nämlich sachorientierten Umweltschutz, also auch Natur- und Tierschutz, ergänzt. Ich betone dabei

---

[1] Der Begriff Volksgemeinschaft ist zu Zeiten der Weimarer Republik durch den damaligen Reichspräsidenten und SPD-Parteivorsitzenden Friedrich Ebert populär gemacht und geprägt worden. Für die Verwendung dieses Begriffs in einem Neujahrsgruß zum Jahreswechsel 2018/ 2019 bin ich vom AfD-Bundesvorstand unter Jörg Meuthen in einem Disziplinarverfahren meiner Parteiämter enthoben und gesperrt worden.

„sachorientiert", weil nichts einem guten Anliegen mehr schadet, als ideologieschwängerte Utopien, oft einhergehend mit einseitigen Denkvorgaben sowie Sprach- und Meinungsdiktaten, so wie wir es leider von rot-grünen Gesellschaftsexperimenten und Umerziehungskampagnen kennen.

Unter der aktuell betriebenen „neulinken"[2] Politik und Ideologie gerät vor allem der Klein- und Mittelstand in den Wirkbereich der anstehenden gesellschaftlichen Umbrüche und Kahlschläge. Gerade dieser ist aber die Stütze unserer Volkswirtschaft sowie des gesamten wirtschaftlich-gesellschaftlichen Zusammenlebens in Deutschland. Die rot-grüne Obrigkeit kann und will es sich nicht leisten, die „untere Bevölkerungsschicht"[3], einschließlich der Millionen „eingeladener Dauergäste", vollends verarmen zu lassen und wird diese mit Almosenverteilungen aller Art stützen. Aber auch die großen Unternehmen und deren Profiteure werden massiv bedacht und gefördert, vor allem wenn diese in ideologisch korrekte Branchen investieren. Es wird also die sog. Mittelschicht, allen voran der Klein- und Mittelstand sein, die die Zeche zahlen und am entscheidendsten die neulinken Gesellschaftsexperimente ausbaden muss. Der KMU[4]-Sparte steht in Deutschland eine ungeahnte Pleitewelle bevor, die selbstverständlich direkt oder indirekt einen Großteil der Bevölkerung hart, aber nicht herzlich, treffen wird. Wer die Wirtschaftsmacht Deutschland empfindlich treffen will, hat an dieser Stelle genau den richtigen Ansatz gefunden. Dieser Angriff auf die deutsche

---

[2] Seit langem unterscheide ich zur Konkretisierung zwischen „Alt-Linken" und „Neu-Linken". Erstere treten eher für klassisch linke Themen ein und stehen nicht per se gegen Volk und Vaterland. Zweitere treten eher für entrückte, woke Ideen und Übertreibungen ein und kennen weder Volk noch Vaterland. Sie sind damit, bewusst oder unbewusst, die willfährigsten Helfershelfer der globalen Machteliten.

[3] Unter Einbeziehung der desaströsen Entwicklung im Jahr 2022 kann realistisch mit einer Armutsquote (nach Nettoäquivalenzeinkommen) von 20 bis 25% in Deutschland gerechnet werden.

[4] Kleinstunternehmen, kleine und mittlere Unternehmen (KMU)

Wirtschaft findet allerdings nicht erst seit heute statt. Dass die aktuellen Sanktionen gegen Russland der europäischen und vor allem deutschen Wirtschaft mehr schaden als Russland, dürfte mittlerweile bekannt sein. Dass allerdings schon seit 2014, aufgrund der Sezession der bis dato halbautonomen Krim, Sanktionen gegen Russland bestehen und diese in einigen deutschen Wirtschaftsbranchen schon vor Jahren Umsatzeinbrüche um die 40 Prozent bescherten, ist vielen so vielleicht nicht bekannt.

Deutlich wird eben folgendes: Die Zerschlagung Deutschlands führt über die Zerschlagung der Wirtschaftsmacht/ des Wirtschaftsstandortes Deutschland. Und für diese Aufgabe sind die rot-grünen Ideologen genau die richtigen Handlanger. Warum? Weil diese von Haus aus von Wirtschaft keine große Ahnung haben und ihnen, aus ureigener Überzeugung heraus, zudem die „deutsche" Wirtschaft mindestens völlig egal, wenn nicht sogar verhasst ist!

Am Ende aller sich bekräftigenden und ergänzenden Ausführungen auf den Seiten dieses Buches stellt sich nun die Frage: Was kann der Leser mitnehmen, was machen wir daraus, wie kann uns all das helfen oder weiterbringen?

Dazu muss klar gesagt sein, dass dieses Buch nur eine Vervollkommnung der eigenen Denk- und Erlebensprozesse der Bürger sein kann, die sowieso schon „systemskeptisch" und immer noch selbstdenkend durch den Tag gehen. Trotzdem möchte ich doch an dieser Stelle folgendes allgemeine Fazit in Form eines Aufrufes ziehen:

Verabschieden Sie sich bitte von dem Gedanken, in Deutschland in einer heilen Welt zu leben, in der es eine echte freiheitliche Demokratie gäbe und der tatsächliche Souverän das „Deutsche Volk" sei!

Dieser Anspruch ist, sollte er je irgendwann wirklich existent gewesen sein, einmal mehr Vergangenheit. Deutschland ist eingebunden in ein globales Netz von obersten Entscheidern, die mithilfe der sogenannten „westlichen Demokratie" und ihren Mechanismen die Geschicke in großen Teilen und in ihrem Interesse lenken. Dabei werden selbstverständlich Parteien, NGOs etc. massiv unterstützt, die sich gegen hinderliche Nationalstaatlichkeit und Souveränitätsbestrebungen stellen. So, wie alle anderen regelrecht verteufelt werden. Das funktioniert nun gerade in Deutschland besonders gut, denn man darf zwei Dinge nicht außer Acht lassen. Da gibt es einmal die allbekannte „deutsche Obrigkeitshörigkeit", die sowohl Segen als auch Fluch gleichzeitig ist, und es gibt natürlich noch die „besonderen Umstände" Deutschlands. Sie ahnen es sicherlich – die Tatsache, dass es sich beim „deutschen Volk" um ein zweimal gebrochenes, in Geist und Seele tief vernarbtes Gebilde handelt, das nach verschiedensten und jahrzehntelangen Umerziehungsprogrammen heute kaum noch ein Schatten seiner selbst ist. Es ist damit besonders anfällig oder sogar empfänglich gegenüber Fremdbestimmung und allerlei inhumaner neulinker Gesellschaftsexperimente, die der bis heute erkrankten Volksseele verheißen, durch besonders aufopferungsvolle und sogar selbstzerstörerische „gute Taten" die bis zum heutigen Tage auf uns lastende „Schuld" am Elend der Welt, irgendwie und vor irgendwem, tilgen zu können.

Selbstverständlich könnte ein solches Ansinnen niemals wirklich funktionieren und ist nichts weiter als ein politisch genauso sorgsam gepflegtes wie auch schauerlich perfides Mittel der Obrigkeit, um sich selbst obenauf und die gebückten Bürger willenlos, ruhig zu halten. Manch einer bezeichnete diese groteske Inszenierung wohl auch schon als gelebten „Schuldkult".

Nun ist es für manchen heute nicht ganz einfach, vor allem wo die Risse, natürlich nach dem ewigen Schema „teile und herrsche", gewollt kreuz und quer durch die Gesellschaft gehen, den richtigen und vertretbaren gesellschaftspolitischen Standpunkt zu finden. Noch dazu, wo die systemgeneigte Medienlandschaft, leider allen voran der überbezahlte Öffentlich-Rechtliche Rundfunk, nur ein stark einseitiges und verzerrtes Informationsbild liefert. Allein die sogenannten „alternativen Medien", wie das recht bekannte Compact-Magazin oder auch kleine Plattformen wie „Ungetrübt Media" usw., versuchen hier gegenzuhalten und aufzuklären. Der moralische Kompass des Einzelnen wird heutzutage also extrem beansprucht, bis hin zum Systemausfall. Allerdings gibt es einen ebenso einfachen wie auch hilfreichen Weg, um „Gut & Böse" auseinanderzuhalten, wenn diese bildhafte Umschreibung mal erlaubt sei.

Gern möchte ich Ihnen zum Schluss ein einfaches Verfahren mit auf den Weg geben, um dies zu erkennen:
Die guten und vertretbaren, sowie die schlechten und abzulehnenden, gesellschafts-politischen Standpunkte, Ansichten und Gruppierungen unterscheiden sich nämlich nicht nur inhaltlich voneinander, sondern auch in ihrer Diskussionskultur und Eigenwahrnehmung! Beobachten Sie also aufmerksam, wie sich die jeweiligen Lager in der Diskussion bzw. Verlautbarung ihrer politischen Ziele geben, sodann erkennen Sie schnell ein Schema. Gruppierung/ Lager A vertritt seine Standpunkte zumeist, einzelne Negativbeispiele gibt es natürlich überall zu finden, mit dem Anspruch, darüber mit jedem ins Gespräch zu kommen, sich selbst zu äußern, aber auch der anderen Seite zuzuhören. Man will den politisch Andersdenkenden ja „begreifen" können, unabhängig davon, ob man dessen Meinung teilt. Gruppierung/ Lager B hingegen tickt da ganz anders. Hier wird lediglich der eigene Standpunk offenbart, eine Diskussion mit politisch Andersdenkenden ist ausdrücklich nicht erwünscht. Im Gegenteil sogar, dem anderen wird eine eigene „Meinung" abgesprochen („Rassismus ist keine Meinung") oder er wird per se als diskussionsunwürdig abgestempelt („mit Nazis spricht man nicht"), er wird am Rande eigener Meinungskundgebungen niedergeschrien usw., solche und ähnliche Beispiele sind bekannt. Diese Gruppierung/ Lager B handelt dabei aus der vollen Überzeugung heraus, mit ihrer Ansicht

moralisch dermaßen höhergestellt zu sein, dass sich jegliche Diskussion von selbst erübrige. Und jeder, der das nicht verstehen und einsehen kann, ist automatisch ein so unwürdiges Individuum der Gesellschaft, dass ihm sogar das Grundrecht der Meinungsfreiheit nicht zustehen würde…

Kann man Gut und Böse, richtig und falsch, noch leichter erkennen und auseinanderhalten?

„Die Welt wird nicht bedroht von den Menschen, die böse sind, sondern von denen, die das Böse zulassen."

Albert Einstein

André Poggenburg
im Oktober 2022

André Poggenburg (geboren 1975), war von 2013 bis 2019 Mitglied der AfD, mehrere Jahre Mitglied des Bundesvorstandes, langjähriger Landesvorsitzender der AfD Sachsen-Anhalt und Koordinator des erfolgreichen Wahlergebnisses zur Landtagswahl 2016, als die AfD aus dem Stand 24,3 % und 15 Direktmandate errang. Nach vier disziplinarischen Ordnungsmaßnahmen durch den Bundesvorstand verließ er die AfD im Januar 2019 desillusioniert, aber unbeugsam.

Staatspolitisch bedeutsam war seine Rolle als Initiator und Vorsitzender des bundesweit einzigen parlamentarischen Untersuchungsausschusses gegen Linksextremismus.

Seine Fähigkeit, komplexe Sachverhalte für die Bürger verständlich und klar auf den Punkt zu bringen, ohne sich von der "politischen Korrektheit" einschränken zu lassen, wurde mehrfach von der Presse und auch von Wikipedia gegen ihn verwendet, indem Zitate aus dem

Zusammenhang gerissen und mit falschen Bewertungen sinnändernd kombiniert wurden.

Außerhalb seines politischen Wirkens ist er gelernter Kaufmann mit Weiterbildung zum Technischen Betriebswirt, Ausbilder für Kaufleute sowie Apparate- und Behälterbauer, war von 1994 bis 2016 mit einem Kühlerbau-Fachbetrieb selbstständig, ist Gutsherr des "Rittergutes Nöbeditz" im Burgenlandkreis und aktuell in der Holzbranche freiberuflich tätig.

Personenregister

Ebenfalls im Anderwelt Verlag erschienen:

Ist Deutschland ein souveräner Staat?
Autor: Wolfgang Schimank

Der NSA-Skandal im Jahre 2013 führte den Deutschen vor Augen, dass sowohl ihre individuelle als auch die staatliche Souveränität nicht gewährleistet sind.
Bei dem zu dieser Zeit geführten Bundestagswahlkampf wurde das massenhafte Ausspionieren der Bürger nicht thematisiert. Als am Wahlabend im September 2013 CDU und CSU ihren Sieg feierten, bekam Angela Merkel eine kleine deutsche Fahne gereicht. Diese entsorgte sie mit verzerrtem Gesicht.
In jedem anderen Land wäre damit die Karriere eines Politikers beendet gewesen. Ihr Amtseid, alles zum Wohle des deutschen Volkes zu tun, erwies sich als Farce ...

ISBN: 978-3-940321-18-3 **€ 24.00 (D)**

Die Humane Marktwirtschaft
Autoren: Peter Haisenko / Hubert von Brunn

Wer echte Demokratie will, muss als wichtigste Voraussetzung ein Finanz- und Wirtschaftssystem fordern, das die Macht des Kapitals bricht, der „wundersamen Geldvermehrung“ durch Zins und Zinseszins ein Ende setzt und Korruption weitgehend unmöglich macht. *Die Humane Marktwirtschaft* wird das leisten, und nicht nur das. Sie wird den Menschen Freiheit schenken in bisher nicht gekanntem Ausmaß; ein Leben frei von Lohnsteuer und Inflation und damit eine zuverlässig planbare Zukunft.
Um das zu erreichen, bedarf es keiner blutigen Revolution, sondern lediglich der Rückbesinnung auf die Grundsätze des Humanismus – und deren konsequente Umsetzung.

ISBN: 978-3-940321-13-8 **€15,00 (D)**